NEGOCIAÇÃO, MEDIAÇÃO, CONCILIAÇÃO E ARBITRAGEM

CURSO DE MÉTODOS ADEQUADOS DE SOLUÇÃO DE CONTROVÉRSIAS

O GEN | Grupo Editorial Nacional – maior plataforma editorial brasileira no segmento científico, técnico e profissional – publica conteúdos nas áreas de concursos, ciências jurídicas, humanas, exatas, da saúde e sociais aplicadas, além de prover serviços direcionados à educação continuada.

As editoras que integram o GEN, das mais respeitadas no mercado editorial, construíram catálogos inigualáveis, com obras decisivas para a formação acadêmica e o aperfeiçoamento de várias gerações de profissionais e estudantes, tendo se tornado sinônimo de qualidade e seriedade.

A missão do GEN e dos núcleos de conteúdo que o compõem é prover a melhor informação científica e distribuí-la de maneira flexível e conveniente, a preços justos, gerando benefícios e servindo a autores, docentes, livreiros, funcionários, colaboradores e acionistas.

Nosso comportamento ético incondicional e nossa responsabilidade social e ambiental são reforçados pela natureza educacional de nossa atividade e dão sustentabilidade ao crescimento contínuo e à rentabilidade do grupo.

Coordenação
Carlos Alberto de Salles
Marco Antônio Garcia Lopes Lorencini
Paulo Eduardo Alves da Silva

NEGOCIAÇÃO, MEDIAÇÃO, CONCILIAÇÃO E ARBITRAGEM

CURSO DE MÉTODOS ADEQUADOS DE SOLUÇÃO DE CONTROVÉRSIAS

Adolfo Braga Neto • Célia Regina Zapparolli • Daniela Monteiro Gabbay • Diego Faleck • Fernanda Tartuce • Luis Fernando Guerrero • Samantha Pelajo • Tania Almeida

5ª edição revista e atualizada

gen | Editora FORENSE

■ O autor deste livro e a editora empenharam seus melhores esforços para assegurar que as informações e os procedimentos apresentados no texto estejam em acordo com os padrões aceitos à época da publicação, e todos os dados foram atualizados pelo autor até a data de fechamento do livro. Entretanto, tendo em conta a evolução das ciências, as atualizações legislativas, as mudanças regulamentares governamentais e o constante fluxo de novas informações sobre os temas que constam do livro, recomendamos enfaticamente que os leitores consultem sempre outras fontes fidedignas, de modo a se certificarem de que as informações contidas no texto estão corretas e de que não houve alterações nas recomendações ou na legislação regulamentadora.

■ Fechamento desta edição: *08.02.2023*

■ O Autor e a editora se empenharam para citar adequadamente e dar o devido crédito a todos os detentores de direitos autorais de qualquer material utilizado neste livro, dispondo-se a possíveis acertos posteriores caso, inadvertida e involuntariamente, a identificação de algum deles tenha sido omitida.

■ **Atendimento ao cliente: (11) 5080-0751 | faleconosco@grupogen.com.br**

■ Capa: Fabricio Vale

■ **CIP – BRASIL. CATALOGAÇÃO NA FONTE.**
SINDICATO NACIONAL DOS EDITORES DE LIVROS, RJ.

N293

Negociação, mediação, conciliação e arbitragem: curso de métodos adequados de solução de controvérsias / Adolfo Braga Neto... [et al.]; coordenação Carlos Alberto de Salles, Marco Antônio Garcia Lopes Lorencini, Paulo Eduardo Alves da Silva. – 5. ed. – Rio de Janeiro: Forense, 2023.

Inclui bibliografia e índice
ISBN 978-65-5964-762-0

Resolução de disputa (Direito) – Brasil. 2. Arbitragem e sentença – Brasil. 3. Negociação – Brasil. 4. Mediação. 5. Conciliação (Processo civil) – Brasil. I. Braga Neto, Adolfo. II. Salles, Carlos Alberto de. III. Lorencini, Marco Antônio Garcia Lopes. IV. Silva, Paulo Eduardo Alves da.

23-82174 CDU: 347.925(81)

Meri Gleice Rodrigues de Souza – Bibliotecária – CRB-7/6439

SOBRE OS AUTORES

ADOLFO BRAGA NETO

Advogado, Mediador, Consultor e Professor. Coautor do livro *O que é mediação de conflitos* da Coleção Primeiros Passos, Editora Brasiliense, coorganizador do livro *Aspectos atuais da mediação e demais métodos extra e judiciais de resolução de conflitos*, Editora GZ, e autor do livro *Mediação – uma experiência brasileira,* Editora CLA. É Presidente do Conselho de Administração do Instituto de Mediação e Arbitragem do Brasil – IMAB.

CARLOS ALBERTO DE SALLES

Professor Associado do Departamento do Direito Processual da Faculdade de Direito da USP. Livre-docente, doutor e mestre pela USP. Desembargador do TJSP.

CÉLIA REGINA ZAPPAROLLI

Advogada, mediadora de conflitos, docente, consultora em mediação de conflitos e crises em Políticas Públicas (de Justiça, Segurança Integral, Saúde, Meio Ambiente, Habitação e Desenvolvimento Urbano) para o Banco Interamericano do Desenvolvimento – BID em Mediação em *Compliance*, no Programa Várzeas do Tietê do Governo do Estado de São Paulo (2016-2017); PNUD – Programa das Nações Unidas para o Desenvolvimento no Panamericano 2007, nos Programas Nacionais e do Mercosul, para a Senasp-MJ, SRJ-MJ, Senad, TJDFT (2006-2009); Programa Serra do Mar do Governo do Estado de São Paulo, Secretaria de Habitação e Urbanismo, CDHU e BID – Banco Interamericano para o Desenvolvimento, autora do Plano de Gestão de Conflitos, Controvérsias e Crises, mediadora e docente de mediação técnica e comunitária (2008-2011 e 2013-2015); Secretaria de Habitação do Estado de São Paulo, em resolução de conflitos (2008-2011 e 2013-2005); Projeto Íntegra – Gênero e Família, Idealizadora, coordenadora técnico--metodológica, Varas Criminais, de Violência Doméstica, da Família e Promotorias do Fórum Santana, para mediação em contextos judiciários de conflitos de relevante complexidade ou já criminalizados; IPAM – Apamagis – Docente; AASP – Associação dos Advogados de São Paulo, coordenadora e docente de cursos e do centro de mediação, no Termo de Cooperação Técnica com o TJSP (desde 2011); Mediadora na CAMITAL-Italcam. Credenciada como mediadora. Conciliadora e formadora de mediadores e conciliadores no TJSP, CNJ e EJUD-TRT2 (desde 2011). Presidente da RIMI-Rede Internacional de Mediação Interdisciplinar. Cofundadora e cocoordenadora na primeira gestão do Foname – Fórum Nacional de Mediação, hoje sua conselheira consultiva (2007-2019). Pesquisa métodos de mediação em distintas áreas (desde 2005). Pesquisa racionalidade decisória – *akrasia – weakness of will* em processos decisórios em ADRs (desde 2012) e na pós-graduação *stricto sensu* na psicologia clínica da PUC-SP (desde 2018). Sócia da CAMIE – Câmara de Arbitragem, Mediação Interdisciplinar e Empresarial.

DANIELA MONTEIRO GABBAY

Mestre e doutora em Direito Processual pela Universidade de São Paulo (USP). É professora de graduação e pós-graduação na Escola de Direito de São Paulo da Fundação Getulio Vargas (FGV), nas áreas de Mediação, Arbitragem e Processo Civil. Foi *visiting fellow* na Universidade de Yale (EUA) e na London School of Economics and Political Science (UK). É autora dos livros *Pedido e causa de pedir, Mediação & Judiciário no Brasil e nos Estados Unidos, Litigiosidade, morosidade e litigância repetitiva no Judiciário*, dentre outros. Sócia-fundadora da Mange & Gabbay Advogados, com atuação nas áreas de solução de disputas, mediação e arbitragem.

DIEGO FALECK

Mestre em Direito (LL.M.) pela Harvard Law School. Doutor em Direito pela Universidade de São Paulo. Sócio-fundador da Faleck & Associados, escritório especializado em resolução de disputas. Foi secretário interino e chefe de gabinete da Secretaria de Direito Econômico do Ministério da Justiça (SDE/MJ), Presidente do Conselho Federal Gestor do Fundo de Defesa dos Direitos Difusos (CFDD/MJ) e membro do Conselho Nacional de Seguros Privados do Ministério da Fazenda (CNSP/MF).

FERNANDA TARTUCE

Doutora e Mestra em Direito Processual pela USP. Professora no Programa de Mestrado e coordenadora em cursos de especialização na Escola Paulista de Direito. Presidenta da Comissão de Soluções Consensuais de Conflitos da OAB/SP, da Comissão de Processo Civil do Instituto Brasileiro de Direito de Família (IBDFAM) e da comissão de Mediação Contratual do Instituto Brasileiro de Direito Contratual (IBDCont). Vice-presidente da Comissão de Mediação do Instituto Brasileiro de Direito Processual (IBDP). Diretora do Centro de Estudos Avançados de Processo (CEAPRO). Membra do Instituto dos Advogados de São Paulo (IASP) e da ABEP (Associação Brasileira Elas no Processo). Advogada, mediadora e autora de publicações jurídicas.

LUIS FERNANDO GUERRERO

Mestre e Doutor em Direito Processual pela Faculdade de Direito da Universidade de São Paulo. Especialista em Mediação de Conflitos pela Northwestern University. *Visiting Scholar* na Columbia University Law School. Membro de diversas listas na qualidade de árbitro, mediador e especialista em solução de conflitos. Autor de livros e artigos. Professor da Fundação Instituto de Administração – FIA, do IBMEC-SP e Colaborador Voluntário de cursos de graduação e pós-graduação. Advogado em Lobo De Rizzo Advogados.

MARCO ANTÔNIO GARCIA LOPES LORENCINI

Metre e Doutor em Direito Processual pela Universidade de São Paulo (USP). Especialista em Direito Internacional pela USP. Membro do Núcleo de Estudos de Mecanismos de Solução de Controvérsias – NEMESC – da Faculdade de Direito da USP, do Centro Brasileiro de Pesquisas Judiciais – CEBEPEJ e do Fórum Nacional de Mediação – FONAME. Professor universitário.

PAULO EDUARDO ALVES DA SILVA

Professor da Faculdade de Direito de Ribeirão Preto da USP (FDRP/USP). Advogado e Mediador. Mestre, Doutor e Livre-Docente em Direito pela USP. Pesquisador visitante junto à Universidade da Califórnia/Berkeley, EUA (2016), e à Universidade de Wisconsin/

Madison, EUA (2012). Membro fundador da Rede de Pesquisa Empírica em Direito (REED).

SAMANTHA PELAJO

Presidente da Comissão e da Câmara de Mediação de Conflitos da OAB/RJ. Professora Coordenadora do Grupo Interdisciplinar de Mediação de Conflitos da PUC-Rio. Vice--Presidente do Instituto MEDIARE. Cocoordenadora e coautora dos livros *Mediação de Conflitos para iniciantes, praticantes e docentes* (JusPodivm) e *Mediação de Conflitos no Novo Código de Processo Civil* (Forense).

TANIA ALMEIDA

Diretora-presidente do Mediare – Diálogos e Processos Decisórios. Pesquisadora, docente e supervisora em Mediação de Conflitos e Processos de Diálogos. *Short Term Consultant* do Programa de Mediação de Conflitos para América Latina do Banco Mundial. Autora de *Caixa de ferramentas em mediação* – Aportes práticos e teóricos. Coorganizadora de *Mediação de Conflitos para iniciantes, praticantes e docentes.*

APRESENTAÇÃO À 1ª EDIÇÃO

É uma honra para nós apresentar este livro.

A matéria – os chamados meios alternativos de solução de conflitos – é de nossa predileção. Mas o tratamento que lhe é dado é profundamente inovador.

Trata-se de fornecer um instrumento de apoio ao ensino da matéria. E isso é extremamente relevante para o ensino em geral e para o ensino dos meios alternativos de solução de conflitos, em particular: ensino este que se propaga em todas as Faculdades de Direito, em observância ao disposto na Resolução n. 125 do Conselho Nacional de Justiça. Exemplo disso, ao lado de outras iniciativas, é a nova disciplina de graduação da Faculdade de Direito da USP, integrante da grade curricular, sobre Mediação e Conciliação judiciais e extrajudiciais, que teve início no segundo semestre de 2012 e que tem como objetivo primordial não só difundir entre os estudantes a cultura da paz, mas, ainda, iniciar sua capacitação como mediadores e conciliadores.

O livro que ora se apresenta insere-se nas metodologias inovadoras de ensino. Trata-se de traçar, nas palavras dos autores, um *eixo condutor* do curso, não exauriente e apenas provocativo, direcionador de abordagens e debates mais profundos em sala de aula. A orientação sobre leituras – de preferência prévias – com o material indicado como suplementar, bem como as questões a serem respondidas indicam o caráter dinâmico do processo ensino/aprendizagem. Importante, também, que os artigos, o material suplementar e as questões podem ser utilizados de diversas maneiras, segundo a técnica que melhor se confizer com o professor e os alunos. Portanto, um guia e um norte, que não engessam e permitem a flexibilização.

Os autores são todos especialistas em negociação, mediação, conciliação e arbitragem, com larga experiência profissional. A disposição dos artigos também atende a uma ordem didática. Os artigos iniciais apresentam conhecimentos gerais sobre os métodos de resolução de conflitos. Os que seguem tratam especificamente de cada técnica. E, finalmente, o último artigo é dedicado a uma relativa novidade: o desenho de solução de disputas, que permite a combinação de diversos métodos para adequá-los a situações concretas com características específicas.

Parabéns à coordenação e aos autores, que souberam escrever uma obra ímpar, que se inserirá entre aquelas realmente precursoras, com um objetivo raro e precioso: *ensinar a ensinar.*

São Paulo, setembro de 2012.

Ada Pellegrini Grinover
Kazuo Watanabe

SUMÁRIO

INTRODUÇÃO
O sistema brasileiro de administração de conflitos cíveis e as mudanças na formação jurídica

Carlos Alberto de Salles
Marco Antônio Garcia Lopes Lorencini
Paulo Eduardo Alves da Silva

O Brasil já dispõe, nas leis e na prática, de um sistema de métodos de resolução de disputas cíveis. Já se contam mais de 15 anos desde que iniciativas de promoção da conciliação, mediação, negociação, arbitragem junto ao Poder Público e outros desenhos variados de resolução de disputas foram reunidas em torno de uma pauta comum de políticas públicas judiciárias. Essa pauta havia ganhado impulso com as políticas de gestão da Justiça e se concretizou com a edição de uma sequência de diplomas normativos entre os anos 2010 e 2015. Os marcos dessa rápida trajetória são, em 2010, a Resolução n. 125 do Conselho Nacional de Justiça[1] e, já em 2015, as três leis federais que estruturaram esse sistema: a lei que reformou a Lei de Arbitragem (Lei 13.129), a Lei de Mediação (Lei 13.140) e o próprio Código de Processo Civil (Lei 13.105). O STF, por meio da Resolução 697, de 6 de agosto de 2020, criou o Centro de Mediação e Conciliação no âmbito daquela corte. Recentemente, as iniciativas parecem dirigidas a ampliar o uso da mediação eletrônica. A Lei 13.994/2020, por exemplo, estende aos Juizados Especiais Cíveis a possibilidade de realizar sessões não presenciais de conciliação, por tecnologias de comunicação remota. Também a Lei 14.112/2020, que alterou a Lei de Falências e Recuperações Judiciais, introduziu uma ampla sistemática de utilização de conciliação e mediação em matéria recuperacional. Por fim, a Lei de Licitações (Lei

1 Na sequência foram editados vários outros atos administrativos do CNJ tratando da utilização de mecanismos consensuais. Destaque-se, mais recentemente, a Recomendação 100/2022 (recomenda o uso de métodos consensuais de solução de conflitos em demandas que versem sobre o direito à saúde); a Recomendação 125/2021 (dispõe sobre os mecanismos de prevenção e tratamento do superendividamento e a instituição de Núcleos de Conciliação e Mediação de conflitos oriundos de superendividamento, previstos na Lei 14.181/2021); e a Resolução 406/2021 (dispõe sobre a criação e o funcionamento do Núcleo de Mediação e Conciliação – Numec –, no âmbito do Conselho Nacional de Justiça e dá outras providências).

14.133/2021) previu vários mecanismos extrajudiciais de solução de controvérsias, tais como a mediação, o comitê de resolução de disputas e a arbitragem.

A rápida e marcante difusão da "justiça consensual" exigiu e ainda exige mudanças na formação e no treinamento profissional dos operadores do direito e atores do sistema de justiça. A primeira edição deste livro, de 2011, revelou-se visionária ao perceber esse desafio. Seu objetivo já era o de organizar o conhecimento disponível sobre o incipiente sistema, ainda em nível *de lege ferenda*. À época, a regulação da matéria contava apenas com a Resolução n. 125 do CNJ, e o debate sobre a nova legislação ensaiava os primeiros passos. Os autores e as autoras reunidos para aquela primeira edição eram, e ainda são, protagonistas do movimento dos chamados *ADR* no seu campo teórico e no campo profissional. O Professor Kazuo Watanabe e a saudosa Professora Ada Pellegrini Grinover foram incentivadores e fomentadores daquela reflexão coletiva.

Hoje, quando da publicação desta quinta edição, não resta dúvidas da necessidade de os cursos de graduação e pós-graduação em direito incorporarem os conhecimentos, conteúdos, competências e habilidades para operação do repertório diverso das ferramentas de resolução de disputas agora positivados no ordenamento jurídico. Ao cenário antevisto na primeira edição somaram-se normas e políticas judiciárias e, mais recentemente, iniciativas no campo privado.[2] Nos últimos anos, a mediação parece ter ganhado espaço nas práticas de advogados e nas estratégias das empresas. O generalizado uso de recursos tecnológicos pela advocacia e pelo sistema de justiça também contribuíram com o novo cenário da resolução de disputas cíveis.[3]

O contexto fático e normativo que este livro toma por base é, portanto, mais complexo do que o da primeira edição. Conhecer seus objetivos, estrutura e principais regras auxiliará na compreensão dos temas selecionados para compor seus capítulos.

1. *A Resolução n. 125/2010 do CNJ – uma política nacional voltada à "cultura da pacificação"*

A Resolução de n. 125 do CNJ abriu o caminho para a instituição de uma "Política Nacional de Tratamentos dos Conflitos", atendendo à necessidade de internalização e disseminação social de que todo sistema de resolução de conflitos depende. Mais do que a regulamentação de condutas e a fixação de procedimentos,

---

2 Anota-se que a Lei 14.181/2021 inseriu capítulo no Código de Defesa do Consumidor, tratando da utilização da conciliação no superendividamento. V., também, nessa matéria, o Decreto 11.150/2022.

3 No mesmo sentido, o Decreto 10.197, de 2 de janeiro de 2020, transformou a ferramenta "consumidor.gov.br" na plataforma digital oficial da Administração Pública Federal para "autocomposição nas controvérsias em relações de consumo". Ainda, a Lei 13.988/2020 possibilitou a transação tributária no âmbito da União.

seus dispositivos foram idealizados para exercerem um papel predominantemente educativo e muito pouco sancionatório. O plano era, na terminologia de um de seus principais incentivadores, a disseminação de uma "cultura da paz", em comparação à "cultura da sentença", que caracterizaria o perfil litigante na sociedade brasileira (art. 2º da Res. 125)[4].

Seus "consideranda" refletem preocupações de três ordens. A primeira, com a eficiência do Judiciário, ilustrada pelo controle da atuação financeira do Poder Judiciário, a sua eficiência operacional, a atenção aos conflitos de interesse em larga escala, a redução da excessiva judicialização e a quantidade de recursos e execução de sentenças. Em segundo, uma preocupação com o acesso à justiça – por meio de menções expressas a "acesso ao sistema de justiça", "responsabilidade social" e direito constitucional ao acesso à justiça. Em terceiro, uma preocupação com a criação, no âmbito do Judiciário, de um sistema diversificado de soluções de conflito – evidenciados pela menção à incumbência do Judiciário de organizar os serviços prestados via processo judicial e também através de outros mecanismos de solução, e ao objetivo de uniformizar os serviços de conciliação e mediação e com a alusão à criação de juizados especializados de resolução alternativa de conflitos.

Em sua versão original, a Resolução 125 do CNJ é relativamente concisa: 19 artigos organizados em três capítulos – da política nacional que ela institui, das atribuições do CNJ e o último, mais extenso, das atribuições dos tribunais.

A política nacional de tratamento adequado de conflitos articula-se em torno da "disseminação da cultura de pacificação social" (art. 2º) e da articulação entre o CNJ e os tribunais (art. 3º). Ela parece sustentar-se em três elementos: a invocação de um "direito à solução de conflitos por meio adequado"; a ampliação dos serviços judiciais a "outros serviços" além do de julgamento, compreendendo inclusive o de "atendimento e orientação ao cidadão"; e os três focos da regulação da mediação judicial: a centralização das estruturas judiciárias, a formação e treinamento e o acompanhamento estatístico.

O CNJ exerce o papel de coordenador, articulador, regulador e certificador da política – o que ele desempenha pela organização do programa (*v.g.*, estabelecimento de suas diretrizes), pelo apoio às ações dos tribunais (*v.g.*, a avaliação e os critérios de promoção e remoções de magistrados), o controle da formação, credenciamento e atuação dos profissionais envolvidos (*v.g.*, o conteúdo programático da capacitação profissional, a regulamentação ética), a articulação com os outros órgãos (como as instituições de ensino, o MP, a Defensoria Pública, a OAB, Procuradorias, empresas e agências reguladoras).

Aos tribunais a Res. 125 atribui a responsabilidade pelo planejamento e implantação local da política e, principalmente, a estruturação dos órgãos de

---

4 Watanabe, 2005.

solução consensual de conflitos nos juízos e o cadastramento dos profissionais. Dois órgãos são incumbidos de operacionalizarem a política no âmbito dos tribunais: os Núcleos Permanentes de Métodos Consensuais de Solução de Conflitos (os "Nupemec's", art. 7º) e os Centros Judiciários de Solução de Conflitos e Cidadania (os "Cejusc's", arts. 8º e ss.).

Os Cejusc's são a unidade básica de justiça consensual junto aos fóruns, responsáveis por realizar as sessões de conciliação e mediação dos juízos por ela atendidos – e, agora com o CPC, as mediações judiciais pré-processuais e processuais. Os conciliadores e mediadores são os profissionais que, devidamente capacitados segundo normas do CNJ, atuarão nos Cejusc's, sujeitam-se a um código de ética regulado pelo CNJ e serão submetidos a aperfeiçoamento permanente e avaliação dos usuários (arts. 12 e ss.).

No âmbito do CNJ, a competência para gerir a política nacional de tratamento de conflitos ficou a cargo da "Comissão de Acesso ao Sistema de Justiça" e ao "Comitê Gestor da Conciliação", que são presididos pelos Conselheiros com mandatos definidos. A Res. 125 também prevê o dever dos tribunais e do CNJ organizarem os dados relativos à implantação da "Política" e a criação de um "Portal da Conciliação" no sítio eletrônico do CNJ.

A Res. 125 foi objeto de duas emendas, uma em 2013 e outra em 2016,[5] bem como de alteração pelas Resoluções 290/2019 e 326/2020, após o que seu texto se tornou mais longo e detalhado e com um número maior de regras de procedimentos. Aparentemente, as emendas procuraram adequar a Política aos obstáculos contingenciais práticos enfrentados em sua implantação. A emenda de 2016, especificamente, procurou adequar a Resolução às disposições sobre mediação e conciliação trazidas pelo CPC e a Lei de Mediação.

As regras emendadas parecem concentradas em três focos: capacitação, credenciamento e cadastro dos mediadores e conciliadores (aperfeiçoamento permanente, parâmetros curriculares e, principalmente, avaliação pelas partes); adaptação das exigências formais às possibilidades práticas dos tribunais (criação de opções aos Cejusc's, como os centros itinerantes e regionalizados e exigência de apenas um servidor capacitado em caráter de exclusividade); e, por fim, a criação do "Fórum de Coordenadores de Núcleos" cujos enunciados integram a Resolução, inclusive para fins de vinculação (art. 12-A e 12-B).

A Emenda de 2016 ainda subordina as câmaras privadas de conciliação e mediação à Res. 125 (art. 12-C a 12-F), regula o incentivo à mediação digital e a menção à futura regulação da mediação no âmbito dos conflitos nas relações de trabalho (art. 18-B).

---

5 Respectivamente, Emendas 01/2013 e 02/2016.

A Res. 125 possuía quatro Anexos, dotados de correspondente eficácia vinculante, tal qual as suas demais regras (art. 18). Dentre eles, o primeiro e o segundo anexos tratam respectivamente das "Diretrizes Curriculares" de capacitação e do "Código de Ética" de conciliadores e mediadores judiciais. A importância e o espaço que esses dois anexos ganharam com as emendas à Resolução revelam a preocupação da Política Nacional com a formação e a conduta dos profissionais envolvidos na mediação – relevância e destaque que se projetam para a finalidade e os objetivos didáticos perseguidos neste livro.[6]

A disseminação social e a capacitação dos operadores da "justiça consensual" dependem de um trabalho qualificado de formação, o que sugere a importância da construção de material didático a partir deste quadro normativo elementar. As "Diretrizes Curriculares" do Anexo I da Res. 125, por exemplo, estipulam um controle formal da capacitação, consistente na fixação e especificação de um conteúdo programático e carga horária mínimos necessários para a formação do mediador e conciliador. Embora abrangentes, a definição do conteúdo programático e carga horária mínimos é pouco flexível e tem perfil conteudista, restrito a algumas linhas teóricas sobre negociação e mediação e guiado por controle quantitativo (conteúdo de 12 tópicos temáticos detalhados, tipos de material didático admitidos e carga de 40 horas teóricas e 60 a 100 horas de prática). A adequação dessas diretrizes à formação de profissionais da área do direito e de outras áreas depende de complementação por atividade e material didáticos especificamente construídos.

O "Código de Ética de Conciliadores e Mediadores Judiciais" do Anexo III, por sua vez, toca em um dos pontos mais sensíveis dos métodos consensuais de resolução de disputas – o comportamento do mediador e, por esta via, a legitimidade da mediação como método de produção de justiça na sociedade. As regras do Anexo III são menos minuciosas e aparentemente menos inflexíveis do que as "diretrizes curriculares", talvez pelo fato de se limitar a listar e definir princípios a serem observados na resolução consensual (confidencialidade, decisão informada, competência, imparcialidade, independência e autonomia, respeito à ordem pública e leis vigentes, empoderamento e validação). A opção por criar um corpo de normas aberto, baseado em princípios, parece corresponder ao equilíbrio entre a necessidade de regulamentação da atividade com o risco de enrijecimento do método que uma regulamentação minuciosa geraria. Inclusive as "regras procedimentais" trazidas no Anexo III (art. 2º) seguem formato da enunciação de princípios e regras gerais da resolução consensual – informação, autonomia da vontade, ausência de obrigação de resultado, desvinculação da profissão de origem e compreensão quanto à conciliação e mediação. Além do seu caráter principiológico, chama a atenção a definição de cada um deles, com explicações com evidente função didática.

---

6 O segundo e o quarto anexos, respectivamente dos "setores de solução de conflitos e cidadania" e dos "dados estatísticos", foram revogados pela Emenda de 2013.

2. ***O Código de Processo Civil de 2015 – a internalização da "justiça consensual" na jurisdição e no processo judicial cível***

Em 2015, o Código de Processo Civil (Lei 13.105, de 2015) foi aprovado e trouxe consigo mudanças importantes para a litigância judicial no país. Dentre elas, a consagração dos métodos consensuais como uma nova espécie de serviço público de justiça. Logo em seu artigo 3º, dentre as "normas fundamentais" do Código, o legislador elimina dúvidas acerca de eventual incompatibilidade da arbitragem e da mediação e conciliação com o direito de ação e o âmbito da jurisdição. Assim como a lei não excluirá lesão ou ameaça a direito de apreciação jurisdicional, a arbitragem é permitida, o Estado deve promover a solução consensual dos conflitos e os atores institucionais do processo judicial (juízes, advogados, defensores públicos e membros do Ministério Público) devem estimular a mediação e a conciliação (CPC, art. 3º).

Mais adiante, nas disposições sobre organização judiciária, o CPC incorpora os mediadores e conciliadores à função de órgãos auxiliares da Justiça – junto com o escrivão, o chefe de secretaria, o oficial de justiça, o perito, o depositário, o administrador, o intérprete, o tradutor, o partidor, o distribuidor, o contabilista e o regulador de avarias (CPC, art. 149).

Ao regular a função do mediador e conciliador (arts. 165 a 175), o Código aproveita para oferecer definições e princípios para as respectivas técnicas, para complementar sua regulação e para estruturar os órgãos judiciários responsáveis por sua implementação e desenvolvimento. Os parágrafos 2º e 3º do artigo 165 oferecem definições técnicas para a mediação e da conciliação – esta para conflitos em que as partes não têm vínculo anterior, em que o terceiro conciliador pode sugerir soluções para a disputa; e aquela cabível nos casos em que os conflitantes possuem vínculo além do processo, o que reserva ao terceiro mediador o papel de auxiliá-las a encontrar por si uma solução. Esta diferenciação, outrora fonte de polêmica entre os estudiosos, é explicada e analisada em mais de um capítulo deste livro. Ainda que a definição do Código tenha trazido alguma segurança para a aplicação das técnicas, o conhecimento das raízes e justificativas da diferenciação permitirá que aspectos de ambas técnicas sejam combinados pelo operador conforme as circunstâncias e necessidades das partes no caso concreto.

O CPC também oferece a sua própria versão dos princípios da mediação e conciliação: independência, imparcialidade, autonomia da vontade, confidencialidade, oralidade, informalidade e decisão informada (art. 166, *caput*). A lista não difere substancialmente da lista apresentada na Lei de Mediação (v. *infra*) e, de modo geral, reflete o conjunto de preocupações nucleares com a legitimidade e o bom desenvolvimento da resolução consensual de disputas, mormente quando desempenhadas no âmbito do Poder Judiciário. A utilização de princípios, se por um lado confere a flexibilidade necessária para a aplicação adequada das técnicas, exige por outro lado um trabalho suplementar didático e doutrinário, o que os autores e autoras dos capítulos deste livro procuraram oferecer.

A resolução consensual de disputas desenvolvida de modo articulado à jurisdição estatal torna necessária alguma reorganização das estruturas judiciárias – o CPC também normatizou. Além da regulamentação profissional de mediadores e conciliadores (art. 169), com regras para sua certificação e cadastramento (art. 167), os centros judiciários de solução consensual de conflitos, os Cejuscs da Res. 125, passaram a compor, com as varas e os cartórios, a unidade básica do Poder Judiciário nacional (art. 165, *caput*).

O Código também articula as funções e atividades dos mediadores e conciliadores, e dos "Cejuscs" onde houver, aos atos processuais especificamente voltados à resolução consensual do litígio. As tentativas de conciliação que devem acontecer na audiência de conciliação (arts. 334 e ss.) serão conduzidas, sendo possível, por mediadores e conciliadores (art. 334, § 1º). Esta primeira das três audiências previstas para o rito comum agora é de designação obrigatória (art. 334, §4º) e deve acontecer antes mesmo da contestação.[7] A respectiva pauta deve observar tempo mínimo de 20 (vinte) minutos. O protagonismo conferido à "justiça consensual" – e, no caso, à audiência de conciliação e mediação – reforçam a necessidade de formação específica para a atuação voltada às técnicas de resolução consensual, objeto dos capítulos desta obra coletiva.

3. *A Lei de Mediação de 2015 – articulação ao processo judicial e expansão para a Administração Pública*

Três meses após a aprovação do CPC, e entrada em vigor anterior a ele, a Lei federal 13.140, de 2015, é o terceiro elemento do quadro normativo do sistema de resolução de conflitos recém-implantado no Brasil.

A Lei de Mediação contém 48 artigos distribuídos em dois capítulos bastante distintos[8]. Seu capítulo I cuidou da regulamentação processual da mediação judicial e inovou substancialmente ao regulamentar a mediação extrajudicial e o capítulo II se voltou à criação de alternativas para os processos judiciais que envolvem a administração pública – o que foi chamado de "autocomposição de conflitos em que for parte pessoa jurídica de direito público"; aliás, a maior parcela do acervo de processos dos tribunais brasileiros.

---

7 Audiência essa cujo comparecimento não justificado é sancionado com pena de multa (art. 334, § 8º, do CPC). Essa sanção legal é no mínimo polêmica, diante do caráter consensual da solução buscada por meio dela.

8 O seu artigo 1º não esconde o objeto dúplice: "Esta Lei dispõe sobre a mediação como meio de solução de controvérsias entre particulares e sobre a autocomposição de conflitos no âmbito da administração pública."

A lista de princípios da mediação estabelecida pela LM corresponde no geral à de regramentos similares, com algumas pequenas diferenças: imparcialidade, isonomia, oralidade, informalidade, autonomia da vontade, consenso, confidencialidade e boa-fé (art. 2º).

Direitos disponíveis e indisponíveis que admitam transação relativos a todo o conflito ou a parte dele podem ser objetivo de mediação (art. 3º). Quando indisponíveis, é necessária a homologação em juízo, precedida da oitiva do Ministério Público (art. 3º, § 2º).

Ainda que não considerada estritamente obrigatória ("Ninguém será obrigado a permanecer em procedimento de mediação", art. 2º, § 2º), o comparecimento à primeira reunião é obrigatório quando houverem firmado cláusula compromissória de mediação (art. 2º, § 1º). O mesmo não pode ser dito da audiência de conciliação prevista no CPC (art. 334), cuja designação e comparecimento das partes tem se considerado praticamente obrigatório diante da complexa regra de dispensa conjunta pelas partes (§ 4º) – embora, na prática, ainda seja comum a não designação das audiências, a despeito da clareza do texto da lei.

Os mediadores, designados pelo tribunal ou escolhido pelas partes, sujeitam-se a regras de imparcialidade (hipóteses de impedimento e suspeição) equivalentes às do juiz e estão protegidos pela regra da confidencialidade (não podem ser árbitros nem convocados como testemunhas em causas relacionadas, art. 7º). Mediadores extrajudiciais estão sujeitos a menos requisitos que os judiciais ("qualquer pessoa capaz que tenha a confiança das partes e seja capacitada para fazer mediação, independentemente de integrar qualquer tipo de conselho, entidade de classe ou associação...", art. 9º). Mediadores judiciais, por sua vez, precisam ser graduados há pelo menos dois anos, capacitados em mediação em instituição reconhecida e requisitos mínimos de formação (art. 11), inscritos em cadastros dos tribunais e, em princípio, remunerados (art. 13). Diferentemente dos mediadores extrajudiciais, os mediadores judiciais não precisam ser aceitos pelas partes (art. 25).

Os procedimentos de mediação seguem um corpo restrito de algumas regras gerais e outras específicas de cada modalidade, judicial e extrajudicial. O procedimento geral prevê uma primeira reunião (em que o mediador deve, necessariamente, alertar as partes sobre a regra da confidencialidade), a possibilidade de concomitância com processo arbitral ou judicial, de concessão de medidas de urgência pelo árbitro ou juiz, bem como a previsão de formas conjuntas ou separadas de reuniões (o chamado *caucus*) e ainda outorga eficácia executiva do termo de acordo (judicial ou extrajudicial, dependendo se homologado ou não).

A regulamentação da mediação extrajudicial na Lei parece ser a principal inovação da Lei, considerando a natureza privada desta atividade. São regulados, por exemplo, a forma e o prazo de resposta ao convite para iniciar o procedimento (art. 21), a opção pela previsão contratual de mediação e os seus requisitos e hipóteses de ocorrência (art. 22, com destaque para a substituição da "cláusula cheia" de mediação pela indicação de regulamento, a possibilidade de cláusula incompleta e a determinação para a suspensão judicial da arbitragem ou procedimento judicial se houver clausula de mediação sob condição ou termo). E, ainda, a inovadora hipótese de a parte vencedora em ação judicial responder por 50% das custas sucumbenciais se, existindo cláusula de mediação incompleta, ela não comparecer à primeira reunião (art. 22, § 2º, IV).

A mediação judicial, por sua vez, porque realizada no âmbito do Poder Judiciário, depende de uma estrutura mais complexa e de regras mais detalhadas, objeto dos artigos 24 e ss. da LM. Pode acontecer antes da instauração do processo (pré-processual) ou após (processual) e o procedimento deve ser concluído em até sessenta dias. As audiências são realizadas nos centros judiciários de solução de conflitos, já previstos pela Res. 125. A designação é obrigatória se não for o caso de extinção imediata do feito (inépcia ou improcedência liminar, art. 27 da LM).

As regras de confidencialidade, pela sua importância para o bom resultado da mediação, ganharam uma seção própria na Lei de Mediação, a última seção do Capítulo I (arts. 30 e 31). No modelo brasileiro, a regra da confidencialidade, definida como a impossibilidade de qualquer informação relativa à mediação ser revelada em processo judicial ou arbitral, vincula todo aquele que participar, direta ou indiretamente, do processo: mediador, partes, prepostos, advogados, assessores técnicos e "outras pessoas de confiança (das partes)". Por outro lado, a regra foi subordinada a algumas exceções: a disposição comum das partes em sentido contrário, a determinação legal, a necessidade de cumprimento de acordo resultante de mediação, a informação relativa a crime de ação civil pública e o dever de informação tributária (neste caso, após o término da mediação).

O segundo capítulo da Lei de Mediação trata, por sua vez, da "autocomposição de conflitos" pela Administração Pública.[9] Neste caso, o modelo de resolução consensual de conflitos é um tanto distinto do da mediação judicial e extrajudicial. Baseia-se na estrutura de "câmaras de prevenção e resolução administrativa de conflitos", criadas pelo Poder Público no âmbito dos seus órgãos de advocacia pública, subordinados a um regime de autorizações especiais para transação de interesses públicos e com competência para dirimir conflitos dos órgãos públicos entre si, para avaliar pedidos de resolução de conflitos com participares e firmar termos de ajustamento de conduta (art. 32). O resultado da autocomposição feita nas Câmaras administrativas tem eficácia executiva de título extrajudicial.

Os conflitos que envolvam a administração pública federal são objeto de seção específica da Lei de Mediação (seção II, do capítulo II, arts. 35 a 40). Neste caso, em se tratando de conflitos com particulares, a controvérsia jurídica pode ser objeto

---

9 A Lei 14.133/2021 – Lei de Licitações, referida acima, reforça essa possibilidade, trazendo dispositivos favoráveis à solução consensual e à arbitragem na Administração Pública.

de autocomposição veiculada por transação através de pedido de adesão feito por interessado a resolução administrativa baseada em autorização do Advogado-Geral da União com base em jurisprudência superior ou parecer do mesmo autorizado pelo Presidente da República. O pedido de adesão implica renúncia a direito eventualmente objeto de processo judicial ou administrativo em trâmite. Nos casos de conflitos entre órgãos da própria Administração Federal, a Advocacia-Geral da União realizará a composição extrajudicial sobre a controvérsia jurídica ou, se não houver acordo, irá "dirimi-la" (art. 36, §1º) – locução que, embora genérica, sugere que a AGU decidirá propriamente o caso, adjudicando-lhe uma solução aproxima-se de verdade[10]. A execução do resultado da autocomposição, por sua vez, pode ser feita por adequação orçamentária (art. 36, § 2º).

Esta seção ainda prevê outras hipóteses de autocomposição para os casos de conflitos envolvendo a administração pública federal e Estados, Distrito Federal e Municípios (submissão facultativa à Advocacia-Geral da União, art. 37) e controvérsias jurídicas em matéria tributária que envolva a Receita Federal, com aplicação, agora, da recente Lei 13.988/2020, que admite transação tributária no âmbito da União. Vale destaque para a regra do artigo 39, que condiciona a propositura de ações judiciais entre órgãos da administração pública federal à prévia autorização do Advogado-Geral da União.

Dentre as disposições finais da Lei de Mediação, merece menção a extensão da lei, no que couber, às mediações comunitárias e escolares e as realizadas em serventias extrajudiciais (art. 42); a reprodução da mesma ressalva da Res. 125 quanto à mediação nas relações de trabalho (art. 42, parágrafo único); a possibilidade dos órgãos da administração pública criarem câmaras para resolução de conflitos sobre atividades reguladas ou supervisionadas, entre particulares; as modificações na Lei 9.469/1997 para regular a competência para as autorizações de acordos ou transações sobre litígios por empresas públicas e autarquias federais; e, por fim, a reprodução da permissão a que a mediação seja feita pela internet ou outro meio de comunicação a distância, desde que com o consenso das partes.

4. *Lei 13.129 de 2015 – uma reforma pontual na Lei de Arbitragem*

A Lei 9.307, de 1996, criou condições de efetividade para a arbitragem no Brasil. Ao revogar as disposições do revogado CPC de 1973, que condicionava a eficácia do "laudo" arbitral à homologação do juízo estatal e permitia o entendimento de que a cláusula arbitral era apenas um pré-contrato, a Lei de Arbitragem criou condições para o desenvolvimento desse instituto no Brasil, sobretudo, ao

---

10 A LM, nesta hipótese, diz pouco sobre como a AGU irá dirimir a controvérsia jurídica que não foi acordada. De todo modo, o dispositivo é de alta relevância e uma possível interpretação seria a de que tais controvérsias seriam de competência administrativa interna, excluídas, portanto, da competência judicial.

equiparar a sentença arbitral à judicial (art. 31), ao propiciar uma mecanismo de tutela específica da cláusula arbitral (art. 7º) e ao limitar a possibilidades de impugnação à validade da sentença arbitral (art. 32).

A Lei 13.129, de 2015, buscou aprimorar Lei de Arbitragem, sem causar incertezas legislativas para esse mecanismo, cujo o funcionamento já era considerado positivo antes mesmo do advento do projeto de lei que lhe deu origem. Assim, mais do que mudanças, a lei reformadora buscou aprimoramentos pontuais, sempre no sentido da expansão do uso da arbitragem e da melhoria de seus mecanismos funcionais.

Uma das principais iniciativas do projeto de lei aprovado pelo Congresso Nacional foi a tentativa de consolidar a possibilidade de utilização da arbitragem em áreas onde havia dúvida quanto ao seu cabimento. Assim, buscou propiciar a arbitragem em litígios envolvendo a Administração Pública, as relações de consumo e matéria trabalhista. Infelizmente, as disposições relativas a esses dois últimos campos (consumo e direito do trabalho), que previam a possibilidade de instituição da arbitragem mediante condições especiais, foram objeto de veto presidencial, remanescendo somente a autorização específica para utilização da arbitragem pela Administração Pública (parágrafos 1º e 2º, do art. 1º, da Lei de Arbitragem).

De todo o modo, a Lei 13.129/2015 trouxe importantes inovações à Lei de Arbitragem. É o caso da regra estabelecendo que a instituição da arbitragem interrompe o prazo prescricional (art. 19, § 2º), da disciplina das medidas de urgência, antes e depois de instituída a arbitragem (arts. 22-A e B), da criação da carta arbitral, para reger a cooperação da jurisdição estatal com o processo arbitral (art. 22-C), e da consagração da sentença parcial, já existente nas práticas arbitrais (art. 23, § 1º), regulando, também, a contagem do prazo para sua impugnação judicial mediante ação de nulidade da sentença arbitral (art. 33, §1º). Vale destaque, ainda, a regra de abertura da lista de árbitros das instituições arbitrais (art. 13, § 4º), a possibilidade de se demandar em juízo a prolação de sentença arbitral complementar (art. 33, § 4º) e a absorção da cláusula de arbitragem nos estatutos sociais das sociedades anônimas, mediante direito de recesso do acionista dissidente, com a alteração da Lei 6.404/1976, que rege essa modalidade societária (art. 136-A).

Da perspectiva de um sistema mais amplo de resolução de disputas cíveis, a Lei de Arbitragem e sua reforma recente colocam-se em conjunto com os demais diplomas aqui analisados na construção deste sistema articulado entre métodos públicos e privados, adjudicatórios e consensuais de solução de disputas cíveis no país.

5. *A formação em resolução consensual de disputas – atividades e material didáticos*

Os diplomas analisados nesta introdução articulam-se para compor o que deveríamos considerar um sistema de métodos para tratamento adequado de conflitos cíveis no Brasil. O arranjo composto pelo conjunto normativo não é, contudo, e como se pode perceber, absolutamente harmônico, o que onera a atividade didática e doutrinária com o ônus de equacionar e dar forma final ao sistema.

Fundados em princípios e regras específicas, operar as regras desses diplomas exige um conhecimento próprio raramente oferecido em cursos tradicionais em direito processual, teoria geral do processo ou organização da Justiça. Este livro procura sistematizar este conhecimento. A organização dos temas explora os princípios, os conteúdos e as habilidades para atender à formação básica do profissional em tratamento adequado de disputas cíveis.

Os capítulos exploram tanto aspectos técnicos e práticos, quanto aspectos conceituais e principiológicos dos métodos de resolução de conflitos que integram o novo sistema. As técnicas e orientações práticas permitem ao operador do direito e outros profissionais da área implementá-las concretamente e a apresentação das suas justificativas e princípios permite uma compreensão mais clara da sua função no sistema e oferece, sobretudo, elementos para o seu uso estratégico através de combinações adequadas às peculiaridades dos casos concretos – o que, aliás, é um elemento presente na nova legislação processual civil.

Na quinta edição, os capítulos foram revistos, atualizados e ampliados por seus autores e autoras com remissão à nova legislação brasileira. A todos os autores participantes, os coordenadores desta obra devem seu agradecimento pelo esforço de atualização em um momento de tantas e tão importantes mudanças legislativas.

1

RESOLUÇÃO DE DISPUTAS: MÉTODOS ADEQUADOS PARA RESULTADOS POSSÍVEIS E MÉTODOS POSSÍVEIS PARA RESULTADOS ADEQUADOS[1]

PAULO EDUARDO ALVES DA SILVA

1. SOCIEDADE, JUSTIÇA E RESOLUÇÃO DE DISPUTAS

A ocorrência de disputas de interesses na sociedade civil, entre indivíduos, grupos, ou com o Estado, é *inevitável*. Por conta da configuração social contemporânea, esses conflitos tornam-se mais frequentes e mais complexos. Os dados sobre o volume e a movimentação processual da Justiça brasileira, em progressivo aumento nos últimos anos, são um indicativo claro da tendência de aumento da mobilização por direitos. Relatórios similares de outros países sinalizam no mesmo sentido.

---

1 Este texto é resultado da revisão e atualização da versão que compôs a segunda edição desta obra, tendo sido pouco alterado em relação a ela. Agradeço à leitura e aos comentários feitos, sobre a primeira versão, por Daniela Monteiro Gabbay e, à segunda versão, por Felipe Reolon, Elisa Vanzella Lucena e Aline Lemos Reis.

Desde a consolidação dos Estados modernos, generalizou-se a crença de que o método mais adequado para a solução justa desses conflitos seria aquele oferecido pelo próprio Estado, por meio da jurisdição e do processo judicial.

O mecanismo estatal possui princípios próprios e um conjunto farto de regras, o que constitui o próprio "direito processual". A jurisdição deve ser imparcial, só atua mediante solicitação dos conflitantes (princípio da inércia), que, por sua vez, são compulsoriamente sujeitos a esse poder (princípio da inevitabilidade). Chega-se à resolução dos conflitos pelo debate entre as partes conflitantes (garantias do contraditório e da ampla defesa) e pela investigação racional da verdade. O julgador encontra solução para o conflito com base na lei e na jurisprudência e suas decisões devem ser motivadas e públicas (princípios do livre convencimento motivado, da fundamentação e da publicidade).

Nas últimas quatro décadas, todavia, a hegemonia do método estatal tradicional tem sido gradativamente questionada: o processo judicial é sempre o método mais adequado para se produzir justiça? A jurisdição estatal é a única competente para tanto? Poderia a própria sociedade promover, de forma autônoma e difusa, soluções para as disputas de interesse mais justas do que a provinda do Estado? Determinadas disputas seriam resolvidas com mais justiça mediante outros tipos de mecanismos? Deve a sociedade ter seus próprios mecanismos de solução de disputas?

Questões como essas, comuns no campo teórico,[2] ganharam espaço nos debates feitos na própria sociedade, insatisfeita com os serviços de justiça estatal. Os índices de confiança nos órgãos do sistema de justiça são mais baixos do que os de outras instituições sócio estatais, afetada por fatores ligados à confiança, rapidez, custos, restrito acesso, independência, honestidade e capacidade para desempenhar sua atividade (FGV, 2016, pp. 03 e 10)[3]. A insatisfação da população

[2] Estudos no campo do direito, da sociologia do direito e da antropologia jurídica compartilham estudos em torno de perguntas como essas.

[3] O sistema oficial de justiça do Brasil não conta com boa avaliação. Segundo o "Sistema de Indicadores de Percepção Social" (SIPS), do Instituto de Pesquisa Econômica Aplicada (Ipea), de maio de 2011, a nota média atribuída à Justiça foi de 4.55, numa escala de 0 a 10. É também baixa a credibilidade do sistema junto à população: nota de confiança em 4,9 em 10 e taxa relativa de confiança de 29% (FGV 2016). O índice de 4,9/10 é puxado para baixo principalmente por conta da opinião ruim que a população tem sobre como o Judiciário presta seu serviço – atribuindo-lhe a nota 3,4/10, composta pelos fatores confiança, rapidez, custos, acesso, independência, honestidade e capacidade para desempenhar sua atividade (FGV, 2016, p. 03 e 10). Já o percentual de confiança no órgão poder Judiciário, em 29%, é apurado em relação à confiança depositada em outras instituições, como as Forças Armadas (59%), a Igreja (58%), a imprensa (37%), as redes sociais (23%), a Presidência da República (11%), o Congresso Nacional (10%) e os partidos políticos (7%). Os dados são referentes a 2016 e costuma

com a Justiça estatal sugere existir espaço para um tipo direto e imediato de acesso à justiça, sem a intermediação de um agente estatal e regras formais que mais parecem distanciar a justiça da sociedade do que aproximá-las e isso se traduz na busca por técnicas para resolver por si os conflitos.

A teoria jurídica, conquanto fundada na primazia da lei, nunca deixou de admitir a solução de controvérsias pela própria sociedade. A teoria geral do processo, por exemplo, sempre acomodou a jurisdição entre outros métodos de solução de conflitos. Os cursos básicos de teoria do Estado e teoria geral do Processo ensinam, que, ao menos no plano teórico, a jurisdição convive com outros métodos heterocompositivos de resolução de conflitos, com os métodos autocompositivos e, inclusive, com a heresia da autotutela. O trecho abaixo, do clássico "Teoria Geral do Processo" é ilustrativo deste ponto:

> "a eliminação dos conflitos ocorrentes na vida em sociedade pode-se verificar por obra de um ou de ambos os sujeitos dos interesses conflitantes, ou por ato de terceiro. Na primeira hipótese, um dos sujeitos (ou cada um deles) consente no sacrifício total ou parcial do próprio interesse (autocomposição) ou impõe o sacrifício do interesse alheio (autodefesa ou autotutela). Na segunda hipótese, enquadram-se a defesa de terceiro, a mediação e o processo" (CINTRA, GRINOVER e DINAMARCO, 1998, p. 20).

Na verdade, a resolução consensual e comunitária de disputas é historicamente mais *antiga* do que o processo judicial conduzido pelo Estado. Mecanismos privados e informais de justiça já eram praticados quando o Estado e a jurisdição oficial ainda ganhavam corpo. É razoável supor, inclusive, que nunca deixaram de ser praticados e sempre estiveram em desenvolvimento no tecido social.

A jurisdição e o processo judicial representam tão somente os instrumentos mais formais para resolução das disputas e, na perspectiva do Estado moderno, a mais democrática e justa porque pautada e voltada para a aplicação da lei.

Nos dias atuais, entretanto, é provável que as sociedades *oscilem* no sentido de considerarem a resolução comunitária e menos formal das disputas como uma opção igualmente justa e mais acessível.

Cada sociedade desenha seu quadro de métodos de resolução de conflitos conforme as suas expectativas e anseios. No último século, as sociedades contemporâneas

---

sofrer alterações pontuais a cada ano. O "Índice de Percepção da Confiança na Justiça" (ICJ) é realizado periodicamente pela FGV, sendo que os dados aqui apresentados são do relatório do 1º semestre de 2016 (FGV, 2016) e, em alguns casos indicados no texto, do relatório do 2º semestre de 2015 (FGV, 2015). E o "Sistema de Indicadores de Percepção Social (SIPS) – Justiça" foi publicado pelo IPEA em 2010 e 2011.

parecem estar em crise com seus conceitos de forma, segurança, arbítrio e justiça, o que naturalmente compromete a hegemonia da jurisdição e do processo judicial e abre espaço para o ressurgimento de outros métodos. Em sistemas de *civil law* e de *common law*, a jurisdição e o processo judicial convivem com outros mecanismos de solução de disputas em sistemas. Nos sistemas jurídicos de tradição oriental e muçulmana, a prática da resolução privada consensual parece ser ainda mais comum.[4]

No Brasil, o uso da arbitragem, da mediação e conciliação ampliou-se consideravelmente na última década. Com isso, também cresce a necessidade de se conhecer com precisão seus princípios e regras básicas, como operam e, principalmente, como se integram à jurisdição estatal. *Em que consistem exatamente estes mecanismos? Quais suas semelhanças e suas diferenças? Quais suas características e regras? Como devem ser operados? E, principalmente, quais são os mais adequados? Quais conduzem à justiça?*[5]

Questões como essas precisam ser investigadas para se chegar a um grau de convivência segura entre a jurisdição e os métodos ditos alternativos. A legislação brasileira de 2015 traz alguns desses princípios e regras e fornecem elementos para responder a algumas dessas perguntas.

Este capítulo traz uma abordagem panorâmica dos métodos de resolução de disputas (MASC). O texto está organizado em quatro partes: esta introdução, a apresentação das características essenciais desses mecanismos, as estruturas de cada um deles (partes envolvidas e procedimentos) e uma conclusão.

2. JUSTIÇA FORMAL E INFORMAL – O QUE SÃO E POR QUE DIVERSIFICAR OS MÉTODOS PARA SOLUÇÃO DAS DISPUTAS?

A expressão "meios alternativos de solução de conflitos" (MASC) correspondente à homônima em língua inglesa "alternative dispute resolution" (*ADR*). Ela representa uma variedade de métodos de resolução de disputas distintos do julgamento que se obtém ao final de um processo judicial conduzido pelo Estado. São exemplos a arbitragem, a mediação, a conciliação, a avaliação neutra, o *mini-trial*, a própria negociação, entre outros.[6]

---

4 Como sugere um dos filmes indicados como material suplementar a este artigo.

5 Interessante notar, no fundo dessas indagações, a sofisticada questão do *acesso à justiça*. Que mecanismos propiciam efetivo acesso à justiça? É possível diferenciá-los por este critério? O que é, atualmente, acesso à justiça?

6 No Capítulo 3 desse livro, o Professor Marco Antonio Lorencini traz definições esclarecedoras e detalhes sobre funções e características dessas técnicas.

A expressão em língua inglesa é atribuída a Frank Sander, professor de clínicas jurídicas da escola de direito de Harvard, em fala feita em meados da década de 1970 em um congresso sobre as causas da insatisfação popular com a justiça norte-americana.[7] Ao defender a diversificação de meios de solução de disputas, ele menciona incidentalmente o termo "alternative dispute resolution", enfatizando o caráter de contraposição à justiça estatal:

> "(...) há uma rica variedade de diferentes processos, que (...) podem prover mais efetivas resoluções de disputas. Quais são as características dos diversos mecanismos alternativos de solução de disputas (tais como os julgamentos pelos tribunais, a arbitragem, a mediação, a negociação e variadas misturas desses e outros instrumentos)?"[8]

A tendência remonta, portanto, às políticas judiciárias das décadas de 1970 e 1980 nos Estados Unidos. Desde então, ganha crescente espaço nos sistemas jurídicos de países de diferentes tradições jurídicas – os de common law, de civil law e os sistemas asiáticos.

Diferentes fatores explicam o movimento. Desde a insatisfação popular com as instituições de justiça e as promessas de rapidez e redução de custos até uma reação dos próprios tribunais ao aumento do volume de processos, passando pela adesão de grandes empresas, geralmente posicionadas no polo passivo das demandas.

Num plano mais amplo, fatores sociopolíticos explicam a quebra do monopólio estatal da jurisdição: o enfraquecimento do modelo dos Estados nacionais, o aumento populacional e sua concentração em grandes centros urbanos, o consumo em massa de bens e serviços e, hoje, o relacionamento em redes, amparados por sofisticados recursos tecnológicos, entre outros.

A transformação social impôs um volume maior de disputas, a crise dos Estados nacionais abriu espaço para novas arenas de litigância e o perfil variado dos litígios exige adequados métodos para resolvê-las.

---

7 A conferência teve o nome de "National Conference on the Causes of Popular Dissatisfaction with the Administration of Justice" e foi sediada em Mineapólis, nos EUA, em 1976. O artigo de Sander foi inicialmente publicado como Varieties of dispute processsing. *Federal Rules Decisions*, v. 70, p. 111-134, 1976 e, alguns anos depois, republicado como SANDER, Frank E. A. Varieties of Dispute Processing. *The Pound Conference:* Perspectives on Justice in the Future. West: A. Levin & R. Wheeler eds., 1979.

8 A tradução é livre e o destaque em itálico é nosso. No original, "(...) there is a rich variety of different processes, which (...) may provide for more 'effective' conflict resolution. (...) What are the significant characteristics of various alternative dispute resolution mechanisms (such as adjudication by courts, arbitration, mediation, negotiation, and various blends of these and other devices?)".

Solução consensual pública e privada de conflitos não é, porém, uma criação do século XX, longe disso.[9] Sempre houve, em cada sociedade e em cada época, oscilação para a justiça formal estatal ou para métodos menos formais com pouca ou nenhuma presença estatal (ROBERTS & PALMER, 2005, p. 3).[10] O movimento dos ADRs é apenas a oscilação mais recente no sentido dos mecanismos informais e privados de justiça, identificada originalmente nos EUA nos anos 1980 e disseminada por diferentes países, inclusive o Brasil, já no século XXI.

Os ADRs não são imunes a críticas. Na década de 1970, quando Sander difundia o termo sob apoio de um Judiciário insatisfeito com o volume de processos, havia intenso debate acerca do modelo mais adequado de justiça, o papel do juiz no processo e a viabilidade de se investir em mecanismos paraestatais de solução de conflitos.

Os principais argumentos contrários foram feitos por Owen Fiss, professor de teoria do direito, direito constitucional e direito processual da Universidade de

---

9 A história registra muitas outras experiências de justiça informal, não estatal e não decisional. A China pré-imperial, por exemplo, presenciou, no século III a. C., a transição de um modelo informal, fundado na ideologia confucionista, para um padrão de legalismo e formalismo. Na filosofia de Confúcio, o tratamento dos conflitos deveria se fundar na harmonia, liderança moral, educação e sacrifício; o tratamento legal e formalizado estimularia, segundo ele, o dissenso e subtrairia dos litigantes a noção substancial de justiça. O que garantiria a convivência harmoniosa seria a projeção da conduta moral do líder sobre as pessoas comuns. Em determinado momento da história da China, este modelo deu lugar a um sistema legalista e formalista de justiça – naturalmente, com muitos traços do modelo anterior (a apresentação de métodos consensuais no sistema chinês pode ser encontrada em ROBERTS & PALMER, 2005, p. 12). Roma, por sua vez, também atravessou graus variados de formalismo e legalismo no tratamento dos conflitos. Em sua fase mais antiga, em que o governo ainda era teocrático, os assuntos legais eram confiados a um colégio de pontífices e os procedimentos não eram detalhadamente estruturados. O modelo de justiça formalista romano com que tomamos contato e que tanto influenciou a Europa muitos séculos depois é, em grande parte, o do período republicano. Mecanismos bastante informais (e rudimentares) de resolução de conflitos, como a justiça popular e o flagitatio, só foram suplantados por mecanismos mais formais e racionais, como o processo judicial, a partir das Leis das XII Tábuas. E as regras procedimentais que então começaram a ser desenhadas não eliminaram imediatamente a transatio, que as partes ainda podiam firmar mesmo após o início do procedimento ou a prolação da decisão do iudex (KELLY, 1966, p. 148 e 150).

10 Há quem afirme haver ciclos históricos de desformalização e reformalização dos métodos de resolução de disputas. Impulsos de natureza religiosa, étnica, política, territorial e temporal atuariam no sentido da desformalização dos métodos. Em sentido oposto, reações de institucionalização e formalização ocorreriam de tempos em tempos, geralmente pela via das leis e em torno de um órgão centralizador (ROBERTS & PALMER, 2005).

Yale, em artigo sugestivamente intitulado "Contra o acordo" (1984).[11] Apoiando-se na função pública da jurisdição e do processo, Fiss argumenta que os acordos não necessariamente produzem justiça e ainda impedem que o Estado o faça. Além disso, não raro eles intensificam a assimetria comum entre os litigantes.

Segundo Fiss, o papel da jurisdição vai além de produzir paz entre as partes, sendo-lhe exigido que promova principalmente a proteção aos valores públicos considerados mais importantes pela sociedade. O acordo em uma disputa impediria, em última análise, que a jurisdição protegesse esses valores. Na sua visão, apenas a decisão judicial seria capaz de promover um estágio desejado de justiça substancial. Suas palavras são suficientemente esclarecedoras:

> "(...) quando as partes fazem um acordo, a sociedade ganha menos do que aparece a uma primeira vista, e por um preço que ela ignora que está pagando. Ao celebrarem um acordo, as partes podem estar deixando de fazer justiça. (...) Embora as partes estejam preparadas para viver segundo com os termos negociados, e embora esta coexistência pacífica possa ser uma precondição necessária de justiça, o que é algo em si valioso, isso não é propriamente justiça. Celebrar um acordo significa aceitar menos do que seria o ideal."[12]

É preciso reconhecer que o argumento de Fiss faz sentido, especialmente em sistemas jurídicos baseados na primazia da lei e com assimetria entre os litigantes – o brasileiro, inclusive. Se a justiça se mede pelo cumprimento das leis, o processo e a jurisdição estatal seriam os caminhos a ela. A mediação produz satisfação das partes, mas não tem a responsabilidade de concretizar a lei nem se limita às soluções que ela dá. Ademais, para as partes econômica e socialmente hipossuficientes, sem as mesmas condições de compreender o que lhes seria justo e negociar um bom acordo, os MASCs equivaleriam a uma "justiça de segunda classe".

O fato é que, melhores ou não que o processo judicial, em três décadas os MASCs se espalharam e foram incorporados a sistemas de justiça de todo o mundo. A arbitragem há muito deixou de ser privilégio do comércio internacional e tem hoje presença

---

11 No original, "Against the Settlement", traduzido no Brasil (FISS, 2001).

12 Tradução livre. No original: (...) when the parties settle, society get less than what appears, and for a price it does not know it is paying. Parties might settle while leaving justice undone. (...) Although the parties are prepared to live under the terms they bargained for, and although such peaceful coexistence may be a necessary precondition of justice, and itself a state of affairs to be valued, it is not justice itself. To settle for something means to accept less than some ideal" (FISS, 1984, p. 1086). O artigo original foi traduzido para o português em obra indicada nas referências bibliográficas deste capítulo.

constante em contratos empresariais de diferentes tipos, inclusive aqueles celebrados com o Poder Público. A mediação e a conciliação também já são usadas para a solução de conflitos de variada natureza, dos cíveis aos trabalhistas e, inclusive, derivações no processo penal.[13] A negociação, que sempre esteve presente na advocacia, foi sistematizada e ganha crescente espaço nos cursos de mediação e na formação jurídica.

3. A INSTITUCIONALIZAÇÃO DOS MASCS NO BRASIL: DA ARBITRAGEM PRIVADA À MEDIAÇÃO JUDICIAL

No Brasil, a história recente dos MASCs tem uma defasagem temporal de duas décadas em relação à experiência norte-americana, mas se desenvolve por argumentos e etapas relativamente semelhantes: parte de uma crítica à demora e aos custos da jurisdição estatal, ancora-se inicialmente na arbitragem privada para, mais tarde, disseminar-se pela conciliação e mediação.

Em 1996, por meio de ousada inovação legislativa, o Brasil instituiu a possibilidade de as partes resolverem seus conflitos mediante uma ***arbitragem privada***, realizada perante um painel de julgadores contratados, com poderes para proferir um julgamento sobre o caso com eficácia correspondente à decisão judicial estatal (**Lei 9.307/96**)[14]. A opção das partes pela arbitragem, feita em contrato prévio ou por pacto diante do surgimento da disputa, significaria uma renúncia à apreciação jurisdicional estatal e as obrigaria a se submeter e a cumprir a decisão arbitral – sem que isso, assim decidiu o STF, significasse comprometimento da garantia da ação.

A Lei da Arbitragem provocou questionamentos sobre a natureza estatal da jurisdição e a amplitude do direito processual. A decisão arbitral, ainda que não prestada pelo Estado, enquadra-se em um conceito mais amplo de tutela jurisdicional. E o *procedimento* arbitral, embora menos minucioso, flexível e disponível às partes, não deixa de atender à moldura mínima do devido processo legal – do contraditório, da igualdade das partes, da imparcialidade do árbitro e do livre convencimento (LA, art. 21, § 2º).

A recepção da Lei de Arbitragem brasileira não foi imediata. Por cinco anos, pendeu contra ela uma impugnação de constitucionalidade junto ao Supremo Tribunal Federal, fundada no argumento de violação da garantia de acesso à justiça (CF, art. 5º, inciso XXXV). Em 2001, a Corte confirmou a constitucionalidade da

---

13 Um bom exemplo são as transações realizadas nos Juizados Especiais Criminais (JECrim), previstas originalmente (Lei 9.099/1995) e recentemente reforçadas pela Lei 13.964/2019, que incorporou a figura do Acordo de Não Persecução Penal (ANPP).

14 Cujo art. 31 dispõe: "A sentença arbitral produz, entre as partes e seus sucessores, os mesmos efeitos da sentença proferida pelos órgãos do Poder Judiciário e, sendo condenatória, constitui título executivo".

Lei, por sete votos a quatro. Fundamentou-se no fato de a arbitragem se limitar a demandas envolvendo direitos disponíveis e, afinal de contas, "o inciso XXXV representa um direito à ação, e não um dever" (STF, SE 5.206).

Desde então, e com relativa rapidez, a arbitragem ganhou amplo espaço para a solução de disputas comerciais e, recentemente, avança para as de cunho doméstico. O Poder Judiciário brasileiro respondeu com o suporte necessário para garantir credibilidade ao mecanismo – privilegiando as cláusulas arbitrais em detrimento do direito de petição, limitando-se a deferir medidas excepcionais de urgência e prontificando-se a executar as decisões arbitrais não cumpridas voluntariamente. Segundo amplo levantamento de jurisprudência no tema, os tribunais brasileiros suportaram aplicaram a lei de arbitragem de acordo com as premissas sobre as quais ela foi criada (CBar/FGV, 2009).

Em 2015, a **Lei 13.129** alterou dispositivos da Lei 9.307 para, em suma, aumentar o poder das partes na escolha dos árbitros (LA, art. 13, § 4º), permitir que as partes firmem adendos à convenção de arbitragem (LA, art. 19, § 1º), regular os efeitos sobre a prescrição (LA, art. 19, § 2º), entre outros dispositivos. A nova redação também admite as sentenças arbitrais parciais, restringe ainda mais o controle judicial sobre a sentença arbitral (art. 33 da LA) e regula a concessão de tutelas de urgência (se preparatórias, pelo Judiciário e, se incidentais ao procedimento arbitral, ao respectivo tribunal; arts. 22-A e 22-B da LA). A lei também regula a carta arbitral, um mecanismo de cooperação nacional entre árbitros e juízes oficiais para a prática de atos processuais (novo art. 22-C da LA) e a convenção de arbitragem em estatutos de sociedades anônimas, vinculando todos os acionistas (novo art. 136-A da Lei das SA).

A principal novidade da reforma da Lei de Arbitragem é, porém, a admissão a que a arbitragem seja utilizada por órgãos da administração pública direta e indireta (art. 1º, § 1º, da LA[15]). A ampliação significa um notável avanço na internalização da arbitragem no sistema jurídico brasileiro e abriu espaço para um novo perfil de litigância de direito público no país, responsável pelas mais intensas polêmicas atuais sobre a técnica.[16]

---

15 Lei de Arbitragem, Art. 1º, § 1º "A administração pública direta e indireta poderá utilizar-se da arbitragem para dirimir conflitos relativos a direitos patrimoniais disponíveis".

16 Vale menção ao reforço da arbitragem inclusive nos procedimentos de recuperação judicial e falência. Conforme texto do § 9º do art. 6º da Lei 11.101/2005, incluído pela Lei 14.112/2020, "O processamento da recuperação judicial ou a decretação da falência não autoriza o administrador judicial a recusar a eficácia da convenção de arbitragem, não impedindo ou suspendendo a instauração de procedimento arbitral". As alterações efetuadas pela Lei 14.112/2020 também incentivam, autorizam e detalham os usos e a articulação da resolução consensual nesses procedimentos, desde as etapas prévias aos processos até a suspensão das execuções (arts. 20-A e 20-D).

A difusão da arbitragem parece ter quebrado um primeiro nível da resistência cultural ao uso de MASCs. Com o tempo, a "crise da Justiça", somada ao alto custo da arbitragem, motivou a ampliação da experiência para outros métodos. Faltava-nos um mecanismo que aproveitasse nossa suposta "natureza cordial" para a resolução de disputas. A esperança de que acordos reduzissem o volume de processos nos tribunais fomentou a instituição do que Ada Grinover chamou de "justiça consensual": mecanismos de resolução de disputas que perseguem a justiça por meio do acordo de vontades entre os litigantes.

A ***conciliação e mediação*** ganharam espaço junto aos expedientes forenses mais rapidamente e com menos resistência do que a arbitragem dez anos antes. Iniciativas de promoção da conciliação em juízo foram implantadas em todo o país, isoladamente ou por políticas de âmbito nacional. Perspicaz análise teórica identificou, na formação jurídica brasileira, uma exagerada dependência da decisão judicial estatal. A chamada "cultura da pacificação", que, em oposição à "cultura da sentença", fomenta os meios de resolução consensual (WATANABE, 2005), tornou-se lema das iniciativas de promoção da mediação.

A ***mediação***, diferentemente de outras reformas processuais, não foi instituída por lei, mas por política judiciária administrativa. O Conselho Nacional de Justiça (CNJ), órgão de cúpula da gestão do Judiciário brasileiro, incluiu o apoio à conciliação como pauta prioritária e, em 2010, firmou as bases para uma *política nacional de resolução de conflitos*, centrada na integração entre os mecanismos formais e decisionais e os mecanismos baseados em consenso.

Mais do que um marco legal, a **Resolução n. 125** do CNJ inaugurou uma política pública judiciária de instituição da resolução consensual a partir do Poder Judiciário. A partir dela, os tribunais organizaram os seus setores de conciliação judicial e, em alguns casos, capitanearam a organização de núcleos comunitários de solução de conflitos.[17]

---

[17] A Resolução 125/2010 do Conselho Nacional de Justiça criou toda uma "Política Judiciária Nacional de tratamento dos conflitos de interesses", atribuindo a órgãos judiciários, antes ocupados tão só da solução adjudicada em sentença, outros mecanismos, em especial os consensuais, como a mediação e a conciliação, bem assim o dever de simplesmente prestar atendimento e orientação ao cidadão. Fixou as bases para essa política e, no âmbito dos Tribunais, determinou estruturação de *Núcleos Permanentes de Métodos Consensuais de Solução de Conflitos e Centros Judiciários de Solução de Conflitos e Cidadania*, para realização das sessões de conciliação e mediação e atendimento e orientação ao cidadão. O impacto da Res. 125 foi tremendo, tendo sido constantemente alterada nem tanto para correções ou retrocessos, mas para avanços dirigidos à efetivação de suas diretrizes. Até o ponto de, recentemente, o CNJ revogar algumas de suas disposições centrais, o que faz crer, devido ao feliz fato de que foram cumpridas integralmente – como é o caso da Resolução 390/2021, que revoga deveres

Em 2015, duas leis consolidaram o sistema brasileiro de tratamento adequado de disputas: o Código de Processo Civil (Lei 13.105, projetada em 2010, mesmo ano da Resolução 125 do CNJ, mas aprovada em 2015) e a Lei de Mediação (Lei 13.140, projetada anos antes também). Juntos, esses diplomas pavimentaram o caminho para dispormos aqui do "sistema multiportas" que Sander antevira na década de 1970. Os julgamentos e os acordos foram integrados em um mesmo sistema oficial de solução de disputas, no âmbito do Poder Judiciário, bem como em câmaras privadas e articulados ao processo judicial.[18]

O CPC, logo nas suas "normas fundamentais", admitiu a integração da conciliação e a arbitragem ao processo judicial e ressaltou que seu uso não compromete a inafastabilidade da jurisdição (art. 3º, parágrafos), o que ajudou a evitar a discussão enfrentada quando da aprovação da Lei da Arbitragem, em 1996.

O Código também tentou pôr fim à discussão doutrinária sobre a diferença entre mediação e conciliação. Em vez disso, definiu que o conciliador "atuará preferencialmente" nos casos em que não houver vínculo anterior entre as partes e poderá fazer sugestões de soluções, ao passo que o mediador "atuará preferencialmente" nos casos em que houver vínculo anterior entre as partes, e a sua incumbência será "auxiliar os interessados a compreender as questões e interesses em conflito" de modo que eles próprios identifiquem as soluções mais adequadas (art. 165). Essa definição, veremos abaixo, destoa levemente da que a Lei de Mediação também trouxe.

O CPC ofereceu importante impulso à *profissionalização* dos mediadores e conciliadores, incluindo-os como órgãos auxiliares da justiça – tal qual o escrivão, o chefe de secretaria, o oficial de justiça, o perito e o intérprete e tradutor. De prestadores voluntários informais, mediadores e conciliadores passaram a compor uma categoria de profissionais qualificados, certificados e vinculados a um tribunal na qualidade de auxiliares, remunerados ou voluntários, passíveis de impedimento e suspensão, submetidos a uma lista própria de princípios gerais, bem como às regras de confidencialidade, quarentena, certificação de capacitação, entre outras exigências (arts. 165 a 175).

No plano da organização judiciária, o CPC ainda reiterou a institucionalização dos centros judiciários de solução de conflitos e cidadania (CEJUSC) criados pela Resolução 125/2010 do CNJ para realizar as tentativas de conciliação prévias ao processo judicial e também as audiências de conciliação previstas no procedimento judicial comum.

---

do CNJ de criar um cadastro nacional de mediadores – em pleno funcionamento (https://conciliajud.cnj.jus.br) e o sistema de Mediação e Conciliação Digital ou a distância para atuação pré-processual de conflitos.

18 Ideia também atribuída ao já mencionado paper de Frank Sander para a Pound Conference: Varieties of Dispute Processing, *The Pound Conference: Perspectives on Justice in the Future*. A. Levin & R. Wheeler eds., West, 1979.

O Código também previu a mediação em procedimentos específicos, como as ações de família (art. 694) e os litígios pela posse coletiva de imóvel (art. 565).

A **Lei de Mediação** (Lei 13.140, de 2015), por sua vez, regulou duas espécies distintas de métodos de resolução consensual: a mediação entre particulares e a autocomposição dos conflitos com a Administração Pública. Avançou no detalhamento das regras processuais da mediação, em não poucos casos, repetiu temas regulados no CPC, ampliou o uso da técnica para conflitos envolvendo direitos indisponíveis, de que deve participar o representante do Ministério Público, e admitiu a mediação parcial (apenas para partes do conflito).

A Lei de Mediação ofereceu a sua própria definição de mediação,[19] acompanhada de uma lista de princípios pertinentes.[20] Também criou uma regra própria de obrigatoriedade da mediação – a parte que celebrou contrato com cláusula de mediação deve comparecer ao menos à primeira reunião –, o que o CPC previra, com alguma diferença, para a audiência de conciliação (art. 334, CPC).

A mediação é regulada em duas modalidades, ***judicial e extrajudicial***, disciplinadas distintamente. O mediador extrajudicial depende apenas da confiança das partes e não precisa estar vinculado a entidade ou associação de classe ou congênere (art. 9º). O judicial precisa se submeter a curso reconhecido pela Escola Nacional de Formação e Aperfeiçoamento de Magistrados e aos demais requisitos do Conselho Nacional de Justiça, além de estar cadastrado junto ao Tribunal e receber remuneração fixada pelo Tribunal e custeada pelas partes (art. 11). A nomeação do mediador judicial independe de prévia aceitação das partes, salvo nos casos de impedimento e suspeição (art. 25).

A articulação da mediação ao processo judicial e à arbitragem também foi objeto da Lei de Mediação – reforçando a ideia de um *sistema integrado de resolução de disputas*. A mediação pode ser integrada a processo judicial ou procedimento arbitral, podendo gerar a suspensão do seu andamento até que finda a mediação, o que não impede a concessão de medidas de urgência pelo juiz ou árbitro (art. 16).

Dentre os princípios da mediação, a Lei 13.140 escolheu detalhar apenas o da confidencialidade, conferindo-lhe uma seção específica (arts. 30 e 31). A confidencialidade da mediação é questão polêmica em muitos países. O legislador brasileiro optou por um regime que a preserva, mas flexibiliza essa proteção em

---

19 "(...) atividade técnica exercida por terceiro imparcial sem poder decisório, que, escolhido ou aceito pelas partes, as auxilia e estimula a identificar ou desenvolver soluções consensuais para a controvérsia." Cf. art. 1o, parágrafo único, da Lei de Mediação.

20 "(...) imparcialidade do mediador, isonomia entre as partes, oralidade, informalidade, autonomia da vontade das partes, busca do consenso, confidencialidade e boa-fé." Cf. art. 2º da Lei de Mediação.

determinadas situações – se houver disposição em contrário pelas partes (art. 30, *caput*); se a divulgação da informação for necessária para o cumprimento do acordo (idem); se se tratar de informação relativa à ocorrência de crime de ação pública (idem, § 3º) ou informação a ser prestada posteriormente à administração tributária (idem, § 4º).

A segunda parte da Lei de Mediação é praticamente um corpo autônomo de regras para a ***autocomposição de conflitos em que for parte a Administração Pública***.

A principal inovação nesse caso parece ser a autorização para a criação de câmaras de prevenção e resolução de conflitos no âmbito da própria Administração, que servirão de importante filtro à judicialização de conflitos desta natureza.

A lei se restringe principalmente a conflitos entre os órgãos da administração. Conflitos entre particulares e a Administração também foram regulados, mas não com a mesma intensidade e diversidade de opções de resolução. Com ainda mais restrições de uso estão os conflitos de natureza tributária, que também compõem parte considerável dos processos judiciais no Brasil, mas foram contemplados com autorizada ressalva ao âmbito legal (art. 38).[21]

3.1. Funções e desafios dos MASCs no Brasil – tipos de disputa e qualidade do acesso à justiça

Os MASCs são diferentes entre si e podem ter funções distintas e atender a tipos variados de disputas. O que justifica integrarem uma mesma categoria geral é a suposição de que seriam todos uma "alternativa" à jurisdição tradicional, o que nem sempre se verifica na realidade.

Diferentes disputas podem exigir o uso dos MASCs e, em não poucos casos, eles representam a solução natural, adequada, legítima, efetiva e justa à disputa. Nessas situações, é difícil enquadrá-los como "alternativos", mas como "o" método adequado ou apropriado de resolução da disputa. O acrônimo "ADR" representaria

---

21 Na seara da transação em matéria tributária, vale menção à Lei 13.988/2020, "que estabelece os requisitos e as condições para que a União, as suas autarquias e fundações, e os devedores ou as partes adversas realizem transação resolutiva de litígio relativo à cobrança de créditos da Fazenda Pública, de natureza tributária ou não tributária". Em 2022, um capítulo final da Lei 14.375/2022 – que, de resto, trata de temas variados – recebeu alterações para incluir hipóteses de dívidas já em fase de cobrança (judicial ou administrativa) e, por outro lado, estabelecer uma série de outros requisitos e limitações a essa modalidade transacional.

então o "*appropriate*" ou "*adequate dispute resolution method*" e o julgamento estatal seria ele próprio a "alternativa", o método "subsidiário".[22]

Há uma relação entre a natureza da disputa e o método mais adequado para resolvê-la, de modo que alguns litígios são mais bem administrados por alguns, e não por outros.

Essa constatação faz nascer um problema central para a operacionalidade desses métodos e, também, para seus resultados em termos de acesso à justiça: que métodos são preferíveis pelos litigantes e quais devem contar com suporte da lei e do aparato estatal?

Sendo muitos, convém classificá-los conforme o seu objeto, ou conforme a sua *adequação* aos tipos de conflitos. Alguns seriam mais, outros menos adequados para resolver determinadas disputas.

A comparação dos dois principais MASCs – a arbitragem e a mediação – é ilustrativa desse desafio. Ambas são manifestações de justiça informal – ou menos formal do que a jurisdição estatal –, mas têm origem e características distintas, para servir a interesses específicos.

Segundo a literatura especializada, a arbitragem nasceu para resolver conflitos complexos, verificáveis em uma camada específica da sociedade, que já utilizava os serviços de justiça, mas estava insatisfeita com seus resultados. Já a mediação e a conciliação foram inicialmente oferecidas a uma "clientela marginal", com pouco acesso ao sistema de justiça:

> "A mediação foi uma opção oferecida pela comunidade jurídica à cliente marginal; ela foi desenhada para resolver as demandas da população pobre que não podia contratar um advogado e que era particularmente atingida pelo congestionamento e demora dos tribunais. A arbitragem, diferentemente, expressou a preferência de comerciantes, especialmente de Nova Iorque, por autorregulação de seus interesses sem a intervenção do direito ou de advogados". (AUERBACH, 1983, p. 96)[23].

---

[22] A atual legislação brasileira aposta nisso. Inclusive conflitos considerados de natureza indisponível, tradicionalmente absorvidos pela jurisdição estatal, podem hoje ser solucionados pelos MASCs, aparentemente com alto grau de satisfação das partes. O capítulo da Lei de Mediação que trata da autocomposição entre a Administração Pública aposta nisso.

[23] Tradução livre. No original, "Conciliation was a reform offered by legal community to a marginal clientele; it was designed to resolve the claims of poor people who could not afford counsel, and who were especially victimized by court congestion and delay. Arbitration, by contrast, expressed the preference of commercial interests, especially in New York, for self-regulation untrammeled by the intrusion of law and lawyer".

O trecho acima esclarece que a arbitragem reapareceu no cenário norte-americano do início do século XX como um mecanismo de autorregulação de certas disputas comerciais, por uma parcela pequena da população. Já a mediação foi integrada a uma política de acesso à justiça paralela à que fundou a assistência jurídica gratuita, os juizados de pequenas causas e os defensores públicos.[24]

Na opinião de estudiosos da administração de conflitos, a origem distinta da mediação e da arbitragem na experiência norte-americana teria conduzido a resultados também distintos: "a mediação arrastou-se em um estado de negligência, enquanto a arbitragem floresceu para se tornar uma instituição nacional" (Auerbach,1983, p. 97)[25].

No Brasil, nossa experiência inicial parece similar à norte-americana: após a permissão legal para os mecanismos arbitrais, segue-se uma política pública de disseminação dos mecanismos consensuais. Mas há diferenças importantes em nossa experiência e na norte-americana.

A mediação no Brasil parece ter florescido mais pelos incentivos normativos estatais do que pela vivência com práticas comunitárias de resolução consensual de conflitos. Os órgãos de cúpula da Justiça brasileira, como o Conselho Nacional de Justiça (*v.g.*, Resolução 125, supra) e o Supremo Tribunal Federal, assumiram a promoção da chamada "justiça consensual" entre suas políticas prioritárias. E a legislação mais recente, o CPC e a Lei de Mediação, oferece um desenho que também aponta no sentido da complementaridade entre os métodos.[26]

---

24 O caso apontado como pioneiro é o programa de conciliação judicial organizado em Cleveland, Estados Unidos, em 1913. Este programa consistia em um setor de mediação junto ao tribunal local para atender os litigantes sem condições de contratar um advogado em demandas de até trinta e cinco dólares norte-americanos. O procedimento era voluntário e informal. Esse modelo foi em seguida implantado em Chicago, em Nova Iorque e na Filadélfia, sempre por intermédio do estímulo à harmonia e ao consenso em lugar do conflito e animosidade, e, segundo se ensina, inspirou o movimento geral em prol dos ADR, que tomou a Suprema Corte na década de 1970 (AUERBACH, 1983, p. 97).

25 Tradução livre. No original, "conciliation limped along in a state of neglect, while arbitration flourished to become a national institution – deeply enmeshed, ironically, in the legal system".

26 O STF criou recentemente (agosto de 2020) o seu próprio "Centro de Mediação e Conciliação" (CMC), ligado diretamente à Presidência e destinado a promover a resolução consensual nos processos em trâmite na Corte, nas hipóteses de competência regimental da Presidência ou mediante envio do processo pelo respectivo relator, a seu critério e em qualquer fase processual.

Assim, no nosso caso, a integração dos MASCs com a jurisdição estatal aconteceu pela progressiva adoção da conciliação e mediação no sistema de justiça oficial, sob subsídio e organização pelo próprio Poder Judiciário.

Decorre daí que a efetividade dos MASCs no Brasil depende de um processo mais lento de assimilação nas práticas da advocacia e da sociedade em geral – algo que apenas recentemente se observa com mais nitidez. Depende também, por outro lado, do tipo de disputas judicializadas e do perfil e preferências dos litigantes, que os utilizarão ou não conforme se sentirem suficientemente seguros da sua conveniência em relação ao processo judicial.

O cenário que parece se formar nos últimos anos é que o incentivo e o subsídio estatais parecem estar surtindo efeitos. A adesão social avança gradativamente e a mediação parece já ocupar pauta no discurso de advogados e nas estratégias de litigância de partes, sobretudo empresas.

Algo que parece configurar-se rapidamente é o uso de recursos de tecnologia para a realização de mediações a distância em casos de consumo – os chamados ODRs, on-line dispute resolution. Resta acompanhar essa história para saber seus próximos episódios.

3.2. MASCs e formação jurídica – dimensões da jurisdição e dos processos de solução de disputas

O advento dos MASCs também altera o padrão de formação jurídica e capacitação profissional em administração de conflitos. A menor interferência do Estado legislador e juiz faz com que as partes e seus representantes assumam a condução das próprias disputas, o que acaba por exigir mudanças no perfil da formação jurídica em direito processual. Mais do que conhecimento das regras positivadas do processo judicial, é preciso desenvolver competências e habilidades para a escolha, o desenho e a condução do método mais adequado para administrar o conflito.

Novas perguntas se colocam para a formação jurídica básica: o que o aluno precisa saber sobre mediação e arbitragem? O direito processual deve incluir esses ensinamentos? Se sim, no plano prático, a mediação e a conciliação devem ser usadas antes, durante ou depois do processo judicial? Elas devem ser conduzidas pelo juiz ou por um agente com formação específica? Como será o processo quando integrado com *ADRs* no mesmo caso concreto? Que aberturas devem ser feitas no procedimento judicial (e, de modo geral, na teoria do processo) para permitir esta interação?

As teorias processuais clássicas oferecem alguns indicativos de respostas, nem todas abertas aos MASCs.

Para Chiovenda (1903), por exemplo, a jurisdição visa à "atuação da vontade concreta da lei" e, como tal, o conflito somente estaria satisfatoriamente resolvido pela aplicação da lei ao caso concreto. Como os MASCs ocupam-se primeiro de solucionar o conflito, não tanto de aplicar a lei, não seriam jurisdição propriamente.

Para Carnelutti (1929), a jurisdição visa à "justa composição da lide", o "conflito de interesses qualificado por uma pretensão resistida". Não qualquer conflito da sociedade, mas aquele que vier a ser judicializado, entendimento que restringiria o cabimento dos MASCs apenas aos processos judiciais – que, na opinião dele, seria apenas o processo de conhecimento, nem sequer o de execução.

Na teoria clássica, portanto, há pouco espaço para acomodar os MASC porque a solução padrão desenhada para os conflitos veiculados nos processos judiciais é a da sentença. Porém, nas leis atuais e, principalmente, nas práticas o Brasil já dispõe de um sistema de resolução de disputas com variados métodos além da jurisdição estatal.

A nova legislação processual, como vimos acima, parece ter preferido internalizar outros métodos e processos na esfera do Poder Judiciário.

Como agora fazem parte da lei processual e do sistema oficial de justiça, os conceitos de jurisdição e de processo são reinterpretados a partir do escopo mais amplo da administração de conflitos com justiça. O direito processual, especificamente, passa a cobrir os vários processos de resolução de disputas – como os processos de mediação, conciliação, arbitragem e outros porventura estruturados.

Já na segunda metade do século XX – cinquenta anos, portanto, após aquelas primeiras teorias processuais –, outras correntes trouxeram, a seu modo, contribuições para a sistematização dos MASCs.

Elio Fazzalari, por exemplo, em 1975, não chega a ampliar o conceito de jurisdição para compreender todas as situações de conflito, mas enaltece o caráter participativo para designar o seu conceito de processo[27], o que indiretamente ajuda a compreender o *modus operandi* dos métodos dito alternativos. O conceito de jurisdição de Fazzalari, é preciso observar, permanece restrito à lei (a atividade destinada a concretizar uma medida definida em lei – v. abaixo), mas o seu conceito de processo judicial é mais amplo:

> "Se 'giurisdicere' significa, em sentido estrito, dar vida a uma das medidas jurisdicionais, tais como tipificadas pela lei para cada espécie de jurisdição (civil, administrativa, penal, constitucional), e se cada um desses provimentos traz junto – no sentido que a lei a ele liga – uma série de atos preparatórios, encontramo-nos defronte a tantos 'processos' quantas

---

27 "Processo é um procedimento do qual participam (são habilitados a participar) aqueles em cuja esfera jurídica o ato final é destinado a desenvolver efeitos" (FAZZALARI, 2006. p. 118-119).

> sejam as medidas (finais) típicas previstas pelas normas reguladoras da jurisdição" (FAZZALARI, 2006, p. 118).

O argumento de que a justiça nasce mais da plena participação das partes e do juiz do que de uma necessária decisão a ser concedida ao final de um ritual de atos é, aliás, uma norma fundamental do atual Código de Processo Civil: o princípio da cooperação processual (art. 6º).

A valorização do caráter participativo no processo pressupõe que a jurisdição seria, simplesmente, uma atividade para resolver conflitos de forma justa e que o direito processual concentraria as regras para que isso aconteça de forma isonômica, independentemente do método adotado e do tipo de resultado obtido – se uma decisão imposta por terceiro ou um acordo alcançado pelas partes.

Com isso, lei e teoria processual parecem dirigir-se à construção de um direito processual da administração dos conflitos, com regras ordinárias para o exercício da jurisdição estatal e regras ou diretrizes complementares para outras atividades igualmente voltadas a produzir justiça nas disputas cíveis – desempenhadas ou não pelo Estado, integradas ou não ao processo judicial. Evidentemente, essas transformações projetam-se para o ensino do direito e o conteúdo da formação jurídica de base.

4. FORMAS E PROCEDIMENTOS DOS MASCS: VARIAÇÕES A PARTIR DO ACORDO OU DA DECISÃO

O "sistema multiportas" é composto de uma escala de métodos de administração de conflitos, dos informais e privados aos formais e oficiais. A sentença judicial representa o último grau. Por depender da mais sofisticada estrutura, todo um aparato de agentes públicos e um complexo procedimento de debate e decisão, a sentença seria, afinal, a opção subsidiária. Já a mediação é a "técnica exercida por terceiro imparcial sem poder decisório", como inclusive define a própria Lei de Mediação, em seu art. 1º. A negociação simples, apenas entre as partes e sem formas predefinidas, parece ser o primeiro degrau da escala.

Os métodos dessa escala geralmente oferecem dois tipos básicos de solução dada ao conflito: o acordo e a decisão. O primeiro encerra uma solução produzida pelas próprias partes, com ou sem o auxílio de um terceiro (*v.g.*, mediação e negociação, respectivamente). A segunda, uma solução produzida por um terceiro, imposta ou voluntariamente aceita.[28]

---

[28] A famosa classificação que os livros de teoria geral do processo fazem entre mecanismos autocompositivos e heterocompositivos é aplicável a este raciocínio (por todos, Cintra, Grinover e Dinamarco, 1ª edição em 1974).

Os mecanismos direcionados ao *acordo* dependem basicamente da convergência de *vontade* dos envolvidos. Já os mecanismos baseados em *decisão* dependem principalmente da *legitimidade* do terceiro – legitimidade que pode advir do seu poder de impor a decisão (*v.g.*, a jurisdição) ou do consenso das partes em se submeter à decisão por ele proferida (em última análise, também de um acordo; *v.g.*, a arbitragem).[29]

A tabela a seguir ilustra a escala dos métodos de administração de conflitos a partir daqueles menos formais, mais autônomos e privados aos mais formais, compulsórios e oficiais.

Mecanismos de solução de controvérsias baseados em acordo e em decisão judicial

Mecanismos compositivos	Organizados pelas próprias partes	*i. Negociação*
	Baseados em avaliações e pareceres de terceiros	*ii. Avaliação de terceiro neutro*
		iii. Mini-trial
	Conduzidos por terceiros	*iv. Mediação*
		v. Conciliação
Mecanismos decisórios	De submissão voluntária	*vi. Arbitragem*
	De sujeição compulsória	*vii. Jurisdição estatal*

Fonte: elaboração própria.

A tabela acima pressupõe três variações: solução alcançada pelas partes ou por terceiro; mecanismos baseados em acordo ou em decisão; decisão aceita voluntariamente ou imposta. A partir delas, tem-se a moldura dentro da qual são desenhados os respectivos procedimentos.

---

29 Os alunos e alunas a quem submeti uma versão não definitiva deste texto solicitaram-me que incluísse aqui uma discussão entre a diferença que pode haver, em termos de efetividade e cumprimento voluntário, entre uma decisão imposta por um terceiro e uma solução produzida pelas próprias partes conflitantes. Pediram também que discutisse a distinção entre o método adequado para resolver o conflito que projeta efeitos para a sociedade e o método adequado para resolver um caso de interesse apenas das partes conflitantes. Como podem perceber, questões delicadíssimas e importantíssimas, que devem orientar a implementação dos MASCs no Brasil.

Cada método possui uma *estrutura* própria, integrada pelos *atores* participantes do processo e as regras a serem observadas – com destaque para o *procedimento* a ser trilhado até a solução final.

Os métodos também podem ser classificados quanto aos sujeitos envolvidos, dividindo-se entre aqueles em que apenas as partes atuam (negociação) e aqueles em que terceiros também participam, ainda que com diferentes funções e poderes (avaliar, conciliar, mediar, arbitrar etc.).[30]

O poder conferido aos terceiros envolvidos e as atividades por eles desempenhadas também variam conforme o método. Ilustrativamente, podem consistir em: a) um mero "opinar" sobre uma situação de direito; b) um "avaliar" uma situação de fato ou a própria situação de conflito; c) um "conduzir" o enfrentamento de questões mais ou menos diretamente relacionadas ao conflito; d) um "sugerir" opções de acordo; e) um "facilitar" o diálogo entre as partes em conflito etc.

Sua intervenção será maior ou menor conforme a legitimidade que a lei ou as partes em algum momento lhes delegaram. Ao conciliador e ao mediador, a lei não confere poderes de decisão e sua atividade varia da mera assistência para que a parte compreenda melhor o cenário (na mediação) à efetiva formulação de sugestões de acordo (na conciliação). Vejamos o texto legal:

> **CPC, Art. 165.**
>
> (...)
>
> § 2º O conciliador, que atuará preferencialmente nos casos em que não houver vínculo anterior entre as partes, poderá sugerir soluções para o litígio, sendo vedada a utilização de qualquer tipo de constrangimento ou intimidação para que as partes conciliem.
>
> § 3º O mediador, que atuará preferencialmente nos casos em que houver vínculo anterior entre as partes, auxiliará aos interessados a compreender as questões e os interesses em conflito, de modo que eles possam, pelo restabelecimento da comunicação, identificar, por si próprios, soluções consensuais que gerem benefícios mútuos.

As "regras do jogo" também preveem os "caminhos" a serem trilhados para se chegar ao resultado desejado. Como este também é instável – variando entre o acordo e a decisão imposta –, o procedimento precisa de alguma flexibilidade

---

30 Esta classificação é uma derivação daquela utilizada pela teoria geral entre a autotutela, os meios autocompositivos e heterocompositivos (CINTRA et al., 1998, p. 20 e ss.). A solução conferida pelas próprias partes (autotutela) não só é legítima (a negociação) como está na base de outros métodos (a mediação e a conciliação, por exemplo).

para o acomodar. Na tentativa de solucionar uma mesma disputa, ora a relação caminha em direção a um acordo, ora a uma decisão. Naturalmente, as regras e os caminhos variarão conforme o momento e o fim perseguido.

Embora a negociação, a conciliação e a mediação sejam diversas e não se pautem em regras muito rígidas de sequência e forma, os métodos que visam um acordo geralmente adotam as seguintes etapas:

- ✓ Estabelecimento da *relação*: etapas preparatórias de aproximação das partes;
- ✓ Condução da *negociação*: identificação da controvérsia; debate das soluções;
- ✓ Exercício culminante da *vontade*: o acordo em si.

Como não são regras de procedimento no sentido formal, mas etapas preparatórias das tentativas de acordo, não estão consagradas em texto legal. Resultam de sistematização teórica baseada em observação empírica.[31]

A Lei de Mediação, por exemplo, não traz regras minuciosas com sequência dos atos a serem praticados. Seus dispositivos são genéricos e, no máximo, disciplinam um ou outro ato mais relevante – como o convite e a previsão contratual na mediação extrajudicial (arts. 21 e 22), a audiência e a homologação do acordo no caso da mediação judicial (arts. 27 e 28) e os prazos totais para a finalização dos procedimentos (arts. 28 e 22, § 2º, I). Trata-se de regras para as etapas preparatórias (convite e cláusulas), de debate (audiência) e de celebração da vontade (homologação do acordo).[32]

Por sua vez, os métodos que visam chegar a uma *decisão* imposta por terceiro dependem, estruturalmente, das seguintes etapas:

- ✓ *Alegações* das partes: apresentação dos argumentos;
- ✓ *Demonstração*: comprovação dos fatos e razões apresentadas;
- ✓ A *decisão* em si.

---

31 As etapas descritas pela referencial obra de FISHER, URY & PATTON, 1981 para chegar a um acordo são um bom exemplo de "procedimentos" informais e não vinculantes da negociação – que, segundo os especialistas, são aplicáveis aos mecanismos consensuais de modo geral.

32 Curioso notar que a lei brasileira optou por regular aspectos distintos da mediação judicial e da extrajudicial. Nesta, priorizou as etapas preparatórias – o convite e a previsão contratual; naquela, o debate e a finalização – a audiência e a homologação do acordo.

O rito comum do processo judicial, por exemplo, resume-se às fases postulatória, instrutória e decisória. A etapa inicial pode variar conforme o órgão decisor: se público, o início é a formulação de um pedido e a convocação da parte contrária para o debate (a própria petição inicial, por exemplo); se privado, é preciso um prévio pacto de submissão à decisão (a cláusula compromissória arbitral, por exemplo). Isto porque são distintas as fontes de legitimidade de cada órgão: o poder institucionalizado ou o consenso das partes.[33]

Cada um dos métodos podem ser combinados de diferentes modos, compondo então um procedimento mais complexo e aberto a soluções variadas. As técnicas de DSD, ou "dispute system design", cuidam de conceber essas combinações.

O CPC parece ter compreendido a versatilidade dos MASCs ao permitir que as partes, com ou sem o juiz, definam o procedimento a ser seguido no caso concreto (CPC, arts. 190 e 191), o que viabiliza, agora no plano legal, a combinação das etapas procedimentais conforme as necessidades do conflito e das partes.

Para sistematização didática, é possível organizar as composições procedimentais do sistema articulado de resolução de disputas nas seguintes categorias:

Processo/escopo	**Procedimento**	**Exemplos**
Processos de acordo	Procedimentos de parecer + acordo	avaliação de terceiro neutro e *mini-trial* seguidos de mediação; produção antecipada de provas na hipótese do art. 381, II, CPC
	Procedimentos de decisão + acordo	conciliação judicial em grau de recurso
Processos de decisão	Procedimentos de parecer + decisão	processo judicial com produção de provas; arbitragem
	Procedimentos de acordo + decisão	tentativas de conciliação prévia em processo judicial

[33] Por isso é que a instituição da arbitragem depende sempre de uma convenção de arbitragem (cláusula compromissória ou compromisso arbitral; LA, art. 3º) e, para o início de processo judicial, basta a formulação de um pedido ao juiz (CPC, arts. 312 e 319) – embora, é certo, o processo precise conter determinados pressupostos formais, o pedido precise preencher determinadas condições e a consolidação da relação processual dependa de despacho inicial e citação (CPC, arts. 238 e 240).

Há várias combinações possíveis. A padrão é a do "parecer/decisão" (modo "c"), representada pelo processo judicial e a arbitragem. A atividade probatória – um laudo pericial ou a oitiva de uma testemunha, por exemplo – serve como parecer para uma posterior decisão. As provas realizadas em uma arbitragem privada têm a mesma função.

Já a configuração "parecer/acordo" (modo "a") utiliza as representações da realidade construídas durante o processo não para uma decisão, mas para um acordo. A avaliação de terceiro neutro e o *mini-trial* são bons exemplos. As opiniões, sugestões e pareceres do terceiro neutro ou do painel de *experts* do *mini-trial* podem servir para as partes e o mediador ou conciliador nas tentativas de solução consensual.

Porque possui um rito mais complexo, o processo judicial apresenta aberturas para conectar-se a outros métodos: admite oportunidades para a conciliação ou a mediação no início ou durante o seu procedimento (modo "d"), pode se basear sua decisão em um parecer (modo "c") ou, inclusive, pode sua própria decisão ensejar um posterior acordo entre as partes (modo "b").

A avaliação de terceiro neutro, por exemplo, baseia-se em um parecer que pode servir para as partes celebrarem um acordo (modo "a") ou a tomada de uma decisão (modo "c"). O *mini-trial*, outro exemplo, enquadra-se nas mesmas categorias.

A configuração "parecer/acordo" (modo "a") não é muito comum, mas o CPC de 2015 ampliou seu eventual cabimento. Raramente as provas colhidas em um processo ensejavam oportunidade formal para tentativa de acordo. As provas testemunhais e os esclarecimentos do perito, por exemplo, são colhidas após a última tentativa formal de acordo, que é o início da audiência de instrução e julgamento.

A perícia, que acontece antes desta audiência, não tem servido, na prática, para a busca do consenso, mas para instruir o julgamento. Pelos incisos II e III do art. 381, as partes podem fundar o requerimento de antecipação de produção de uma prova na suscetibilidade deste esclarecimento viabilizar a autocomposição ou outro meio de solução do conflito, bem como se servir para evitar o ajuizamento da ação.

Para a mediação, o CPC admite que seus resultados se limitem ao esclarecimento das questões envolvidas de modo às partes proponham soluções para o conflito (CPC, art. 166, § 3º).

Também não é comum entre nós a combinação "decisão/acordo" (modo "b"), em que o procedimento prevê uma oportunidade formal para acordo após uma decisão, preliminar ou final. Na prática, porém, é uma ocorrência frequente. Obtida uma decisão liminar, as partes retomam a negociação já sob os termos definidos na decisão, o que pode viabilizar a finalização de acordos.

Alguns tribunais brasileiros organizam oportunidades para tentativas de acordo, por meio de sessões de mediação, após o proferimento da sentença e a interposição de recurso respectivo. A frequência com que os litigantes chegam a um acordo após uma decisão oficial revelou-se mais alta do que inicialmente se esperava, confirmando o potencial desta combinação.

Por fim, os processos que combinam "acordo e decisão" (modo "d") seguem procedimentos em que as partes se relacionam em direção a um acordo e, sem êxito, são redirecionadas a uma decisão.

O CPC anterior oferecia dois exemplos: a audiência de conciliação do artigo 331 que, restando infrutífera, encaminhava-se, em tese, para um debate sobre as questões que seriam objeto da produção de provas; e a audiência e instrução e julgamento, que se iniciava, ao menos nos termos da lei, por uma tentativa prévia de conciliação (art. 448 do CPC/1973).

O CPC atual repete este formato para a audiência de instrução e julgamento (artigo 359), mas restringe a audiência de conciliação apenas para as tentativas de acordo (art. 334), reservando o saneamento e a fixação dos pontos controvertidos para uma oportunidade após a contestação (art. 357 e ss.).

Neste modelo "acordo/decisão", a atividade do terceiro pode ou não estar concentrada em uma única pessoa. Não é incomum que, no processo judicial, o juiz assuma a condução da mediação ou da conciliação. Neste caso, o terceiro que tenta o acordo é o mesmo que, em seguida, fixa os pontos controvertidos, ouve as testemunhas e peritos e, ao fim, decide.

O êxito deste modelo é objetivo de debate na literatura especializada. O terceiro conciliador precisa de treinamento e habilidades adequadas, em que o juiz brasileiro não foi capacitado. Além disso, conforme o tipo de conflito, este terceiro precisa intensificar o relacionamento com as partes para auxiliá-las na busca de uma solução – o que ocorre, por exemplo, na mediação.

A interação do mediador com as partes é totalmente distinta da que um julgador precisa ter para julgar imparcialmente o litígio. O terceiro julgador deve manter uma segura e igual distância das partes em conflito para poder decidir com justiça e imparcialidade – justamente o oposto de um relacionamento mais aberto e intenso para o tratamento integral do conflito.

Enfim, do ponto de vista prático, as partes em conflito podem não assumir uma postura colaborativa e pró-acordo diante de um terceiro que, sabe-se de antemão, julgará a sua causa.

Por essas razões, a nova legislação brasileira admite o uso integrado da mediação e conciliação com o processo judicial ou o procedimento arbitral (LM, art. 16; CPC, art. 334), mas enfatiza a distinção que deve haver entre as funções exercidas pelo terceiro que busca o acordo daquelas exercidas pelo julgador, além de restringir o uso das informações entre os diferentes métodos. Tanto o CPC quanto a Lei de Mediação preveem a estruturação de centros específicos para realizar as atividades de conciliação e mediação, inclusive a audiência preliminar do procedimento comum (CPC, art. 165 e LM, art. 24).

Além disso, ambas leis vetam expressamente o uso das informações produzidas na mediação e conciliação em outros procedimentos, arbitrais ou judiciais (CPC, art. 166, § 1º, e LM, arts. 30 e 31). E a audiência de mediação é conduzida, preferencialmente, por mediadores ou conciliadores, que não tem competência para realizar o posterior saneamento e fixação de pontos controvertidos (comparar art. 331 do CPC/1973 com art. 334 do CPC atual).

5. A DISPUTA COMO PONTO DE PARTIDA E APONTAMENTOS CONCLUSIVOS

Toda conclusão é também um ponto de partida. Para sintetizar os principais pontos aqui tratados e orientar a leitura dos capítulos seguintes deste livro, consideremos o seguinte.

Este capítulo tinha dois objetivos: apresentar os métodos de administração de conflitos cíveis e situá-los como um sistema do qual também fazem parte a jurisdição e o direito processual.

A resolução de conflitos é um encargo do qual as sociedades não se verão livres. Pelo visto, é uma tarefa cada vez mais difícil, já que o volume e a complexidade dos conflitos têm aumentado em progressão geométrica.

Variam, na história, os métodos destinados à resolução de conflitos.

O mais moderno e sofisticado parece ser aquele desempenhado pelos Estados por meio da jurisdição e do processo judicial, em que o conflito é resolvido pela aplicação da lei e a justiça reside na expectativa de que a lei fora regularmente aplicada.

Trata-se de um método formal, centrado no Estado, baseado na imposição de uma decisão, fundada em lei, para reger em concreto os litigantes. Nos cursos de Direito, este método compõe o conteúdo hegemônico das disciplinas denominadas "direito processual" (civil, penal, trabalhista etc.).

Ocorre que os métodos de resolução e conflitos se substituem uns aos outros, ciclicamente. Há uma oscilação contínua entre métodos mais e menos formais de solução de conflitos. Em determinadas épocas, há um anseio social por métodos informais, refreado em épocas posteriores por métodos mais formais.

O método atualmente hegemônico, a jurisdição estatal e o processo judicial, resulta de um movimento no sentido da justiça formal. Ele é apenas o mais recente, forjado junto com o Estado moderno. Antes dele, houve outros, e depois dele, haverá outros tantos.

Já os ADRs ou MASCs resultam da oscilação recente em direção aos métodos informais comunitários. Embora sempre tenham estado presentes, a tendência atual disseminou-se a partir do final do século XX nos Estados Unidos, chegando ao Brasil com mais intensidade no início dos anos 2000.

Dentre os desafios à diversificação dos métodos de resolução de disputas, o Brasil parece ter conseguido atravessar um deles, consistente na institucionalização formal de um "sistema multiportas, resultado de políticas judiciárias (como a Resolução CNJ n. 125/2010) e de leis (como o CPC e a Lei de Mediação, ambos de 2015).

Outros dois cuidados se impõem numa segunda etapa desta experiência: o monitoramento dos resultados de justiça alcançáveis pelos diferentes métodos e a formação jurídica e capacitação profissional adequados ao manuseio do novo sistema – frente em que este livro visa a contribuir.

A abertura a novos perfis de formação jurídica e de capacitação profissional em resolução de disputas parece uma realidade.

O direito processual foi construído para regular o processo judicial e a jurisdição estatal, mas a sociedade contemporânea sinaliza que ele não dá conta da variedade e quantidade de disputas e se dispõe a legitimar métodos menos formais de solução de conflitos, como a arbitragem, a conciliação e a mediação.

O próprio Estado, na tentativa de solucionar o volume assombroso de demandas judiciais na pauta dos tribunais, incentiva, subsidia, organiza e até mesmo assume a condução dos métodos informais. A legislação recente não apenas abriu-lhes espaço, como organizou um sistema articulado de resolução de disputas que combina o processo judicial a novas configurações processuais.

Por essas razões, a convivência prática e teórica com os métodos ditos alternativos é inescapável. Ao estudante de direito cumpre tomar contato com seus princípios e regras básicas. E à ciência jurídica cumpre incluí-lo como objeto de estudo e absorvê-lo no quadro teórico vigente.

Para tanto, duas tarefas são importantes. Primeiramente, refletir sobre a dimensão atual dos conceitos de jurisdição e processo, para o que seria preciso adotar a perspectiva de que o escopo da jurisdição é pura e simplesmente resolver conflitos e que o traço identificador do processo é a participação dos litigantes na construção de uma decisão. Em segundo, analisar intrinsecamente os métodos ditos alternativos para identificar traços comuns aptos a sistematizá-los e incorporá-los ao conteúdo básico de formação jurídica.

A combinação dos métodos conforme os seus dois resultados básicos, a decisão e o acordo, permite estruturar os variados procedimentos de resolução de conflitos.

Aprender a fazer essas combinações com os casos concretos parece algo que deve compor a formação jurídica básica. A escolha da disputa como ponto de partida parece ser o primeiro passo nessa trajetória de transformação do ensino do direito.

Então, restará ao aluno a compreensão gradual dos princípios, características, regras e aplicação do rol de caminhos adequados para esses dois resultados possíveis – ou será a compreensão dos caminhos possíveis para os resultados adequados? Boa pergunta.

REFERÊNCIAS BIBLIOGRÁFICAS

ALVES DA SILVA, P. E. *Acesso à justiça, litigiosidade e o modelo processual civil brasileiro* (Tese de Livre-Docência). Universidade de São Paulo. Ribeirão Preto: 2018.

ALVES DA SILVA, P. E. *Gerenciamento de processos judiciais*. São Paulo: Saraiva, 2010.

CARMONA, Carlos Alberto. *Arbitragem e processo*: um comentário à Lei 9.307/96. São Paulo: Malheiros, 1998.

CARNELUTTI, F. *Sistema del diritto processuale civile*. Padova: Cedam – Casa Editrice Dott. Antônio Milani, 1936. XIV, vol. I.

CBAr (Comitê Brasileiro de Arbitragem) e FGV (Fundação Getulio Vargas). Arbitragem e Poder Judiciário. Relatório do 1º Tema: Invalidade da Sentença Arbitral. 2006. Disponível em: <http://www.cbar.org.br/PDF/Pesquisa_GV-BAr_relatorio_final_1_etapa_2fase_24.06.09.pdf>. Acesso em: set. 2011.

CHIOVENDA, G. *Instituições de direito processual civil*. São Paulo: Saraiva, 1942. v. 2.

CINTRA, A. C. A.; DINAMARCO, C. R.; GRINOVER, A. P. *Teoria geral do processo*. São Paulo: RT, 1974.

FAZZALARI, E. *Istituzioni di diritto processuale*. 8. ed. Padova: Cedam, 1996.

FAZZALARI, E. *Instituições de direito processual*. Campinas: Bookseller, 2006.

FISHER, R.; URY, W.; PATTON, B. *Como chegar ao sim*. Trad. Vera Ribeiro e Ana Luiza Borges. 2. ed. Rio de Janeiro: Imago, 2005.

FISS, O. Against Settlement. In: RISKIN, L. L.; WESTBROOK, J. E. *Dispute resolution and lawyers*. 2. ed. EUA/Saint Paul: West Group, 2004.

FISS, O. Against Settlement. *The Yale Law Journal*, v. 93, n. 6, maio 1984. Disponível em: <http://www.law.yale.edu/documents/pdf/againstsettlement.pdf>. Acesso em: 23 ago. 2011.

GALANTER, M. Compared to what? Assessing the quality of dispute processing. *Denver University Law Review*, v. 66, issue 3, p. xi-xiv, 1989.

GOLDSCHIMIDT, J. *Teoria geral do processo*. Campinas: Minelli, 2003.

M. NOLAN-HALEY, J. *Alternative dispute resolution*. St. Paul: Thomson/West, 1992.

POUND, R. The causes of popular dissatisfaction with the administration of justice. *American Bar Association Report*, vol. 29, n. 1, p. 395-417, 1906.

ROBERTS, S.; PALMER, M. *Dispute process – ADR and the Primary Forms os Decision-Making*. London: Cambridge, 2009.

SALLES, Carlos Alberto de. *A arbitragem na solução de controvérsias contratuais da administração pública*. Tese (Livre-docência). Universidade de São Paulo. São Paulo: 2010.

SANDER, Frank. Varieties of Dispute Processing. *The Pound Conference:* Perspectives on Justice in the Future. West: A. Levin & R. Wheeler eds., 1979.

WATANABE, K. Cultura da sentença e cultura da pacificação. In: YARSHELL, F. Luiz; MORAES, M. Z. (Coord.). *Estudos em homenagem à professora Ada Pellegrini Grinover*. São Paulo: DPJ, 2005.

QUESTÕES PARA ORIENTAR A LEITURA E O DEBATE EM SALA DE AULA

1. O que "nasceu" antes: o processo judicial, a negociação, a mediação ou a arbitragem? O que há de comum e quais as diferenças gerais entre esses quatro tipos?
2. Por que os "meios alternativos de resolução de conflitos" são assim chamados? O que significa ser um método de resolução de conflitos "alternativo"? E o que seria ser chamado de método "apropriado" ou "adequado"?
3. Quais as principais diferenças entre a jurisdição e os meios ditos alternativos de solução de controvérsias? Existe diferença entre *decidir* e *solucionar* um conflito? Se sim, quais métodos decidem e quais métodos solucionam um conflito?
4. O texto classifica os métodos de solução de controvérsias conforme dois resultados básicos a que visam alcançar: acordo e decisão. Quais as diferenças básicas entre o acordo e a decisão em termos de atores envolvidos e etapas necessárias? Liste os mecanismos alternativos que visam resultar em um acordo, os que visam uma decisão e os que podem visar ambos.
5. A legislação brasileira de 2015 pode ter criado um sistema amplo e articulado de diferentes meios de resolução de disputas. Identifique as leis que sustentam esta afirmação e suas principais inovações.

SUGESTÕES DE MATERIAL COMPLEMENTAR

- ✓ SANDER, Frank. Varieties Sander, Frank E. A. Varieties of Dispute Processing. *The Pound Conference:* Perspectives on Justice in the Future. West: A. Levin & R. Wheeler eds., 1979.
  - ➢ *para compreender o cenário e as ideias que deram origem ao movimento em prol dos mecanismos de ADR, bem como a proposta de um "sistema multiportas" de resolução de conflitos.*

- ✓ FISS, O. Contra o acordo. In: SALLES, C. A. *Um novo processo civil.* São Paulo: RT, 2004. p. 121-145.
  - ➢ *para conhecer os argumentos contrários aos mecanismos de ADR, da doutrina norte-americana da década de 1980.*

- ✓ WATANABE, K. Cultura da sentença e cultura da pacificação. In: YARSHELL, F. Luiz; MORAES, M. Z. (Coord.). *Estudos em homenagem à professora Ada Pellegrini Grinover*. São Paulo: DPJ, 2005.
  - ➢ *para conhecer os termos do desenvolvimento atual dos MASCs no Brasil e sua relação com a nossa formação jurídica.*

- ✓ ERIN BROCKOVICH. Direção de Steven Soderbergh. Estados Unidos: Universal Studios, 2000 (130 min).
  - ➢ *para conhecer, por um divertido filme, como a negociação interage com o processo judicial em conflito concreto de considerável complexidade, com interesses particulares e coletivos.*

- ✓ PERDÃO DE SANGUE (*The forgiveness of blood*). Direção de Joshua Marston. Albania: Journeyman Pictures, 2011 (111 min).
  - ➢ *para refletir, inicialmente, sobre os diferentes perfis de conflitos surgidos a partir de diferentes estruturas sociais e, sobre os possíveis métodos de resolução de conflitos a partir dos traços socioculturais; em seguida, sobre a inversão que pode acontecer em cenários de legitimação dos mecanismos comunitários, entre a resolução formal e a informal.*

2

"Sistema Multiportas": opções para tratamento de conflitos de forma adequada[1]

Marco Antônio Garcia Lopes Lorencini

INTRODUÇÃO

Não é apenas o Poder Judiciário que resolve conflitos. Como é intuitivo, sempre que há um impasse na vida, os envolvidos – sozinhos ou com o auxílio de um terceiro – tentam buscar uma solução. Quando o conflito envolve um alegado

---

1 O presente trabalho é baseado em algumas reflexões do autor contidas em sua tese de doutoramento intitulada *Prestação jurisdicional pelo Estado e meios alternativos de solução de controvérsias*: convivência e formas de pacificação social: uma sugestão de integração. Faculdade de Direito da Universidade de São Paulo, 2006, inédita, e contém trechos e adaptações do referido trabalho.

direito amparado em lei, o descontente, com a ausência de solução, tende a procurar o Poder Judiciário, isto é, o Estado, encarregado justamente de resolver os conflitos intersubjetivos surgidos em sociedade.

Este artigo tem a finalidade de demonstrar que um conflito não solucionado entre pessoas pode ser resolvido por outras vias que não a adjudicada oferecida pelo Estado-Juiz.[2] O *Sistema Multiportas* é o nome que se dá ao complexo de opções, envolvendo diferentes métodos, que cada pessoa tem à sua disposição para tentar solucionar um conflito. Este sistema pode ser articulado ou não pelo Estado, envolver métodos heterocompositivos ou autocompositivos, adjudicatórios ou consensuais, com ou sem a participação do Estado. Ele será mais ou menos amplo em razão de diferentes características do conflito.

1. CONFLITOS POR TODA PARTE

Nos primeiros anos do curso de Direito no Brasil, a disciplina *Teoria Geral do Processo*[3] nos ensina que onde há sociedade, há direito. Ensina, ainda, que, em sociedade, inúmeros conflitos surgem e são resolvidos todo dia, sem que sejam levados ao conhecimento do Poder Judiciário. Uma parte pode desistir daquilo que inicialmente pretendeu, aceitar o pretendido pela outra parte ou as partes podem simplesmente transacionar sobre aquilo que é objeto de controvérsia. Isso pode acontecer apenas entre as partes ou com a interferência de um terceiro, estranho ao conflito. A partir desta ideia, a *Teoria Geral do Processo* introduz os temas da *jurisdição, ação (e defesa) e processo*, para lecionar que, ao cidadão que não tem o seu conflito resolvido amigavelmente, resta procurar o órgão estatal encarregado de resolvê-lo. Para tanto, é preciso provocá-lo. Uma vez provocado, o Poder Judiciário atuará na justa medida da provocação e, desde que atendidos certos pressupostos, o ente estatal apresentará uma resposta que, com sua decisão, dirá a quem cabe razão, pacificando assim o conflito.

A forte presença e dependência que as pessoas têm do Estado na sociedade brasileira talvez explique o quanto este discurso conforta aquele que se encontre desamparado diante da ausência de solução para um impasse da vida. Em certos casos, a solução via Poder Judiciário é a mais indicada; muitas vezes, necessária. Mas assim como a vida em sociedade é dinâmica e existem conflitos de toda sorte, é natural que a solução dos conflitos ocorra por meio de métodos diferentes,

---

2 Mesmo ao adjudicar, o Estado-Juiz está fazendo uma escolha de interpretação entre várias, para proferir a sua decisão. Ou seja, dá solução a um caso concreto por meio de sua sentença, entre outras soluções possíveis.

3 Ver, por todos, CINTRA, GRINOVER e DINAMARCO. *Teoria geral do processo.*

respeitando as peculiaridades das partes, do tema em disputa e outras circunstâncias que não cabem na resposta única da solução adjudicada dada pelo Poder Judiciário.

2. MÉTODOS ALTERNATIVOS

Kazuo Watanabe observa que a visão que se tem dos métodos alternativos nos países de *civil law* da Europa Ocidental não é a mesma que nos países de *common law*.[4] Para ele, a solução via Poder Judiciário na realidade norte-americana é a regra, o que autorizaria os outros métodos que não a jurisdição a ganharem o rótulo de alternativos. Já as soluções sem a intervenção estatal seriam a regra nos países de tradição *civil law*, de modo que não caberia adjetivá-los como alternativos.

A despeito desse dado cultural importante, uma vez que ele molda como esses métodos são percebidos nos diferentes países, é inegável que em sua raiz o direito brasileiro filia-se à visão de alguns cientistas europeus, segundo a qual a solução via Poder Judiciário é alternativa. Prova disso é o instituto de direito processual *interesse de agir*. Para estar em juízo, é preciso que a pessoa atenda aos pressupostos da *necessidade* e da *adequação*, binômio que condensa o *interesse de agir*. A *necessidade* de estar em juízo deve ser demonstrada, provando-se que não foi possível resolver o conflito levado ao Poder Judiciário de outra forma civilizada. Contudo, este requisito, ainda presente nos dias de hoje para quem procura o Poder Judiciário, condição para quem pretende demandar, perdeu-se no tempo. Nos dias que correm, o Estado-Juiz não exige nenhuma demonstração concreta de que se tentou resolver o conflito de forma diferente da solução adjudicada proposta pelo ente estatal. Trata-se de requisito formal que se traduz em mera afirmação feita na petição inicial, peça escrita que normalmente marca o início do processo judicial. Com isso, a solução via Estado-Juiz passou a ser a regra na sociedade brasileira e revela uma forte dependência das pessoas ao Estado, o que em parte explica o excesso de demandas submetidas ao Poder Judiciário para solução. Busca-se o pronunciamento estatal não apenas em virtude de sua autoridade e força.

---

4 Kazuo Watanabe, *Modalidades de mediação*, p. 43, explica: "Quando se fala em meios alternativos de solução de conflitos, os americanos, que usam o termo ADR – *Alternative Dispute Resolution*, têm uma visão, e os europeus, outra. Para os americanos, ao que pude apreender, os meios alternativos são todos aqueles que não sejam o tratamento dos conflitos pelo Judiciário. Nesses meios, incluem-se a negociação, a mediação, a arbitragem e, eventualmente, outros que possam ocorrer para o tratamento dos conflitos. Para alguns cientistas europeus, o meio alternativo é a solução pelo Judiciário, porque, historicamente, os conflitos foram solucionados pela sociedade sem a intervenção do Estado organizado, à época em que não havia ainda a força, um Estado bem organizado". Isso não impede que, na realidade norte-americana, a esmagadora maioria dos conflitos seja resolvida por intermédio de meios alternativos.

Quando as relações não se encontram equilibradas, a intervenção via Estado-Juiz, de fato, pode vir a ser a mais indicada. Mas não se pode negar também a parcela de comodismo daqueles que, em uma relação equilibrada, preferem entregar na mão de outro – no caso, o Estado – a solução de um problema. Esta postura que, estereótipos à parte, se amolda a um modelo paternalista de relação entre cidadão e Estado, fez com que os métodos de solução de controvérsias diferentes da sentença judicial não se desenvolvessem a contento. Apenas depois da segunda metade do século XX é que, impulsionados pelo movimento de acesso à justiça, aliados a outros fatores (*v.g.* aumento do grau de informação, esclarecimento e escolaridade da população) os aqui chamados métodos alternativos de solução de controvérsias ganharam atenção. Ingrediente importante nesta mudança de paradigma é a noção de *empowerment* (traduzido para o Português muitas vezes pelo neologismo *empoderamento*). Entre outras ideias, *empowerement* transmite a noção diametralmente oposta de dependência: "*empoderar-se*" pressupõe não entregar a solução de um impasse a outra pessoa, mas sim participar ativamente dessa solução e, por consequência, do seu próprio destino. Nos métodos alternativos, é possível, com maior ou menor grau de liberdade, escolher o método, seu funcionamento, a lei aplicável, o procedimento e até o terceiro encarregado de encaminhar ou solucionar o conflito; em suma, é possível construir a solução. Isso se faz sentir de modo mais evidente nos métodos consensuais, cujo exemplo clássico é a *mediação*, mas também nos métodos adjudicatórios, como a *arbitragem*. Daí o lugar-comum de que os métodos alternativos contribuem para o *empoderamento*, já que ninguém sai o mesmo depois de passar por um conflito, como também a solução de um conflito tem a capacidade de transformar e *empoderar* uma pessoa.

3. *ADR MOVEMENT* E OS MÉTODOS ALTERNATIVOS

Sem negar a evolução histórica e a tradição da *civil law* no direito brasileiro, deve-se ao direito norte-americano o fato de emprestar aos diferentes meios de solução o rótulo de *alternativos*. Também coube a ele o tratamento dos meios alternativos sob a forma de um *gênero*, congregando várias espécies, e popularizar a expressão *ADR* (*Alternative Dispute Resolution*), fruto do que se convencionou chamar *ADR movement*.[5] Em geral, identifica-se uma linha que reconhece o *ADR movement* como fruto dos movimentos sociais que realçaram a vida em comunidade e a afirmação dos direitos civis. Uma vez que existem outras instituições como a família e a igreja que atuam na vida social,[6] o *ADR movement* pôs em destaque

---

5 SANDER, Alternative methods of dispute resolution: an overview, p. 1.

6 Como demonstra GALANTER, La justice ne se trouve pas seulement dans les decisions des tribunaux, p. 151-188, certas instituições decidem e exercem controle social, funcionando como filtros, pois evitam que certos conflitos sejam resolvidos

aquilo que é até mesmo intuitivo: a resolução das controvérsias pode ser obtida fora do ambiente do Poder Judiciário e muitas vezes não depende dele. Foi assim que na década de sessenta do século XX surgiram iniciativas como o *Civil Rights Act Congress*, de 1964, que estabeleceu o *Community Relations Service* no âmbito do Ministério de Justiça norte-americano, sem dizer do *National Center for Dispute Settlement* e o *Institute of Mediation and Conflict Resolution*, criados pela Fundação Ford.[7] Ao lado desta corrente que realça a participação da sociedade civil, há quem enxergue também a consagração do *ADR movement* pelos agentes econômicos, que viram nos meios alternativos uma forma de obter uma solução das controvérsias de maneira mais rápida e barata, favorável ao mundo dos negócios.[8]

4. MODALIDADES DE MEIOS ALTERNATIVOS

O objetivo deste artigo não é dissecar cada uma das modalidades de solução de controvérsias. Mas é importante frisar que os meios alternativos não se esgotam na *mediação* e *arbitragem*. Na experiência norte-americana, várias outras modalidades existem, do mesmo modo que a própria mediação e arbitragem têm, isoladamente, várias linhas e abordagens. O desafio é conceber meios de solução adaptáveis a determinados tipos de conflitos e à cultura dos envolvidos, já que, em essência, antes de alternativo, o meio de solução de controvérsia deve ser *adequado, apropriado.*[9]

---

pelo Poder Judiciário ou outro método alternativo. Apesar disso, estão elas sujeitas à observância de seus procedimentos e regras.

7 Ford Foundation, New approaches to conflicts resolution.

8 Sobre as várias teorias que explicam as origens da ADR, CARRIE MENKEL-MEADOW, Mothers and Fathers of Invention: The Intellectual Founders of ADR, p. 1 e ss. Para maiores esclarecimentos sobre este tema, consulte-se a já citada *Prestação jurisdicional pelo Estado e meios alternativos de solução de controvérsias:* convivência e formas de pacificação social: uma sugestão de integração, p. 101 e ss. Neste trabalho, faz-se referência às mencionadas origens do *ADR movement*, assim como à polêmica envolvendo esta dupla origem: "Essa dupla origem das ADRs é contestada por alguns e acompanha todo o debate em torno de sua adoção. Há quem negue sua raiz comunitária e veja a ADR como forma de conciliar as ideologias, evitando que as pessoas exerçam seus direitos em juízo". A propósito, LAURA NADER, Controlling processes in the practice of Law: hierarchy and pacification in the movement to reform dispute ideology, p. 3.

9 Sobre a expressão *ADR* como *Appropriate Dispute Resolution*, JAMES HENRY, Some Reflections on ADR. Ainda, CARRIE MENKEL-MEADOW, Ethics in Alternative Dispute Resolution: New Issues, No Answers from the Adversary Conception of Lawyers' Responsibilities, p. 787 e ss.

4.1. Mediação

A exemplo da conciliação, a mediação é um método que conta com um terceiro imparcial entre as partes.[10] A ideia é que ela restabeleça o diálogo entre os envolvidos, de modo que eles enxerguem, por si mesmos, outros aspectos do impasse, de modo a chegar a uma solução. Dependendo de como a mediação teve início – e se foi no ambiente do Poder Judiciário ou não – o mediador pode ser contratado pelas partes ou indicado por um órgão, sendo remunerado ou voluntário. No entanto, não pode ter qualquer interesse direto ou indireto nos fatos discutidos. Por isso, é imprescindível que haja uma norma ética a pautar seu comportamento. Além de ajudar as partes a pensar a controvérsia sob diferentes ângulos, tirando-as de posições preconcebidas, o mediador visa dar objetividade ao diálogo, a incentivar os mediandos a exercitar o *ouvir*, o *falar* e o *refletir*, para que não haja discussões estéreis e agressividade. Cabe a ele também encontrar o local mais adequado para o desenvolvimento dos trabalhos e zelar por um clima que convide à mediação. É sua atribuição, ainda, definir o procedimento, as regras e combinações em que a mediação vai se desenrolar. Mas, sobretudo, é sua tarefa identificar a pretensão das partes.[11] Um dos mitos que cercam os meios alternativos é o de que, em razão de sua informalidade, eles não têm procedimento nem seguem uma pauta de organização. A confidencialidade, a flexibilidade e a informalidade, de fato, são atributos da mediação,[12] mas o que se verifica é uma *processualização* da mediação, mediante a adoção de atos e procedimentos, muitos deles importados do processo judicial.[13] Convivem, assim, a mediação sem procedimentos preestabelecidos e a mediação com regras procedimentais.[14]

---

10 GOLDBERG et alli, *Dispute resolution:* negotiation, mediation and other processes. "Mediation is an assisted and facilitated negotiation carried out by a third party".

11 Assim como existem negociadores facilitadores e avaliadores, também há mediadores facilitadores e avaliadores. Nos tribunais, há quem defenda que os mediadores devam ser facilitadores, pois assim as partes ficam livres para construir o resultado final e não sucumbir ao que o mediador sugere. Sobre o assunto, KOVACH e LOVE, Mapeando a mediação: os riscos do gráfico de Riskin, p. 124 e ss.

12 COOLEY, A advocacia na mediação, p. 31.

13 WELSH, Making Deals In Court-Connected Mediation: What's Justice Got To Do With It?, p. 830 e ss.

14 COOLEY, op. cit., p. 40-43, elenca como etapas da mediação: (i) início; (ii) preparação; (iii) apresentação; (iv) declaração do problema; (v) esclarecimento do problema; (vi) geração e avaliação de alternativas; (vi) seleção de alternativas; e (vii) acordo, caso se chegue a bom termo, sendo certo que a tarefa de sua redação cabe às partes ou seus advogados, quando é o caso de estes participarem. Por sua vez, BRAGA NETO e SAMPAIO, *O que é mediação*, p. 44 e ss. elencam: (i) pré-mediação; (ii) abertura; (iii) investigação; (iv) agenda; (v) criação de opções; (vi) avaliação de opções; (vii) escolha das opções; e (viii) solução.

O dilema entre informalidade – grande atrativo deste meio de solução – e processualização da mediação já mereceu a atenção dos estudiosos.[15] Com a informalidade, é possível explorar a naturalidade, atributo que as regras rígidas procedimentais tendem a tirar das partes. E um dos ingredientes para uma mediação chegar a bom termo é a atitude espontânea, notadamente porque na mediação, a despeito de o conflito poder girar em torno de disputa comercial ou econômica, não são tratados apenas aspectos objetivos, mas também sentimentos.[16] Por outro lado, a processualização da mediação a dota de transparência para os envolvidos, que podem controlar o que ocorre ao longo do procedimento. Uma mediação facilitadora não indica uma solução nem recomenda como o impasse deve ser resolvido. Isso é tarefa de uma mediação avaliativa. Por essa razão, a primeira tende a ser informal. É comum associar o medidor avaliativo a um espírito de liderança e objetivo, e responsável por sugerir uma transação entre as partes.[17] A mediação é, por essência, um método multidisciplinar, o que exige dos mediadores familiaridade com diferentes áreas do conhecimento humano e sensibilidade. Daí decorre que o mediador, além de imparcial, independente e diligente, deve, se necessário, e desde que as partes concordem, atuar com comediadores. A mediação pode ser utilizada para tentar solucionar conflitos de diferentes áreas, naturezas e abordagens, como, por exemplo, a mediação familiar, empresarial, trabalhista, ambiental, comunitária, escolar e do terceiro setor.[18]

4.2. Arbitragem

No contexto norte-americano, a arbitragem representa o menos formal dos modos de solução de controvérsia com natureza adjudicatória. De fato, se a mediação representa uma forma consensual de resolução de controvérsias, a arbitragem situa-se no outro extremo e consiste em duas ou mais partes que confiam a um terceiro imparcial – uma pessoa ou várias reunidas em um órgão colegiado (painel) – a decisão a respeito de uma controvérsia. Classicamente, ocorre fora da esfera pública, embora seja a maneira que mais se aproxima da forma estatal por também ser adjudicatória. Contudo, a semelhança para aí, já que ela reina na esfera privada das partes, na qual o procedimento, inclusive os relacionados com a prova, não leva em conta necessariamente a lei, embora submetido a regras do *due process*. A decisão final de uma arbitragem é vinculativa e a invalidade de

---

15 WELSH, Making Deals In Court-Connected Mediation: What's Justice Got To Do With It?, p. 830 e ss.

16 FISCHER e BROWN, *Como chegar a um acordo*. A construção de um relacionamento que leva ao sim, p. 163 e ss.

17 MOORE, The mediation process: practical strategies for resolving conflict, p. 18.

18 Cfr. BRAGA e SAMPAIO, *O que é mediação?*, p. 95 e ss.

suas decisões pelos tribunais restringe-se a aspectos envolvendo algum desvio praticado pelo árbitro.[19] Em geral, as decisões dos árbitros não são passíveis de revisão pelos tribunais.

Não sem razão, a arbitragem é o mecanismo preferido pelo mundo dos negócios. Com ela, as partes podem harmonizar a forma de resolver as controvérsias com as suas necessidades, inclusive quanto à escolha do árbitro que, no caso de disputas comerciais, significa alguém do meio e com conhecimento acerca do funcionamento desse mundo. No direito norte-americano, contudo, aconteceram mudanças a partir de 1920, quando da entrada em vigor do *Federal Arbitration Act (FAA)* com a finalidade de disciplinar aspectos específicos quanto ao cumprimento dos contratos, notadamente com relação à arbitragem como instrumento para resolver controvérsias, sem, entretanto, inibir sua utilização. A partir daí, vários estados passaram a adotar regras mais rígidas para sua utilização. Mais recentemente, a Suprema Corte decidiu questões envolvendo a FAA, eliminando várias restrições, inclusive de caráter estadual para seu uso.[20] Desde então, houve um novo *boom* em torno da arbitragem, à qual se submetem investidores, empregados, representantes e agentes comerciais, usuários de planos de saúde, entre outros. Contudo, em regra, a lei do contrato é seguida. Subtraída a via do processo estatal, a arbitragem, não raro, prevê cláusulas limitando responsabilidade e prefixando valores e garantias, o que é uma forma de o empresário se proteger contra valores não esperados decorrentes de qualquer problema que envolva a execução do contrato. A arbitragem é escolhida em razão da sua confidencialidade, da liberdade na escolha do árbitro e da flexibilidade das regras envolvendo a colheita das provas, além da estrutura de seu procedimento, que tende a entregar uma decisão mais célere que aquela proferida pelo Judiciário.[21] As normas federais acerca do procedimento na colheita da prova (*Federal Rules of Evidence*) não têm, em geral, aplicação. Como se não bastasse, as decisões arbitrais cingem-se a declarar o resultado da apreciação do pedido e o modo de persegui-lo, de vez que os árbitros não são obrigados a fundamentar suas decisões, podendo não se fiar na regra do *case precedent*.[22]

---

19 REUBEN, *Public justice: toward a state action theory of alternative dispute resolution*, p. 577 e ss.

20 CHRISTOPHER DRAHOZAL, Federal Arbitration Act Preemption, p. 393, observa que há duas gerações de casos submetidos à FAA. Na primeira, as leis estaduais passaram a invalidar disposições contratuais prevendo a arbitragem. Na segunda, foi dada primazia à lei federal.

21 GOLDBERB et alli, op. cit., p. 234.

22 JUDITH RESNIK, Competing And Complementary Rule Systems: Civil Procedure And Adr: Procedure As Contract, p. 594 e ss.

No Brasil, a arbitragem ganhou enorme impulso com a Lei 9.307/1996. Depois de contestada a constitucionalidade de alguns de seus artigos,[23] firmou-se no cenário brasileiro, notadamente para resolver conflitos comerciais de valor expressivo, embora sua aplicação em outros campos não seja vedada.

4.3. A avaliação do terceiro neutro ("Early Neutral Evaluation - ENE")

Na realidade norte-americana, a avaliação do terceiro neutro é um método de resolução de disputas na qual uma pessoa, que não o julgador, depois de analisar o caso, pode, além de ter acesso a documentos, entrevistar as partes, seus advogados, colher elementos de convencimento, para em seguida emitir seu parecer fundamentado. Essa decisão é oral e normalmente não vincula as partes.[24] Com isso, não raras vezes, o terceiro neutro auxilia em uma mediação ou conciliação em um tribunal, razão pela qual não é considerada uma técnica isolada, já que o parecer emitido por ele é ponto de partida para que as partes se componham.[25] Esse método é indicado principalmente nos casos em que grassa forte polêmica em torno de um elemento de prova ou, ainda, quando uma das partes tem uma expectativa exagerada de sua posição na disputa.[26]

Não existe impedimento legal nem necessidade de maior regulamentação para que a técnica do terceiro neutro seja adotada na realidade brasileira. A rigor, é ferramenta importante da qual todo e qualquer mediador pode se utilizar, desde que esclareça aos envolvidos o caráter não vinculante do resultado da avaliação.

4.4. Outras modalidades na experiência norte-americana: o *minitrial* e o juiz de aluguel ("rent a judge")

4.4.1. Minitrial

Se a utilização do terceiro neutro tem razão de ser no âmbito de um tribunal, o *minitrial* tem origem privada e reproduz um julgamento. A exemplo da

---

23 Homologação de Sentença Estrangeira SE 5.206-7 (STF – Pleno, maioria; *RTJ* 190/908).

24 GOLDBERB et alli, op. cit., p. 372.

25 A simples avaliação pelo terceiro neutro não tem utilidade. Como anota BARBARA A. PHILLIPS, Mediation: Did We Get It Wrong?, p. 652-53, a partir de estudo realizado em US. District Court de San Francisco, os advogados e as respectivas partes não escolhem o ENE voluntariamente. Uma vez apresentado seu parecer, faltam aos avaliadores habilidades de mediador para conduzir a negociação, o que faz com que as partes e seus advogados busquem, a partir daí, a via judicial. Com base nisso, o Programa da referida corte no tocante a ENE se apresenta dentro de uma mediação, o que, em regra, é uma tendência em vários outros tribunais.

26 OPPERMAN, The Pros and Cons of ADR, Including ADR/Litigation Hybrids, p. 79 e ss.

avaliação de um terceiro neutro, essa modalidade também serve de técnica auxiliar na mediação. Foi criado em 1977 para casos envolvendo disputas de marcas e patentes, mas logo se espraiou sua utilização para controvérsias comerciais e matérias envolvendo o Poder Público (indenizações, construção civil e também antitruste).[27] Geralmente, seu funcionamento e procedimento são previamente definidos em contrato, inclusive quanto à confidencialidade e a utilização das informações colhidas ao longo do processo, caso as partes recorram ao Poder Judiciário depois que o *minitrial* fracassar. Tenta-se reproduzir o *trial* judicial, porém sem a tensão que uma disputa no tribunal envolve, já que as decisões não são vinculantes nem o terceiro neutro que preside os trabalhos tem poderes de coerção.[28] Esse terceiro pode ser um operador do direito (*v.g.*, advogado) ou um especialista em uma determinada área do conhecimento. O procedimento do *minitrial* é voltado para que no final as partes se componham. O próprio condutor dos trabalhos de *minitrial* pode pedir uma opinião a outro terceiro neutro, cujo entendimento, de acordo com o contratado, pode ser vinculante ou não.[29] Embora não seja o mais recomendável, o terceiro neutro que preside os trabalhos do *minitrial* pode atuar como conciliador ou mediador, chegando a emitir um documento em que expõe os principais pontos do caso.[30] Costuma-se ver a experiência do *minitrial* como bem-sucedida em virtude do envolvimento das partes, com a vantagem de se antecipar, em certa medida, a discussão de temas que podem ocorrer em juízo.[31]

4.4.2. Juiz de aluguel ("rent a judge")

No âmbito de alguns tribunais estaduais norte-americanos, as partes, de comum acordo, podem indicar uma pessoa para ser o julgador (*decision maker*), árbitro ou mediador de um caso. Em geral, escolhem um juiz aposentado que tenha especialidade no assunto tratado na controvérsia.[32]

Quando chamado na qualidade de julgador, ele aplica a lei material e processual do caso concreto, pois atua como verdadeiro juiz contratado pelas partes. Seu poder na direção do processo é semelhante ao de um juiz estatal, exceção feita ao uso da força. A praxe é que suas decisões sejam vinculantes, embora se possa dispor em contrário por escrito. No caso de vinculação, a decisão

---

27 GREEEN, Growth of the mini-trial, p. 12.

28 HOELLERING, The mini-trial, p. 48-50.

29 OPPERMAN, The Pros and Cons of ADR, Including ADR/Litigation Hybrids, p. 79 e ss.

30 OPPERMAN, op. cit., p. 79 e ss.

31 OPERMAN, op. cit., p.79 e ss.

32 RICHARD CHERNICK, The Rent-a-Judge Option: A Primer for Commercial Litigators, p. 18 e ss.

do juiz de aluguel tem plena validade a ponto de desafiar recurso a uma corte competente.[33] É possível, ainda, a utilização do juiz de aluguel para decidir uma questão incidente de um processo confiado ao tribunal que requeira uma prova mais demorada e complexa. Resolvida a questão incidente, o tribunal está habilitado a cuidar das outras questões atinentes ao processo. Os atos transcorridos e registrados no âmbito do procedimento conduzido pelo juiz de aluguel não são transpostos para os autos do processo público; só a sua decisão. Trata-se de método indicado para controvérsia envolvendo grandes valores em dinheiro. Assim, como em todo método em que há uma decisão cercada de confidencialidade (métodos heterocompositivos, como a arbitragem), as críticas se voltam para a falta de publicidade das decisões. No direito norte-americano, existe o instituto do precedente judicial, ou seja, as decisões do tribunal são tomadas com base em casos iguais ou semelhantes anteriormente julgados.[34] Essa crítica é feita de forma generalizada aos métodos heterocompositivos cercados da cláusula de confidencialidade. A ausência de visibilidade e publicidade nos acordos celebrados e nas decisões tomadas à sombra da lei (*in the shadow of law*) minariam a noção pública de justiça e distorceriam a lei e o direito.

4.5. Med-Arb ("Mediation-Arbitration")

Não raras vezes, a solução de uma controvérsia pode envolver mais de um meio alternativo, seja ele autocompositivo ou heterocompositivo. A forma mais conhecida que simboliza este hibridismo é a "*med-arb*". Trata-se de modalidade geralmente prevista em cláusula contratual em que, de forma escalonada, tenta-se inicialmente mediar as partes para que elas encontrem uma solução para o impasse. Fracassada a mediação, esse mesmo terceiro passa para a arbitragem. Essa mais conhecida forma híbrida de *ADR* é criticada por concentrar em uma só pessoa as duas funções, o que distorceria a função do mediador, embora não haja proibição. No entanto, é mais indicado que o mediador seja pessoa diferente do árbitro.[35] Nos casos em que o mediador e árbitro são a mesma pessoa, há quem veja na convivência anterior entre o terceiro e as partes durante a mediação como frutífera e boa para o transcurso dos trabalhos de arbitragem. Contudo, isso não evita de todo o debate acerca da imparcialidade do árbitro em razão da função antes desempenhada. Essa forma híbrida faz pensar a respeito do comportamento das partes. É que o clima e a visão das partes em uma mediação são diferentes

---

33 REX R. PERSCHBACHER e DEBRA LYN BASSETT, The End of the Law, p. 1.

34 LUBAN, Settlements and the Erosion of the Public Realm, p. 2619 e ss.

35 DEBORAH R. HENSLER, Our Courts, Ourselves: How the Alternative Dispute Resolution Movement Is Re-Shaping Our Legal System, p. 166. A *med-arb* é forma que tem crescido em contratos bancários celebrados entre o banco e o consumidor.

em uma arbitragem.[36] Durante uma mediação, as partes revelam fatos que nem sempre revelariam na frente de alguém que fosse julgar o seu caso, e o acúmulo de funções do terceiro pode comprometer, por mais esse motivo, o seu trabalho como mediador. Diante disso, é uma tendência que seja designada uma pessoa diferente para conduzir a arbitragem, ainda mais diante da dificuldade de se recrutar alguém que reúna as qualidades de bom mediador e árbitro.[37] O que se tenta é harmonizar a *flexibilidade* da mediação com a *finalidade* da arbitragem.[38]

Há várias modalidades de *med-arb*. As diferenças situam-se no fato de o mediador e o árbitro serem a mesma pessoa ou não, assim como o caráter vinculativo ou não da arbitragem.[39]

A fim de evitar o inconveniente da mediação prévia, existe a *arb-med*. Trata-se de processo contratual por excelência que tem início com a arbitragem. Depois de tomada a decisão, seu conteúdo não é revelado até o fim da mediação. Se ela chega a bom termo, o resultado da arbitragem não é revelado. Se não se chega a um consenso, a decisão da arbitragem é proclamada. Com essa inversão, procura-se neutralizar o inconveniente de um árbitro ter servido antes do mediador.

Mas, como dito, as formas híbridas podem congregar mais de dois métodos de solução de controvérsias. De fato, considerando vários passos ou estágios a percorrer, é possível a justaposição de diferentes meios.[40]

---

36 FULLER, Collective bargaining and the arbitrator, p. 248-250, apud GOLDBERG et alli, op. cit.

37 KRUGLER, ADR Update: Are You Maximizing All ADR Has To Offer?, p. 1120 e ss.

38 HUNT, Arb-Med: ADR In The New Millennium, 29 e ss.

39 LANDRY, Med-arb: mediation with a bite and an effective ADR model, p. 266 e ss. lista alguns: Med-arb same, Med-arb Diff, Med-Abr Different-Recommendation, Non Binding Med-Arb, Med-Arb Show case. Mediation and Last Offer Arbitration (MEDALOA).

40 REUBEN, Constitutional Gravity: A Unitary Theory Of Alternative Dispute Resolution And Public Civil Justice, p. 971: "While med/arb is an example of the blending of two ADR processes into a single process, conflict resolution managers often take the concept one step further, developing tiered structures in which disputes are routed through a series of stages, with a different type of dispute resolution process used at each stage. For example, unions and large construction contractors in California and a handful of other states sometimes enter into collective bargaining agreements that, in effect, partially privatize worker's compensation for specific construction projects, including the delivery of health care services and the system by which disputes arising from workplace injuries are resolved. The dispute resolution systems typically call for a four-step process, in which the dispute is handled by an ombudsman before going to mediation, arbitration, and finally, if it is still unresolved, back into the public worker's compensation system for possible trial de novo".

5. OS TIPOS DE CONFLITO

Nos primórdios do *ADR movement*, foi possível mapear os tipos de conflito e os meios indicados[41] (causas cíveis e comerciais, trabalhistas, litígios de consumo, conflitos intersubjetivos de relação continuada e conflitos envolvendo interesse público e políticas públicas).[42]

Este rol resume a quase totalidade dos tipos de conflito não penais que podem ser levados para serem resolvidos por intermédio de um meio alternativo.[43] A partir dele, é possível constatar que a existência de um ente público em uma controvérsia não é empecilho intransponível para que ela seja resolvida por meio de uma modalidade de *ADR*. Da mesma forma, em uma disputa em que se encontre uma pessoa vulnerável se comparada com a parte oposta não é impedimento para que a controvérsia seja solucionada por um meio alternativo. Outro ponto importante é que não existe uma modalidade de método alternativo como o mais indicado aprioristicamente para um tipo de conflito. É verdade que há certas características do conflito e do direito em jogo que consagram determinado método. Há situações em que se forma uma identidade entre os contornos do conflito e o método, a ponto de um desavisado pensar que determinado método é indicado apenas para aquela modalidade. É o caso da mediação e as questões de direito de família. Como a mediação já mostrou sua eficiência neste campo do direito, o leigo pensaria que a mediação não caberia em mais nenhum outro ramo de direito. Não é verdade. A mediação é indicada para a solução de controvérsias de naturezas diversas. Fenômeno semelhante ocorre com a arbitragem. A arbitragem não se resume à solução de disputas comerciais e empresariais. O seu mundo é mais amplo que esse. No campo do Direito Público, por exemplo, é possível a sua aplicação com adaptações.[44]

---

41 SANDER, op. cit., p. 3, a partir de GREEN, GOLDBERG e SANDER, op. cit., com adaptações.

42 Vizinhança, família, entre outras.

43 Alude-se aqui a causas não penais, embora as causas penais sejam campo fértil para aplicação da mediação e da justiça restaurativa. Este artigo, contudo, propõe-se a apresentar um panorama de conflitos não penais.

44 SALLES, *A arbitragem na solução das controvérsias contratuais da Administração Pública*, especialmente p. 291 e ss. BENETTI, Notas sobre a adequação da arbitragem a questões de direito público na atualidade, p. 630-631.

Tanto a mediação como a arbitragem podem resolver conflitos trabalhistas, sejam eles individuais ou coletivos,[45] embora os nossos tribunais não sejam claros sobre a plena admissibilidade desses meios.[46]

Da mesma forma, mediação e arbitragem são métodos adequados para resolver controvérsias de Direito Privado. Os tribunais norte-americanos chegam a recomendar o uso de uma modalidade de *ADR* se a controvérsia envolve uma relação jurídica comercial.[47]

Já nos litígios de consumo, a vulnerabilidade do consumidor deverá ser considerada, seja por um árbitro, seja por um mediador. O desequilíbrio entre um consumidor hipossuficiente e um fornecedor hiperssuficiente é resolvido na lei brasileira com previsões envolvendo a proteção ao primeiro tanto no plano do direito material como no plano do direito processual. Neste último, o art. 6º, VIII, do Código de Defesa do Consumidor, é a demonstração mais evidente desta preocupação, de modo que a introdução de um método alternativo não altera este cenário, já que um mediador, um árbitro ou qualquer outro aplicador de um

---

45 A literatura norte-americana relata a solução de controvérsias decorrentes do vínculo de trabalho, como também aquelas indenizações decorrentes de perdas e danos (discriminação no trabalho e assédio sexual). Nos direitos coletivos, a mediação tem papel importante; já nos serviços públicos essenciais a arbitragem de oferta final (final *offer selection*) tem aplicação; segundo ela, cada parte faz sua proposta em separado e o árbitro, sem saber das respectivas propostas, decide. A decisão do árbitro é substituída pela proposta que mais se aproximar da decisão do árbitro. Cf. MCDERMOTT e BERKELEY, Alternative Dispute Resolution in the Workplace: Concepts and Techniques for Human Resource Executives and Their Counsel; NOLAN Labor and Employment Arbitration in a Nutshell.

46 As Comissões de Conciliação Prévia visam a aplicação de um método consensual mais próximo da conciliação, na linha adotada pela Justiça do Trabalho no Brasil desde a sua implantação. Mais recentemente, a Lei 13.467/17 ("Reforma Trabalhista") introduziu o artigo 507-A na Consolidação das Leis do Trabalho, segundo o qual "Nos contratos individuais de trabalho cuja remuneração seja superior a duas vezes o limite máximo estabelecido para os benefícios do Regime Geral de Previdência Social, poderá ser pactuada cláusula compromissória de arbitragem, desde que por iniciativa do empregado ou mediante a sua concordância expressa, nos termos previstos na Lei nº 9.307, de 23 de setembro de 1996".

47 É o que anotam CHRIS A. CARR e MICHAEL R. JENCKS, The Privatization Of Business And Commercial Dispute Resolution: A Misguided Policy Decision, in *Kentucky Law Journal*, n. 1, p. 183 e ss., a respeito da cortes federais e a do Estado da Califórnia. Os mesmos autores remetem a STEPHEN P. YOUNGER, Effective Representation of Corporate Clients in Mediation, p. 951: "With increasing frequency, our courts are encouraging litigants to use ... (ADR) procedures – such as mediation, early neutral evaluation, binding arbitration and summary jury trial – to clear up overburdened court calendars".

método alternativo não poderá perder este aspecto de vista. Perigo há se o método pretender afastar a tutela protetiva do consumidor, já que o contrato que predisponha sobre uma arbitragem pode querer dispor sobre determinada lei aplicável, afastando, por exemplo, a aplicação do Código de Defesa do Consumidor. Nesse caso, o vício estará na cláusula que prevê a não aplicação desta lei, e não do método alternativo escolhido. Eventuais desvios ou má-aplicação do CDC podem ocorrer tanto em juízo como fora dele. Entretanto, como o árbitro não é agente do Estado, há quem veja com reservas confiar a solução a ele.[48] Na realidade norte-americana, as disputas individuais podem ser apresentadas perante comitês ou escritórios criados pelos próprios fornecedores, como o Better Business Bureau (BBB),[49] ou então por meio administrativo, mediante procuradorias estaduais.[50] Este modelo, em certa medida, também existe no Brasil, seja por iniciativa de empresas, seja pelo abrangente sistema de defesa de consumidor existente no ordenamento jurídico brasileiro que, entre outras coisas, prevê órgãos na esfera federal e estadual.[51] Na via judicial, o consumidor tem à sua disposição as *small claim courts*, que inspiraram

---

48 No direito norte-americano, RICHARD A. BALES, The Laissez-Faire Arbitration Market and the Need for a Uniform Federal Standard Governing Employment and Consumer Arbitration. LINDA J. DEMAINE & DEBORAH R. HENSLER, "Volunteering" to Arbitrate Through Predispute Arbitration Clauses: The Average Consumer's Experience; JEAN R. STERNLIGHT & ELIZABETH J. JENSEN, Using Arbitration to Eliminate Consumer Class Actions: Efficient Business Practice or Unconscionable Abuse? Neles, fica claro que a previsão de cláusula contratual condicionando a solução da controvérsia a uma arbitragem é polêmica e não é admitida indiscriminadamente pelos tribunais. Em geral, uma linha de raciocínio adota a necessidade de se submeter à vontade do contrato; outras questionam a arbitrabilidade das questões sujeitas à arbitragem. Nas duas posições, os desvios e desmandos do árbitro podem ser objeto de revisão judicial que, contudo, é criteriosa na admissão de alguma forma de interferência sobre a decisão privada. No Brasil, embora as causas submetidas à Lei 9.099/1995 não sejam apenas de consumo, é preciso lembrar que para essas, em reforço, o art. 4º, V, do Código de Defesa do Consumidor prevê como política nacional de consumo o incentivo aos mecanismos alternativos de solução de conflitos. Nesse sentido, SELMA LEMES, Arbitragem e direito do consumo, p. 141-149, anota a sugestão de adotar nos órgãos extrajudiciais de defesa do consumidor, desde que regulamentada a matéria, tendo em vista a experiência do Conselho Arbitral de São Paulo – Caesp. Nada impede que essa experiência também seja adotada, uma vez apresentada a reclamação perante o Juizado Especial Cível. A arbitragem em direito de consumo constitui, como bem lembra a autora, um tabu.

49 Sobre as atividades do BBB, basta consultar <www.bbb.org>.

50 JOHNSON, KANTER E SCHWARTZ, Outside the courts: a survey of diversion alternatives in civil cases.

51 Nesta última, há os conhecidos Procons (Departamento de Defesa de Proteção ao Consumidor).

os nossos juizados especiais de pequenas causas,[52] hoje juizados especiais cíveis,[53] assim como, dependendo do caso, a *class actions*, igualmente inspiradoras das ações coletivas brasileiras.

No âmbito dos conflitos intersubjetivos, como é o caso de conflitos de vizinhança, os juizados especiais desempenham papel fundamental. Questões de vizinhança e de família clamam a aplicação de uma *justiça coexistencial*, expressão cunhada por Capelletti para se referir a conflito no qual as partes envolvidas têm uma relação continuada, e o conflito não evitará que elas continuem a se encontrar ou se relacionar. Com disputas desta natureza, os métodos autocompositivos parecem ser os mais indicados, a despeito de, como já referido, não existir um padrão preestabelecido que autorize dizer que determinado método é mais indicado para certo tipo de conflito.

Por fim, os conflitos envolvendo políticas públicas, como aqueles que digam respeito, exemplificativamente, à política urbana, meio ambiente, desigualdades ou até mesmo improbidade na Administração Pública, ainda que submetidos a uma ação judicial, também podem utilizar as técnicas e os métodos alternativos, ainda que no curso da demanda judicial.

6. SISTEMA MULTIPORTAS: OS MODELOS POSSÍVEIS

Espera-se que já tenha sido possível perceber que o grande desafio da aplicação dos meios alternativos de resolução de controvérsias é responder as perguntas básicas, tais como *com quem*, *onde* e *quando* são aplicados.

Como tudo o que envolve as *ADRs*, a resposta não é única. Mas é possível que tudo fique mais claro se se pensar nos modelos existentes.

Pode-se pensar que uma pessoa, diante de um conflito, tem à sua disposição várias alternativas para tentar solucioná-lo. Pode procurar diretamente a outra parte envolvida e tentar negociar o impasse sem a interferência de ninguém. Mas pode também procurar um terceiro e este propor diferentes métodos de solução existentes (mediação, arbitragem, entre outros). Pode ainda procurar um ente estatal que, dependendo do conflito, ainda que não seja o Poder Judiciário, tente

---

[52] Lei 7.244/1984, revogada pela Lei dos Juizados Especiais Cíveis e Criminais (Lei 9.099/1995), hoje em vigor.

[53] Com inspiração declarada no sistema das *small claim courts* de Nova Iorque, o sistema dos juizados especiais cíveis brasileiro é vanguarda no que diz respeito a meios alternativos no Brasil. De forma pioneira, prevê um sistema multiportas com a possibilidade de julgamento via juiz estatal (togado ou leigo) ou a porta da arbitragem (art. 24 da Lei 9.099/1995). Além disso, antes da solução adjudicada, prevê uma enorme ênfase na conciliação dos conflitos submetidos a este sistema, com a possibilidade de designação de conciliadores distintos dos julgadores (art. 22 da Lei 9.099/1995).

intermediar o impasse.[54] Pode, ainda, procurar o Estado-Juiz para ajuizar uma demanda. Cada uma das alternativas corresponde a uma *porta* que a pessoa se dispõe a abrir, descortinando-se a partir daí um caminho proposto pelo método escolhido. Neste cenário, o envolvimento do Estado é uma eventualidade, pois provocar o Estado-Juiz ou a Administração, é abrir uma das *portas*. A pessoa disposta a resolver o conflito pode fazer a escolha sem a ajuda de um terceiro, mas pode também procurar um técnico, como é o caso de um advogado, que poderá a orientar. O Estado, além de pôr à disposição uma *porta* ou várias *portas*, pode também influir neste cenário disciplinando por lei aspectos básicos desses métodos privados e regras de conduta dos envolvidos (Código de Ética para mediadores, árbitros e terceiros neutros em geral). Uma norma disciplinando a mediação e a arbitragem privada, isto é, aquela que ocorre longe dos olhos do Estado, teria sentido neste cenário, mas com o cuidado de não penetrar ou interferir indevidamente na *liberdade* das partes. Além de disciplinar pode o Estado também pôr à disposição pessoas e órgãos da Administração encarregados de orientar sobre as *portas* existentes, como escolhê-las, além de, como já dito, pôr à disposição uma *porta* como caminho que tentará resolver o impasse da vida. Tentando harmonizar aspectos envolvendo a mediação, foi promulgada a Lei nº 13.140/15.

Sem anular este modelo, é possível pensar que uma pessoa, uma vez tendo procurado a *porta* do Poder Judiciário, se depare com um leque de opções em que a solução sentença judicial passa a ser uma das opções (leia-se, uma das *portas*). Ou seja, aberta a porta do Poder Judiciário, haveria como que uma antessala em que novas portas estariam à disposição, cada uma representando um método diferente, incluindo aí a própria *porta* do Poder Judiciário, o que significa continuar a resolver o conflito por meio de uma sentença do Estado-Juiz.

Originalmente, a ideia teria sido exposta em 1976, por ocasião de uma Conferência (*Pound Conference*), copatrocinada pela *American Bar Association (ABA)*, equivalente à Ordem dos Advogados do Brasil, órgãos oficiais e presidentes de tribunais. A conferência tinha como pano de fundo um discurso proferido setenta anos antes (1906) em um evento da ABA, pelo professor de Harvard, Roscoe Pound, denominada *The Causes of Popular Dissatisfaction with the Administration of Justice.*[55] A Conferência de 1976 foi comandada pelo *Chief Justice* Warren Burger, então presidente da Suprema Corte norte-americana, e contou, entre os palestrantes, com um discurso do Professor Frank E. A. Sander, também de Harvard, intitulado *Varieties of Dispute Processing*. A base do Fórum de Multiportas (*Multidoor*

---

54 Cujo exemplo pode ser uma disputa de consumo em que se procura um Procon ou algum órgão da Administração.

55 The Pound Conference: Perspectives on Justice in the Future – "Varieties of Dispute Processing".

courtroom) e vários aspectos envolvendo a relação entre tribunais e *ADR* foram expostos nessa ocasião.[56] Estava presente naquele pronunciamento a ideia de uma maior integração entre comunidade, agentes econômicos e Estado,[57] assim como a busca do método mais adequado, rejeitando o modelo *one-size-fits-at-all*.[58] A partir daí a ideia se espraiou.[59]

7. O MODELO MULTIPORTAS A PARTIR DE UM TRIBUNAL (*COURT ANNEXED*)

Em um modelo gerenciado pelo Poder Judiciário, cabe a este último ser inicialmente o gestor do conflito a ele apresentado, indicando o método mais adequado, mesmo que não seja a sentença estatal. O meio selecionado pode ser obrigatório (*mandatory*) ou não, conforme o tribunal. É o caso da mediação. É possível que o tribunal determine que certo tipo de caso seja remetido obrigatoriamente a um programa para que se tente resolver a controvérsia por intermédio da mediação. Esta obrigatoriedade nem sempre é bem compreendida, pois se confunde a tentativa obrigatória de mediação (ou conciliação) com a obrigatoriedade de as partes se conciliarem. Por pressupor um ato livre de vontade das partes, conciliar ou obter êxito em uma mediação está fora do alcance de qualquer pessoa ou ente, se não das próprias partes do conflito. Coisa diversa é um programa ou tribunal prever *obrigatoriamente* a tentativa de conciliação ou mediação. Por um lado, esta obrigatoriedade teria o mérito de incutir nas pessoas a proposta da mediação, isto é, trabalhar na mudança de *mentalidade*, difundindo a cultura da mediação. Por outro, a *obrigatoriedade* da tentativa feriria a liberdade dos possíveis mediandos, um dos pilares em que a mediação está baseada. Obrigatória ou não a tentativa, essa característica difere da vinculação das partes ao resultado (*binding*). Uma corte pode determinar um meio e esse meio ser obrigatório naquele tribunal, porém a decisão não vincula; serve, as mais das vezes, para facilitar uma solução

---

56 The Pound Conference: Perspectives on Justice in the Future – "Varieties of Dispute Processing".

57 Como observa RICHARD C. REUBEN, Public Justice: Toward a State Action Theory of Alternative Dispute Resolution. Ainda, JEFFREY W. STEMPEL, Reflections on Judicial ADR and the Multi-Door Courthouse at Twenty: Fait Accompli, Failed Overture, or Fledgling Adulthood?, p. 308.

58 Em tradução livre, um modelo serve para tudo.

59 Sobre o tema no Brasil, RAFAEL ALVES DE ALMEIDA; TANIA ALMEIDA; MARIANA HERNANDEZ CRESPO (Orgs.). *Tribunal Multiportas:* investindo no capital social para maximizar o sistema de solução de conflitos no Brasil. Rio de Janeiro: FGV, 2012.

amigável.[60] Em uma arbitragem, por exemplo, é possível avençar antes se o seu resultado vincula as partes ou não.[61]

8. ASPECTOS FUNDAMENTAIS EM UM MODELO MULTIPORTAS A PARTIR DE UM TRIBUNAL

8.1. A seleção e o seu responsável

Em geral, um modelo multiportas a partir de um tribunal nasce com um *programa piloto* patrocinado pelo próprio tribunal. A ideia de programa piloto é rica e fundamental quando o assunto é integração entre o mundo formal da corte e os meios alternativos, já que não há fórmulas prontas e muito do que acontece é experimental e sujeito a aperfeiçoamentos. Esse experimentalismo não deve ser visto como fator de insegurança, mas sim como elemento de permeabilidade do sistema multiportas que, a qualquer momento, pode absorver novos métodos de solução de controvérsias diante de uma realidade que muda a todo instante. Nos Estados Unidos, o *Alternative Dispute Resolution Act*, de 1998, tenta traçar regras mínimas envolvendo a *ADR*.[62] Nas cortes federais, cada seção deve contar com um programa que contemple pelo menos uma forma de *ADR*.

Tentando responder à pergunta *quem faz a seleção*, Solum[63] explica que podem ser as partes isoladamente ou em consenso. A seleção também pode ser mecanicamente feita por um funcionário do tribunal, por um perito externo ou, ainda, pelo próprio julgador. No caso de pluralidade de autores, prevalece o critério da

---

60 CARRIE MENKEL-MEADOW, Pursuing settlement in an adversary culture: a tale of innovation co-opted or "the law of ADR", p. 18. Nas cortes federais, existe The Alternative Dispute Resolution Act, de 1998, o qual obriga cada tribunal federal e respectivas cortes a contar com pelo menos um programa de ADR. Nessas, CAROLINE HARRIS CROWNE, The Alternative Dispute Resolution Act Of 1998: Implementing A New Paradigm Of Justice, observa, p. 1801-1802: "Court-sponsored ADR should preserve a great amount of party control, in order to promote self-determination, ensure that ADR processes do not become meaningless rituals, and preserve the right to trial. Those courts that decide to include arbitration in their ADR programs despite the problems identified above must do so on a completely voluntary basis. The Act provides that arbitration may not be mandatory or absolutely binding. Courts have discretion, however, to make other forms of ADR voluntary or mandatory".

61 No caso de não vincular, é de se indagar se o método merece o nome de arbitragem.

62 CAROLINE HARRIS CROWNE, The Alternative Dispute Resolution Act of 1998: Implementing a new Paradigm of Justice, p. 1.790 e ss.

63 Alternative court structures in the future of the California judiciary: 2020 vision, p. 2.148-2.149.

maioria. Nas hipóteses em que a escolha cabe a uma pessoa que não as partes, elas respondem a um questionário detalhado.[64] Fundamental, então, que o "porteiro" (*gatekeeper*) conheça cada método e suas características, sem o que não pode fazer a escolha. Dependendo do resultado, é possível a volta ao processo judicial ou a outro método, caso o inicialmente escolhido não tenha a capacidade de resolver a controvérsia. É o caso de uma mediação em que o conflito não é resolvido. A despeito do ganho que cada parte tenha adquirido com o que a mediação oferece (*empowerment*), é possível que o caso volte para ser julgado pelo juiz, ou mesmo remetido a uma arbitragem ou para a avaliação de um terceiro neutro, enfim, para outro método.

8.2. O ambiente e o momento

O ambiente em que a escolha ocorre e o local em que se desenvolvem os trabalhos também são elementos importantes. O prédio do tribunal identifica-se com a ideia de litígio e formalismo, de modo que a busca de um novo paradigma também passa por encaminhar a tentativa de solução de conflito para um local diferente. Nesse caso, ainda que o tribunal seja o responsável pelo programa, o conflito não estará identificado com o ambiente do tribunal.

Outro ponto sensível é definir o momento da escolha do meio alternativo adequado. No caso da mediação, é possível pensar em um modelo em que a mediação precede o ajuizamento da demanda judicial. É possível pensar em outro em que, tão logo ajuizada a demanda, as partes são remetidas a um setor de conciliação ou mediação. Pensando sob a perspectiva do processo judicial, é possível deslocar o ato de sugestão de remessa (ou a ordem de remessa propriamente dita) a um meio alternativo em qualquer momento do arco procedimental, merecendo destaque no processo civil brasileiro o momento da audiência de conciliação ou mediação prevista no artigo 334 do CPC ou até mesmo antes dela. Assim como o juiz pode, a qualquer momento, convocar as partes para tentar conciliá-las ou mediá-las, nada impediria que ele, a qualquer momento, convocasse as partes para recomendar a solução da controvérsia por um método mais adequado que a solução judicial.

---

[64] (i) a quantidade de partes envolvidas; (ii) os fatos e as possíveis questões daí advindas; (iii) pedidos; (iv) relacionamento entre as partes; (v) a natureza das questões a resolver. Essa análise objetiva é seguida de um outro formulário no qual a parte expõe o seu objetivo, respondendo sua expectativa com relação à (i) celeridade; (ii) confidencialidade; (iii) o interesse em preservar o relacionamento com a parte contrária; (iv) disposição em negociar com a parte contrária. Esses exemplos de formulários são da Superior Court of the District of Columbia, citados por IVAN BARBOSA, Fórum de múltiplas portas: uma proposta de aprimoramento processual, p. 258-259. Assim também procede The Multi-door Dispute Resolution Division de Washington, DC e a Middlesex Multi-door Courthouse, conforme SOLUM, op. cit., p. 2149.

O Código de Processo Civil tentou fazer a sua integração com a Resolução 125 do Conselho Nacional de Justiça.[65] A opção que prevaleceu foi de prever a audiência de conciliação ou mediação logo no início do procedimento, já que assim o desgaste ainda não seria tão grande, ao passo que remeter a uma mediação ou conciliação antes do início da fase instrutória, ou mesmo depois de julgado em primeiro grau (na fase recursal), teria como argumento o custo (de tempo, dinheiro e, não raras vezes, emocional) que a solução judicial traz às partes. No entanto, o discurso que envereda para a escolha do momento em que a tentativa de solução via conciliação ou mediação deve ser realizada não pode se sustentar apenas com o argumento do alto custo do processo judicial e suas mazelas. É verdade que o processo judicial demora, tem um custo financeiro e pode desgastar emocionalmente as partes. No entanto, em comparação com outros métodos, poderá haver os que custam mais (ou menos), demoram mais (ou menos) e podem desgastar tanto quanto – ou mais que – o processo judicial. Como se verá a seguir, cada meio de solução de conflitos tem características diferentes que sempre podem ser comparadas. Por essa razão, é sempre bom repetir que o método deve ser escolhido não apenas pelos alegados defeitos do processo judicial, mas sim pela ótica que identifique o mais adequado. A bem da verdade, os "defeitos" do processo judicial externam certos valores. A escolha do método mais adequado decorre da comparação entre eles, pois cada um tem suas peculiaridades. O processo judicial, por ser público, faz com que os precedentes sejam de fácil acesso e consulta. Por sua vez, os métodos alternativos, em geral, são confidenciais. Assim, na escolha do meio adequado, a opção entre o valor publicidade e confidencialidade estará em jogo, assim como a capacidade de um método gerar precedente e do outro não. Claro está que outros valores (custo financeiro, tempo etc.) também serão objeto de escolha. A qualidade da escolha dependerá da quantidade de valores e características que as partes quiserem livremente prestigiar. Fazer a escolha com base apenas em uma característica ou valor (no exemplo anterior, entre métodos que privilegiam a publicidade e os que permitem a confidencialidade), empobrece a qualidade da escolha. Por outro lado, quanto maior for a quantidade de características ou valores a analisar, maior será a complexidade da seleção.

9. A ESCOLHA DO MÉTODO ADEQUADO

Saber tão somente em que ramo do direito o conflito se enquadra não é suficiente para tirar a dúvida se é possível resolvê-lo por intermédio de um meio alternativo, nem para efetuar a escolha do método mais adequado. Saber o ramo é

---

65 Para uma análise de algumas propostas por ocasião das discussões envolvendo o Código de Processo Civil de 2015, GRINOVER, Conciliação e mediação judiciais no Projeto de Novo Código de Processo Civil, p. 171-179.

importante, mas não o bastante. Até mesmo porque um conflito pode, ao mesmo tempo, envolver diferentes ramos e áreas do conhecimento humano.

Na experiência norte-americana, a escolha do método mais adequado passa geralmente pelo preenchimento de um questionário em que as características do conflito e os valores buscados pelas partes são explicitados.

Sem a pretensão de esgotar as características ou valores em jogo, é importante saber das partes ou a partir de dados do próprio conflito: (i) se ele tem vários focos (conflito policêntrico) ou apenas um; (ii) se ele envolve interesse público ou não; (iii) se se trata de uma relação continuada ou eventual; (iv) se esperam resolver a controvérsia de forma rápida ou não, assim como se o valor a ser gasto com a resolução do conflito é questão relevante ou não; (v) se as partes pretendem resolver a controvérsia por método que preserve a confidencialidade; (vi) ou, ainda, se elas pretendem, com a solução do conflito, gerar ou não um precedente. Essas balizas trazidas pelas partes são fundamentais para a escolha do método apropriado.

Fundamental é que o programa de um tribunal contemple o maior número de meios alternativos porque cada um, muitas vezes, privilegia um determinado valor ou tem certas características que as partes procuram.[66] Quanto maior o número de

---

[66] Em trabalho de minha autoria, *A contribuição dos Meios Alternativos para a solução das controvérsias*, p. 619 e ss., destaquei: "De forma original, SANDER e ROZDEICZER, a partir de determinados objetivos a perseguir, propõem-se a analisar diferentes meios de solução de controvérsias (entre eles a adjudicação estatal), para no final estabelecer uma escala, levando em conta as características de cada modalidade de solução. É assim, portanto, que fica evidente constatar que se as partes pretendem resolver um impasse mediante sigilo, a solução via mediação é mais adequada e a via adjudicação é menos indicada. Por outro lado, se, com a solução de um impasse da vida, o objetivo é a formação de um precedente, a solução adjudicada estatal é mais indicada do que a solução via arbitragem que, por sua vez, é mais indicada do que uma solução via mediação. Da mesma forma, se as partes desejam ter o controle total da situação, podendo dizer até onde querem ir, a solução tende para que a mediação se imponha, já que este método pressupõe a possibilidade de uma das partes desistir, a qualquer momento, de seguir em frente, muito mais que uma solução por meio de uma arbitragem ou uma solução via sentença estatal". Mais à frente (sem as notas de rodapé): "Segundo esta linha, a mediação teria o atributo de transformar as pessoas, atributo esse que perde força se a via escolhida é a arbitragem ou a sentença estatal. Por vezes, mais importante que controlar a solução final é controlar o próprio procedimento. Sob este prisma, o procedimento judicial estatal nada pode oferecer, tendo em vista que as regras processuais são previamente dispostas em lei, ao passo que a arbitragem dá margem ao exercício de uma liberdade maior, assim como ocorre também na mediação. Há vezes, ainda, que as partes não desejam envolver-se de corpo e alma no conflito, preferindo entregar a solução final a um terceiro. Nessa hipótese, quem nada pode oferecer são os meios autocompositivos, já que os métodos heterocompositivos são aqueles que, por excelência, podem atender a esta necessidade, desempenhando a opinião do terceiro neutro um papel intermediário entre estes dois extremos. O mesmo

características ou valores coincidentes com aquilo que as partes procuram, mais adequado será o método.

Os critérios *supra* servem para avaliar a conveniência ou não de uma *ADR* na visão das partes. Mas alguns desses critérios orientam os tribunais.

10. SISTEMA MULTIPORTAS NO BRASIL. A RESOLUÇÃO 125 DO CONSELHO NACIONAL DE JUSTIÇA

A análise histórica demonstra que a arbitragem ganhou impulso com a edição da Lei 9.307/1996, embora ela existisse em nossa realidade jurídica há muito tempo. Alusão a ela sempre existiu nos diplomas processuais brasileiros. Da mesma forma, a conciliação.[67] Já a mediação é prática mais recente no Brasil, embora desde os idos de 1990 já houvesse discussão a respeito e projetos de lei sobre o tema.[68]

Mas as discussões em torno desses métodos jamais contemplaram a ideia de um sistema multiportas.

Iniciativas em prol de um sistema multiportas integrado com o Poder Judiciário são mais recentes. No Estado de São Paulo, vale mencionar o Setor de Conciliação ou Mediação em Primeiro Grau de Jurisdição, instalado a partir do Provimento 893/2004, do Conselho Superior de Magistratura do Tribunal de Justiça daquele estado, assim como o Setor de Conciliação em Segundo Grau de Jurisdição, instalado em virtude dos Provimentos 783/2002 e 843/2004.[69]

Esses programas, calcados na mediação e na conciliação, não oferecem um leque de opções para a solução de uma controvérsia, como propõe o sistema multiportas. Contudo, são iniciativas que dão destaque aos meios autocompositivos e sempre representaram o gérmen para um sistema multiportas integrado ao tribunal.

---

exercício pode ser feito para o elemento celeridade e custo do procedimento. Por fim, é preciso lembrar que, na maior parte das vezes, o objetivo perseguido ou aspecto em relevo não é um só, o que justifica um sistema de pontuação segundo o qual o meio de solução mais indicado é o que reunir maior pontuação dos objetivos e aspectos que as partes ou o programa de um tribunal entender importante privilegiar".

67 Sobre a trajetória destes dois meios no Brasil, remeto à minha tese de doutoramento, op. cit., e ao meu trabalho *A contribuição dos meios alternativos para a solução das controvérsias*, p. 606 e ss.

68 Sobre isso, vale mencionar o Projeto de Lei 4.827/1998 e o Projeto do Instituto Brasileiro de Direito Processual.

69 Sobre o histórico destes provimentos e a participação decisiva do CEBEPEJ – Centro Brasileiro de Pesquisas Judiciais, LUCHIARI, A Resolução n. 125 do Conselho Nacional de Justiça: origem, objetivos, parâmetros e diretrizes para a implantação concreta, p. 238.

Em termos legislativos, o que mais havia se aproximado do conceito de sistema multiportas integrado ao tribunal foi o sistema dos juizados especiais cíveis que, além de fincar seu sucesso na conciliação e mediação, prevê, frustrada a resolução consensual do conflito, a possibilidade de a controvérsia ser julgada por meio do processo judicial ou arbitragem (art. 24 da Lei 9.099/95).

Também o Anteprojeto de Processos Coletivos, elaborado e apresentado por iniciativa do Instituto Brasileiro Processual, contemplava a ideia do sistema multiportas na audiência preliminar (equivalente à do art. 331 do CPC de 1973).[70]

Contudo, o marco do Brasil recente em termos de sistema multiportas veio com a Resolução 125/2010, do Conselho Nacional de Justiça, a qual proclama o Poder Judiciário brasileiro como o responsável pela Política Judiciária Nacional de Tratamento Adequado de Conflitos de Interesses. Embora calcado em métodos consensuais, a resolução cria vários órgãos, como o Núcleo Permanente de Métodos Consensuais de Resolução de Conflitos, assim como Centros Judiciários de Solução de Conflitos e Cidadania, sendo que cada unidade dos Centros deverá obrigatoriamente abranger um (i) Setor de Solução de Conflitos Pré-Processual; (ii) Setor de Solução de Conflitos Processual; e (iii) Setor de Cidadania (art. 10 da Resolução 125/2010).

De acordo com o art. 4º da referida resolução, compete ao Conselho Nacional de Justiça "organizar programa com o objetivo de promover ações de incentivo à autocomposição de litígios e à pacificação social por meio da conciliação e da mediação". Esse programa, conforme dispõe o art. 5º da mesma resolução, "será implementado com a participação de rede constituída por todos os órgãos do Poder Judiciário e por entidades públicas e privadas parceiras, inclusive universidades e instituições de ensino".

Vale ainda mencionar a Resolução 697/2020, do Supremo Tribunal Federal, que dispõe sobre a criação do Centro de Mediação e Conciliação no âmbito do aludido tribunal, o que demonstra, mais uma vez, o esforço em prol da disseminação dos métodos adequados de solução de controvérsias no país.

11. CONCLUSÃO

O protagonismo do Poder Judiciário brasileiro fez com que este tomasse a frente das discussões envolvendo o tratamento adequado dos conflitos. Com isso, esse tratamento passou a ser Política Pública do Estado brasileiro, levada a cabo pelo Poder Judiciário. Sem prejuízo da utilização de qualquer meio alternativo de controvérsia sem o seu conhecimento ou intervenção, o Poder Judiciário passou a

70 Cf. Instituto Brasileiro de Direito Processual: <www.ibdp.org.br>.

ser o responsável por gerir os conflitos que lhes são apresentados, encaminhando ao meio mais adequado, com o trabalho de terceiros cadastrados e treinados. Este é apenas o começo de um futuro promissor. Assim como toda pessoa não é a mais a mesma depois que passa por uma medição, os meios alternativos no Brasil não são mais os mesmos depois da mencionada resolução.

A tarefa agora é de *tropicalizar* os métodos alternativos de solução de controvérsias e o sistema multiportas, criar meios e técnicas aderentes à realidade cultural brasileira, assim como continuar o trabalho incessante de mudança de mentalidade, a começar pelos estudantes. Definir a profissionalização e remuneração dos terceiros (mediadores, árbitros e terceiros neutros), sem prejuízo do trabalho voluntário que alguém queira desempenhar. Enfim, as portas estão abertas.

REFERÊNCIAS BIBLIOGRÁFICAS

ALMEIDA, Rafael Alves de; ALMEIDA, Tania; CRESPO, Mariana Hernandez (Orgs.). *Tribunal Multiportas*: investindo no capital social para maximizar o sistema de solução de conflitos no Brasil. Rio de Janeiro: FGV, 2012.

BALES, Richard A. The Laissez-Faire Arbitration Market and the Need for a Uniform Federal Standard Governing Employment and Consumer Arbitration, *52 University of Kansas Law Review* n. 52, 2004, p. 583 e ss.

BARBOSA, Ivan. Fórum de múltiplas portas: uma proposta de aprimoramento processual. In: GOMMA DE AZEVEDO, André (Org.). *Estudos em arbitragem, mediação e negociação*. Brasília: UnB, Grupos de Pesquisa, 2003. vol. 2.

BENETI, Sidnei Agostinho. Resolução Alternativa de Conflitos (ADR) e constitucionalidade. *Revista do Instituto dos Advogados de São Paulo*, Nova Série n. 9, jan.-jun. 2002.

BENETI, Sidnei Agostinho. Notas sobre a adequação da arbitragem a questões de direito público na atualidade. In: SALLES, Carlos Alberto de (Coord.). *As grandes transformações do processo civil brasileiro*. São Paulo: Quartier Latin, 2009.

BRAGA NETO, Adolfo; SAMPAIO, Lia Regina Castaldi. *O que é mediação*. São Paulo: Brasiliense, 2007.

BRAZIL, Waine D. Comparing Structures for delivery of ADR Services by Courts. *Ohio State Journal on Dispute Resolution*, 14, 1998, p. 739.

CARR, Chris A.; JENCKS Michael R. The Privatization of Business and Commercial Dispute Resolution: A Misguided Policy Decision, in *Kentucky Law Journal*, n. 1, 2000, p. 183 e ss.

CHERNICK, Richard. The Rent-a-Judge Option: A Primer for Commercial Litigators, *L.A. Law*, oct. 1989, p. 18 e ss.

CINTRA, Antônio Carlos de Araújo; GRINOVER, Ada Pelegrini; DINAMARCO, Cândido Rangel. *Teoria geral do processo*. 13. ed. São Paulo: Malheiros, 1997.

COOLEY, John W. *O processo de mediação*. Brasília: UnB, 2001.

CROWNE, Caroline Harris. The Alternative Dispute Resolution Act of 1998: Implementing a New Paradigm of Justice. *New York University Law Review*, n. 76, 2001, p. 1768 e ss.

DEMAINE, Linda J.; HENSLER, Deborah R. "Volunteering" to Arbitrate Through Predispute Arbitration Clauses: The Average Consumer's Experience, Law & Contemporary Problems, 2004, p. 675 e ss.

DRAHOZAL, Christopher R. Federal Arbitration Act Preemption, *Industrial Law Journal*, n. 79, 2004, p. 393 e ss.

FISCHER, Roger; PATTON, Bruce; URY, William. *Como chegar ao sim*. Rio de Janeiro: Imago, 1994.

FISCHER, Roger; PATTON, Bruce; URY, William; BROWN, Scott. *Como chegar a um acordo*. A construção de um relacionamento que leva ao sim. Rio de Janeiro: Imago, 1994.

FORD FOUNDATION. *New approaches to conflicts resolution*. New York: Ford Foundation publications, 1978.

GALANTER, Marc. La justice ne se trouve pas seulement dans le decisions des tribunaux. In: CAPPELLETTI, Mauro. *Accès a la justice et État-Providence*. Mexico: Económica, 1984.

GALANTER, Marc. Why the "haves" come out ahead: speculations on the limits of legal change. *Law & Society Review*, n. 9, 1974, p. 95 e ss.

GOLDBERG, Stephen; SANDER, Frank E. A.; ROGERS, Nancy. *Dispute resolution:* negotiation, mediation and other processes. 3. ed. New York: Aspen Books, 1999.

GRINOVER, Ada Pellegrini. Conciliação e mediação judiciais no Projeto de Novo Código de Processo Civil. In: PELUSO, Antonio Cezar; RICHA, Morgana de Almeida. *Conciliação e mediação:* estrutura da política judiciária nacional. Rio de Janeiro: Forense, 2010. Coleção ADRs.

HENRY, James. Some reflection on ADR. *University of Missouri Journal of Dispute Resolution*, 2000, p. 63 e ss.

HOELLERING, The mini-trail, The Arbitration Journal n. 37, December 1982, p. 48 e ss.

HUNT, Elizabeth. Arb-Med: Adr in The New Millennium. Orange County Lawyer n. 29, January, 2000, p. 42 e ss.

KOVACH, Kimberlee K.; LOVE, Lela P. Mapeando a mediação: os riscos do gráfico de Riskin. In: GOMMA DE AZEVEDO, André (Org.). *Estudos em arbitragem, mediação e negociação*. Brasília: UnB, Grupos de Pesquisa, 2004. vol. 3.

KRUGLER, Beth. Adr Update: Are You Maximizing All Adr Has to Offer? Texas Bar Journal n. 61, 1998, p. 1120 e ss.

LANDRY, Sherry. Med-arb: mediation with a bite and an effective ADR model. *Defense Counsel Journal*, n. 63, 1996, p. 263 e ss.

LORENCINI, Marco Antônio Garcia Lopes. A contribuição dos meios alternativos para a solução das controvérsias. In: SALLES, Carlos Alberto de (Coord.). *As grandes transformações do processo civil brasileiro*. São Paulo: Quartier Latin, 2009.

LUBAN. Settlements and the Erosion of the Public Realm, Georgetown, *Law Journal* n. 83, September 1995, p. 2619 e ss.

LUCHIARI, Valeria Ferioli Lagastra. A Resolução n. 125 do Conselho Nacional de Justiça: Origem, Objetivos, Parâmetros e Diretrizes para a Implantação Concreta. In: PELUSO, Antonio Cezar; RICHA, Morgana de Almeida. *Conciliação e mediação:* estrutura da política judiciária nacional. Rio de Janeiro: Forense, 2010. Coleção ADRs.

MCDERMOTT, E. Patrick; BERKELEY; Arthur Eliot. *Alternative Dispute Resolution in the Workplace:* Concepts and Techniques for Human Resource Executives and Their Counsel. Westport: Quorum Books, 1996.

MENKEL-MEADOW, Carrie. Ethics in Alternative Dispute Resolution: New Issues, No Answers from the Adversary Conception of Lawyers' Responsibilities, *S Texas Law Review*, n. 38, 1997, p. 407 e ss.

MENKEL-MEADOW, Carrie. Mothers and Fathers of Invention: The Intellectual Founders of ADR. *Ohio State Journal on Dispute Resolution*, 2000, p. 161 e ss.

MENKEL-MEADOW, Carrie. Pursuing settlement in an adversary culture: a tale of innovation co-opted or The law of ADR. *Florida State University Law Review*, n. 19, 1991, p. 1 e ss.

MOORE, Christopher. *The mediation process:* pratical strategies for resolving conflict. Jossey-Bass Publishers, 1984.

NADER, Laura. Controlling processes in the practice of Law: hierarchy and pacification in the movement to reform dispute ideology. *Ohio State Journal on Dispute Resolution*, n. 9, 1993, p. 1 e ss.

OPPERMAN, Vance K. The Pros and Cons of Adr, Including Adr/Litigation Hybrids. *The Sedona Conference Journal*, n. 1, July, 20001, p. 79 e ss.

PERSCHBACHER Rex R.; BASSETT Debra Lyn. The end of the law. *Boston University Law Review*, n. 84, fev. 2004, p. 1 e ss.

PHILLIPS, Barbara A. Mediation: Did We Get It Wrong? *Willamette Law Review*, n. 33, 1997, p. 649 e ss.

RESNIK, Judith. Competing and Complementary Rule Systems: Civil Procedure And Adr: Procedure As Contract, *Notre Dame Law Review*, n. 80, p. 593

RESNIK, Judith. Democracy and Dispute Resolution: The Problem of Arbitration, *Law & Contemporaneous Problems*, n. 67, 2004, p. 279 e ss.

REUBEN, Richard C. Constitutional Gravity: A Unitary Theory of Alternative Dispute Resolution and Public Civil Justice. *UCLA Law Review*, n. 47, 2000, p. 949 e ss.

REUBEN, Richard C. Public Justice: Toward a State Action Theory of Alternative Dispute Resolution. *California Law Review*, n. 85, 1997, p. 577 e ss.

SALLES, Carlos Alberto de. *A arbitragem na solução das controvérsias contratuais da Administração Pública*. Tese (Livre-docência). Faculdade de Direito da Universidade de São Paulo, 2010. Versão fac-símile.

SANDER, Frank E. Alternative methods of dispute resolution: an overview. *University of Florida Law Review*, v. XXVII, n. 1, 1985, p. 118.

SANDER, Frank E. Varieties of Dispute Processing. In The Pound Conference: perspectives in the Future 337, A. Leo Levine & Russel R. Wheeler Editors, 1976.

SANDER, Frank E.; ROZDEICZER, Lukasz. Matching Cases and Dispute Resolution Procedures: Detailed Analysis Leading to a Mediation-Centered Aproach. *Harvard Negotiation Law Review* 11, Rev.1, Spring, 2006.

SOLUM, Lawrence B. Alternative court structures in the future of the California judiciary: 2020 vision, *Southern California Law Review*, july 1993, p. 2121 e ss.

STEMPEL, Jeffrey W. Reflections on Judicial ADR and the Multi-Door Courthouse at Twenty: Fait Accompli, Failed Overture, or Fledgling Adulthood?, *11 Ohio State Journal on Dispute Resolution*, n. 11, p. 297 e ss.

STERNLIGHT Jean R.; JENSEN, Elizabeth J. Using Arbitration to Eliminate Consumer Class Actions: Efficient Business Practice or Unconscionable Abuse. *Law & Contemporary Problems*, n. 67, 2004, p. 75 e ss.

WATANABE, Kazuo. Modalidades de mediação. *Série Cadernos do CEJ*, Brasília, Conselho da Justiça Federal, n. 22, p. 43-50, 2001.

WELSH, Nancy. Making Deals In Court-Connected Mediation: What's Justice Got To Do With It? Washington University Law Quartely, Fall, 2001, p. 787 e ss.

YOUNGER, Stephen P. Effective Representation of Corporate Clients in Mediation, *Alb. Law Review*, n. 59, 1995, p. 951-952.

QUESTÕES PARA ORIENTAR A LEITURA E O DEBATE EM SALA DE AULA

1. Existe alguma diferença no tratamento dos métodos ditos como alternativos nos países de *civil law* e *common law*? Se sim, quais?
2. Qual a principal razão de os métodos alternativos de resolução de conflitos terem se fortalecido apenas após a segunda metade do século XX?
3. Quais as principais diferenças entre as formas alternativas de resolução de conflitos?
4. Em quais áreas do direito as ADRs podem ser utilizadas?
5. Quais os valores importantes para a escolha do melhor método de resolução do caso?
6. Segundo o autor do texto, quais medidas poderiam ser tomadas para uma concretização das ADRs como métodos de resolução de conflito efetivos no cenário brasileiro?

SUGESTÕES DE MATERIAL COMPLEMENTAR

✓ SANDER, Frank; ROZDEICZER, Lukasz. Matching Cases and Dispute Resolution Procedures: Detailed Analysis Leading to a Mediation-Centered Aproach. *Havard Negotiation Law Review* 11, Rev.1, Spring, 2006.

➢ *para compreender os critérios em jogo para fazer a escolha do método adequado em um sistema multiportas.*

✓ *Amores possíveis*. Direção de Sandra Werneck. Brasil, 2001 (98 min).

➢ *para refletir como uma história pode mudar de acordo com a atitude dos envolvidos e outros fatores.*

✓ MEIRELES, Cecilia. Ou isto ou aquilo. In: MEIRELES, Cecilia. *Poesia completa*. São Paulo: Global, 2017. vol. 2, p. 469-521.

➢ *para refletir sobre as opções na vida.*

✓ *A separação* (*A separation*). Direção de Asghar Farhadi. Irã, 2011 (123 min).

➢ *para pensar sobre os diferentes fatores envolvidos na solução de vários conflitos sobrepostos e a inter-relação entre eles.*

3

Um passo adiante para resolver problemas complexos: desenho de sistemas de disputas[1]

Diego Faleck

Sumário: 1. Desenho de sistemas de disputas (*DSD*): o que e para quê? – 2. Exemplos de *DSD* – 3. O "passo a passo" do *DSD* – 3.1. Mapeamento das partes – 3.2. Análise jurídica e avaliação de custos e riscos – 3.3. Diagnóstico: sistema existente x alternativas disponíveis – 3.4. Definição de objetivos e princípios institucionais – 3.5. Desenvolvimento do sistema – 3.6. Implementação e avaliação do sistema – 4. *DSD*: um passo adiante – Referências bibliográficas – Questões para orientar a leitura e o debate em sala de aula.

1. DESENHO DE SISTEMAS DE DISPUTAS (*DSD*): O QUE E PARA QUÊ?

Disputas judiciais tendem a produzir vencedores e perdedores, mas raramente produzem soluções satisfatórias para os reais problemas das partes envolvidas. Em muitos casos, disputas judiciais têm resultados quase tão devastadores para os vencedores quanto para os perdedores, em custos possíveis de se calcular, como gasto de tempo, dinheiro com excessivos honorários de advogados e peritos técnicos, e outros não tão fáceis de estimar, como o custo de desviar a atenção e esforços de executivos e indivíduos de suas tarefas principais, perda de oportunidades e perdas

1 Este artigo, em versão preliminar, foi revisto e debatido por um grupo de alunos da Faculdade de Direito de Ribeirão Preto da Universidade de São Paulo/Turma de 2011: Beatriz Carvalho Nogueira, Eliana Miki Tashiro Nakamura, Frederico Geraldo Clementino, Isis Magri Teixeira, João Gilberto Belvel Fernandes Jr., Julia Jeuken, Juliana Moyses, Lucas Fulanete Bento, Thaís Negrão, Wilton Bastos de Jesus.

decorrentes da deterioração de relacionamentos, seja no mercado ou no campo pessoal. A grande maioria das disputas em que normalmente nos envolvemos podem ser resolvidas em menor tempo e com menor custo, preservando relacionamentos importantes e estratégicos para o sucesso em um mercado competitivo, para a implementação de uma política pública, ou para se atingir um objetivo desejado.

Mesmo que isso seja um fato incontestável, infelizmente, a prática jurídica nacional continua extremamente litigiosa. Alguns bilhões de reais ao ano são gastos com custas de processos judiciais e honorários de advogados, em demandas que podem durar dez anos ou mais, e agravam a "Crise do Judiciário" que assola o nosso país. Nesse contexto, os métodos alternativos de resolução de disputas (*ADR*) surgem no horizonte brasileiro para oferecer soluções mais eficientes e menos custosas para a resolução de disputas e conflitos. Muito se tem feito no país nesse sentido, com a instituição da arbitragem para disputas empresariais e da mediação, em instâncias judiciais, principalmente em disputas domésticas, comunitárias e em juizados especiais cíveis.

Como uma resposta à constante preocupação de estudiosos de direito, advogados, empresas e instituições com os crescentes custos, de ordem econômica, humana e relacional, ligados aos meios pelos quais estes pensam, lidam e gerenciam seus conflitos, este artigo propõe um passo adiante, tratando de formas inovadoras de resolução de *disputas complexas* por meio de métodos alternativos.

Assim é que este estudo investiga o *Desenho de Sistemas [de resolução] de Disputas* (*DSD*), que envolve o conjunto de procedimentos criados sob medida para lidar com determinado conflito, ou uma série destes, envolvendo disputas com maior ou menor grau de complexidade.[2] A customização de um sistema permite atender as necessidades únicas de cada caso concreto com eficiência, evitando gasto de recursos, tempo, energia emocional e perda de oportunidades, enquanto permite maior participação das partes interessadas e afetadas, para que estas atinjam seus objetivos, com maior satisfação para todos os envolvidos. A complexidade da disputa pode se manifestar de várias formas e graus, e sempre envolve os seguintes fatores, ou uma variedade de combinações entre eles: fatos, temas de direito e o envolvimento de múltiplas partes.[3]

---

2 A utilização da técnica de DSD não é, em essência, limitada aos casos complexos. Arranjos procedimentais mais simples podem ser desenhados por operadores do direito para a resolução de disputas inclusive cotidianas – como cláusulas escalonadas. Todavia, o DSD é inquestionavelmente útil em situações complexas, como as descritas no presente trabalho.

3 ALLISON, John R. Five Ways to Keep Disputes out of Courts. *Harvard Business Review on Negotiation and Conflict Resolution,* Harvard Business School Press, 2000, p. 177.

O *DSD* é um novo e promissor campo de estudos na seara dos métodos alternativos de resolução de disputas que vem se desenvolvendo no Brasil, seguindo o relativamente novo exemplo norte-americano.[4] Por "sistema" pode-se entender um conjunto coordenado de procedimentos ou mecanismos que interagem uns com os outros para prevenir, gerenciar ou resolver disputas. Por "desenho" entende-se a deliberada e intencional organização de recursos, processos e capacidades, para atingir um conjunto de objetivos específicos.[5]

O desenho de um sistema almeja o controle do processo de resolução de disputas pelas próprias partes no mais alto grau, por meio de procedimentos facilitadores, com o intuito de garantir a maior autonomia possível para os envolvidos. Dependendo das barreiras existentes para a resolução da disputa, é preferível priorizar tais métodos facilitadores (mediação, avaliação neutra, por exemplo), deixando procedimentos adjudicantes, em que as partes se submetem à decisão vinculante de terceiros, apenas para o caso de eles serem necessários e cabíveis, pois implicam a perda do controle da decisão pelas partes, em favor dos árbitros ou juízes, gerando maior custo e risco de insatisfação.[6]

Sob a perspectiva de um especialista em *DSD*, conflitos aparentemente sem solução podem muito bem ser resolvidos por meio do esforço analítico, interdisciplinar e criativo para a construção de sistemas extrajudiciais capazes de lidar com os desafios específicos do caso e proporcionar a satisfação dos interesses das partes com rapidez e eficiência.

2. EXEMPLOS DE *DSD*

Existem diversos exemplos internacionais[7] de sistemas desenhados para a resolução de disputas complexas. Um exemplo marcante é o fundo de compensação

---

4 O conceito foi apresentado pela primeira vez na década de 80 por William Ury, Jeanne Brett, e Steven Goldberg, na obra: URY, William L.; BRETT, Jeanne M.; GOLDBERG, Stephen B. "Getting Disputes Resolved: Designing Systems to Cut the Costs of Conflict". Cambridge, PON Books, 1993.

5 BORDONE, Robert C., HNLR 2008 Symposium, Harvard Law School, março de 2008.

6 CONSTANTINO, Cathy A.; SICKLES-MERCHANT, Christina, "Designing Conflict Management Systems: A Guide to Creating Productive and Healthy Organizations" p. 121. As autoras demonstraram, em 1996, o entendimento, hoje pacífico, de que o controle dos participantes sobre o processo de resolução da disputa está altamente relacionado com a satisfação com o resultado eventualmente atingido.

7 Exemplos: (i) "Vaccine Injury Compensation Program" (VICP), estabelecido em 1988 para compensar vítimas de danos em virtude de problemas com vacinação nos Estados Unidos; (ii) "MDL 926 Silicon Gel Breast Implant Settlement", programa de indenização criado para disputas em casos de implante de silicone nos Estados Unidos

de 23 bilhões de dólares desenhado e implementado pelo especialista norte-americano Kenneth Feinberg, nomeado em junho de 2010 pelo Presidente dos Estados Unidos, Barack Obama, para indenizar as vítimas do vazamento de petróleo no Golfo do México, de responsabilidade da empresa inglesa British Petroleum.[8] Outro exemplo emblemático desenhado por Feinberg é o "*September 11th Compensation Fund of 2001*", que distribuiu aproximadamente 9 bilhões de dólares a mais de 7.000 vítimas e beneficiários de vítimas do evento terrorista.[9]

A prática do *DSD* engloba uma miríade de cenários, que variam desde o desenho para lidar com disputas recorrentes entre duas corporações,[10] à criação de sistemas integrados de gerenciamento de conflitos internos a instituições,[11] até a criação de sistemas de distribuição equilibrados e eficientes por órgãos governamentais[12] e programas para indenização por danos privados decorrentes de cartéis.[13]

(disponível em: <http://www.implantclaims.com/plandocs/ANNEX%20B%20to%20SFA.pdf>); (iii) "United Nations Compensation Comission", estabelecida em 1990, após a invasão do Kuwait pelo Iraque, que envolveu a indenização de requerentes de mais de 100 países diferentes, com base em critérios estabelecidos pelo Conselho de Segurança da Organização das Nações Unidas; e (iv) Asbestos Personal Injury Settlement Trust Distribution Procedures, supervisionado por um magistrado e criado para indenização de vítimas de contaminação por amianto (disponível em: <http://www.wastrust.org/pdf/trust_distribution_procedures.pdf>).

8 Disponível em: <http://www.nytimes.com/2010/06/17/us/17feinberg.html?scp=1&sq=mediator%20BP&st=cse>.

9 ACKERMAN, Robert M., "The September 11th Victim Compensation Fund: An Effective Administrative Response to a National Tragedy", Harvard Negotiation Law Review, Vol. 10, Spring 2005, p. 135. e ALEXANDER, Janet Cooper "Procedural Design and Terror Victim Compensation", DePaul Law Review, Vol. 53, Winter 2003, p. 627.

10 MNOOKIN, Robert H. & J. Greenberg. "Lessons of the IBM-Fujitsu Arbitration: How Disputants Can Work Together to Solve Deeper Conflicts". Dispute Resolution Magazine, Spring 1998, p. 4.

11 BORDONE, Robert C.; MOFFIT, Michael L., "The Handbook of Dispute Resolution", Jossey-Bass Press, 2005, Cap. 23, p. 371, de autoria de Howard Gadlin, intitulado "Bargaining in the Shadow of Management: Integrated Conflict Management Systems".

12 Um exemplo é o programa de indenização para vítimas de hostilidades terroristas criado pelo governo de Israel. Disponível em: <http://www.btl.gov.il/English%20Homepage/Benefits/Benefits%20for%20Victims%20of%20Hostilities/Pages/default.aspx>. Acesso em: 3 ago. 2009.

13 Um exemplo é o Parker Settlement de 2009, em que a empresa ITR-Pirelli criou, na Inglaterra, um programa totalmente privado para indenizar as vítimas do cartel de mangueiras marítimas, da qual foi partícipe. Neste programa, a empresa depositará anualmente parte de seu faturamento em um fundo específico, para distribuição entre as empresas que compraram seus produtos no período do cartel, que se habilitarem. Vide: <http://www.marinehoseclaims.com>.

A teoria e a prática do *DSD*, sem sombra de dúvida, representam tecnologia de ponta no campo de *ADR*, na medida em que combinam o esforço analítico, criativo e interdisciplinar com os mais avançados e sofisticados mecanismos disponíveis no mundo para a resolução de disputas por meios alternativos.

O Brasil, surpreendentemente, antecipando-se à maioria das nações desenvolvidas, apesar do relativamente tímido desenvolvimento no campo de *ADR*, teve um *leading-case* de *DSD*, com a recente e bem-sucedida criação da Câmara de Indenização 3054 (CI 3054), concebida para implementar meio eficiente e justo de indenizar os beneficiários das vítimas do terrível acidente de 17 de julho de 2007, com o voo TAM 3054, ocorrido em São Paulo, em que 199 pessoas perderam as vidas.[14] Com a criação de um sistema customizado, capaz de oferecer um tratamento coletivo e lidar com os desafios da resolução das disputas, aproximadamente 92% das indenizações foram realizadas antes do acidente completar dois anos.[15] Relatos de familiares e das empresas envolvidas dão conta de que a satisfação das partes com os resultados foi patente. Familiares declararam que o sistema lhes permitiu maior conforto e tranquilidade para a resolução da questão, com o equilíbrio de forças entre estes e as empresas. As empresas reconheceram que o sistema lhes permitiu a resolução do conflito com celeridade sem precedentes no país, evitando também maiores custos de transação, o que certamente implicaria o desembolso maior do que o realizado para a resolução das disputas.

Cerca de 210 beneficiários foram indenizados no âmbito da CI 3054, sendo que as mais de 80 ações ajuizadas no Brasil e no exterior antes da instalação do sistema terminaram em acordos, cujas negociações levaram em consideração os parâmetros de referência estabelecidos pela Câmara. Segundo registros, a quase totalidade dos familiares utilizou pelo menos algum dos mecanismos proporcionados pela CI 3054 para a resolução de suas disputas.

Em seguida, tivemos no Brasil a criação do Programa de Indenização 447 (PI 447), para beneficiários brasileiros e estrangeiros residentes no Brasil das vítimas do acidente com o voo Air France 447, ocorrido, em 31 de maio de 2009, em águas internacionais.[16] O acidente teve 228 vítimas fatais de cerca de 30 países diferentes, entre as quais 58 de nacionalidade brasileira. A definição dos objetivos deste programa foi mais complicada do que no caso CI 3054, tendo em vista o grande número de sistemas jurídicos competentes e os diversos critérios de indenização

---

14 Vide: FALECK, Diego. Introdução ao Design de Sistemas de Disputas: Câmara de Indenização 3054. Revista Brasileira de Arbitragem. Ano V, n. 23, jun.-ago.-set. 2009, Porto Alegre: Síntese; Curitiba: CBAr, p. 7-32.

15 A título de exemplo, em 2010, cerca de 30% das vítimas do acidente da TAM de 1996 ainda litigavam por indenizações.

16 Vide: <www.programadeindenizacao447.com.br>.

disponíveis para as partes. Os debates sobre a interpretação da Convenção de Montreal de 1999, ratificada pelo Brasil em 2006 por meio do Decreto 5.910/2006, as dúvidas sobre a aplicação de leis domésticas, somadas à participação de atores estrangeiros, decerto incrementaram a complexidade dos desafios para a implementação do programa.

Por meio do programa, foram indenizados cerca de 80 beneficiários de 19 vítimas do acidente. A satisfação das partes com os resultados e a tranquilidade que o sistema proporcionou às tratativas impressionou os participantes estrangeiros, que declararam buscar implementar projetos semelhantes em seus países, inspirados no modelo brasileiro.

Um recente exemplo nacional de DSD é o Programa de Indenização Mediada (PIM), instituído pela Fundação Renova no contexto do Termo de Transação e Ajustamento de Conduta (TTAC) firmado com diversas autoridades federais e estaduais em 02 de março de 2016[17] e as empresas envolvidas, para indenização dos impactados em virtude do rompimento da barragem de Fundão, localizada em Mariana (MG) e de propriedade da mineradora Samarco.

O programa foi concebido para indenizar cerca de 30.000 famílias impactadas diretamente por danos gerais (e.g. pesca, areais, agricultura, turismo, pequenos negócios, danos à propriedade) e 300.000 para danos morais específicos por falta de abastecimento de água. A equipe conta com mais de 60 mediadores alocados em tempo integral em escritórios ao longo do trecho do Rio Doce. O trabalho está em andamento e compreende mediações entre a Fundação Renova e comunidades e associações para definição de parâmetros e políticas de indenização e mediações individuais com impactados.

3. O "PASSO A PASSO" DO *DSD*

O processo político e técnico de desenho de sistemas de disputas compreende os seguintes passos: (i) mapeamento das partes interessadas e afetadas pelo conflito, avaliação de seus interesses e alternativas; (ii) avaliação jurídica dos temas presentes e análise de custos e riscos; (iii) diagnóstico da eficiência do sistema vigente para lidar com a disputa e a comparação com os métodos disponíveis para tanto; (iv) definição do objetivo do sistema e dos princípios institucionais que este deve

---

17 Vide: FUNDAÇÃO RENOVA. *Termo de Transação e ajustamento de Conduta*. Minas Gerais, Espírito Santo, 2 mar. 2016. Disponível em: <http://www.fundacaorenova.org/wp-content/uploads/2016/07/TTAC-FINAL-ASSINADO-PARA-ENCAMINHAMENTO-E-USO-GERAL.pdf>. Acesso em: 1º dez. 2016.

observar; (v) desenvolvimento do sistema, em conjunto com as partes interessadas e afetadas; e (vi) implementação e avaliação constante de um sistema.[18] Vejamos.

3.1. Mapeamento das partes

Para o sucesso do sistema, é necessário identificar quais são as partes interessadas e afetadas pela disputa e entender os interesses de cada uma delas, voltando-se para as suas preocupações, medos, vontades e desejos, assim como suas alternativas, recursos e capacidades produtivas para determinar quais os incentivos que eles teriam para participar de um programa. Este levantamento possibilita a obtenção de informações cruciais para que soluções criativas possam ser construídas, com o objetivo de que os reais interesses das partes sejam satisfeitos, e para que estas possam entender as vantagens de considerar novas perspectivas, para além das rígidas posições a que litigantes normalmente se apegam.

Para uma bem-sucedida estratégia de desenho, é necessário entender também a conexão entre as partes envolvidas e a dinâmica dos relacionamentos entre elas, com o maior nível de detalhe possível. O conflito de agência[19] é inegavelmente uma das maiores barreiras para a resolução de disputas, motivo pelo qual o raciocínio e a investigação prévia do papel, incentivos e interesses das partes – de organizações e também dos indivíduos que a compõe – é ponto crítico para avançar em projetos de resolução de disputas.

É crucial que todas as partes "certas" sejam envolvidas. Dependendo do conflito, respostas às perguntas elencadas a seguir, por exemplo, podem ser fundamentais para que uma estratégia de aproximação seja bem-sucedida: (i) quem são os atores mais importantes?; (ii) quem são os potenciais bloqueadores?; (iii) quem são as partes influentes com incentivos opostos ao fim colimado?; (iv) quem aprovará?; (v) quem implementará?; (vi) são muitos atores?

A sequência de aproximação dos atores deve ser organizada de forma que, a cada novo membro contatado, a ideia seja fortalecida ou novas alternativas sejam abertas, até que o projeto ganhe corpo suficiente para que os atores importantes

---

18 URY, William L.; BRETT, Jeanne M.; GOLDBERG, Stephen B. "Getting Disputes Resolved: Designing Systems to Cut the Costs of Conflict". Cambridge, PON Books, 1993, p.20. Adicionamos à proposta dos autores nossa própria perspectiva, advinda da experiência do desenho e implementação da Câmara de Indenização 3054 (TAM) e do Programa de Indenização 447 (Air France).

19 O conflito de agência é aquele que nasce da diferença de incentivos e informação entre agentes e principais. O exemplo clássico é o incentivo de advogados de protagonizar custosas batalhas judiciais, em detrimento dos interesses de clientes em vista do recebimento de honorários maiores. Sobre o assunto, vide: MNOOKIN, Robert H.; PEPPET, Scott R.; TULUMELLO, Andrew S. "Beyond Winning: Negotiating to Create Value in Deals and Disputes." Harvard University Press 2000, p. 69.

se sintam confortáveis para fazer parte dele. A estratégia é normalmente traçada de trás para frente, levando-se em conta o objetivo que se persegue e os atores que deverão emitir a decisão final.[20]

3.2. Análise jurídica e avaliação de custos e riscos

Outro passo fundamental é o mapeamento dos temas sobre os quais as disputas versarão e suas consequências, tanto substanciais (mérito das matérias) quanto procedimentais (questões processuais), para o desfecho destas disputas, principalmente no que concerne a custos e riscos.

Para acomodar os interesses das partes envolvidas, deve-se primeiro avaliar a existência de uma zona de acordo possível,[21] para possibilitar a construção de um verdadeiro sistema ganha/ganha neste terreno. As informações obtidas, tanto nesta etapa quanto no mapeamento das partes, devem ser cuidadosamente avaliadas para esse objetivo. A busca por novas informações ou pesquisas de campo pode ser útil para esse fim. Se houver alternativas menos custosas, ainda que litigiosas, ou inviabilidade econômica ou financeira para uma das partes, dificilmente um sistema de resolução de disputas será implementado ou bem-sucedido.

Os desafios encontrados nesta etapa serão enfrentados não apenas sob o enfoque jurídico, mas também sob o enfoque psicológico e econômico, com a utilização de métodos analíticos, tais como análise de decisão, teoria dos jogos,[22] finanças, contabilidade, entre outros. É importante notar que, normalmente, disputas complexas versam sobre múltiplos temas de direito, conforme as categorias de partes envolvidas. Ainda mais, alguns dos pontos de conflito incluem controvérsias difíceis não apenas quanto à matéria fática, mas também quanto a questões jurídicas ainda não enfrentadas ou estabilizadas nos tribunais. Nesses casos, criatividade,

---

[20] Sobre o assunto, vide LAX, David A.; SEBENIUS, James K. "3D Negotiation – Powerful Tools to Change the Game in Most Important Deals", Harvard Business School Press, Boston, 2006.

[21] A ZOPA (Zona de Acordo Possível) compreende a zona de valor existente entre os valores de reserva das partes. O valor de reserva é a tradução em números da melhor alternativa ao acordo negociado que cada parte envolvida na negociação tem. O conceito leva em consideração o fato de que, se a parte tem uma alternativa mais valiosa que o resultado obtido na mesa de negociação, ela escolherá racionalmente essa alternativa e não aceitará o acordo. Para aprofundar o entendimento deste e dos demais conceitos-chave para a preparação à negociação, vide: MNOOKIN, Robert H.; PEPPET, Scott R.; TULUMELLO, Andrew S. "Beyond Winning: Negotiating to Create Value in Deals and Disputes." Harvard University Press 2000, p. 19.

[22] Sobre Teoria dos Jogos e Análise de Decisão para resolução de disputas, vide KAPLOW, Louis; SHAVELL, Steven. "Decision Analysis, Game Theory and Information". New York, Foundation Press, 2004.

simplificações e bom senso podem ser muito úteis ao especialista em *DSD* e às partes envolvidas para definir soluções pragmáticas, levando-se em consideração o nível de informação disponível no momento.

3.3. Diagnóstico: sistema existente *x* alternativas disponíveis

Nesta etapa, cumpre a análise dos meios ou sistemas em uso para se resolver a disputa, dos problemas e benefícios que estes implicam, assim como dos motivos pelos quais aqueles têm aceitação. Toda organização, de alguma maneira, possui um método ou um sistema para lidar com os seus conflitos. A questão que se põe é a avaliação do grau de sofisticação, eficácia e eficiência do método existente e a conveniência de mantê-lo ou refiná-lo.

Assim, é importante mapear os procedimentos disponíveis para resolver a disputa e contrastá-los com os procedimentos que estão em uso. Com isso, o objetivo é comparar as possibilidades para determinar a real necessidade e viabilidade de inovação, identificar as deficiências do sistema existente, antecipar resistências a mudanças, além de manter no novo sistema os pontos que funcionam adequadamente. A inovação sempre pressupõe riscos e resistências, não apenas dificuldades na aceitação. O comprometimento das partes envolvidas com o enfoque de resolver o problema de forma mútua, todavia, é a chave para o sucesso de um sistema.

Procedimentos para facilitar a solução de disputas e determinar direitos, também, podem variar segundo o critério de custo, conforme a utilização das diversas modalidades de métodos alternativos de resolução de disputas disponíveis.[23] No Brasil, os métodos alternativos de resolução de disputas adotavam invariavelmente uma das duas formas conhecidas: arbitragem ou mediação. Todavia, o enfoque mais moderno abrange uma vasta gama de sistemas híbridos, que combinam elementos da arbitragem e de mediação. Entre as diversas modalidades existentes, citamos os seguintes exemplos:[24]

a. *Mediação:* facilitação de negociação por um terceiro neutro, que não tem o poder de impor uma decisão para as partes. A mediação pode alterar a dinâmica da negociação e ajudar as partes a vencer as barreiras que impedem o acordo;

---

23 SANDER, Frank E. A., "Varieties of Dispute Processing", 70 F.R.D. 111, 130-31, 1976.

24 Vide GOLDBERG, Stephen; SANDER, Frank et al. "Dispute Resolution: Negotiation, Mediation, and Other Processes", Nova Iorque, NY: Ed. Aspen Law & Business, 2. ed. 1992, cap. 5, p. 301, "Combining and Applying the Basic Processes" e BORDONE, Robert C.; MOFFIT, Michael L., "The Handbook of Dispute Resolution", Jossey-Bass Press, 2005, Cap. 24, p. 386, de autoria de Frank E. A. Sander e Lukasz Rozdeiczer, intitulado "Selecting an Appropriate Dispute Resolution Procedure: Detailed Analysis and Simplified Solution".

b. *Avaliação neutra-prévia:* avaliação objetiva e franca do caso em estágios iniciais da disputa, em bases confidenciais, após as partes apresentarem suas razões. A avaliação neutra-prévia ajuda as partes a alinharem as suas expectativas, bem como entenderem a força de seus casos e a moldura jurídica em torno de seus interesses. Mesmo que o acordo não seja alcançado, a avaliação neutra-prévia pode ajudar as partes a prosseguirem no litígio com maior objetividade;

c. *Escuta confidencial:* nessa modalidade, o neutro, sob o dever de confidencialidade, busca informações individualmente com as partes em disputa e avalia a existência de zona possível para acordo;

d. *Arbitragem:* método voluntário de resolução de disputas semelhante ao judicial, em que um terceiro neutro (árbitro), escolhido e contratado pelas partes, avalia argumentos e provas trazidas por elas e emite uma decisão que as vincula. Variações da arbitragem são, por exemplo:

 d.1. *Arbitragem não vinculante:* modalidade de arbitragem em que a decisão do árbitro não vincula as partes e tem o papel de ajudá-las a retornar à mesa de negociação com melhor entendimento sobre a força de seus casos;

 d.2. *Arbitragem de oferta final:* nessa modalidade, cada parte submete uma proposta monetária final para a resolução da disputa ao árbitro, a quem caberá apenas escolher uma delas, sem modificá-la. Dessa forma, as partes criam incentivos à diligência e razoabilidade, na espera de que suas propostas sejam escolhidas;

 d.3. *Arbitragem com limitação de danos:* um raio de valores, mínimo e máximo, para a condenação é estipulado para os árbitros;

 d.4. *Med-Arb:* nesse processo, o neutro funciona primeiro como um mediador, assistindo às partes para encontrarem um resultado que ambas aceitem. Se a mediação falhar, o mesmo neutro passa a servir como árbitro, emitindo uma decisão final e vinculante.

Estes são apenas exemplos de mecanismos que podem ampliar o espectro de alternativas e possibilitar às partes lidar com uma disputa aparentemente impossível de se resolver amigavelmente. Tais mecanismos podem ser utilizados para a construção, sob medida, de sistemas capazes de lidar com as características únicas de determinado conflito, devendo ser escolhidos conforme as barreiras que precisarão ser enfrentadas e os objetivos das partes envolvidas.

Para ilustrar: no caso de acidentes aéreos no Brasil, o sistema existente para resolver a disputas é, ou era antes de 2007, a negociação individual e, nos casos em que esta falha, o Judiciário. Em média 80% dos casos deságuam no Judiciário, devido aos ânimos exaltados, à raiva, desconfiança e expectativas altas em casos de tragédia como aquelas. Esse sistema envolve custos judiciais e emocionais para as partes, riscos e a espera de mais de uma década por um resultado incerto. Logo, o sistema existente poderia ser aprimorado.

A alternativa para os casos TAM (CI 3054) e Air France (PI 447) foi a criação de um sistema que superasse as barreiras mencionadas, reduzisse a desconfiança e proporcionasse aos beneficiários das vítimas uma opção, não vinculante, em que eles fossem atendidos com transparência, isonomia, eficiência, com base em critérios objetivos, valores dignos e com a legitimidade advinda da supervisão de órgãos de proteção de consumidores.

O sistema, nos dois casos, previa a negociação para a liquidação dos danos diretamente entre beneficiários, de um lado, e empresas aéreas e seguradoras, de outro, com a participação neutra de órgãos governamentais de proteção de consumidores, oferecendo informação e fomentando mecanismos alternativos para a resolução das disputas. O procedimento do sistema criado, de forma inédita no Brasil, utilizou (i) a avaliação neutra-prévia para harmonizar as expectativas dos familiares e permitir-lhes avaliar sua situação antes mesmo de decidir por qual via seguiriam; (ii) a mediação, para facilitar o entendimento das partes; e (iii) a arbitragem não vinculante, para dirimir questões jurídicas relevantes e permitir que as partes retornassem à mesa de negociações nos casos de desentendimentos sobre questões legais e interpretação de provas.

3.4. Definição de objetivos e princípios institucionais

Ultrapassadas as etapas anteriores e completado o diagnóstico da disputa, é necessário que os objetivos e prioridades do sistema sejam definidos. Por exemplo, fundos ou programas de compensação têm como objetivo, normalmente: (i) identificar os legitimados a receber indenização; (ii) atendê-los e ouvi-los; (iii) verificar seus documentos e informações; (iv) calcular o valor da indenização; e (v) efetuar o pagamento. As prioridades podem ser definidas quanto, por exemplo, à exclusão ou inclusão de determinada categoria de pessoas ou situações.

Dependendo da disputa em questão, a arquitetura institucional deverá ser fundada em princípios claros e definidos, que garantirão que os objetivos e prioridades sejam devidamente implementados. Existem diferentes molduras teóricas de princípios institucionais para o desenho de um sistema. Ury, Brett e Goldberg[25] (1993) propõem: (i) coloque o foco nos interesses; (ii) construa mecanismos de retorno (*loop-backs*) para a negociação; (iii) proporcione mecanismos de custo

---

25 URY, William L.; BRETT, Jeanne M.; GOLDBERG, Stephen B. "Getting Disputes Resolved: Designing Systems to Cut the Costs of Conflict". Cambridge, PON Books, 1993.

baixo para determinar direitos e poderes; (iv) permita a consulta anterior e o *feedback* posterior; (v) organize os procedimentos em sequência de menor para maior custo; (vi) proporcione a motivação, habilidades e recursos necessários para o desenvolvimento do sistema.

Constantino e Sickles-Merchant[26] (1996), propõem: (i) crie diretrizes para averiguar se métodos alternativos de resolução de disputas (*ADR*) são cabíveis; (ii) customize os processos de *ADR* para o problema particular; (iii) construa métodos preventivos de *ADR*, (iv) garanta que as partes tenham habilidade e conhecimento para escolher e usar *ADR*; (v) crie mecanismos simples de *ADR*, que resolvam o problema em estágios iniciais, com menor burocracia; e (vi) permita que as partes tenham o máximo controle sobre a utilização de *ADR* e a escolha de terceiros neutro.

Shariff[27] (2003) propõe: (i) busque inclusão; (ii) inclua cobertura ampla dos interesses das partes; (iii) busque profundidade de jurisdição em assuntos individuais, para que a maior variedade de assuntos possa ser tratada pela instituição e para que um maior raio de ações seja possível, visando à criação de valor; (iv) construa fontes de informação; (v) descentralize e prolifere as discussões entre membros institucionais em fóruns múltiplos; (vi) deixe as decisões com aqueles mais interessados e afetados por elas; e (vii) crie a oportunidade de revisão regular, possibilitando o aprendizado com a experiência.

É importante que o especialista em *DSD* tenha em mente quais princípios se aplicam ao problema que procura resolver e que, uma vez estabelecida a moldura adequada para o caso, tais princípios sejam observados e efetivamente implementados no sistema.

Exemplificativamente, a CI 3054 (caso TAM) e o PI 447 (caso Air France), optaram pela adoção do seguinte conjunto de princípios institucionais:[28] (i) inclusão, com o empenho de esforços máximos para que o sistema cobrisse o maior número de situações possíveis e que a vasta maioria, senão a totalidade, dos beneficiários pudessem ter seus interesses atendidos pelo programa; (ii) cobertura ampla, no sentido de cobrir todos os danos devidos, independente da natureza, para evitar litígio em questões residuais, e assim efetivamente diminuir custos de transação; (iii) utilização de fontes centrais de reunião e disseminação de informações, por meio das sedes de atendimento, central de atendimento telefônico, do

---

26 CONSTANTINO, Cathy A.; SICKLES-MERCHANT, Christina, "Designing Conflict Management Systems: A Guide to Creating Productive and Healthy Organizations".

27 SHARIFF, Khalil Z., "Designing Institutions to Manage Conflict: Principles for the Problem Solving Organization", Harvard Negotiation Law Review, vol. 8, Spring 2003.

28 Como desenvolvemos em: FALECK, Diego. Introdução ao Design de Sistemas de Disputas: Câmara de Indenização 3054. Revista Brasileira de Arbitragem. Ano V, n. 23, jun.-ago.-set. 2009, Porto Alegre: Síntese; Curitiba: CBAr, p. 7-32.

sítio eletrônico disponível e da participação em reuniões mensais com o plenários dos familiares (caso TAM), para possibilitar aos beneficiários a facilidade de acesso à informação, a compreensão do sistema e a transparência necessárias ao êxito do programa; (iv) revisão regular do sistema, para possibilitar a incorporação do aprendizado com a experiência, por meio de realização de reuniões mensais entre os órgãos de proteção de consumidores envolvidos e representantes das empresas; (v) utilização de terminologia adequada, para evitar falhas de comunicação que resultem na compreensão equivocada do sistema e impliquem falta de aceitação pelas partes; (vi) equidade horizontal, no sentido de tratar com igualdade pleitos similares; (vii) implementação de sistema que proporcione a volta para a mesa (*loop-backs to negotiation*), no sentido de manter as partes sempre com o enfoque na negociação baseada em interesses, priorizando, quando da superveniência de controvérsias, a utilização de métodos híbridos de resolução de disputas que direcionem as partes sempre de volta para a mesa de negociações, para a continuidade da resolução da controvérsia com base na discussão de interesses; e, (viii) organização dos procedimentos em sequência de custos, ou seja, a organização dos aludidos métodos híbridos de resolução de disputas priorizando os de custo baixo, seguindo-se a utilização de meios mais custosos na estrita necessidade e adequação de utilização destes para lidar com as barreiras encontradas.

3.5. Desenvolvimento do sistema

Finda a etapa de diagnóstico e definição da estratégia de aproximação das partes, dos objetivos, prioridades e princípios do sistema, é chegada a hora de ir a campo. O especialista, a essa altura, já tem um "rascunho" do desenho, mas o desenvolvimento do sistema deve ser realizado em conjunto com as partes interessadas e afetadas pelas disputas, que deverão ser aproximadas conforme a estratégia definida.

O processo de *DSD* é tanto político quanto técnico. Para que o sistema seja bem-sucedido, ele deve ser aprovado por todas as partes interessadas e afetadas. A aprovação está intimamente ligada com a participação. As partes interessadas e afetadas que participarem, influenciarem, opinarem e que, na medida do possível, forem trazidas para o processo de criação, poderão expor seus pontos sensíveis e sentir-se cocriadoras do projeto. Esse dado não pode ser subestimado: *permitir participação e compartilhar controle são as mais poderosas ferramentas de persuasão disponíveis para um resolvedor de problemas.* Se uma parte se sente cocriadora de um projeto, ela se considera dona dele, e não apenas decidirá aderir, mas advogará em seu favor.

Compartilhar controle facilita em muito a aprovação do projeto e o aprimora por meio de um processo democrático que leva em consideração a perspectiva de todas as partes envolvidas e aumenta substancialmente as chances de sucesso.

A aceitação depende de um processo baseado em valores como participação, dignidade, igualdade, autonomia, eficiência e satisfação. Se o processo de criação é justo, o resultado deve ser justo.[29]

Geralmente, o especialista deve buscar ao máximo desenvolver sistemas simples e de fácil compreensão às pessoas que dele se utilizarão. Outro desafio do especialista é inverter a lógica intuitiva das partes em conflito de partir para a batalha judicial sem antes procurar discutir os interesses e buscar de alternativas que possam resolver o problema com menores custos. Um sistema de resolução de disputas é mais produtivo se seu objetivo primário for manter o enfoque das partes nos seus interesses, em vez de nas discussões jurídicas ou nas batalhas de poder.

O objetivo é utilizar meios mais "custosos" – que estejam focados em determinar direitos e poder – apenas quando os menos custosos falharem, e organizar os métodos em sequência. Por exemplo, na CI 3054, caso um impasse acontecesse na negociação (mediada), as partes podiam submeter consultas a um painel de "arbitragem não vinculante", ou arbitragem consultiva. Com a opinião do painel, as partes retornavam à mesa de negociação com maior noção sobre a moldura jurídica que cerca os seus pleitos. O mecanismo funcionou muito bem na medida em que as partes retornavam com maior lucidez à mesa e as negociações, em regra, eram concluídas com êxito. Assim, falhando a mediação, pode ser o caso de se prever a arbitragem em um sistema. Como visto, pode-se, também, prever a utilização de formas simplificadas de arbitragem, antes de opções mais custosas, que demandem perícias técnicas, por exemplo.

---

29 Cf. MCGOVERN, Francis, "The What and Why of Claims Resolution Facilities", Stanford Law Review, 2005, p. 1372. Um exemplo disso é o caso da criação um programa de distribuição de indenização, supervisionado por um juiz, em que o *Special Master* Francis McGovern foi nomeado para formular o *design* e realizar a implementação. No caso, o valor da indenização foi relativamente baixo, em virtude da divisão, entre os interessados e afetados, de um valor fixo (fundo com teto), em virtude de decisão judicial de condenação da entidade poluidora. O sistema criado permitiu que os próprios beneficiários categorizassem as situações (levando em conta a diferença de idade dos contaminados, a destinação residencial ou comercial do imóvel afetado, entre outros aspectos) e pontuassem a sua gravidade, criando indicadores para o cálculo e divisão do montante que caberia a cada beneficiário. Os indicadores e fórmulas de cálculo foram criados e aprovados pelas próprias partes previamente à determinação dos valores finais e individuais. No final das contas, os valores foram relativamente baixos, mas a satisfação geral dos beneficiários foi alta, na medida em que estes participaram da confecção do acordo e do enfrentamento dos desafios em torno da satisfação dos seus interesses. Vide a respeito: Asbestos Personal Injury Settlement Trust Distribution Procedures. Disponível em: <http://www.wastrust.org/pdf/trust_distribution_procedures.pdf>.

3.6. Implementação e avaliação do sistema

Para o arquiteto de sistemas de disputa, o *design* é só o começo. A implementação do sistema requer um constante processo de persuasão e educação. O constante treinamento, desenvolvimento de habilidades e motivação da equipe que gerenciará o sistema é crucial para o sucesso. Talvez um dos maiores desafios de uma empreitada como esta seja o de conseguir o comprometimento das pessoas envolvidas com o processo e os métodos de *ADR*.

Além disso, a avaliação contínua do sistema, adaptando-o de forma a permitir o aprendizado com a experiência, é vital para o cumprimento dos objetivos a que este se propõe. O sistema deve ser construído com a devida flexibilidade e possibilidade de adaptação para lidar, virtualmente, com todas as necessidades e situações inesperadas que possam surgir.

Por fim, é interessante avaliar se o sistema criado permite que as partes obtenham "bons resultados" na resolução de suas disputas. Existem diferentes molduras e critérios para avaliação de como uma disputa é resolvida. Ury, Brett e Goldberg (1993) propõem: (i) custos de transação;[30] (ii) satisfação com resultados; (iii) efeitos no relacionamento; e (iv) reincidência da disputa. Constantino e Sickles-Merchant (1996) propõem: (i) eficiência (custo e tempo); (ii) efetividade (no resultado, durabilidade da resolução e impacto no ambiente); (iii) satisfação (com processo, relacionamento e resultado). Susskind (1993), sugere: (i) justiça (percepção de legitimidade em substância e processo); (ii) eficiência (com relação ao processo, em termos de custo e tempo; com relação à substância, com relação à integração e captura de todo o valor possível pelas partes); (iv) estabilidade; (v) sabedoria (no sentido de que se a decisão foi sábia levando-se em conta o grau de informação que se tinha à época da resolução da disputa).

Com relação à satisfação com os resultados, cumpre adicionar[31] que esta depende, em grande medida, no quanto a resolução preenche os interesses que levaram a parte a iniciar a disputa e a levá-la adiante. A satisfação também depende de quanto a parte percebe que a resolução foi justa. Em muitos casos, a resolução em si não preenche completamente seus interesses, mas o senso de justiça pode proporcionar-lhe satisfação.

A satisfação, entretanto, não depende apenas da percepção de justiça da resolução, como, também e em grande medida, da percepção de justiça do procedimento

---

30 Os custos de transação são todos os custos da disputa, incluindo os gastos de dinheiro, tempo, energia emocional e perda de oportunidade.

31 Como desenvolvemos em: FALECK, Diego. Introdução ao Design de Sistemas de Disputas: Câmara de Indenização 3054. Revista Brasileira de Arbitragem. Ano V, n. 23, jun.-ago.-set. 2009, Porto Alegre: Síntese; Curitiba: CBAr, p. 7-32.

da resolução da disputa.[32] Existem elementos objetivos que influem na percepção de justiça do procedimento, entre os quais: (i) a existência de oportunidade para a parte se expressar; (ii) se a parte teve algum tipo de controle em aceitar ou rejeitar o acordo; (iii) quanto ela foi capaz de participar na formatação do acordo; e (iv) nos casos em que foi necessário recorrer-se a um terceiro, a percepção da parte de que este agiu equilibradamente e com justiça.

4. *DSD*: UM PASSO ADIANTE

Oliver Wendell Holmes, Jr., em seu imortal discurso *The Path of the Law*,[33] que lançou as bases do realismo jurídico norte-americano, nos transmite a mensagem de que a vida do Direito é experiência, e que em vez de concentrar esforços na busca por uma verdade insondável, e dar espaço à cega repetição do passado, o que está ao nosso alcance é buscar o melhor para o aqui e agora, e, assim, dar o próximo inexorável passo no Caminho do Direito.

Disputas sempre existiram, existirão por muito tempo e são um aspecto normal de todo relacionamento, organização e sociedade. Um dos principais papéis do Direito, sem dúvida, é contribuir para a não violência e para a harmonização dos conflitos na sociedade. A teoria e prática do *DSD* propõem um novo enfoque, eficiente e customizado, para que advogados e operadores do direito possam funcionar como verdadeiros arquitetos institucionais, para o desenho de processos criativos e funcionais, capazes de evitar custos de transação e trazer maior satisfação e participação para as partes envolvidas.

ADR e *DSD* vieram para ficar, e, conceitualmente, já mostraram o seu potencial. O debate produtivo, hoje em dia, talvez não orbite mais em torno da inquestionável eficácia dos métodos alternativos para a resolução de disputas. O real desafio é implementar tais métodos com criatividade e inteligência, conseguindo o comprometimento e o desenvolvimento de habilidades das partes envolvidas, para evitar gasto de recursos, tempo, energia emocional, deterioração de relacionamentos e perda de oportunidades na resolução de disputas, bem como para permitir a maior participação dos interessados, para que estes atinjam seus objetivos, com maior satisfação com o processo e com os resultados.

ADR e *DSD* representam, sem sombra de dúvida, o "passo adiante" para a resolução de disputas, demonstrando como problemas aparentemente impossíveis

---

32 CONSTANTINO, Cathy A.; SICKLES-MERCHANT, Christina, "Designing Conflict Management Systems: A Guide to Creating Productive and Healthy Organizations", 1995, p. 121.

33 HOLMES, Jr, Oliver Wendell, "The Path of the Law", 10, Harvard Law Review 457 (1897).

de se resolver amigavelmente podem ser solucionados pela mudança do enfoque pelo qual se pensa e pratica o Direito.

REFERÊNCIAS BIBLIOGRÁFICAS

ACKERMAN, Robert M. The September 11th Victim Compensation Fund: An Effective Administrative Response to a National Tragedy. *Harvard Negotiation Law Review*, Spring, v. 10, 2005.

ALEXANDER, Janet Cooper. Procedural Design and Terror Victim Compensation. *DePaul Law Review*, Winter, v. 53, 2003.

ALLISON, John R. Five Ways to Keep Disputes out of Courts. *Harvard Business Review on Negotiation and Conflict Resolution*, Harvard Business School Press, 2000, p. 177.

BORDONE, Robert C. HNLR 2008 Symposium, Harvard Law School, mar. 2008.

BORDONE, Robert C.; MOFFIT, Michael L. *The Handbook of Dispute Resolution*. Jossey-Bass Press, 2005.

CONSTANTINO, Cathy A.; SICKLES-MERCHANT, Christina. *Designing Conflict Management Systems:* A Guide to Creating Productive and Healthy Organizations.

FALECK, Diego. Introdução ao design de sistemas de disputas: Câmara de Indenização 3054. *Revista Brasileira de Arbitragem*. Porto Alegre: Síntese; Curitiba: CBAr, ano V, n. 23, p. 7-32, jun.-ago.-set. 2009.

FISHER, Roger; SHAPIRO, Daniel. *Beyond Reason*. New York: Viking, 2005.

FISHER, Roger; SHAPIRO, Daniel; URY, William. *Como chegar ao sim*. Rio de Janeiro: Imago, 1994.

GOLDBERG, Stephen; SANDER, Frank et. al. *Dispute Resolution:* Negotiation, Mediation, and Other Processes. 2. ed. Nova Iorque, NY: Ed. Aspen Law & Business, 1992.

GOLDBERG, Stephen; WENDELL JR., Oliver. The Path of the Law, 10, *Harvard Law Review* 457, 1897.

KAPLOW, Louis; SHAVELL, Steven. *Decision Analysis, Game Theory and Information*. New York: Foundation Press, 2004.

LAX, David A.; SEBENIUS, James K. *3D Negotiation* – Powerful Tools to Change the Game in Most Important Deals. Boston: Harvard Business School Press, 2006.

McGOVERN, Francis. The What and Why of Claims Resolution Facilities. *Stanford Law Review*, 2005.

MNOOKIN, Robert H.; GREENBERG, J. Lessons of the IBM-Fujitsu Arbitration: How Disputants Can Work Together to Solve Deeper Conflicts. *Dispute Resolution Magazine*, Spring 1998.

MNOOKIN, Robert H.; PEPPET, Scott R.; TULUMELLO, Andrew S. *Beyond Winning:* Negotiating to Create Value in Deals and Disputes. Harvard University Press 2000.

SANDER, Frank E. A. Varieties of Dispute Processing, 70 F.R.D. 111, 130-31, 1976.

SHARIFF, Khalil Z. Designing Institutions to Manage Conflict: Principles for the Problem Solving Organization. *Harvard Negotiation Law Review*, Spring, v. 8, 2003.

STONE, Douglas; PATTON, Bruce; HEEN SHEILA. *Conversas difíceis.* Campus, 2006

SUSSKIND, Lawrence E., THOMAS-LARMER, Jennifer. Conducting a Conflict Assessment. In: SUSSKIND, Lawrence; MCKEARNAN, Sarah; THOMAS-LARMER, Jennifer (Eds.). *The Consensus Building Handbook*: A Comprehensive Guide to reaching Agreement. Thousand Oaks, CA: Sage Publications, 1999.

URY, William L.; BRETT, Jeanne M.; GOLDBERG, Stephen B. *Getting Disputes Resolved:* Designing Systems to Cut the Costs of Conflict. Cambridge: PON Books.

<http://www.btl.gov.il/English%20Homepage/Benefits/Benefits%20for%20Victims%20of%20Hostilities/Pages/default.aspx>, acessado em dezembro de 2018.

<http://www.implantclaims.com/plandocs/ANNEX%20B%20to%20SFA.pdf;>, acessado em agosto de 2012.

<http://www.marinehoseclaims.com>, acessado em agosto de 2012.

<http://www.nytimes.com/2010/06/17/us/17feinberg.html?scp=1&sq=mediator%20BP&st=cse>, acessado em dezembro de 2018.

<http://www.programadeindenizacao447.com.br>, acessado em agosto de 2012.

<http://www.wastrust.org/pdf/trust_ distribution_procedures.pdf>, acessado em agosto de 2012.

QUESTÕES PARA ORIENTAR A LEITURA E O DEBATE EM SALA DE AULA

1. O *DSD* é um mecanismo alternativo de solução de controvérsias ou um método para maximizar sua utilização?
2. Compare o papel e a importância do conflito e de sua análise para o processo judicial e para o *DSD*. Sob que aspectos há diferença quanto ao tratamento do conflito nos dois mecanismos de solução de controvérsias?

3. Quais são os elementos integrantes do que o autor designa de "disputas complexas"? Tente enumerá-los a partir das características dos conflitos mencionados pelo autor.
4. Nos casos exemplificados pelo autor, procure enumerar as possíveis situações específicas envolvidas. Por exemplo, nos casos das Companhias Aéreas, busque identificar a pluralidade de interessados – como exemplo, filhos, viúvas, pais etc. – e as diferentes implicações jurídicas para cada categoria.
5. Busque identificar as várias etapas de preparação do *DSD* e compará-las com aquelas próprias da preparação de um processo judicial. Quais as diferenças mais significativas?

4

PROCURANDO ENTENDER AS PARTES NOS MEIOS DE RESOLUÇÃO PACÍFICA DE CONFLITOS, PREVENÇÃO E GESTÃO DE CRISES

CÉLIA REGINA ZAPPAROLLI

1. INTRODUÇÃO

A *condição de um dado sujeito para ser parte sempre é contextual*, não se limita à simples presença desse sujeito na relação em conflito. Por essa razão, ao falarmos a respeito do tema "Partes nos meios de resolução pacífica de conflitos", devemos considerar não só os envolvidos na relação em conflito, mas a natureza do conflito, quais dimensões dele estaremos trabalhando, o instrumental e a metodologia tecnicamente eleitos, os mais apropriados para a situação concreta, o espaço e os atores que os executarão, além de eventuais fatores de risco presentes.

Tabela 1 – Naturezas e fatores de conflito e instrumental e espaço de resolução

Natureza do conflito	Intersubjetivo ou social.
Dimensão conflitiva	Conflito, disputa, problema, demanda ou crise.
Instrumental de resolução	Jurisdição, Arbitragem, Mediação, Conciliação, Negociação, Facilitação Assistida, Prevenção, Gestão de Crise ou Outros.
Espaço	Comunitário; privado; público; em Política Pública de segurança, saúde, educação, habitação, justiça (judiciária, não judiciária, pré-processual, paraprocessual, após o processo).
Atores	Técnicos; agentes comunitários; autoridade ou alguém em seu nome; árbitro.
Fatores incidentes e de risco	Baixa renda; uso de drogas; distúrbios psiquiátricos; violências; crimes; conflagração do crime organizado ou não; efeitos das violências sociais e problemas estruturais; catástrofes naturais; acidentes etc.

Fonte: elaboração própria.

A qualidade de parte depende da dimensão do conflito sobre a qual será possível trabalhar. Por mais que um gestor de conflitos se identifique mais com uma ou outra *ADR (Mediação, Conciliação, Negociação, Arbitragem e Facilitação Assistida)* ou com essa ou aquela metodologia ou escola, quem de fato define o instrumental de gestão de conflitos a ser aplicado ao caso concreto é o próprio *conflito*, disputa, demanda ou problema postos. A partir daí, há a escolha do instrumental técnico e legalmente mais apropriado para dirimi-lo e, com isso, a identificação dos sujeitos que serão envolvidos para o seu desenvolvimento funcional.

Portanto, a jurisdição não é, em tese, "melhor" nem "pior" que as *ADRs*. E essa premissa estende-se também às metodologias e modelos existentes em cada uma das *ADRs*. Não há o melhor mecanismo, mas aquele mais funcional para dada situação concreta. Ou seja: a funcionalidade do instrumental e da metodologia de gestão de conflitos, disputas e problemas, implica adequação da via possível e assimilável por aquele contexto conflitivo. Essa lição não é nova, vem de Six (1997).

Dessa forma, entende-se por "parte" *todo sujeito com aptidão para participar do processo de gestão de um dado conflito, de uma dada disputa, de um dado problema, de uma dada demanda e de uma dada situação de crise.*

Quadro 1 – Sujeitos

Pessoas físicas: seres humanos nascidos com vida até seu falecimento.
Pessoas jurídicas: sociedades, associações, fundações, que "nascem" com o registro de seus atos constitutivos em cartório.
Quase pessoas, a quem a lei garante direitos e dá a possibilidade de defendê-los, mas que não são nem pessoas físicas, nem jurídicas. Exemplos: "nascituro" (o feto no ventre materno, que ainda não nasceu com vida); condomínio nos edifícios; massa falida (patrimônio das empresas que "quebraram" ou faliram); espólio (patrimônio das pessoas que morreram).
Grupos sociais sem registro em cartório, que não são nem pessoas físicas isoladas, nem jurídicas, pois não se organizaram como tal. Exemplos: comunidades (ex.: de bairro; religiosas; amigos etc.) outros Grupos.

Fonte: elaborado a partir das lições de FREITAS JR. (2005).

Diante do supraproposto, iniciaremos este capítulo a partir da ideia de que, *para abordarmos o tema "partes", deveremos considerar as diferenças havidas entre conflitos/disputas/problemas/demandas/crises.* Esse conceito serve para identificarmos o veículo de gestão ou de resolução pacífica de conflitos mais funcional e *possível* a uma dada situação concreta, seja a jurisdição (aqui tratada especificamente civil, mas não a única) ou cada uma das diversas *ADRs* (*alternative dispute resolution*): conciliação, negociação, mediação, arbitragem ou facilitação assistida, entre outros.

A disputa, portanto, é uma dimensão do conflito intersubjetivo. O conflito intersubjetivo é mais amplo do que as disputas; ele as engloba. Caso nos limitemos a dirimir disputas – o que podemos ilustrar mediante um caso de separação, por exemplo –, é possível que nem sequer atinjamos parte relevante do conflito que também pode envolver outros aspectos mais amplos – como a falta escuta recíproca, interferência familiar, violências etc. *E, assim, ao abordarmos porção do conflito sem atingirmos a sua globalidade, possivelmente novas disputas ou a própria disputa potencializada pode emergir no futuro.*

Muitas vezes, também, o conflito intersubjetivo pode vir permeado pelos efeitos dos conflitos sociais e dos problemas estruturais (*v.g.*, desemprego, ausência de escola ou creche, falta de moradia), acirrando as dificuldades na gestão daquele contexto de conflito. Dessa maneira, esses problemas devem ser considerados e devem ser trabalhados os meios à sua superação no caso concreto. O objetivo, nessas hipóteses, não é a solução do problema estrutural ou o conflito social no campo macro, mas viabilizar saídas para aquele caso particular e concreto – pois, para o campo macro, há caminhos técnicos mais funcionais e que ensejam a articulação de atores e diversos instrumentais visando resultados globais a curto, médio e longo prazo – como exemplo, a chamada "facilitação assistida".

Problema pode ser definido como algo a ser resolvido, decorrente de um fato, de um conflito, de uma disputa ou de uma crise. Seja material ou imaterial, os sujeitos envolvidos devem reconhecer a necessidade de sua solução. Enquanto determinado ponto não mobilizar de alguma maneira um sujeito, definitivamente, não haverá disposição para o seu enfrentamento e sua administração.

Os problemas não necessariamente decorrem de uma situação conflitiva ou de uma disputa. Exemplifiquemos a situação da queda de uma árvore devido a uma chuva, um fato que não necessariamente tem origem em um conflito ou em uma disputa, sendo um aspecto objetivo a ser resolvido e que, em dado momento, pode causar uma série de conflitos na forma ou sua efetiva solução, provenientes da oposição de interesses, diante de aspectos alocativos e de escassez de bens ou imposição de encargos, entre dois ou mais sujeitos.

A seguir, traremos de forma esquemática a suma do que já tratamos a respeito do tema conflitos, disputas, problemas.

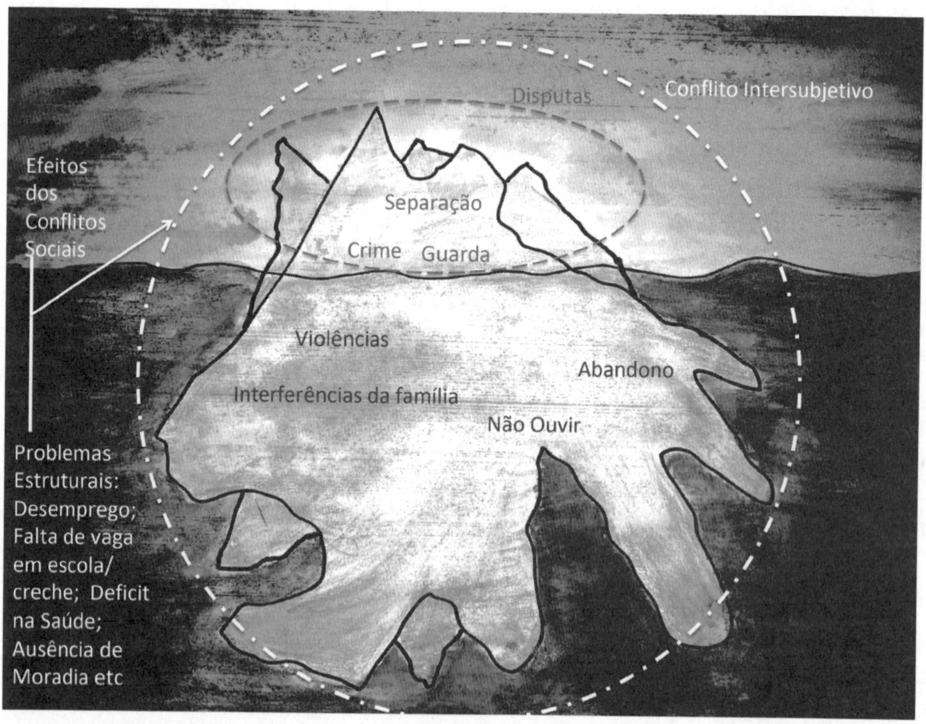

Contudo, ainda devemos abordar outros aspectos, como demandas e crises:

Demanda constitui toda expressão posicional e de interesse de um sujeito. É o que o sujeito pleiteia, fruto de um interesse: desejo, aspiração ou necessidade. A demanda não necessariamente exterioriza um conflito, mas a contraposição vetorial entre demanda e possibilidade de soluções pode ensejar situações conflitivas.

Crise é todo contexto-limite que gera ruptura ou transição drástica. A Intervenção em situações de crise, em contextos de risco, difere-se das ações de gestão de conflitos, bem como das ações de prevenção e gestão de crises no campo sistêmico.

Não aprofundaremos neste trabalho a prevenção e gestão de crises pelo advento de catástrofes naturais, acidentes, sequestros etc. que necessitam de ações interventivas essencialmente emergenciais. Contudo, abordaremos as crises nos sistemas que consistem em aspectos de ruptura, de ordem funcional (comunicativa ou organizacional) e/ou adaptativa (flexibilização) do sistema, que não são **fruto necessariamente de conflitos intersubjetivos, do acaso ou de coincidências, mas do desencadear e do cumular de ações ou omissões, que atingem uma dimensão trágica,** impondo medidas essencialmente estratégicas e de planejamento, para promoção de mudanças, não só a contensão de seus efeitos potencialmente conflitivos.

Cada uma das *ADRs*, a jurisdição ou mesmo o instrumental de prevenção e gestão de crise nos sistemas possui uma lógica própria, suas peculiaridades e ênfases. A jurisdição e cada uma das *ADRs*, distintamente, voltam-se ao tratamento de determinada esfera do conflito – ele, em sua globalidade, a(s) disputa(s) ou o(s) problema(s) –, além de seus efeitos. Cada qual (jurisdição, mediação, conciliação, negociação, arbitragem e facilitação assistida) tem uma amplitude e funcionamento específico, focos, atores, metodologias voltadas a contextos específicos. E, portanto, de cada uma delas participarão determinados e diferentes sujeitos, chamados "partes".

Isto sugere uma segunda acepção do termo "partes" nas *ADR*. *Como partes, nesse sentido, entendamos não só os sujeitos envolvidos no conflito, disputa, problema, demanda ou crise, como também, conforme o instrumental utilizado, todos aqueles que participarão de sua gestão, além dos interlocutores e da rede formada para a sua consecução.*

A seguir, trazemos um quadro para auxiliar a compreensão do que entendemos relevante ser tratado em cada um desses veículos. Não é exaustivo e destina-se a proporcionar a compreensão de nossa visão distintiva entre as *ADRs* e jurisdição.

Tabela 2 – Notas distintivas dos instrumentos de Gestão de Conflitos, Disputas, Problemas, Demandas, Crises nos Sistemas e a Jurisdição

Notas Distintivas	Foco da intervenção	Direitos	Ator que aplicará	Objetivo	Âmbito	Publicidade
Jurisdição	Disputa intersubjetiva-Lide	Todos	3° Imparcial: Magistrado	Decisão: sentença ou acórdão	Estatal	Em regra Publicidade
Mediação	Conflito intersubjetivo e seus efeitos jurídicos e relacionais	Todos ou nenhum	3° Equidistante técnico ou agente comunitário: Mediador	Funcionalidade comunicativa e relacional	Público Estatal, Não Estatal ou Privado	Confidencial. Em Contextos de Direito Público, sem Confidencialidade. Só *caucus* confidencial
Conciliação	Disputa intersubjetiva ou Lide	Todos ou nenhum	3° Equidistante com atribuição decisória/validatória ou que represente quem a tenha. Também quem atue em ambiência em que haverá a decisão caso não ocorra o acordo: Conciliador	Acordo	Público Estatal, Não Estatal ou Privado	Em regra Publicidade aplicada por autoridade em processo público Lei 13.140/15 CPC/2015 pelo 3° Confidencial
Negociação	Disputa intersubjetiva ou Demanda, material ou imaterial	Todos ou nenhum	Parte, representante ou 3° intermediário: Negociador	Acordo ou Solução da Demanda	Público Estatal, Não Estatal ou Privado	Em regra sem publicidade
Arbitragem	Disputa intersubjetiva	Disponíveis	3° Equidistante: Árbitro	Decisão Arbitral	Não Estatal	Em regra sem publicidade. Depende das partes. Interesse Público – Pública
Facilitação Assistida	Problema e Demanda de amplitude macro: social; comunitária ou de grupos	Todos ou nenhum	3° Equidistante objetiva: Facilitador	Todas as ADRs e da Jurisdição para resolver um determinado problema	Público Estatal, Não Estatal ou Privado	Etapas de publicidade e outras confidenciais
Prevenção e Gestão de Crise nos Sistemas	Demandas, problemas, conflitos nos Sistemas. Foco em Pontos Críticos e Funcionalidade Sistêmica	Todos ou nenhum	3° Partes ou Representantes. Parcialidade objetiva: Comitê de Prevenção de Crises, Gestor da Crise e Equipe da Crises	Prevenção, contenção dos efeitos de crises e promoção da funcionalidade sistêmica	Público Estatal, Não Estatal ou Privado	Etapas de publicidade e outras confidenciais

Fonte: elaboração própria.

Instrumentais como a *conciliação, a negociação, a arbitragem e também a jurisdição*, em regra, não se destinam a redimensionar a estrutura da funcionalidade das relações intersubjetivas ou sociais, tampouco darão conta dos mecanismos de transformação do funcionamento dos sistemas e das dimensões relacionais e estruturais. Quando muito, trabalharão com sucesso, por meio de soluções e composições pontuais, os efeitos dos conflitos, expressos em disputas. *Portanto, sua ação pode ser considerada como "contensora".*

A seguir, traremos o tema "partes", focalizando-o em cada um dos meios de resolução pacífica de conflitos.

2. PARTES E JURISDIÇÃO

De um lado, a lógica da jurisdição civil, especialmente a individual, é a da resolução de disputas intersubjetivas, definidas nas lides levadas ao Estado, em sua esfera própria (a judiciária), para que ele as dirima. *Dirimir lides, quer por decisão, num jogo soma a zero, em que há um vencedor e um vencido, ou pela composição, por meio das conciliações, implica o que a Teoria Geral dos Sistemas denomina como "mudanças de primeira ordem", de caráter contensor. Isso é distinto do trabalho transformativo, à funcionalidade (comunicativa e relacional) do sistema, nas denominadas "mudanças de segunda ordem", próprias dos instrumentos mediação e da facilitação assistida.*

Observo que a Teoria Geral dos Sistemas não trata das mudanças de segunda ordem, de natureza cultural. Há aspectos de base cultural, concernentes a preconceitos, discriminação e violências, a exemplo de gênero, raça, sexualidade, religião, entre outros, em que as mudanças a serem trabalhadas não são se voltam apenas a aspectos relacionais, tendo a jurisdição e a conciliação muito pouco efeito, para além da contensão. Assim também a mediação: devem ser observadas, para esses casos metodologias específicas de mediação, com instrumentais preparatórios, como grupos temáticos e dinâmicas reflexivas, para que o próprio processo de mediação não seja espaço de reprodução de violências, mesmo inconscientes fundadas em aspectos de ordem cultural.

Quando se fala em jurisdição, o campo das partes possíveis é muito restrito – mesmo na atualidade, em que a jurisdição civil vem ampliando sua atuação e é utilizada como veículo de acesso às políticas públicas, para a solução de problemas e carências situadas em uma perspectiva mais macroscópica. Tal atuação não implica proporcionar as tais *mudanças de segunda ordem*, suprarreferidas, porque gera saídas imediatas e pontuais, contensoras e, muitas vezes, num olhar sistêmico mais amplo, efeitos de homeostase e, até, distorções sistêmicas.

Exemplificamos: uma ação judicial que pleiteie decisão condenatória do Sistema Único de Saúde (SUS), a disponibilizar, gratuitamente, determinado medicamento, em regra *não dará conta de gerar funcionalidade geral do SUS*. Cada novo medicamento surgido e não fornecido possivelmente ensejará uma nova ação a ser ajuizada, traduzida em uma determinada lide, com certo conjunto de partes. Isso quando, pelo custo do medicamento novo, outros medicamentos mais simples não venham a faltar regularmente, pela justificativa da finitude de recursos orçamentários, impondo outras novas medidas (judiciais ou não) ao reequilíbrio das novas distorções no sistema.

A jurisdição civil, mesmo nessa atuação ampliada destinada a correções das faltas nas políticas públicas, *age com determinado corte do espectro mais amplo da totalidade do conflito sociológico*. E, portanto, ao ser distribuída a ação, remonta seu foco à solução judicial de uma dada lide, mesmo que seja uma lide para a resolução de problemas mais amplos.

Nessa moderna abordagem da jurisdição civil, há um campo mais amplo de beneficiados pelos efeitos da decisão judicial que, ainda assim, circunscreve-se a dois polos, com vistas às "*mudanças de primeira ordem*" e também, de regra, às medidas substitutivas às denominadas "*decisões de segunda ordem*" da administração pública.

"*Mudanças*" e "*decisões*", em suas distintas ordens, *não se confundem e vêm de teorias distintas*. As "decisões de primeira ordem" implicam o que é denominado, por Calabresi e Bobbitt, de "escolhas trágicas". As "escolhas trágicas", diferentemente do que se tem aplicado às decisões pelos tribunais, em regra se restringem à questão alocativa, encontram-se presentes em dois níveis distintos das decisões de gestão pública: 1) *na base, das decisões de primeira ordem:* como a relativa às prioridades político-sociais, os planos de Estado e de Governo, as definições orçamentárias, que vão do âmbito constitucional ao infraconstitucional e infralegal; e 2) *na ponta, das decisões de segunda ordem*, o que sempre parece ser o problema, mas não necessariamente a solução sistêmica: como a alocação de bens materiais ou imateriais considerados escassos (medicamentos, habitações, órgãos etc.) e a definição de encargos.

Quadro 2 – Distinção entre mudanças e decisões de primeira e segunda ordem

Teoria geral dos sistemas de caráter relacional	
Mudanças de primeira ordem	Contensoras e acomodativas
Mudanças de segunda ordem	Transformadoras e restauradoras
Escolhas trágicas e critérios de justiça	
Decisões de primeira ordem	Decisões de base: definidoras de prioridades
Decisões de segunda ordem	Decisões de ponta: alocativas

Fonte: elaboração própria.

Portanto, a questão primordial não está somente na alocação, ou nas "decisões de segunda ordem", *mas em todo o contexto precedente de definições de primeira ordem, do pacto político-social, às políticas de estado e de governo* e que envolvem a complexidade da funcionalidade sistêmica e intersistêmica, além de seus atores, em relação às quais a eficácia da jurisdição dificilmente dará conta.

Mesmo ao se voltar à mitigação das carências nas políticas públicas, numa atuação jurisdicional mais abrangente, a jurisdição, em geral, restringe-se a resolver, por decisão de lides, os efeitos do que denominam Calabresi e Bobbitt de *"decisões de segunda ordem"*, relativas a questões alocativas de ponta – e que não se confundem com as mudanças de primeira e segunda ordem, conceituadas pela Teoria do Sistema e apresentadas anteriormente. As lides serão uma porção recortada de um contexto conflitivo mais abrangente. No exemplo *supra*, dará conta, quando muito, da carência de determinado medicamento gratuito, e não da funcionalidade sistêmica do SUS.

Claro que reiteradas decisões podem gerar jurisprudência e a mudança de posturas, mas mesmo assim são pontuais, não proporcionarão funcionalidade sistêmica global do SUS.

Formada a relação jurídica processual, a jurisdição circunscreve o seu âmbito de atuação à lide, num corte no conflito sociológico. *Com a delimitação da lide, identificam-se formalmente quem são as partes legítimas e possíveis terceiros juridicamente interessados, não havendo a flexibilidade de serem trazidos outros sujeitos que não estejam previstos em lei ou nos contratos.* O que dista, apenas para ilustrar, da mediação, como veremos mais adiante, pois o processo judicial é formal.

Explicamos o que queremos dizer: a relação jurídico-processual se completa, sendo composta por autor(res), o juiz e o(s) réu(s), na triangulação de Büllow entre o Estado e as partes do polo ativo e do passivo, com sua legitimidade e interesse de agir etc.

Autor(es) e réu(s) que pode(m) traduzir subjetividades individuais, de grupos (num conjunto identificado de distintas subjetividades) ou de subjetividades únicas grupais (decorrente de relações coletivas ou difusas, em que não há a identificação de seus componentes ou, quando há, prevalecerá o interesse do grupo, distinto da soma dos interesses individuais de seus componentes).

Portanto, os terceiros envolvidos no conflito e sua gestão, que não componham a relação jurídica processual e que não tenham interesse jurídico, não participarão como partes do processo judicial. Excepcionam-se aqui, obviamente, as situações de representação extraordinária – vide item 2.1.

As condições da ação (legitimação *ad causam*; interesse de agir, possibilidade jurídica do pedido) e pressupostos processuais (de existência ou validade) havidos no feito judicial que trata de uma determinada disputa *não necessariamente coincidirão com aqueles necessários ao desenvolvimento eficaz dos instrumentos não adjudicatórios tecnicamente indicados a tratar da mesma disputa ou do conflito.*

Esclarecemos: aquele sujeito que num processo judicial cível *não* é considerado uma parte legítima ou terceiro juridicamente interessado a compor a lide (por exemplo, a sogra, em uma separação) na mediação poderá vir a ser admitido, inclusive, como parte relevante no próprio conflito, conforme o seu envolvimento e a influência de poderes exercida, porque, na mediação, estamos no campo da *funcionalidade relacional, e não da solução de disputas jurídicas e seus efeitos jurídicos.* Assim também o advogado não necessariamente deverá participar da mediação ou das sessões de mediação, especialmente daquelas que trabalharão a funcionalidade sistêmica e a expressão dos efeitos relacionais do conflito. *No entanto, quando participarem da mediação, os advogados deverão ser considerados como uma parte a ser mediada, pelo exercício de influência e poderes inerentes a sua atuação típica.* Já, num processo judicial, a sua presença não ocorre na qualidade de parte, sendo inafastável, sob o ônus da nulidade dos atos processuais praticados.

Ainda, na facilitação assistida, aquele que originariamente sequer compunha o conflito (social e os problemas dele emergentes), poderá integrar o mecanismo como peça fundamental e, portanto, sendo parte dela, possibilitar a solução do(s) problema(s). Um bom exemplo é o caso da articulação do Ministério Público, como parte, na facilitação assistida do problema da acessibilidade no transporte urbano para deficientes.

2.1. Legitimação extraordinária e representação por mandato

A legitimação extraordinária que outrora, sob a égide do CPC/1973 – artigo 6º – decorria exclusivamente da lei, com o advento do CPC/2015, artigo 18, passou a também ser possível, de forma mais ampliada, desde que autorizada pelo ordenamento jurídico, este enxergado como sistema. Vejamos:

> **Artigo 6º, CPC/1973:** "Ninguém poderá pleitear, em nome próprio, direito alheio, salvo quando autorizado por lei."
>
> **Artigo 18, CPC/2015:** "Ninguém poderá pleitear direito alheio em nome próprio, salvo quando autorizado pelo **ordenamento jurídico.**"

Portanto, a lei é fonte de legitimação extraordinária, assim como o negócio jurídico processual. Ou seja: por via do negócio jurídico processual ou da lei, alguém pode conceder a outrem que, em seu próprio nome, vá a Juízo defender direito que não é seu.

Legitimação extraordinária não trata, portanto, de mandato, em que alguém representa outorgante, em nome do outorgante, por instrumento de procuração, como exemplifico, a previsão do artigo 334, parágrafo 10, do CPC/2015.

> **Artigo 334 CPC/2015, § 10:** "A parte poderá constituir representante, por meio de procuração específica, com poderes para negociar e transigir."

Alguns exemplos de legitimação extraordinária por lei devem ser lembrados:

a. Ministério Público para o ajuizamento de ação de investigação de paternidade (artigo 2º, § 4º, Lei n. 8.560/1992) e, para propor ação revocatória falimentar – substituem a massa falida (artigo 132 da Lei n. 11.101/2005);
b. Credor solidário para a ação de cobrança ou execução da obrigação solidária (artigo 267 do Código Civil);
c. Impetração do *habeas corpus* (artigo 654 do Código de Processo Penal);
d. Propositura das ações de controle concentrado de constitucionalidade (art. 103, CF/1988);
e. Impetração do mandado de segurança de terceiro titular, dependente do exercício do direito por outro (Lei n. 12.016/2009, artigo 3º);
f. Ações coletivas (artigos 82 do CDC e 5º da Lei n. 7.347/1985);
g. Denunciado à lide para defender os interesses do denunciante em relação ao adversário comum (artigos 127-128 do CPC/2015), entre outros.

O negócio jurídico processual, por outro lado, – vide artigo 190 do CPC/2015 – pode estabelecer a legitimação extraordinária ativa e passiva.

Mediante o negócio jurídico processual haveria, no caso, a transferência de legitimação *ad causam*, por via da fixação da legitimação extraordinária, para que alguém, em nome próprio, defender direito alheio em juízo. Exemplo: eu Célia Zapparolli, constituo por negócio jurídico processual que Marco Lorencini, vá a juízo defender um dado direito meu em seu nome, Marco Lorencini.

> **Artigo 190 CPC/2015:** "Versando o processo sobre direitos que admitam autocomposição, é lícito às partes plenamente capazes estipular mudanças no procedimento para ajustá-lo às especificidades da causa e convencionar sobre os seus ônus, poderes, faculdades e deveres processuais, antes ou durante o processo.
>
> **Parágrafo único:** De ofício ou a requerimento, o juiz controlará a validade das convenções previstas neste artigo, recusando-lhes aplicação somente nos casos de nulidade ou de inserção abusiva em contrato de adesão ou em que alguma parte se encontre em manifesta situação de vulnerabilidade."

Mas o que é negócio jurídico processual? Negócio jurídico processual é um ato de autocomposição, um acordo ou um pacto escrito, em contexto de direitos disponíveis, celebrado em juízo, em cartório ou de forma privada, com intenção de produzir efeitos no processo, seja antes do processo, em seu curso ou finalizado o processo. Não se limita a fixar legitimação extraordinária.

O negócio jurídico processual deve respeitar os requisitos do ato jurídico - vide artigos 104 a 114 do Código Civil/2002, combinado com artigo 190 do CPC/2015.

> **Artigo 104 do Código Civil/2002**: "A validade do negócio jurídico requer:
>
> I - agente capaz;
>
> II - objeto lícito, possível, determinado ou determinável;
>
> III - forma prescrita ou não defesa em lei".

Retornando à legitimação extraordinária por negócio jurídico processual: ela é a transferência de legitimação *ad causam*, para que alguém, em nome próprio, defenda direito alheio em juízo. Não cuida, portanto, de transferência ou cessão de direitos materiais.

De forma ativa, como autor, de regra o legitimado extraordinário, por negócio jurídico processual, atuará de maneira concorrente, mas não excludente. Isso, se não houver disposição expressa em sentido contrário, para que seja exclusiva no negócio, sempre respeitada o ordenamento jurídico, como sistema, e a lei.

Já, de forma passiva, há a possibilidade da legitimação extraordinária, via negócio jurídico processual, para a defesa.

A legitimação extraordinária passiva por negócio processual, nesse sentido, deve ser previa ao processo ou, até, sendo conservadora, previa ao próprio conflito na concepção de Freitas Jr. e, NÃO posteriormente a ele, quando o conflito já estiver instaurado, como forma de fuga do processo.

A leitura que, penso, deva ser feita é: a construção teórica da admissão da legitimação extraordinária para além da lei, foi o entendimento de o ordenamento jurídico ser um sistema. Assim, a incidência legitimação extraordinária, via ato jurídico processual, não deve corromper o próprio sistema. Deve ser sempre integrada e integrativa.

Até por isso, entendo que legitimação extraordinária, por ato jurídico processual, após o processo, deva ser aceita em hipóteses muito restritas, seja ela ativa ou passiva.

Já a legitimação extraordinária passiva, por ato jurídico processual, somente deve ser aceita previamente a qualquer processo e de forma subsidiária. E, ouso afirmar, sempre antes da existência do próprio conflito sociológico, que é mais amplo que a lide, a disputa, o dissídio.

Assim, também, trago o entendimento de que fixação da legitimação extraordinária, por meio de acordo decorrente de conciliação ou mediação, judicial ou extrajudicial, deva ser excepcional, reservando-se espaço para justificação de sua pertinência no termo de acordo, para a sua não invalidação posterior.

Trazendo um exemplo e sua problematização, inspirado em Didier (vide ref. Bibliográfica): Pensemos em uma mulher legitimada *ad causam* para um feito na família, como o de partilha. Imaginemos que ela teve concedida para si uma medida protetiva na Vara de Violência Doméstica. Digamos que ela, por limitações de saúde física ou mental, não sendo interdita, não estivesse sentindo-se habilitada e com suficiente racionalidade/objetividade necessárias, inclusive para enfrentar todo o impacto emocional de um processo na Vara da Família. A fixação de legitimação extraordinária, via negócio jurídico processual, evitaria a exposição dessa mulher, de forma que ela poderia constituir um parente ou um advogado a ser legitimado extraordinário a participar do processo, como autor em seu nome.

Não se trata de mandato, em que a parte poderá constituir representante, por meio de procuração específica, com poderes para que um advogado a represente em juízo, ou mesmo aquele previsto no artigo 334, parágrafo 10, do CPC de 2015, por meio do qual é juridicamente possível a nomeação de um mandatário para a conciliação e mediação, para negociar e transigir.

Seja a legitimação extraordinária, ativa, passiva, ou mandato, a melhor pessoa a tratar do próprio interesse, não seria, de regra o próprio titular do direito, a evitar conflitos potenciais de interesse?

O mandato e a legitimação extraordinária, podem gerar muitas saídas relevantes no campo da jurisdição, mas também nuances e distorções importantes. E, na mediação, incongruências e a sua ineficácia.

A resposta, todavia, será mais bem trabalhada no item "mediação", ao ser indicado o seu âmbito de atuação.

3. PARTES NA ARBITRAGEM

A arbitragem e seu processo estão previstos e regulamentados pela Lei 9.307/1996.

O CPC/2015 também traz dispositivos que abordam a arbitragem, como os artigos 3º, § 1º, 189, IV, e 359:

> **Artigo 3º do CPC/2015:** "Não se excluirá da apreciação jurisdicional ameaça ou lesão a direito.
>
> § 1º É permitida a arbitragem, na forma da lei."

> **Art. 189 do CPC/2015:** "Os atos processuais são públicos, todavia tramitam em segredo de justiça os processos: (...)
> IV – que versem sobre arbitragem, inclusive sobre cumprimento de carta arbitral, desde que a confidencialidade estipulada na arbitragem seja comprovada perante o juízo."

> **Artigo 359 do CPC/2015:** Instalada a audiência, o juiz tentará conciliar as partes, independentemente do emprego anterior de outros métodos de solução consensual de conflitos, como a mediação e a arbitragem.

O artigo 507-A da Consolidação das Leis do Trabalho, alterado pela Reforma Trabalhista, introduz a arbitragem nas relações individuais do trabalho, com limitação de piso salarial.

> **Artigo 507-A da CLT:** "Nos contratos individuais de trabalho cuja remuneração seja superior a duas vezes o limite máximo estabelecido para os benefícios do Regime Geral de Previdência Social, poderá ser pactuada cláusula compromissória de arbitragem, desde que por iniciativa do empregado ou mediante a sua concordância expressa, nos termos previstos na Lei nº 9.307, de 23 de setembro de 1996." *(Incluído pela Lei nº 13.467, de 13.7.2017)*

A lógica da jurisdição, quanto à formalidade, pressupostos processuais e condições da ação, vem de modo geral reproduzida no processo arbitral, porque a arbitragem assemelha-se em muito ao processo jurisdicional, embora este seja privativo do Estado e aquela seja de ordem privada.

Assim, no tocante à arbitragem, quando o tema é "partes", não há relevantes aspectos distintivos da jurisdição. "Partes" na arbitragem são todos os envolvidos na disputa arbitrada, definidos por força do contrato ou do compromisso arbitral, sendo os julgadores denominados árbitros.

Uma nota de destaque cabe, todavia, em relação aos árbitros, presentes também numa triangulação: polo ativo, polo passivo e árbitro(s), que *poderão ser mais que um, em número ímpar, eleitos pelos disputantes de comum acordo, geralmente, especialistas na matéria objeto da disputa.*

O que difere entre a arbitragem e a jurisdição é que o magistrado não pode ser escolhido, sendo vedado o uso de conhecimentos temáticos pelo magistrado, para a supressão da prova técnica, impondo a ele, nesse tocante, a nomeação de peritos, *experts* auxiliares da justiça – artigos 375 e 156 do CPC/2015.

> **Artigo 375 do CPC/2015:** "O juiz aplicará as regras de experiência comum subministradas pela observação do que ordinariamente acontece

e, ainda, **as regras de experiência técnica,** ressalvado, quanto a estas, o exame pericial."

Artigo 156 CPC/2015: "O juiz será assistido por perito quando a prova do fato depender de conhecimento técnico ou científico."

O CPC/2015 também estabelece a **possibilidade da escolha pelas partes, em processo judicial, de perito, o que não torna o processo judicial uma arbitragem.**

Artigo 471 CPC/2015: "As partes podem, de comum acordo, escolher o perito, indicando-o mediante requerimento, desde que:

I – sejam plenamente capazes;

II – a causa possa ser resolvida por autocomposição".

4. PARTES NA CONCILIAÇÃO

A conciliação, genericamente, é uma forma de resolução pacífica de disputas e de lides administrada por um terceiro *investido de autoridade decisória ou validatória na questão posta ou delegado por quem a tenha*, judicial ou extrajudicialmente, a quem compete aproximar as partes, gerenciando e controlando as negociações, aparando arestas, sugerindo e formulando propostas, no sentido de apontar vantagens e desvantagens, *sempre visando um acordo. Caso as partes não cheguem a esse acordo, na hipótese de frustração da conciliação, a autoridade proferirá a sua decisão.*

Os processos de gestão de disputas, intermediados por um terceiro sem autoridade decisória, equivalem-se à negociação facilitada. Não são, a nosso ver, conciliação, pela ausência do fator autoridade decisória ou da ambiência do poder decisório constitutivo da conciliação e que trazem toda uma gama de variantes na dinâmica e no exercício de poderes durante o processo conciliatório e o decisório, caso não se chegue ao pacto. Na hipótese da denominada conciliação pré-processual, apesar de não ser realizada por aquele que decidirá a disputa ou alguém em seu nome, consideramos conciliação justamente por seu desenvolvimento em espaços decisórios. Caso frustrada, ela poderá levar à propositura de processo para que se decida a questão.

A conciliação trabalha sobre uma determinada porção do conflito, no âmbito da lide ou da disputa (mesmo que a transação não tenha efeitos jurídicos ou os tendo vá além do objeto do processo). A conciliação não objetiva uma melhora na qualidade da relação entre as partes. É, geralmente, breve e tem suas próprias formalidades quando na esfera judicial.

O conciliador tem a prerrogativa técnica de intervir e sugerir um possível acordo após uma criteriosa avaliação das vantagens e desvantagens que sua proposição traria às partes – o que se distingue diametralmente da atuação do mediador que, tecnicamente, não deve sugerir saídas para o acordo. *Eis que eventual acordo deve vir das partes, construído por elas, dentro de seus reais anseios e possibilidades.*

A conciliação no curso do processo ou extraprocessual pode ser indicada nos casos em que os envolvidos não se conheçam ou não tenham relações continuadas ou, se as têm, não há possibilidade ou intenção estratégica de uma intervenção mais aprofundada para administração do conflito global. Exemplo típico são as conciliações judiciais nos juízos trabalhistas, nos juizados especiais cíveis e penais, entre outros.

Segundo dispõe o artigo 3º, o § 3º, do CPC/2015, a conciliação, a mediação e outros métodos de solução consensual de conflitos deverão ser estimulados por juízes, advogados, defensores públicos e membros do Ministério Público, inclusive no curso do processo judicial.

A conciliação e a mediação são informadas pelos princípios da independência, da imparcialidade, da autonomia da vontade, da confidencialidade, da oralidade, da informalidade e da decisão informada – artigo 166, do CPC/2015.

O artigo 139, inciso V, do CPC/2015, não retira do magistrado o poder de conciliar, incumbindo ao juiz "promover, a qualquer tempo, a autocomposição, preferencialmente, com auxílio de conciliadores e mediadores judiciais". Juiz não medeia por sua condição de autoridade.

A conciliação ocorrida no bojo dos processos, também é regulada, para além do CPC/2015, artigo 166 e seguintes e, também, a exemplo, do artigo 21 e seguintes da Lei 9.099/1995 e 846 da CLT.

Com a modificação da inclusão do § 3º ao artigo 843 da CLT, pela Lei 13.467/2017, hoje é admitindo que o preposto não seja empregado da empresa reclamada, derrubando a Súmula 377 do TST.

A Resolução 174 do CSJT dispõe sobre a política judiciária nacional de tratamento adequado das disputas de interesses no âmbito do Poder Judiciário Trabalhista e dá outras providências, restando alguns pontos na subsidiariedade do CPC/2015, ainda pendentes de regulação.

"Se a petição inicial preencher os requisitos essenciais e não for o caso de improcedência liminar do pedido, o juiz designará audiência de conciliação ou de mediação com antecedência mínima de 30 (trinta) dias, devendo ser citado o réu com pelo menos 20 (vinte) dias de antecedência" – artigo 334, do CPC/2015 (recomenda-se a leitura integral deste artigo).

Na conciliação, de regra, as partes são as mesmas presentes no processo judicial – por força do contrato, da lei ou do interesse jurídico comprovado. Na conciliação no processo (judicial ou administrativo), há a participação das partes, da autoridade ou do conciliador por sua ordem, dos advogados e dos membros do Ministério Público, quando previsto em lei. Em algumas situações excepcionais, também participam da conciliação os auxiliares da justiça (psicólogos e assistentes sociais), apesar de o CPC/2015 abrir a possibilidade da vinda de outros sujeitos.

Em contextos não judiciais e privados, também é possível a conciliação pela autoridade privada, decisória ou validatória, como uma autoridade familiar ou religiosa. Trazemos aqui, como referência, a conhecida situação do *slice and choice* (corta e escolhe) e a exemplificamos com a hipótese de um pai (a autoridade), diante de duas crianças que disputam a última fatia de um bolo de chocolate. Ele, com sua autoridade, propõe que as crianças decidam a questão amigavelmente do seguinte modo: uma criança corta o pedaço do bolo em duas partes e a outra escolhe a primeira fatia.

No exemplo, o foco é o pacto, pura e simplesmente. Há a possibilidade do consenso numa esfera restrita de possibilidades, não se aprofundando o conciliador no campo dos interesses (desejos, necessidades ou aspirações) dos conciliados, tampouco na funcionalidade das inter-relações. Soluciona-se a disputa pela última fatia do bolo, mas não se criam espaços para se trabalhar a maneira de se relacionar, tampouco há o caráter pedagógico amplo da "cultura da paz". O que não impede, na situação trazida como exemplo, que, minutos após, de maneira acirrada, essas crianças não venham disputar uma boneca ou um carrinho, indivisíveis.

5. PARTES NA NEGOCIAÇÃO

A negociação pode ou não ser um *processo autônomo de resolução de disputas e demandas*. Na mediação, na conciliação e na facilitação assistida, *podem-se ver delineados momentos de negociação*, porque, são pilares das *ADRs* as teorias da negociação, da comunicação, do conflito, dos sistemas, entre outras.

A negociação, como processo, pode ser realizada pelo próprio sujeito envolvido na disputa, um representante seu ou um terceiro que auxiliará os envolvidos a solucionarem a disputa ou demanda. Portanto, *são partes da negociação as pessoas com interesses, direta ou indiretamente, no resultado ou na solução da disputa posta, mediante um acordo.*

Na negociação, não há isenção de interesses, seja ela absoluta ou relativa, pela condição de envolvimento na disputa ou pelo interesse em sua solução por meio de um pacto. Por isso, é corrente notar que as pessoas, durante as negociações, tendem a pressionar para a obtenção do acordo ou para alcançar vantagens neste, independentemente das relações futuras – o que é um aspecto importante a ser analisado.

Como a negociação é, comumente, conduzida pelas próprias partes, pelos seus representantes ou por um terceiro com interesse em produzir acordos, torna-se fundamental nesse processo trabalhar o distanciamento, a mistura entre partes e o problema e a expressão incontida das emoções. Ao se viabilizarem às partes, por exemplo, espaços para conscientização da mistura entre problemas e sentimentos, lhes é possível a ampliação de sua percepção, o controle da expressão de suas emoções e a geração de espaços comunicativos mais objetivos e funcionais.

O modelo de negociação de Harvard, por exemplo, defende as vantagens dos ganhos mútuos na negociação e inova ao sistematizar a presença do terceiro auxiliar da negociação, bem como ao reconhecer como aspecto serem superadas as emoções das partes.

Apesar de não se destinar à transformação dos relacionamentos – mas a redimensionar a expressão dos sentimentos para atingir a objetividade e a funcionalidade comunicativa no processo negocial, pelo uso de uma comunicação linear –, Harvard volta-se a um trabalho contensor (mudança de 1ª ordem) de forma a superar os efeitos das emoções eclodidas durante o processo negocial e que as partes possam expressar seus interesses. Isso é feito pela redução das distâncias entre os interesses para chegar a um acordo. O pacto, nesse caso, é o foco da negociação, e não a qualidade da relação.

Sendo a negociação um processo de comunicação linear, ela se assume como espaço fundamental para se reduzirem as diferenças entre os reais interesses das partes e gerar caminhos de escuta ativa. Escutar ativamente não é só ouvir, mas também demonstrar ao outro que estamos interessados em entender o que diz. Na negociação, as partes devem falar para ser entendidas. Uma negociação não é um debate, mas sim uma conversa para se atingir um objetivo – o acordo. O negociador deve proporcionar às partes espaços de respeito para falarem o que pretendem para si – afastando-se dos lamentos, do que não desejam, da inevitável necessidade de se manifestarem pela outra parte e, inclusive, pressuporem o que a outra quer ou não quer. Aspectos emocionais e culturais que também devem ser trabalhados nos demais instrumentais em tela. Contudo, em alguns, visando mudanças para além dos instrumentais, outros para superação da eficiência exclusiva no próprio processo.

5.1. Negociação simples, multipolos e coletiva

A negociação, em relação ao aspecto "partes", pode ser classificada em:

- ✓ **Negociação simples:** Caracteriza-se por dela participarem apenas dois polos, sejam eles coletivos, difusos ou individuais. Como exemplos: 1) a negociação direta entre um grupo comprador e um vendedor de um estabelecimento comercial; e 2) a negociação de um consumidor com um fornecedor de serviços.

✓ **Negociação multipolos:** Nela, há mais de dois polos na negociação, sejam eles coletivos, difusos ou individuais. Por exemplo: uma negociação de compra e venda de um imóvel, em que estão presentes o comprador, o vendedor, o corretor, o cartório e o banco financiador.

✓ **Negociação coletiva:** Identifica-se pela existência de um ou mais grupos de sujeitos participantes de um dos polos da negociação, podendo ser coletiva simples ou multipolos. Exemplos são as negociações de um sindicato com determinada indústria pela redução de jornada de trabalho; ou do Poder Público com um grupo social para a desocupação de uma área invadida.

6. PARTES NA MEDIAÇÃO

6.1. Amplitude do conceito de "partes" na mediação

Dificilmente teremos uma mediação que envolva apenas dois sujeitos, pois são partes na mediação todos os sujeitos envolvidos no conflito (qualquer um que exerça influências ou tenha sido capturado pelo conflito, mesmo que não sejam partes processuais) e todos os envolvidos no processo para a sua gestão, como: o mediador, os observadores, os advogados, os julgadores, os fiscais da lei etc. Podem também ser partes todos os demais sujeitos que sejam imprescindíveis e estratégicos à adesão e gestão do conflito, variando em número conforme o caso concreto e a metodologia utilizada, com vistas à funcionalidade comunicativa e relacional – num olhar sistêmico às *mudanças de segunda ordem*.

A externalidade do mediador, como terceiro, se dará em relação ao conflito mediado. Pelo olhar sistêmico, *o mediador nunca será considerado terceiro em relação ao processo para a gestão do conflito, do qual sempre será considerado parte.* Situação que traz uma série de efeitos quanto a natural ausência de neutralidade do mediador e a necessidade de instrumentos para garantia de sua isenção e equidistância, durante todo o processo – questão que demandaria todo um capítulo.

Sara Cobb, no curso de aperfeiçoamento para mediadores na Argentina (2011), descreveu o mediador como *multiparcial*, ora por voltar o seu foco de atenção e comunicação a uma parte, ora a outra. Do que discordamos, porque a comunicação não se restringe à verbalização e às técnicas narrativas. Mesmo voltadas a nossa atenção e narrativa a um dos envolvidos, a comunicação tem efeitos nos demais. Entendemos ser o mediador parte no processo de mediação, com todos os efeitos de suas inter-relações com os presentes e ausentes que venham a ser contaminados pelos efeitos multidirecionais da mediação.

As partes virão à mediação após definição estratégica do mediador, já mapeada a ecologia e definida a amplitude do conflito que será trabalhado. A mediação é informal, portanto a ausência de um dos sujeitos envolvidos, conforme a sua relevância, não implicará nulidade, como no processo jurisdicional, mas inviabilização, evasão ou insucesso da mediação.

Exemplificamos com um caso real, por nós atendido, de uma família multicultural encaminhada para mediação – em parceria com a extinta Procuradoria de Assistência Judiciária do Estado de São Paulo. Ele, índio, e ela, nordestina, com dois filhos. Cuidava-se de um divórcio direto que não implicava apenas questões jurídicas e relacionais, mas aspectos relevantes culturais e legais especiais. Pelas leis de proteção ao índio, o divórcio extinguia o vínculo do casamento, tornando necessária a saída imediata da mulher da tribo, já que ela não pertenceria mais àquela comunidade. Outro problema relevante era a maioridade dos filhos do casal: pela cultura indígena em questão, a maioridade dava-se aos 12 anos de idade ou pelo casamento. Em suma, pendiam aspectos relevantes quanto à residência da divorcianda, os efeitos da maioridade indígena dos filhos, decisões quanto à adesão dos filhos àquela cultura indígena, a separação de mãe e filhos e a guarda dos filhos. Esse conjunto de problemas produzia, especialmente nos filhos, grandes conflitos interiores, inclusive de aceitação da cultura indígena, pois não queriam deixar a mãe desprotegida.

Um dado relevante permitiu desenvolver aquele processo, que até então não conseguia passar da pré-mediação em separado com os divorciandos. Os encontros conjuntos levaram muitos meses para acontecer e só ocorreram após a estratégia desenhada a partir da entrevista com uma especialista naquela cultura indígena, que, por sua vez, nos esclareceu que, apesar da aparente aculturação, enquanto a chefe da tribo não validasse o processo de mediação, não haveria adesão efetiva. A ausência de validação do processo de mediação pela autoridade tribal impedia a adesão efetiva das partes aos trabalhos e tornava a sua presença apenas formal. Foi então que incluímos a chefe da tribo como parte na mediação – primeiro com um telefonema para esclarecimentos e convite e, depois, a sua efetiva vinda. Só aí o processo de mediação progrediu. Além da chefe da tribo, participaram da mediação os divorciandos, os dois filhos, a sogra, o xamã, além de profissionais das entidades de proteção aos índios e especialistas na temática. Algumas sessões foram realizadas na Instituição, outras em campo, em comediação – eu, mediadora com formação em direito e uma colega, mediadora com formação em serviço social. Além desses, também participaram os advogados, magistrado e membro do Ministério Público, necessários para a formalização do acordo de divórcio, guarda compartilhada, visitas e compromissos alimentares etc. No tocante à condução da mediação, o destaque ficou por conta da possibilidade de os filhos exercitarem livremente o seu chamamento cultural e sua pertença à tribo, já que, finda a mediação, lá ficaram. Recentemente, mais de dez anos depois, pudemos ver um desses filhos como uma das lideranças ativas de sua comunidade.

No exemplo em tela, caso o conflito fosse tratado exclusivamente com a solução judicial do divórcio, mesmo que consensual, estariam presentes no processo, quando muito, os divorciandos e os atores jurídicos necessários à sua consecução – advogados, magistrado e promotor. No caso concreto, além de outros membros da família, a vinda de especialistas, parentes e lideranças daquela cultura eram imprescindíveis para a gestão do conflito de maneira mais ampla e para a adesão e realização funcional da mediação – uma vez que não se cuidava apenas da composição de uma disputa ou dos efeitos jurídicos do conflito, negociada, conciliada ou decidida, mas da funcionalidade relacional, a partir da definição e integração de aspectos também de base cultural.

Retomando o exemplo da mulher com a medida protetiva, que constituiu outro como legitimado extraordinário, por negócio jurídico processual. O objeto da mediação, não é o acordo, mas o trabalho no âmbito do conflito, da relação e da comunicação entre os envolvidos no sistema em conflito, com vistas ao entendimento para o presente e ao futuro. Faltando uma delas, o sistema a ser trabalhado restaria incompleto. Isso vale também para o mandato previsto no artigo 334, parágrafo 10, do CPC/2015.

Por outro lado, reabrindo a questão para um outro enfoque: apesar de maior, capaz, ser o objeto lícito e haver orientação jurídica e técnica com qualidade, há casos concretos em que, esse negócio jurídico processual, pode incidir em contextos em que a Acrasia ocorra.

Acrasia, ou fraqueza da vontade – O sujeito, maior, capaz, representado e informado juridicamente, com dados de realidade, mesmo após o teste de realidade, escolhe, conscientemente, entre duas ou mais opções, pela pior delas, muito verificada em contextos de paixões, ansiedades, adições, incontinências, sendo em curto tempo retomado o conflito. Lembrando que acordo não necessariamente resolve conflito, mesmo colocando fim ao processo.

Pesquiso, desde 2012, a Acrasia nos pactos, na seara das ADRs e, seriamente, tenho considerado que ela encerra hipóteses de invalidade do ato jurídico. Uma discussão mais profunda para outro momento – Vide Zapparolli (2018).

6.2. Partes nas mediações pré-processuais, paraprocessuais e pós-processuais

Em outro diapasão, deve ser ressaltado que as mediações pré-processuais, paraprocessuais e pós-processo, pela experiência, demonstram toda uma dinâmica distinta entre si, inclusive com a presença de partes distintas em cada uma delas. Nas mediações pré-processuais e pós-processo, a regra não é a presença dos advogados, sempre presentes na paraprocessual. Há, em ambas (pré e pós-processo), maior flexibilidade na vinda de outros envolvidos no conflito que não sejam as partes legitimadas a uma ação judicial.

O que constatamos nas mediações paraprocessuais, especialmente com interface em processos criminais, é que, pela natureza de facultatividade da mediação, dificilmente quem não é parte no processo judicial adere à mediação nesses contextos. Isso impõe relevante trabalho de sensibilização à adesão dos demais envolvidos no conflito, mesmo que por via telefônica, equivalendo esses contatos telefônicos a uma sessão de pré-mediação, tanto em tempo como em profundidade.

6.3. Partes na mediação comunitária

Na *mediação comunitária*, por sua vez, para cada ecologia (considerando cultura, códigos culturais, geografia, antecedentes históricos etc.) uma metodologia se desenha a partir da composição da presença de partes com diferentes perfis, em maior ou menor número.

Como exemplo, trazemos aqui alguns modelos de mediação comunitária:

1. o *modelo de Zwelethemba (África do Sul)*, num formato grupal, próprio daquela cultura tribal, agrega toda a comunidade como parte da mediação, sendo realizada por agentes comunitários fixos em comediação;
2. o que não ocorre (até quando pesquisamos) na mediação técnico-comunitária do *Programa Mediação de Conflitos do Governo de Minas Gerais*, executada por técnicos com a rotatividade dos mediadores, por aspectos de Segurança Pública;
3. o modelo de mediação técnico-comunitária do *Programa Serra do Mar* é executado, em pré-ocupação, por técnicos fixos com formação interdisciplinar; e em pós-ocupação, por técnicos ou agentes comunitários fixos, conforme a temática e a necessidade do conflito posto;
4. a mediação comunitária do *Programa Justiça Comunitária do Tribunal de Justiça do Distrito Federal e Territórios* tem seu modelo executado por agentes comunitários em comediação, com supervisão por técnicos psicossociais e, muitas vezes, traz às sessões pessoas indicadas pelos mediados para integrarem o processo à sua consecução.

6.4. Partes na mediação em contextos de violência e crime

Os modelos supra-apresentados distam, ainda, da mediação técnica realizada em contextos de violência e de crime. Como exemplo, relembramos do *Projeto Íntegra – Gênero e Família* de nossa autoria e que, pela natureza e foco de intervenção, impõe a presença de profissionais especializados na temática, atuando em interdisciplina, partes na mediação.

A mediação pela metodologia do *Projeto Íntegra* age em contextos de violência e de crime, não no momento de sua conflagração.

Nos contextos de violências e do crime, a mediação, normalmente muito mais longa, enfrenta contextos envoltos por fatores de risco (drogadição, psiquiatria etc.) e, inclusive, situações de incapacidade absoluta e relativa do mediado, como a sua escuta. Para tanto, essa mediação trabalha toda uma rede de apoio familiar, social e pública, o que implica a ampliação das partes da mediação, com o chamado de outros atores, de diversas searas, imprescindíveis à sua consecução. Esses atores devem ser considerados partes relevantes na mediação. Num processo judicial, vale anotar, esses atores não seriam considerados partes, mas auxiliares da Justiça ou sujeitos que recebem encaminhamentos, por ordem judicial ou parcerias.

Nesse agregar de partes muitas vezes há o diálogo intersistêmico entre distintos atores, e que, muitas vezes, se organizam e têm códigos, olhares e éticas, distintas e opostas. Esses aspectos devem ser considerados em sua funcionalidade sistêmica própria, o que implica negociações paralelas para se gerar a efetividade no diálogo intersistêmico. Explicamos: para a Saúde as internações ao tratamento de adições devem ser voluntárias; para o Direito, não. Havendo comprometimento relevante da capacidade para os atos da vida civil, permanentes ou provisórios, são possíveis a interdição e a internação compulsória. Essa controvérsia gera uma gama infindável de conflitos a serem administrados, em paralelo aos atendimentos de mediação em sala.

A metodologia do Projeto Íntegra também é distinta do modelo de mediação desenvolvido pelas equipes originárias no Instituto *Familiae* (Mediativa) que adaptou os grupos reflexivos propostos por Tom Andersen para a mediação técnica interdisciplinar familiar, em que um grupo de observadores interage com o mediador e os mediados durante as sessões, trazendo *feedbacks*.

7. PARTES NA MEDIAÇÃO E A VISÃO DE SISTEMA

Como já reiteradamente tratamos em outras obras e cursos, há nos conflitos uma tendência à culpabilização pelos envolvidos ou por quem intervém nesses contextos. Entretanto, se entendermos as implicações da temática "construção da realidade", aspectos como "verdade" ou "mentira", "culpa" ou "inocência" não sobreviverão a um mínimo distanciamento do epicentro do conflito, pois os envolvidos procuram a validação de suas versões e suas ações como as únicas possíveis ou as mais pertinentes a uma dada solução.

Enfim, é natural que os sujeitos ajam como se houvesse fatos e episódios aleatórios absolutamente estranhos a eles e para o qual não tenham contribuído. Situação que fica ainda mais eloquente nas relações continuadas, como se a emergência de um fato em nada se relacionasse com anos de convivência em comum.

É imprescindível considerar que cada um dos sujeitos envolvidos em conflitos "constrói mundos" segundo uma lógica particular posicionada num dado contexto. Lógica que decorre do que cada um é e experimentou até então, numa relação dialógica com o mundo e demais sujeitos com quem interage.

Portanto, tais "mundos construídos" não são aleatórios; os sujeitos são responsáveis por sua edificação e por sua manutenção e acabam por sofrer também os efeitos dessa criatura criadora.

Cada relação será desenvolvida numa dada dinâmica coconstruída por esses sujeitos que tendem a reproduzi-la, conflito a conflito, em determinado padrão que também edifica mundos e os mantém.

A compreensão desses aspectos é imprescindível para a administração do conflito, porque possibilita aos envolvidos compreender que eles não são *o conflito*, mas sim responsáveis por sua construção e manutenção, assim como pela resolução objetiva dos aspectos dele decorrentes, além de proporcionar o entendimento dos efeitos de ações e omissões em todo o sistema ao qual pertencem.

Na visão sistêmica, tem-se a percepção do mundo como *um todo integrado*, e não o somatório de partes que o compõem. A noção de pertença e conexidade do objeto de conhecimento com o todo requereu a expansão dos valores egocêntricos, até então vigentes. Assim, a compreensão de um fenômeno implica observar o contexto maior e as inter-relações estabelecidas, levando em conta também o ambiente.

De acordo com essa visão, as propriedades essenciais de um organismo ou sistema vivo surgem das interações e relações entre as partes. Essas propriedades são destruídas quando o sistema é dissecado, física ou teoricamente, em elementos isolados. Embora possamos discernir partes individuais em qualquer sistema, a natureza do todo é sempre diferente da mera soma de suas partes.

A mediação é instrumento voltado essencialmente às relações continuadas; em seu processamento a dinâmica de funcionamento das inter-relações deve ser preservada ao máximo, para que seja trabalhada a funcionalidade sistêmica, que se perderia ao se focalizar em parte dos envolvidos.

8. PARTES DA FACILITAÇÃO ASSISTIDA

Falaremos um pouco mais detidamente da facilitação assistida, já que a doutrina a respeito é muito escassa.

A facilitação assistida é um processo técnico para a articulação de diversos instrumentais e de redes, visando à solução de problemas e demandas específicas no campo macro (não no interpessoal): coletivas, difusas ou individuais homogêneas, decorrentes dos conflitos, especialmente os institucionais e sociais, além dos problemas estruturais, originados e que ensejam diferenças e acirram as desigualdades.

Na facilitação assistida, os resultados objetivados são predeterminados em metas estrategicamente predefinidas. Há a parcialidade objetiva do facilitador, um terceiro, a favor do resultado a ser alcançado, o que são elementos indicadores de sua diferença em relação à mediação. A facilitação assistida é um excelente instrumento para trabalhar a implementação de projetos e políticas públicas, no âmbito institucional macro, assim como no comunitário e social.

Nela, há a parcialidade objetiva do facilitador, e isso quer dizer que o facilitador atua para atingir um objetivo determinado e, portanto, ele está interessado no resultado que deverá favorecer certo grupo, comunidade e até a sociedade como um todo. Sua ação se dá para a solução de problemas e demandas, pelo sentimento ou efetiva escassez de bens materiais ou imateriais ou exigência excessiva de encargos, além de problemas alocativos específicos, como no transporte urbano, na habitação, no meio ambiente, na educação, na saúde pública etc.

Trazemos como exemplo de uma facilitação assistida aquela realizada pelo Programa Justiça Comunitária, do Tribunal de Justiça do DF e Territórios que experimentou a prática interessantíssima e que, apesar de denominarem mediação, entendemos tratar de facilitação assistida, visando a resolver o problema da falta de gratuidade no transporte dos acompanhantes de deficientes em Goiás, alguns deles com autismo.

A questão ficava ainda mais grave no transporte diário porque a escola especializada, mais próxima, localizava-se no Distrito Federal. Tratava-se de transporte interestadual. Então, não havia previsão legal da gratuidade ao acompanhante. Os ônibus não eram adaptados para deficientes, a carência na região era muito grande, não havia escolas nem hospitais apropriados para atendimento dessa população no município de sua residência.

Muitos desses portadores de necessidades especiais não tinham traços físicos de deficiência, o que gerava disputas no uso dos espaços reservados, inclusive com os demais beneficiados: idosos, gestantes e outros, que não os reconheciam como beneficiários do uso desses espaços.

Além da questão objetiva da gratuidade e da adaptação dos veículos, a facilitação assistida trabalhou com aspectos relacionais, pela forma do trato, questões contratuais e legais, luto, geração de renda etc.

Esses jovens especiais só ficam na escola 3 horas por dia em virtude dos limitadores da doença. Enfim, as mães também não conseguiam espaços para si ou para uma vida pessoal, o que gerava para muitas uma sobrecarga psicológica, além do adoecimento de algumas pelo luto em razão da situação de deficiência dos filhos.

A facilitação assistida, executada por parte dos agentes comunitários e técnicos do Programa, em conjunto, cada qual atuando especificamente em uma etapa do processo, conforme suas atribuições predefinidas na facilitação assistida: mediação;

negociação; terapia comunitária; "animação de redes"; geração de renda etc. Além de serem trazidos atores específicos para supervisão de caso, alteração de normas e contratos, obtenção de recursos etc.

Organizou-se um plano estratégico, com etapas, metas, cronogramas, articulação de redes, visando ao desenvolvimento do processo de facilitação assistida e da consecução de seu objetivo: o transporte digno e funcional a essa população e gratuidade para seus acompanhantes, não só para a escola.

Trabalhou-se para a qualidade das negociações entre as empresas de ônibus e delas, com interlocuções com o Ministério do Transporte. Houve encaminhamentos para apuração das questões legais, para alterações de normas e contratados públicos, além das mediações das relações entre as empresas; das empresas e os motoristas; dos motoristas e os fiscais (dado o *stress* pelo tempo de percurso); entre os motoristas e as mães. Também ocorreu o encaminhamento para o desenvolvimento de um novo modelo de identificação dos usuários e mães, que não impusesse ao motorista a necessidade de indagar detalhes da situação dos jovens autistas e a relação parental. Desenvolveu-se o trabalho de terapia comunitária na escola para as mães, durante o seu tempo de espera dos filhos, e outros programas como o de geração de renda com parcerias público-privadas, "Projeto Bordando a Cidadania".

De início, negociou-se a gratuidade aos acompanhantes, até a mudança da lei e dos contratos, com o uso da credencial do Distrito Federal. Em mediação, trabalhou-se a escuta dos atores envolvidos em suas inter-relações, o que de imediato possibilitou espaços de respeitabilidade e entendimento entre os envolvidos, além da identificação da necessidade de alterações que deveriam ser estudadas, como o formato da carteira de identificação, das normas e dos contratos. E também a elaboração de instrumentos de comunicação e informação à população a respeito de questões de acessibilidade e trato com deficientes.

Em seguida, passou-se à etapa de implementação das demais fases e ações, conforme o plano estratégico desenhado.

Como se constata no caso narrado *supra*, a facilitação assistida é, geralmente, multi-instrumental e multipolos.

Apenas para um melhor entendimento, porque muito carente a doutrina, traremos as etapas da facilitação assistida, segundo o nosso olhar:

- ✓ *Mapeamento:* serão obtidas, previamente, informações detalhadas do contexto: dados gerais, legais, funcionamento dos sistemas e subsistemas em que haverá a atuação, os envolvidos etc.;
- ✓ *Identificação de interesses, objetivos e metas:* serão localizados, previamente, os interesses dos envolvidos e de seus representantes, bem

como definidos os objetivos e metas a serem alçados pela facilitação assistida (a curto, médio e longo prazo);

- ✓ *Estratégia geral:* sempre focalizada a facilitação em determinado objetivo estabelecido já no início dos trabalhos, será desenhada estratégia de trabalho geral, com a fixação de metas, agendas, forma de execução, opções e planos alternativos. Haverá a definição da equipe de trabalho e suas atribuições precisas, a identificação da rede e a formação de uma estratégica que será acionada durante a facilitação assistida;
- ✓ *Etapas de trabalho:* na estratégia geral, serão estabelecidas as etapas de trabalho e os instrumentos que deverão ser usados em cada uma delas: *ADRs* (mediação, conciliação, arbitragem, negociação), jurisdição, via legislativa, sensibilizações; administração de conflitos coletivos, comunitários etc.;
- ✓ *Estratégia nas etapas de trabalho:* serão estabelecidas, para cada etapa de trabalho, metas, agendas, forma de execução, opções e planos alternativos. Haverá a definição da equipe de trabalho e suas atribuições precisas, a identificação da rede e a formação de uma estratégia que será acionada durante em cada uma das etapas, sempre focalizando o alcance de determinada meta;
- ✓ *Planos alternativos:* como haverá um conhecimento profundo do contexto, novas alternativas podem ser trabalhadas durante o processo, pois já vislumbradas como possibilidades, em planos alternativos;
- ✓ *Ao ser atingido o objetivo*, deve ser recapitulado, passo a passo, o processo de facilitação assistida com todos os envolvidos, identificando-se as vantagens alcançadas e seus efeitos sociais.

Pelo amplo espectro de atuação da facilitação assistida, que envolve todas as *ADRs*, a jurisdição, ações e processos em diversas esferas, como a legislativa, a gama de atores presentes se abre sobremaneira. Todos esses atores presentes na facilitação devem ser considerados partes dela.

9. PARTES NA PREVENÇÃO E GESTÃO DE CRISES NOS SISTEMAS

Fazem parte do processo de gestão e prevenção de crises todos os sujeitos participantes do sistema e dos sistemas que atuam em interlocução. Assim também quem sofreu direta ou indiretamente os efeitos da crise e aqueles que participarão dos atos de gestão e prevenção da crise.

O gestor da crise deve trabalhar com autonomia, distanciado da burocracia regular do sistema e ligado diretamente aos canais decisórios institucionais, fazendo a interlocução com as equipes de campo e sujeitos que sofreram os efeitos diretos da crise, para se gerarem resultados rápidos e efetivos em consonância com o que o sistema pode efetivamente realizar.

Como porta-voz único e oficial, o gestor da crise será um negociador treinado em situações de urgência e escolhido para a administração de determinado momento crítico e que centralizará o processo de gestão, em todos os seus âmbitos. Viabilizará a interface decisória institucional; as interlocuções com o público-alvo, com os serviços da rede de apoio, com as equipes técnicas de campo e com a equipe de gestão de crises que dará apoio executivo; encaminhará as demandas presentes, viabilizará as negociações necessárias, além de controlar as devolutivas, em *follow-up*.

Ele deve ter como bússola os protocolos e planos de ação, sem perder a maleabilidade à plasticidade das situações de crise. O método de trabalho deve ter especial atenção. As técnicas de gestão de crise, muitas vezes, pecam pelo enrijecimento na forma dos protocolos gerais e planos concretos de ação, imprescindíveis, mas que não devem fazer com que o gestor se distancie dos movimentos naturais de todos os sistemas, que tendem à auto-organização.

Equipe de gestão da crise

- ✓ Representante do gestor da instituição;
- ✓ Consultores especializados em gestão de crises;
- ✓ Diretores, gestores e técnicos das áreas inter-relacionadas com a crise;
- ✓ Assessoria de imprensa;
- ✓ Advogado da instituição que deve estar envolvido em todo o processo para avaliação das implicações jurídicas.

A equipe de prevenção de crises é um comitê para avaliar as crises nos sistemas já ocorridas, planejar futuras ações, visando a evitar a sua reincidência pelos mesmos aspectos; avaliar os pontos críticos presentes no sistema institucional e em suas interlocuções, em caráter preventivo, deve ser criado.

O comitê avaliador de crises nos sistemas deve ser multidisciplinar, multissetorial e ter autonomia de trabalho. Deve manter interlocução para a funcionalidade comunicativa com a instituição e suas interfaces, sempre se remetendo às diretorias para que suas ações não colidam com os interesses institucionais.

A instituição deve promover habitualmente treinamentos para diretores, executivos, gestores e equipes de trabalho sobre temas estratégicos. Deve também divulgar informações de interesse institucional, interna e externamente, e também deve uniformizar as informações e os discursos institucionais.

O comitê avaliador de crises, por fim, deve manter atualizada a agenda de contatos dos membros da instituição, interlocutores e das redes de apoio.

10. INDO ALÉM DAS PARTES

Para finalizar, devemos ter em mente que a mediação, a negociação, a conciliação na esfera privada, a facilitação assistida e a gestão de crise nos sistemas, em regra, *não instrumentais formais*, como o são a jurisdição, a arbitragem e a conciliação judicial, com maior flexibilidade quando da participação de 3º conciliador. Esses instrumentos não se destinam exclusivamente a dirimir controvérsias entre seres humanos, podendo envolver entes abstratos formalizados, com personalidade jurídica, personalidade judiciária e todas as suas burocracias e interação intersistêmica, assim também os entes não formalizados, como é o caso dos grupos sociais não formais, com toda uma dinâmica específica de funcionamento.

Não é difícil compreender que um ser humano que represente uma pessoa jurídica, um grupo social ou mesmo outra pessoa física tenha seus sentimentos e interesses próprios, e que esses interesses possam conflitar com os interesses dos representados. A prevalência dos interesses e sentimentos do representante pode prejudicar e inviabilizar o processo de gestão de conflitos, levá-lo a caminhos insubsistentes ou insustentáveis, o que toma relevo em sujeitos e espaços em que a formalidade não é a tônica, como nos grupos sociais informais.

Os entes não humanos têm suas subjetividades próprias, com interesses distintos do conjunto de seus componentes e de seus representantes. Os entes não humanos, com suas subjetividades próprias, constituem-se como sistemas vivos, autônomos e mutáveis, distintos também do somatório dos interesses dos sujeitos que o compõem. Assim, o gestor de conflitos deve ficar atento aos aspectos de dominação e burocracia presentes – na acepção webberiana.

Além da influência das emoções e interesses pessoais dos representantes, outros fatores são relevantes e devem ser considerados na gestão de conflitos (disputas ou problemas). Um deles é o aspecto do exercício de poderes que se torna ainda mais delicado nos entes não humanos, pelas tensões e pressões de facções internas que podem produzir distorções no processo de gestão de conflitos (disputas ou problemas). Muitos interesses dominantes, apesar de legítimos e legitimados, podem distanciar o gestor de conflitos dos reais interesses dos representados.

Esse aspecto toma vulto especialmente nos grupos sociais, em que não há uma representação formal prevista em contrato ou na lei e que propicie espaços e obrigações/deveres de *accountability* (prestação de contas), como ocorre nas pessoas jurídicas, espólios, massas falidas etc., e que garantem, minimamente, visibilidade das ações e os interesses do representado enquanto sujeito autônomo.

O problema não é menos árduo nas hipóteses de interesses difusos, quase sempre presumidos. Como são identificados ou definidos os reais interesses difusos? Nesse campo, é possível ultrapassar o nível das posições?

A partir da sistematização de Harvard, entende-se por *posição* as coisas que o sujeito manifesta querer ou não querer, suas exigências, os termos e condições por ele impostos, além das coisas que ele diz que fará ou não fará.

A "posição" denota os contornos da disputa que é a porção mais aparente do conflito. Normalmente, a posição expressa rigidez, inflexibilidade e impermeabilidade, sendo alicerçada em aspectos ideológicos, crenças e sentimentos da parte. Fixa-se em ideias de compromisso, julgamento, restrição e discussão, o que dificulta a administração dos problemas concretos decorrentes do conflito, porque impede a abertura para novas possibilidades e o exercício da criatividade.

O "interesse", a partir da identificação das reais necessidades, aspirações, motivações, preocupações, temores e desejos dos envolvidos em situações conflitivas, indica o que efetivamente é relevante para a parte. O "interesse", ao ser alcançado, facilita o rompimento das barreiras de rigidez, inflexibilidade e impermeabilidade, viabilizando o exercício da criatividade, a redefinição das narrativas, a abertura para novas possibilidades, além de demonstrar os pontos relevantes e comuns à redução das diferenças para a obtenção de um acordo.

Para se trabalhar nesses contextos, há uma dinâmica própria. Nos processos de gestão de conflitos (disputas ou problemas), é imperativo levar em conta as subjetividades das partes e, dentro do possível, mapear os movimentos das inter-relações entre partes, entre partes e representantes e internas das partes e seus componentes, identificando-se os reais interesses envolvidos, diferenciando-se os interesses das partes, representantes e componentes que, muitas vezes, são antagônicos e se misturam, levando o gestor de conflitos (disputas ou problemas) a confusões.

Há recursos técnicos mínimos que podem auxiliar nesse tocante:

1. mapeamento da ecologia, do conflito, dos envolvidos no conflito, suas inter-relações, as inter-relações entre componentes de cada sujeito e dele, sujeito, com seus representantes;
2. reuniões e audiências públicas, realizadas com técnicas de escuta ativa e negociação coletiva, com os desmembramentos em subgrupos necessários para garantia da escuta ativa;
3. reuniões individuais com os representados e o representante. Todavia, tratando-se de um processo que envolva coletividades, muitas vezes o grupo de representados é imenso, o que inviabilizaria tais encontros, pois a quantidade de sujeitos presentes nessas reuniões poderia levar ao exercício de poderes;

4. instrumentos pactuados de prestação de contas;
5. informações acessíveis a todos;
6. publicidade dos atos dos representantes;
7. comitês de acompanhamento dos representantes;
8. sistemas de escuta em *feedback* (a comunicação e as relações são co-construídas de maneira multidirecional e processam-se numa relação dialógica entre os envolvidos, de idas e vindas simultâneas, trazendo dados de resultado para novas dimensões construtivas, possibilitando o redimensionamento das ações propostas e em curso, para outras possíveis e mais funcionais, de forma planejada, não improvisada. Para isso o exercício da escuta ativa e a disponibilidade de adaptação são imprescindíveis);
9. sistemas de *follow-up* (instrumentos de monitoramento para as devolutivas, monitoradas e planejadas).

O tema "partes" demanda aprofundamento, ainda mais com os aspectos relativos a poder, conflito de interesses, acrasia, mandato e legitimação extraordinária. Há muito a refletir e tratar. Que esse trabalho seja um início suficiente para uma abordagem não exaustiva e ensaística sobre o tema.

REFERÊNCIAS BIBLIOGRÁFICAS

ANDERSEN, T. *Processos reflexivos*. Tradução Rosa Maria Bergalo (2002). Rio de Janeiro: Instituto NOOS: ITF, 1991.

BATESON, G. *Mente e natureza:* a unidade necessária. Rio de Janeiro: Francisco Alves, 1986.

BETTARLAFFY, L. F. *Teoría general de los sistemas*. Madrid: Fondo de Cultura Econômica, 1993.

BRASIL, Ministério da Justiça. Justiça comunitária: uma experiência (2008). Disponível em: <http://www.tjdft.jus.br/trib/prog/just/prog_jcomun.asp>.

CALABRESI, G.; BOBBITT, P. *Tragic Choices*. EUA: Norton, 1993.

CAPPANARI, S. Equipe reflexiva – Uma prática transdisciplinar possível... *Educação Transdisciplinar III*. São Paulo: Triom, 2005.

CAPRA, F. *A teia da vida*. Uma nova compreensão dos sistemas vivos. São Paulo: Cultrix, 1996.

CARTWRIGHT, J. *Modelo de Zwelethemba*. Evento para debate sobre metodologias de mediação comunitária: SENASP/MJ. Brasília: PNUD-ONU, 2005.

DIDIER JR., F. *Fonte normativa da legitimação extraordinária no novo Código de Processo Civil: a legitimação extraordinária de origem negocial.* Disponível em: <http://www.frediedidier.com.br/artigos/fonte-normativada-legitimacao-extraordinaria-no-novo-codigo-de-processo-civil-alegitimacao-extraordinaria-de-origem-negocial/>. Acesso em: 26 set. 2018.

FISHER, R.; URY, W.; PATTON, B. *Como chegar ao sim.* Rio de Janeiro: Imago, 2005.

FREITAS JR., A. R. Legal Norms, Local Norms and Bargaining Procedures in Layoffs: the case of Brazil, 1994.

FREITAS JR., Antônio Rodrigues de. *Layoffs and Local Justice.* Oslo: Institutt for samfunnsforsking. p. 160-173.

FREITAS JR., Antônio Rodrigues de; ZAPPAROLLI, C. R. *Mediação de conflitos:* Justiça pública não judiciária e promoção da cultura da paz. Brasil: Draft version, 2005.

SIX, J. F. *Dinámica de la Mediación.* Barcelona: Paidós, 1997.

WAMBIER, T. A. A. *Nulidades do processo e da sentença.* São Paulo: RT, 1997.

WEBBER, M. *Economía y sociedad.* México: Fondo de Cultura Económica, 1944.

ZAPPAROLLI, C. R. A mediação em políticas públicas de justiça – mediação judicial em contexto de violência, crime de gênero e família. I Congresso Brasileiro de Mediação Judicial. Brasília – TJDFT, 2008. Disponível em: <http://www.tjdft.jus.br/trib/prog/media/prog_media.asp>.

ZAPPAROLLI, C. R. *Curso de mediação técnico-comunitária.* Programa Justiça Comunitária do TJDFT. Realização PNUD/Senasp e SRJ-MJ, 2007.

ZAPPAROLLI, C. R. Estudo de caso debatido no Curso de Mediação Técnico-Comunitária Programa Justiça Comunitária – TJDFT, 2007 (Realização PNUD/SENASP e SRJ-MJ).

ZAPPAROLLI, C. R. Políticas públicas de justiça e a mediação de conflitos intrafamiliares em contextos de crimes processados pelas Leis 9.099/95 e 11.340/2006. In: SALLES, C.A. (Coord.). *Grandes transformações do processo civil brasileiro:* homenagem ao Professor Kazuo Watanabe São Paulo: Quartier Latin, 2009.

ZAPPAROLLI, C. R. *Akrasia in Mediation And In Adhesion to Arbitration Processes.* Japan, Matsumoto: Shin Shu University Review, 2108.

ZAPPAROLLI, C. R; KRAHENBUHL, M.C. *Negociação, mediação, conciliação, facilitação assistida, prevenção, gestão de crise nos sistemas e suas técnicas.* São Paulo: LTr, 2014.

QUESTÕES PARA ORIENTAR A LEITURA E O DEBATE EM SALA DE AULA

1. O que é o conflito? O que o texto quer dizer ao afirmar que "a jurisdição civil age com um determinado corte do espectro mais amplo da totalidade do conflito sociológico"?
2. O critério para escolher um entre outros mecanismos de resolução de conflitos está nas partes ou no conflito em questão? Qual a importância de analisar esses mecanismos pela perspectiva das "partes" envolvidas?
3. Qual a relação (de dependência, de condicionamento, de completa autonomia, de causalidade, de causalidade invertida etc.) pode existir entre o conflito, as partes envolvidas e o método mais adequado para a sua resolução?
4. O que o texto quer dizer com "mudanças de primeira e de segunda ordem"? Têm o mesmo significado que "decisões de primeira e de segunda ordem"? Explique. Qual a relação dessas categorias com os meios de resolução de conflitos?
5. Quais seriam, em tese, as vantagens da mediação perante a jurisdição? E as desvantagens?
6. Em que diferem o papel, a função e os poderes das partes na jurisdição, na arbitragem, na mediação e na negociação?
7. O que é uma "mediação comunitária" e em que difere da mediação comum?
8. O que o texto quer dizer com "tendência à culpabilização dos envolvidos"? Como isso se relaciona com o que ele chama de "construção da realidade"?
9. Por que o texto classifica como informais a mediação, negociação e facilitação assistida, e como formais a jurisdição, a arbitragem e a conciliação judicial? O que define um método como mais ou menos formal que outro?
10. Pensando na Teoria Geral dos Sistemas (BETTARLAFFY, L. F., ob. cit.), em que medida é possível dizer que o mediador, o conciliador, o juiz e o árbitro são imparciais? Ser parte, pela Teoria Geral dos Sistemas, é diferente de ter interesse no resultado da mediação? E é diferente de ser parte no conflito sociológico ou na disputa em gestão, seja mediante adjudicação judicial, arbitragem, mediação ou conciliação? Assista aos filmes *Ponto de mutação*, *Siete años* e a *Dama dourada* para refletir a respeito das questões e as responder.

11. Pensando ainda na Teoria Geral dos Sistemas (BETTARLAFFY, L. F., ob. cit.), analise as Resoluções 02/2015 – Código de Ética da Advocacia, artigo 36, parágrafo 2º, 125 do Conselho Nacional de Justiça e 174 do Conselho Superior da Justiça do Trabalho, à luz do CPC/2015 e da Lei de Mediação/2015. Há diferenças relevantes no tratamento dessas normas em relação ao tema partes e ao regime relativo à confidencialidade dos profissionais envolvidos: advogados, mediadores ou conciliadores?

SUGESTÕES DE MATERIAL COMPLEMENTAR

✓ PONTO DE MUTAÇÃO *Mindwalk*. Direção de B. A. Capra. Estados Unidos, 2000 (130 min).

✓ CHEGANDO AO SIM. Direção de R. Fisher, W. Ury e B. Patto. São Paulo: Siamar. (68 min).

✓ NOSSA MÚSICA (*Notre Musique*). Direção de Jean-Luc Godard. Suíça-França, 2004.

✓ DOZE HOMENS E UMA SENTENÇA (Angry Men). Direção de S. Lunet. Estados Unidos, 1957.

✓ Mediação técnico-comunitária, no âmbito "ambiental--multicultural"– Gabcon TRF3

https://uqr.to/1fv3u

✓Manifesto da "Escola Brasileira de Mediação"

https://uqr.to/1fv3w

✓ COPENHAGEM (peça de teatro). Escrita por M. Frayn. London Premiere, 1998.

✓ A DAMA DOURADA. Conflito, Estilos de enfrentamento, Jurisdição, Arbitragem e Refúgio. Direção: Simon Curtis, USA, 2015.

✓ SIETE AÑOS. Justiça Moral, Ética, Mediação, Instrumentos de Mediação. Direção: Roger Gual. Espanha, 2016. Netflix . Acesso em: 21 jul. 19.

- ✓ DESENHO DE GESTÃO DE CONFLITOS. Projeto Íntegra-Mediação: Crime, Gênero de Família, com 20 anos de existência. Hoje com mais de 50.000 horas de mediação em relações assimétricas de condição sexual, gênero, violência doméstica, família, com núcleo dentro do Poder Judiciário do Estado de São Paulo.

  https://uqr.to/1fv3x

- ✓ Parque Xixová-Japuí e a Comunidade Paranapuã, remetido à mediação, em que participam atores como os Indígenas, os Ministérios Públicos Federal e Estadual, a Fundação Nacional do Índio, a Fundação Florestal, o Governo do Estado de São Paulo, União federal, a Municipalidade de São Vicente, por encaminhamento do CEJUSC – Centro Judiciário de Solução de Conflitos do Tribunal de Justiça do Estado de SP, na cidade de São Vicente, com atuação dos profissionais da RIMI – Rede Internacional de Mediação Interdisciplinar e CAMIE – Câmara de Arbitragem e Mediação Interdisciplinar e Empresarial, com suporte da AASP – Associação dos Advogados de São Paulo das Universidades.

  https://uqr.to/1fv3y

- ✓ Programa Serra do Mar do Governo do Estado de São Paulo.

  https://uqr.to/1fv3z

5

Negociação

Daniela Monteiro Gabbay

1. INTRODUÇÃO: TODOS SOMOS NEGOCIADORES[1]

Estamos negociando o tempo todo. Em casa, na escola, no ambiente de trabalho, com a família, amigos, vizinhos, como consumidores, empregadores ou empregados. Segundo Fish, Ury e Patton, a negociação é um meio básico de conseguir o que se quer de alguém, e seja nos negócios, no governo ou na família, as pessoas chegam à maioria das decisões por meio da negociação[2]. É claro que cada um tem uma forma e perfil para lidar com os conflitos. Há aqueles que preferem evitá-los, ou minimizar os seus efeitos, há os cooperativos, os competitivos, e aqueles que têm o perfil de ponderar os vários lados da questão em busca de uma solução.

---

1 Este artigo é uma republicação adaptada do artigo Negociação. GABBAY, Daniela Monteiro. *Conciliação e Mediação*: Estruturação da Política Judiciária Nacional, Rio de Janeiro: Forense, 2011.

2 FISHER, Roger; URY, William; PATTON, Bruce. Como chegar ao sim: a negociação de acordos sem concessões. Tradução de Vera Ribeiro e Ana Luiza Borges. Rio de Janeiro: Imago, 2005, p. 15.

Não temos um só perfil e uma única forma de lidar com os conflitos aplicável em todos os contextos. Isso depende muito da situação, das pessoas envolvidas e da fase da vida em que estamos[3].

Quando se fala em negociação, muito embora haja uma série de questões até mesmo intuitivas com as quais lidamos, como colocar-se no lugar do outro, ouvir antes de falar, não avaliar os demais apenas a partir de seus próprios valores, permitir que o outro desabafe, tentar prevenir antes de remediar, dentre outras máximas que muitas vezes se incorporam até mesmo em ditados populares, estudar a técnica, seus limites e ferramentas nos ajuda a identificar nosso perfil de solução de conflitos, a qualificar nossas escolhas e a reconhecer o perfil e estilo de negociação utilizado pelo outro lado, em busca de uma melhor composição dos conflitos.

O que não se coloca em dúvida é que é inevitável, na interação com outras pessoas e na rotina de nosso dia a dia, nos deparamos com situações nas quais tenhamos que negociar.

Há uma farta literatura sobre negociação nos EUA[4], e muitos cursos (não apenas de direito) já incorporaram em seu currículo básico disciplinas sobre técnicas e estratégias de negociação. A interdisciplinaridade agrega um valor especial

---

3 Sobre o diagnóstico e análise do comportamento do indivíduo em solução de conflito, vide o Instrumento de Modos de Conflito Thomas-Kilmann (ITK), teste cujos resultados indicam o repertório de capacidades de gestão de conflitos a partir de 5 perfis: colaboração, acomodação, compromisso, competição e desvio. Este teste pode ser adquirido em: <https://www.cpp.com/en-US/Products-and-Services/TKI>, onde podem também ser obtidas maiores informações sobre sua aplicação.

4 Um dos livros mais vendidos sobre negociação é o FISHER, Roger; URY, William; PATTON, Bruce. *Getting to Yes: negotiating agreement without giving in.* United States: Pinguin Books, 1991, traduzido para o português na edição FISHER, Roger; URY, William; PATTON, Bruce. Como chegar ao sim: a negociação de acordos sem concessões. Tradução de Vera Ribeiro e Ana Luiza Borges. Rio de Janeiro: Imago Ed., 2005. Há outros livros que também são referências sobre o tema, como, por exemplo, o MNOOKIN, Robert H.; PEPPET, Scott R.; TULUMELLO, Andrew. Beyond Winning: negotiating to create value in deals and disputes. Cambridge, Massachusetts: The Belknap Press of Harvard University Press, 2000. URY, William. Getting past no: negotiating in difficult situations. New York: Nantam Books, 2007. SUSSKIND, Lawrence. *Quando a maioria não basta:* método de negociação coletiva para a construção de consenso. Rio de Janeiro: FGV, 2008. Todos os manuais sobre meios de solução de conflitos nos EUA têm capítulos iniciais sobre negociação, como, dentre outros, o GOLDBERG, Stephen; SANDER, Frank; ROGERS, Nancy; COLE, Sarah. *Dispute resolution: negotiation, mediation and other processes.* 4th ed, New York: Aspen Publishers, 2003 e MENKEL-MEADOW, Carrie J. LOVE, Lela Porter; SCHNEIDER, Andrea Kupfer; STERNLIGHT, Jean R, *Dispute resolution: beyond the adversarial model.* New York: Aspen Publishers, 2005.

ao assunto, pois soma contribuições e diferentes perspectivas que podem vir do direito, da psicologia, da matemática, da administração, da economia, da sociologia, dentre outras áreas e campos de conhecimento.

O *Program On Negotiation* (PON), desenvolvido na Universidade de Harvard, nos EUA, foi criado em 1983 para promover, de forma interdisciplinar e junto com outras Faculdades (Massachusetts Institute of Technology e Tufts University), um projeto de pesquisa voltado à teoria e à prática da negociação e de outras formas de solução de conflitos. Esse programa desenvolve cursos, seminários, conferências, além da publicação de livros e artigos sobre o tema, sob diferentes perspectivas (comercial, governamental, psicológica, econômica, antropológica, educacional, jurídica). Ao se voltar aos desafios teóricos e práticos, promove uma troca de diferentes visões sobre a negociação, considerada tanto como arte quanto como ciência[5].

Para o estudo dos demais meios consensuais de solução de conflitos (como a conciliação e a mediação), é indispensável conhecer as técnicas e ferramentas de negociação. A diferença básica entre elas é que enquanto a mediação e a conciliação são formas de autocomposição assistidas por um terceiro, a negociação é forma de autocomposição direta entre as partes.

Os meios consensuais de solução de conflitos, por sua vez, distinguem-se dos meios adjudicatórios ou heterocompositivos em face da existência de um terceiro que decide o conflito e impõe a sua decisão às partes envolvidas (exercício de jurisdição).

Enquanto na autocomposição a solução é determinada de acordo com a autonomia de vontade das partes (autocomposição que pode ser direta ou assistida), na heterocomposição a decisão é imposta por terceiro (um juiz ou árbitro, por exemplo). Assim, a negociação é uma forma de autocomposição direta entre as partes, diferentemente da mediação e conciliação, que são formas de autocomposição assistidas por terceiro – o mediador e o conciliador. Esta classificação, entretanto, não dá conta de toda a realidade[6], e há a possibilidade de processos mistos de solução de conflitos[7].

---

5 Mais informações sobre o Programa de Negociação podem ser obtidas no site <http://www.pon.harvard.edu/>.

6 Eventualmente a negociação pode também contar com a figura de um terceiro (negociação assistida), e as distinções mais substanciais recaem sobre a forma de atuação e capacitação deste terceiro, o tipo de conflito e a relação entre as partes, que influem diretamente nos objetivos das técnicas autocompositivas.

7 Carlos Alberto Salles considera que a classificação entre meios autocompositivos e heterocompositivos tem o inconveniente de ser focada na atividade das partes em relação à solução da controvérsia, sem destacar o papel de terceiros, e por isso prefere a classificação entre meios consensuais, adjudicatórios e mistos. De acordo

Tal como a mediação e a conciliação, a negociação também pode trabalhar no âmbito mais profundo dos conflitos e não apenas das disputas, tendo como foco os interesses das partes envolvidas[8].

O objetivo deste artigo é analisar, de forma geral, as principais questões e ferramentas da negociação. Não há um detalhamento do "como fazer", que dependeria também do "aprender fazendo", por meio de simulações e práticas de negociação, nem uma análise aprofundada das técnicas e táticas da negociação, que vão além do escopo deste artigo e estão detalhadamente expostas em livros e manuais sobre a matéria[9]. Este artigo visa, portanto, apresentar questões relevantes para o estudo da negociação, e, além de servir para qualquer pessoa que queira refletir e qualificar suas escolhas e opções em uma mesa de negociação, busca auxiliar as

---

com este autor, para pensar mecanismos institucionalizados, públicos ou privados, de resolução de disputas, o foco não deve estar nas partes, mas nos vários agentes – terceiros – encarregados de propiciar o resultado esperado, levando-se em conta as várias maneiras pelas quais é possível alcançá-lo. O diferencial, portanto, deve estar na maneira como esses terceiros atuam em relação às partes e a seus direitos com a finalidade de eliminação da controvérsia pendente, sem subavaliar a sua atuação. Cf. SALLES, Carlos Alberto de. *Arbitragem em contratos administrativos.* Rio de Janeiro: Forense, 2011. Adotando uma taxonomia dos meios de solução de disputas de acordo com o número de partes, Marc Galanter, por sua vez, adota a seguinte divisão: três partes (adjudicação, arbitragem, mediação, *fact finding*, decisões administrativas, decisões políticas, terapias); formas intermediárias (estaria entre três e duas partes, havendo a figura de um terceiro que assume posição peculiar, como a do ombudsman), duas partes (negociação e *bargaining*), uma parte (resignação, ato de evitar ou finalizar os conflitos, autoajuda), nenhuma parte (falha na apreensão do remédio, violação e demanda). Cf. GALANTER, Marc. Adjudication, Litigation, and related phenomena. In: LIPSON, Leon e WHEELER, Stanton. *Law and the social sciences.* New York: Russel Sage Foundation, 1986, p. 160.

8 Quanto à distinção entre conflito e disputa, vide os debates entre Carnelutti e Calamandrei acerca do conteúdo material do processo, sob a perspectiva do conflito jurídico e do conflito sociológico, do processo integral e processo parcial. Cf. CARNELUTTI, Francesco. Lite e funzione processuale. *Rivista di Diritto Processuale Civile*, 1928, parte prima, p. 28-29, 31, 34; CALAMANDREI, Piero. Il concetto di 'lite' nel pensiero di Francesco Carnelutti. *Rivista di Diritto Processuale Civile*, 1928, parte prima, p. 91-96 e a contribuição de Liebman em LIEBMAN, Enrico Tullio. O despacho saneador e o julgamento do mérito. *Revista dos Tribunais*, vol. 767, ano 88, set/1999, p. 744-745. Esse debate está também exposto no livro GABBAY, Daniela Monteiro. *Pedido e Causa de Pedir*. São Paulo: Saraiva, 2010.

9 Dentre todos, sugerimos como uma guia básico sobre negociação o livro FISHER, Roger; URY, William; PATTON, Bruce. *Getting to Yes: negotiating agreement without giving in.* United States: Pinguin Books, 1991, traduzido para o português na edição FISHER, URY, PATTON, Como chegar ao sim, cit., passim.

partes e seus advogados em suas práticas de negociação[10]. É indispensável que a negociação seja uma pauta introdutória e prévia ao estudo de qualquer método de solução de conflito, além de ter o papel de contribuir a uma necessária mudança da cultura jurídica de litigância para a de pacificação[11].

2. TIPOS DE NEGOCIAÇÃO: ENTRE A FORMA COMPETITIVA E A COLABORATIVA, HÁ UMA TERCEIRA VIA

2.1. Diferentes abordagens de negociação

Há vários tipos de abordagens possíveis na negociação, sendo conhecida a polarização entre a forma mais competitiva (adversarial, também conhecida como *hard ou distributional bargaining*) e a forma mais colaborativa (também conhecida como *soft bargaining* ou *creating value approach*). A primeira delas parte da premissa de que o que um ganha o outro perde e, com a distribuição de valores limitados, cada um visa a garantir para si o maior pedaço do bolo. A forma colaborativa de negociação, por outro lado, foca na relação entre as partes e no esforço conjunto que é necessário para fazer crescer o bolo, criando valor e buscando uma solução mais vantajosa para ambos os lados. O problema desta última é quando apenas um dos lados atua de forma cooperativa, o que o deixa em desvantagem em relação ao negociador competitivo[12].

O **dilema do negociador**, que se baseia no dilema do prisioneiro, trata exatamente dessa questão. De acordo com esse dilema, dois suspeitos de um crime, "A" e "B", são presos pela polícia. A polícia tem provas insuficientes para os condenar, mas, separando os prisioneiros, oferece a ambos o mesmo acordo: se um dos prisioneiros testemunhar contra o outro, delatando-o, e esse outro negar ou permanecer em silêncio, o que confessou sai livre enquanto o cúmplice silencioso cumpre 10 anos de sentença. Se ambos ficarem em silêncio, a polícia só pode

---

10 Para aprofundar esta perspectiva da negociação entre cliente e advogado, vide MNOOKIN, Robert H.; PEPPET, Scott R.; TULUMELLO, Andrew. *Beyond Winning: negotiating to create value in deals and disputes.* Cambridge, Massachusetts: The Belknap Press of Harvard University Press, 2000 e MOURÃO, Alessandra Nascimento S. F. (coord.). *Resolução de Conflitos*: Fundamentos da Negociação para o Ambiente Jurídico. São Paulo: Saraiva, 2014 (Série GV*law*).

11 Sobre uma contraposição entre a cultura da sentença e da pacificação, vide WATANABE, Kazuo. Cultura da sentença e cultura da pacificação. In: YARSHELL, ZANOIDE (Coord.). *Estudos em homenagem à professora Ada Pellegrini Grinover.* São Paulo: DPJ, 2005. p. 684-690.

12 Para mais informações sobre estas diferentes abordagens, vide MENKEL-MEADOW, LOVE, SCHNEIDER, STERNLIGHT, *Dispute resolution*, cit., p. 57-61.

condená-los a 6 meses de cadeia cada um. Se ambos delatarem um ao outro, cada um é condenado a 5 anos de cadeia. A condição é que cada prisioneiro deva fazer a sua escolha sem saber qual decisão o outro vai tomar.

	Prisioneiro "B" nega	**Prisioneiro "B" delata**
Prisioneiro "A" nega	Ambos são condenados a 6 meses	"A" é condenado a 10 anos; "B" sai livre
Prisioneiro "A" delata	"A" sai livre; "B" é condenado a 10 anos	Ambos são condenados a 5 anos

Adaptando esse dilema para o dilema do negociador, sob as mesmas regras, ficaria assim[13]:

	Negociador "B" coopera	**Negociador "B" compete**
Negociador "A" coopera	Resultado BOM para ambos	Resultado ÓTIMO para "B" e PÉSSIMO para "A"
Negociador "A" compete	Resultado ÓTIMO para "A" e PÉSSIMO para "B"	Resultado RUIM para ambos

Nesse caso, seria melhor ao negociador competir se soubesse que o outro iria cooperar, e competir também seria a melhor opção na suspeita de que o outro negociador também fosse competir. Assim, independentemente do que o outro fizesse, o melhor seria competir. O problema é que esse raciocínio se aplica igualmente ao outro negociador, que também irá competir independentemente do que o outro fizer. Ambos então competem, e o resultado acaba sendo pior do que se ambos tivessem cooperado. Isso porque a situação pensada sob uma racionalidade individual leva ao pior resultado para ambos. Esse é o dilema[14]. A efetividade da estratégia depende não apenas dela mesma, mas também da estratégia da outra parte que está negociando.

---

13 Conforme D. Laz and J. Sebenius. *The manager as negotiator: bargaining for cooperation and competitive gain*, p. 29-40 (1986). In MENKEL-MEADOW, LOVE, SCHNEIDER, STERNLIGHT, *Dispute resolution*, cit., p. 118-120.

14 Cf. AXELROD, Robert. *The evolution of Cooperation*, p. 3-22 (1984). In MENKEL-MEADOW, LOVE, SCHNEIDER, STERNLIGHT, *Dispute resolution*, cit., p. 110-116.

Sugere-se que os leitores desse artigo realizem o teste do dilema do prisioneiro aplicado à negociação (com duração de aproximadamente 30 minutos) disponível no website: http://ncase.me/trust/

E como ser colaborativo sem correr o risco de ser explorado ou passado para trás por uma abordagem negocial competitiva da outra parte? Uma terceira forma de abordagem da negociação, que busca lidar de forma diferente com esse risco, é a da negociação baseada em princípios (*problem-solving*), que se distingue dos modelos de negociação acima para decidir as questões a partir de seus méritos. Fundamenta-se nos interesses subjacentes das partes que motivam suas posições, buscando ganhos mútuos por meio da exploração das diferenças e não vendo a negociação como um jogo de soma zero.

Essa diferença entre modelos de negociação é revelada pelos célebres exemplos da divisão do bolo e da fruta. O modelo distributivo é exposto quando na divisão do bolo entre os dois filhos, o pai diz: um corta e o outro escolhe a primeira fatia. As partes precisam nesse caso distribuir os ganhos e perdas, tendendo a buscar um meio-termo.

O modelo de negociação baseado em princípios, por outro lado, é exemplificado quando duas pessoas estão brigando pela mesma fruta, mas enquanto uma quer a casca para fazer um bolo, a outra quer o interior da fruta para fazer um suco. Nesse caso, se a fruta fosse dividida em duas partes, as duas pessoas perderiam, mas se fossem levados em conta os seus interesses, ambas poderiam sair totalmente satisfeitas.

2.2. O modelo de negociação baseada em princípios

Esse modelo foi bastante estudado no Programa de Negociação de Harvard (PON), no qual Roger Fisher e Willian Ury foram os precursores em sugerir uma via alternativa à polarização entre a *hard* e a *soft positional bargaining*. Trata-se da negociação baseada em princípios, que gerou em 1981 o livro Como chegar ao sim: a negociação de acordos sem concessões, a partir de método que possui quatro princípios gerais, a seguir descritos por Fisher, Ury e Patton:

I. (PESSOA) SEPARAR AS PESSOAS DO PROBLEMA

Os participantes devem perceber-se como trabalhando lado a lado, atacando o problema e não uns aos outros. Os negociadores são pessoas, seres humanos com emoções, valores e diferentes pontos de vista. São imprevisíveis e esse aspecto humano da negociação pode ser útil ou desastroso. Esse princípio ensina que lidar com um problema substancial e manter uma boa relação de trabalho não precisam ser metas conflitantes, caso as partes estejam empenhadas para tratar de cada um desses objetivos separadamente, segundo os méritos do problema.

II. (INTERESSES) FOCALIZAR NOS INTERESSES EM JOGO, NÃO NA POSIÇÃO DAS PARTES

A posição na negociação frequentemente obscurece o que realmente se quer. Por trás das posições opostas há interesses comuns e compatíveis, assim como interesses conflitantes. Nem sempre as partes buscam as mesmas coisas e tem os mesmos interesses. Tanto o que é diferente quanto o que é comum e complementar servem como base para se chegar a um acordo. Para se chegar aos interesses, que nem sempre estão explícitos, uma técnica básica consiste em se colocar no lugar do outro e pensar em sua escolha (pergunte "por que?"; "por que não?") para reconhecer os interesses do outro como parte do problema, olhando para frente (futuro), e não somente para trás (passado).

III. (OPÇÕES) INVENTAR OPÇÕES DE GANHO MÚTUO

Deve-se reservar um tempo na negociação para pensar em uma vasta gama de soluções possíveis que promovam os interesses comuns e conciliem criativamente os interesses divergentes. Para inventar opções criativas (*brainstorming*), é preciso: (i) separar o ato de inventar opções do ato de julgá-las; (ii) ampliar as opções sobre a mesa, em vez de buscar uma resposta única; (iii) buscar benefícios mútuos; (iv) inventar meios de facilitar as decisões dos outros.

IV. (CRITÉRIOS) INSISTIR EM CRITÉRIOS OBJETIVOS

A negociação deve se pautar em um debate sobre algum padrão razoável e em critérios objetivos, independentemente da vontade pura e simples de qualquer das partes, como o valor de mercado, a opinião especializada, os costumes, a lei, a eficiência, os custos, o precedente de um Tribunal, dentre outros. Em termos mínimos, os critérios objetivos precisam independer da vontade de qualquer dos lados[15].

No quadro a seguir, esses quatro princípios estão destacados, em comparação com as outras formas de negociação de conflitos:

---

15 Todos estes princípios gerais do método de negociação estão detalhadamente descritos em FISHER, URY, PATTON, *Como chegar ao sim*, cit., p. 35-113. Sobre a negociação baseada em princípios, vide também Carrie Menkel Meadow. Toward another view of legal negotiation: the structure of problem solving. *Ucla Law Review*, vol. 34, 1984, p. 754-801.

Quadro sobre tipos / abordagens de negociação[16]

Problema **Barganha posicional: que estilo você adotaria?**		**Solução** **Mude o jogo: negocie sobre os méritos**
Negociação Colaborativa **(*soft bargaining*)**	**Negociação Competitiva** **(*hard bargaining*)**	**Negociação baseada em princípios**
Os participantes são amigos	Os participantes são adversários	Os participantes são solucionadores de problemas
A meta é o acordo	A meta é a vitória	A meta é um resultado sensato, atingido de maneira eficiente e amigável
Faça concessões para cultivar o relacionamento	Exija concessões como condição do relacionamento	**Separe as pessoas do problema**
Seja afável (*soft*) com as pessoas e com o problema	Seja áspero (*hard*) com o problema e com as pessoas	Seja afável (*soft*) com as pessoas e áspero (*hard*) com o problema
Confie nos outros	Desconfie dos outros	Proceda independentemente da confiança
Mude facilmente de posição	Aferre-se a sua posição	**Concentre-se nos interesses, e não nas posições**
Faça ofertas	Faça ameaças	Explore os interesses
Revele seu piso mínimo	Iluda quanto a seu piso mínimo	Evite ter um piso mínimo
Aceite perdas unilaterais para chegar a um acordo	Exija vantagens unilaterais como preço do acordo	**Invente opções de benefícios mútuos**
Busque apenas uma resposta: a que eles aceitarão	Busque apenas uma resposta: a que você aceitará	Desenvolva opções múltiplas dentre as quais escolher; decida depois.
Insista no acordo	Insista em sua posição	**Insista em critérios objetivos**
Tente evitar as disputas de vontades	Tente vencer as disputas de vontades	Tente chegar a um resultado baseado em padrões independentes da vontade
Ceda à pressão	Exerça pressão	Raciocine e permaneça aberto à razão; ceda aos princípios e não a pressões.

16 Cf. FISHER, URY, PATTON, *Como chegar ao sim*, cit., p. 30.

Esses quatro princípios acima consideram os sete elementos básicos da negociação: interesses, opções, critério de legitimidade (para a escolha de opções adequadas), alternativas, compromisso, relacionamento e comunicação.[17]

3. NECESSIDADE DE IR ALÉM DO PREÇO E DA BARGANHA NA NEGOCIAÇÃO

Segundo o modelo distributivo ou competitivo de negociação, cada parte vai à mesa de negociação tendo um limite máximo até o qual aceitaria negociar. Trata-se de um limite para a barganha entre as partes (*reservation point)*. No caso do vendedor de um imóvel, por exemplo, trata-se do preço mínimo que aceitaria pelo mesmo, enquanto no caso do comprador, do preço máximo que pagaria pelo imóvel. Entre esses dois valores, não necessariamente revelado pelas partes, está a zona de barganha da negociação. Se o preço mínimo que o vendedor aceitaria é maior do que o preço máximo que o comprador pagaria, não há zona de barganha em que a negociação é possível. Trabalhando apenas com esses limites, muitas vezes se chega a um dilema na negociação, pois a partir de determinado ponto ou valor, nenhuma das partes se movimenta para a composição do conflito[18].

O BATNA (*Best Alternative to a Negotiated Agreement*) traduzido para o português como MAANA (Melhor Alternativa à Negociação de um Acordo) também é uma garantia de que a parte não aceitará um acordo que a coloque em situação pior do que poderia estar caso buscasse outras alternativas, protegendo-a em relação aos maus acordos ou mesmo em relação ao desnível de poder com a outra parte. O BATNA vai além do estabelecimento de valores, é mais do que um limite de barganha (*reservation point*), pois implica pensar alternativas concretas ao acordo. Segundo Fisher, Ury e Patton, que criaram o BATNA, em resposta ao poder da outra parte, o máximo que qualquer método de negociação pode fazer é atender a dois objetivos: primeiro, protegê-lo de fazer um acordo que você deveria rejeitar, e, segundo, ajudá-lo a extrair o máximo dos recursos de que efetivamente dispõe, para que qualquer acordo obtido satisfaça seus interesses tanto quanto possível.[19]

Segundo estes mesmos autores, há um ônus muito grande em usar um piso mínimo na negociação (na maior parte das vezes representada por um valor monetário) pois, embora possa protegê-lo de aceitar um acordo muito insatisfatório,

---

17 Para um aprofundamento sobre os sete elementos, vide FISHER, R. and ERTEL, D. *Getting Ready To Negotiate: the getting to yes workbook*, EUA: Penguin, 1995, p. 19-106.

18 Sobre esta zona de barganha, vide Russel Korobkin. A positive theory of legal Negotiation. *George Law Journal*, vol 88, 2000, p. 1789-1817. In MENKEL-MEADOW, LOVE, SCHNEIDER, STERNLIGHT, *Dispute resolution*, cit., p. 66-68.

19 Cf. FISHER, URY, PATTON, *Como chegar ao sim*, cit., p. 117.

inibe a imaginação e reduz o estímulo a se pensar uma solução sob medida que conciliaria interesses diferentes de maneira mais vantajosa para ambas as partes. A alternativa para o piso mínimo seria o BATNA[20].

Assim, exemplificam estes autores, quando uma família decide sobre o preço mínimo a pedir pela casa, a pergunta certa a ser formulada não é o que eles deveriam conseguir, mas sim o que farão se, num determinado momento, não tiverem vendido a casa. Irão mantê-la no mercado indefinidamente? Irão alugá-la, demoli-la, transformar a área em um estacionamento, deixar que alguém more lá sem pagar aluguel, sob a condição de pintá-la? É possível que uma dessas alternativas seja mais atraente do que vender a casa por 80.000 dólares e é altamente improvável que qualquer piso mínimo selecionado arbitrariamente, sem pensar em alternativas, reflita de fato os interesses da família. Por isso, o BATNA é o padrão em relação ao qual qualquer proposta de acordo deverá ser medida, pois é capaz de proteger a parte de aceitar termos desfavoráveis e também de rejeitar termos que seria de seu interesse aceitar. Quanto melhor o seu BATNA, maior o seu poder na negociação, por isso é importante refletir sobre ele antes de negociar, além de também considerar o BATNA na perspectiva da parte que está do outro lado da mesa de negociação[21].

4. AS FASES DA NEGOCIAÇÃO: DA PREPARAÇÃO À AVALIAÇÃO DOS RESULTADOS

A negociação precisa ser vista como um processo contínuo, e suas etapas para criar e distribuir valor são normalmente divididas em: 1) preparação; 2) condução da negociação; 3) resultado; e 4) implementação e avaliação do processo[22].

O momento de preparação para a negociação é extremamente importante, porque permite ter clareza sobre os próprios interesses e levantar informações sobre a outra parte. Conforme aponta Alessandra Mourão, esse momento inicial é essencial para (i) avaliar a forma de comunicação que será utilizada, o que demanda

---

20 Ibidem, p. 118-119.

21 Ibidem, p. 120. Os mesmos autores dão outro exemplo: Pense por um momento em como você se sentiria indo a uma entrevista de emprego sem nenhuma outra oferta de trabalho, com apenas algumas indicações incertas. Pense em como transcorreria a conversa sobre o salário. Agora, compare isso com o modo como se sentiria indo à entrevista com duas outras ofertas de emprego. Como transcorreria a negociação salarial? A diferença é o poder. Ibidem, p. 122.

22 Cf. MOURÃO, Alessandra Nascimento S. F. (coord.). *Resolução de Conflitos*: Fundamentos da Negociação para o Ambiente Jurídico. São Paulo: Saraiva, 2014 (Série GV*law*), p. 135-144.

conhecimento sobre o interlocutor; (ii) estabelecer as perguntas que serão feitas, garantindo que a outra parte fornecerá as informações que se deseja obter; (iii) considerar o tipo de relação que se busca para a negociação (curto, médio ou longo prazo), considerando se há pontos comuns que podem ser trazidos para a negociação e, ainda, (iv) colocar-se no lugar do outro, possibilitando identificar a perspectiva que a outra parte tem do problema, entre outras questões[23].

Assim, é muito importante investir um tempo da negociação na preparação, analisando os princípios acima e refletindo sobre os interesses dos envolvidos, as opções e alternativas possíveis, critérios para a escolha da melhor solução bem como em estratégias de como melhorar a comunicação e obter um acordo que seja um compromisso visto como adequado e legítimo a ambos os lados.

A condução da negociação refletirá a qualidade e o tempo investido na preparação, sendo iniciada com a abertura do diálogo e troca de informações entre as partes, que é um dos "ouros" da negociação, dado que somente com a escuta ativa das informações acerca dos interesses envolvidos é possível criar valor na negociação e ampliar o leque de opções de acordo possíveis.

Ao final da negociação, as partes podem ter chegado a um acordo, que pode ser formalizado ou não. A avaliação do acordo como positivo pelas partes é essencial para uma boa implementação e cumprimento do mesmo.

A busca das partes por satisfação se dá não apenas em relação aos resultados da demanda, mas também em relação ao processo pelo qual eles são gerados. Trata-se da distinção entre a justiça do processo e a justiça do resultado, que envolve diferentes níveis de percepção, controle e satisfação das partes.

Fisher, Ury, e Patton, no livro como chegar ao sim, partem desta premissa ao considerar que a negociação ocorre em dois níveis: no nível da substância e no do procedimento para lidar com a substância (neste último muitas vezes implicitamente). Exemplificam estes autores: a primeira negociação se refere ao seu salário, aos termos de um contrato de aluguel ou a um preço a ser pago. A segunda negociação refere-se ao modo como você irá negociar a questão substantiva: com a barganha posicional competitiva, colaborativa ou por meio de algum outro método. Essa segunda negociação é um jogo sobre o jogo: um metajogo[24].

Enquanto nos meios consensuais é possível que as partes definam e controlem o procedimento, no processo judicial, por sua vez, o procedimento vem estabelecido em lei e pode estar sujeito a adaptações, dentro dos parâmetros legais[25].

---

23 MOURÃO, *Resolução de Conflitos*, cit., p. 137.

24 Cf. FISHER, URY, PATTON, *Como chegar ao sim*, cit., p. 27.

25 A negociação do procedimento prevista nos artigos 190 e 191 Código de Processo Civil é um exemplo disso.

A satisfação com o processo é mais difícil de ser atestada por dados estatísticos do que a satisfação com o resultado ou acordo obtido, pois decorre de percepção (subjetiva) do jurisdicionado de que o procedimento foi justo.

Comparando a justiça processual e a substancial (*procedural justice vs. substantial justice*), Nancy Welsh considera que a percepção dos litigantes sobre a justiça processual afeta o julgamento e a aquiescência em relação ao resultado substancial alcançado, a crença na legitimidade da instituição e em seu procedimento. Segundo esta autora, os litigantes buscam e precisam ter a oportunidade de contar suas histórias e controlar a forma pela qual o fazem; eles querem e precisam sentir que alguém considera a história contada e está tentando ser justo; os litigantes querem e precisam sentir que foram tratados com dignidade e respeito[26]. Em outras palavras, a justiça do processo depende da oportunidade conferida às partes de expressarem seus pontos de vista e da garantia de que as suas vozes serão ouvidas e consideradas por alguém envolvido no processo decisório[27].

A distinção entre justiça do processo e justiça do resultado tem sido objeto de pesquisas que focam na perspectiva das partes envolvidas. São consideradas duas questões gerais sobre como os litigantes avaliam suas experiências no Judiciário: uma relacionada aos resultados obtidos (*outcome-related factors*), como em relação aos valores contemplados no acordo ou decisão, custos e tempo despendidos, e outra relativa ao processo de solução de conflitos (*process-related factors*), como a percepção do litigante sobre a possibilidade de controle, participação, tratamento com respeito etc.

A reação dos litigantes em relação aos vários processos de solução de conflitos tem sido por muito tempo uma preocupação no estudo da teoria de *Law and Society* (vide, por exemplo, Abel, 1974; Felstiner, 1974; Gluckman, 1969; Gulliver, 1979; Nader, 1969; Nader and Todd, 1978), mas até meados de 1970 as avaliações dos litigantes eram consideradas em termos gerais. Na última década e meia, todavia, pesquisadores começaram a distinguir entre a satisfação dos litigantes com os resultados e o seu julgamento sobre a justiça do processo. A distinção

---

26 Tradução livre. No original: "The disputants' perceptions of this justice affect their judgment and compliance about the substantial outcomes and their faith in the legitimacy of the institution that offered the procedure. The disputants want and need the opportunity to tell their story and control the telling of that story; disputants want and need to feel that the mediator has considered their story and is trying to be fair; and disputants want and need to feel that they have been treated with dignity and respect". Cf. WELSH, Nancy A. Making deals in Court-Connected Mediation: What's Justice got to do with? *Wash. U.L.Q*, vol. 79, 2001, p. 818.

27 Cf. WELSH, Nancy A; McAdoo, Bobbi. Look before you leap and keep on looking: lessons from the institutionalization of Court-connected mediation. *Nevada Law Journal*, vol. 5, 2004-2005, p. 405.

entre o julgamento da justiça do processo e a satisfação com o resultado apareceu em boa parte no trabalho de Thibaut and Walker (1975, 1978), que mostrou que o processo pode ser julgado justo mesmo quando gera resultados insatisfatórios[28].

5. O OUTRO LADO DA MOEDA: QUAIS SÃO OS RISCOS DA NEGOCIAÇÃO?

Nenhuma técnica de solução de conflitos é universalmente adequada em todos os casos e contextos.

A escolha da técnica adequada para o caso concreto, que pode ser feita por diferentes atores (partes e advogados, por exemplo) e em diferentes momentos (antes, durante ou depois do advento do conflito) deve ter em pauta uma série de questões relacionadas aos interesses das partes, ao tipo de conflito e às potencialidades de cada técnica, considerando variáveis como celeridade, privacidade, custos, manutenção de relação entre as partes, necessidade de uma solução vinculante, complexidade técnica do caso, nível de controle do processo e do resultado pelas partes, dentre outros[29]. Alguns desses objetivos estão relacionados ao processo e outros ao resultado substancial da demanda, havendo ainda alguns que impactam sobre ambos (como os custos).

Quando se analisa os limites de cada mecanismo de solução de conflitos, é importante partir da premissa de que esta análise não diminui a sua importância e papel, daí por que se evita levantar os riscos com o objetivo apenas de refutá-los.

---

28 Tradução livre. No original: "Disputants' reactions to various dispute processing procedures have long been a topic of concern in the study of law and society (e.g., Abel, 1974; Felstiner, 1974; Gluckman, 1969; Gulliver, 1979; Nader, 1969; Nader and Todd, 1978), but until the mid-1970s, disputants' evaluations were thought of in general, undifferentiated terms. Over the past decade and a half, however, researchers have begun to distinguish between disputants' satisfaction with outcomes and their judgments of the fairness of procedures. The distinction between judgments of procedural fairness and satisfaction with outcomes arose in large part from the work of Thibaut and Walker (1975, 1978), which showed in laboratory settings that a procedure can be judged fair even when it yields unsatisfactory outcomes". Cf. EBENER, Patrícia A. et al. In the eye of the beholder: Tort litigants' evaluations of their experiences in the civil justice system, *Law and Society Review*, vol. 24, 1990, p. 954-955.

29 Sander e Rozdeiczer conferem pesos que revelam o nível de busca e atendimento destes objetivos pelas mais variadas técnicas compositivas de conflitos, pesos que se deve considerar tendo por base a priorização destes objetivos e interesses pelas partes, a partir do caso concreto. Cf. SANDER, Frank. E. A., ROZDEICZER, Lukasz. Matching cases and dispute resolution procedures: detailed analysis leading to a mediation centered approach. *Harvard Negotiation Law Review*, vol. 11, 2006, p. 12.

Há casos que não devem ser levados à negociação e aos meios autocompositivos de solução de conflitos, e seriam mais bem resolvidos pelo Judiciário, da mesma forma em que há casos que seriam mais bem resolvidos fora do ambiente adversarial do processo judicial.

Uma das vozes críticas aos meios alternativos mais conhecida nos EUA é a do Professor da Universidade de Yale Owen Fiss, que escreveu um artigo denominado "Contra o acordo"[30].

A premissa de Fiss, entretanto, é de que a função do Judiciário não é solucionar controvérsias, mas dar um significado adequado aos valores públicos e reorganizar instituições a partir do desempenho desta função. A Constituição do país identifica os valores (liberdade, igualdade, devido processo legal, direito de propriedade, dentre outros) e o Judiciário lhes atribui um significado específico e concreto no contexto do conflito, por meio da adjudicação[31].

Assim, para Fiss, o objetivo da adjudicação deve ser entendido de forma mais ampla, não restrito à solução privada de controvérsias. O trabalho dos juízes, agentes públicos, não é maximizar os objetivos de particulares nem simplesmente assegurar a paz, mas explicar e conferir força aos valores contidos em textos de grande autoridade, como a Constituição e as Leis, para interpretá-los e deles aproximar a realidade. Essa tarefa não seria desempenhada quando as partes celebram um acordo[32].

Os riscos nesses casos envolveriam o desequilíbrio de poder, a ausência de consentimento legítimo das partes e a falta de base para o envolvimento judicial continuado, pois o acordo põe fim ao processo, desconsiderando que o envolvimento da Corte tende a continuar após o julgamento, com o cumprimento e efetivação da decisão, sendo a ação judicial apenas uma fase da contínua batalha entre as partes, cuja sentença não põe fim, mas modifica seus termos e equilíbrio de poderes[33].

Para Fiss, ser contra o acordo é "sugerir que quando as partes celebram um acordo a sociedade obtém menos do que parece, por um preço que não sabe que está pagando. As partes podem compor-se amigavelmente sem que a justiça seja feita.

---

30 FISS, Contra o Acordo. In: SALLES, Carlos Alberto de. (Org.). *Um novo Processo Civil:* estudos norte-americanos sobre jurisdição, constituição e sociedade. Coord. de tradução Carlos Alberto de Salles. São Paulo: Revista dos Tribunais, 2004, p. 121-145. No original: FISS, Owen. Against settlement, *Yale Law Journal*, vol. 93, 1984.

31 FISS, As formas de justiça. In: SALLES, Carlos Alberto de (Org.). *Um novo Processo Civil*: estudos norte-americanos sobre jurisdição, constituição e sociedade. Coord. de tradução Carlos Alberto de Salles. São Paulo: Revista dos Tribunais, 2004, p. 26.

32 Ibidem, p. 139.

33 FISS, *Contra o Acordo*, cit., p. 134-135.

O acordo celebrado em um processo judicial que tenha por objeto a dessegregação escolar poderia assegurar a paz e, contudo, deixar de garantir a igualdade racial"[34].

Fisher, Ury e Patton também levantam alguns riscos e limites da negociação em relação ao desnível de poder, falta de ética dos participantes, e recusa de participação pelas partes, e apresentam como a negociação baseada em princípios poderia enfrentar esses limites, como por meio do desenvolvimento do BATNA[35]. A possibilidade de desequilíbrio de poder entre as partes, postura antiética das partes e recusa de participação não são problemas exclusivos da negociação. O peculiar na negociação é a ausência de um terceiro que esteja atento a esses riscos e limites, quer o terceiro seja um facilitador do diálogo entre as partes (como na mediação e conciliação), quer o terceiro seja um decisor do conflito (como no judiciário e na arbitragem).

6. CONCLUSÃO

A negociação é arte e ciência. Não deve ser vista apenas como um talento nato, pois é possível estudar e aprimorar as técnicas de negociação para se tornar um melhor negociador. Nesse sentido, é importante tanto sistematizar e conhecer as ferramentas, os objetivos e limites da negociação, como "aprender fazendo", de forma que teoria e prática caminhem juntas no estudo da negociação.

Durante a negociação podem surgir tensões e muitas vezes as partes se exaltam e seus sentimentos se intensificam; assim, a preparação para a negociação a partir das técnicas descritas nesse artigo é essencial, dado que permite pensar com calma quais serão as estratégias mais adequadas a serem usadas durante a negociação. Além disso, ainda que a outra parte não tenha se preparado para a negociação, aquele que chega adequadamente preparado pode propor critérios a serem seguidos durante a negociação e orientar o curso que seguirá o diálogo.

A negociação deve ser um capítulo introdutório ao estudo de qualquer outro mecanismo de solução de conflitos, pois as suas ferramentas e técnicas podem ser usadas por outras formas consensuais e adjudicatórias de solução de conflitos, além de a negociação permitir uma reflexão e autoconhecimento das partes sobre o seu próprio perfil na forma de lidar com os conflitos.

Esse artigo busca sensibilizar o leitor sobre a importância e utilidade do estudo da negociação, sugerindo uma bibliografia em que determinadas técnicas e ferramentas da negociação podem ser aprofundadas. Em um contexto em que se busca a substituição dos resultados "ganha vs. perde" pelo "ganha vs. ganha", a

---

[34] Ibidem, p. 140.

[35] Cf. FISHER, URY, PATTON, *Como chegar ao sim*, cit., p. 117-162.

quebra de paradigmas e cultura de litigância e o desenho de uma solução de conflitos voltado às peculiaridades do caso específico (*tailored decision*), a negociação é certamente uma ferramenta que não pode faltar.

REFERÊNCIAS BIBLIOGRÁFICAS

ADLER, Robert S.; SILVERSTEIN, Elliot M. When David Meets Goliath: Dealing with Power Differentials in Negotiations. Harvard Negotiation Law Review, Cambridge, n. 5, p. 55-77, 2000.

BAZERMAN, Max; NEALE, Margaret. *Negociando Racionalmente*, São Paulo: Atlas, 2000.

BORDONE, Robert C.; TODD, Gillien S. Have you Negotiated How You'll Negotiate? Negotiation, Cambridge, vol. 8, n. 9, p. 3-5, September 2005.

BUBRIDGE, Marc; COSTA, Sergio; LIMA, Jose Guilherme; MOURÃO, Alessandra; MANFREDI, Denise. *Gestão de negociação*: como conseguir o que se quer sem ceder o que não se deve. São Paulo: Saraiva, 2007.

CALAMANDREI, Piero. Il concetto di 'lite' nel pensiero di Francesco Carnelutti. *Rivista di Diritto Processuale Civile*, 1928, parte prima.

CARNELUTTI, Francesco. Lite e funzione processuale. *Rivista di Diritto Processuale Civile*, 1928, parte prima.

EBENER, Patrícia A. et al. In the eye of the beholder: Tort litigants' evaluations of their experiences in the civil justice system, *Law and Society Review*, vol. 24, 1990, p. 953-986.

FISHER, Roger; URY, William; PATTON, Bruce. *Como chegar ao sim*: a negociação de acordos sem concessões. Tradução de Vera Ribeiro e Ana Luiza Borges. Rio de Janeiro: Imago, 2005.

FISHER, Roger; SHAPIRO, Daniel. *Beyond Reason*: Using Emotions as Your Negotiate. Viking, 2005. p. 3-21.

FISHER, R.; ERTEL, D. *Getting Ready To Negotiate: the getting to yes workbook*, EUA: Penguin, 1995.

FISS, Owen. Contra o Acordo. In: SALLES, Carlos Alberto de. (Org.). *Um novo Processo Civil*: estudos norte-americanos sobre jurisdição, constituição e sociedade. Coord. de tradução Carlos Alberto de Salles. São Paulo: Revista dos Tribunais, 2004.

FISS, Owen. As formas de justiça. In: SALLES, Carlos Alberto de (Org.). *Um novo Processo Civil*: estudos norte-americanos sobre jurisdição, constituição e sociedade. Coord. de tradução Carlos Alberto de Salles. São Paulo: Revista dos Tribunais, 2004.

GABBAY, Daniela Monteiro. *Pedido e Causa de Pedir*. São Paulo: Saraiva, 2010.

GABBAY, Daniela Monteiro; FALECK, Diego; TARTUCE, Fernanda. *Meios alternativos de solução de conflitos*. Rio de Janeiro: FGV, 2014.

GALANTER, Marc. Adjudication, Litigation, and related phenomena. In: LIPSON, Leon e WHEELER, Stanton. *Law and the social sciences*. New York: Russel Sage Foundation, 1986, p. 152-257.

GOLDBERG, Stephen; SANDER, Frank; ROGERS, Nancy; COLE, Sarah. *Dispute resolution*: negotiation, mediation and other processes. 4th ed., New York: Aspen Publishers, 2003.

LIEBMAN, Enrico Tullio. *O despacho saneador e o julgamento do mérito*. Revista dos Tribunais, vol. 767, ano 88, set./1999.

MENKEL-MEADOW, Carrie J. LOVE, Lela Porter; SCHNEIDER, Andrea Kupfer; STERNLIGHT, Jean R. *Dispute resolution*: beyond the adversarial model. New York: Aspen Publishers, 2005.

MNOOKIN, Robert H.; PEPPET, Scott R.; TULUMELLO, Andrew. *Beyond Winning*: negotiating to create value in deals and disputes. Cambridge, Massachusetts: The Belknap Press of Harvard University Press, 2000.

MOURÃO, Alessandra Nascimento S. F. (Coord.). *Resolução de Conflitos*: Fundamentos da Negociação para o Ambiente Jurídico. São Paulo: Saraiva, 2014 (Série GV*law*).

SALLES, Carlos Alberto de. *Arbitragem em contratos administrativos*. Rio de Janeiro: Forense, 2011.

SUSSKIND, Lawrence. *Quando a maioria não basta*: método de negociação coletiva para a construção de consenso. Rio de Janeiro: FGV, 2008.

URY, William. *Como chegar ao sim com vocês mesmo*. Rio de Janeiro: Sextante, 2015.

URY, William. Getting past no: negotiating in difficult situations. New York: Nantam Books, 2007.

WATANABE, Kazuo. Cultura da sentença e cultura da pacificação. In: YARSHELL, ZANOIDE (Coord.). *Estudos em homenagem à professora Ada Pellegrini Grinover*. São Paulo: DPJ, 2005. p. 684-690.

WELSH, Nancy A. Making deals in Court-Connected Mediation: What's Justice got to do with? *Wash. U.L.Q*, vol. 79, 2001, p. 787-861.

WELSH, Nancy A. McAdoo, Bobbi. *Look before you leap and keep on looking*: lessons from the institutionalization of Court-connected mediation. Nevada Law Journal, vol. 5, 2004-2005, p. 399-432.

QUESTÕES PARA ORIENTAR A LEITURA E O DEBATE EM SALA DE AULA

1. Como você faria a abertura de uma negociação – a partir das técnicas da negociação baseada em princípios, em um caso em que esteja como credor negociando o pagamento de uma dívida? Caso o devedor já comece apresentando propostas de pagamento que não interessem a você em termos de prazo e valor, você acha que as técnicas de negociação baseada em princípios poderiam auxiliar em uma mudança de rumo da negociação? De que forma?
2. Qual é o papel que pode exercer o advogado na aplicação das técnicas de negociação em relação aos casos em que atua e aos seus clientes? Como negociar a própria escolha do mecanismo de solução de conflitos mais adequado ao caso concreto?
3. Descreva uma situação prática em que a sua negociação poderia ter sido mais bem realizada com a aplicação das técnicas descritas nesse artigo. Analise o que poderia ter funcionado melhor com a negociação baseada em princípios.

EXERCÍCIO PRÁTICO PARA NEGOCIAÇÃO

A partir do caso prático abaixo, a turma de alunos deve ser dividida em dois grupos, um representando Laura e outro representando Milton, dando-se 15 minutos para preparação para uma reunião de negociação entre ambos. O objetivo deve ser que identifiquem, a partir dos interesses de Laura e Milton abaixo descritos, opções possíveis e alternativas que possuem na ausência de negociação de um acordo, bem como critérios objetivos para a escolha da melhor solução (a partir do que foi estudado sobre a negociação baseada em princípios).

Cenário prático: Laura, uma das melhores representantes comerciais da empresa de Milton, pede para conversar com ele sobre uma licença de 10 meses que pretende tirar na empresa. Milton está com muito trabalho e tem receio do que a ausência de Laura pode gerar na empresa. Laura verificou casos anteriores de licença da empresa e está convencida de sua necessidade, pois precisa dar mais atenção ao filho de 6 anos, que está com sérios problemas na escola.

Informações confidenciais sobre Laura: Ela está em crise conjugal, e, com o excesso de trabalho na empresa, tem conseguido dar pouca atenção ao seu filho, Marcos. Recentemente, foi chamada pela diretora da escola porque seu filho está apresentando problemas de relacionamento e aprendizagem. Laura gosta muito de trabalhar na empresa e considera a sua saída um último recurso, caso não consiga ter um bom diálogo com Milton. Contudo, no último ano, o volume de trabalho aumentou muito, especialmente com a promoção de Laura à gerência da empresa e assunção de mais responsabilidades. Como Laura soube que Tânia, outra representante, teve uma licença remunerada anterior de 6 meses, por problema de saúde, ela gostaria de usar esse caso anterior como parâmetro para negociar o melhor cenário possível para a sua licença.

Informações sobre Milton: Gosta muito de Laura, que é muito competente. Contudo, percebeu que, após a sua promoção, ela vem tendo dificuldade de dar conta das suas novas atribuições. Ele até gostaria de oferecer um reforço para a equipe de Laura, mas nos últimos meses esteve tão sobrecarregado de trabalho que não conseguiu agendar uma conversa. Milton está preocupado com a queda de produtividade de Laura e não conseguiria dar 10 meses de licença, pois isso implicaria ficar quase um ano sem Laura, o que poderia impactar diretamente na produtividade da empresa e gerar um precedente negativo para os demais representantes comerciais. O caso de Tânia, que se afastou por motivos de saúde e não era gerente como Laura, não poderia ser usado como precedente na visão de Milton.

FILMOGRAFIA

- ✓ **12 homens e uma sentença**. Direção: Sidney Lumet. Estados Unidos da América, 1957. Título original: *12 angry men.*
- ✓ **13 dias que abalaram o mundo**. Direção: Roger Donaldson. Estados Unidos da América, 2001. Título original: *Thirteen days.*
- ✓ **A negociação.** Direção: Nicholas Jarecki. Estados Unidos da América, 2012. Título original: *Arbitrage.*
- ✓ **Dois dias, uma noite**. Direção: Jean-Pierre Dardenne e Luc Dardenne. Bélgica, França e Itália, 2014. Título original: *Deux jours, une nuit.*
- ✓ **Erin Brockovich – Uma Mulher de Talento**. Direção: Steven Soderbergh. Estados Unidos da América, 2000. Título original: *Erin Brockovich.*
- ✓ **Hotel Ruanda**. Direção: Terry George. África do Sul, Estados Unidos da América, Itália, Reino Unido, 20004. Título original: *Hotel Rwanda.*

- ✓ **O Lobo de Wall Street**. Direção: Martin Scorsese. Estados Unidos da América, 2014. Título original: *The Wolf of Wall Street*.

- ✓ **O poder de escutar | William Ury | TEDxSanDiego**.

  https://uqr.to/1fv40

- ✓ **The negotiation.**

  https://uqr.to/1fv41

- ✓ **Mecanismos privados de resolução de conflitos em tempos de quarentena. Daniela Gabbay.**

  https://uqr.to/1fv42

6

Mediação de conflitos: conceito e técnicas

Adolfo Braga Neto

1. INTRODUÇÃO

O presente artigo visa oferecer reflexões sobre a mediação, tendo como referência seus princípios e características, considerados aqui como elementos fundamentais e parâmetros imprescindíveis para a sua efetiva realização. Com base nessas premissas, o presente texto busca tratar do processo dinâmico de intervenção do mediador, analisar os aspectos legais mais importantes relativos a essa atividade, oferecer comentários sobre a figura do mediador, terceiro imparcial e independente, sua intervenção, suas funções e papeis a desempenhar e sua ética, assim como as áreas de aplicação do método e a conclusão da eficácia do método sob a conotação histórica de suas origens.

Nesse sentido, oportuno enfatizar que, no presente texto, os termos *conflito*, *controvérsia*, *disputa*, eventualmente *questão* ou seus plurais serão usados de maneira indistinta. Para efeitos deste artigo, portanto, possuem o mesmo significado, muito embora o autor reconheça que, na doutrina, existam diferentes conceitos e definições específicas para cada um deles e, por fim, diferentes identidades para conflito, controvérsia ou disputa. Convêm ressaltar também o mesmo raciocínio é adotado para as palavras pessoa, pessoas, partes, mediados ou mediandos, que o autor utiliza indistintamente com o objetivo de identificar os participantes do processo de mediação envolvidos no conflito.

2. ALGUNS ASPECTOS RELEVANTES SOBRE A MEDIAÇÃO DE CONFLITOS

Segundo o Prof. Oswaldo Peregrina Rodrigues, "o convívio social é inerente à pessoa natural, que nasce, cresce e se desenvolve em contato, convivência e relacionamento rotineiros com outras pessoas; é da natureza do ser humano a vida em sociedade, seja em relações afetivas, emocionais, amorosas, seja em relacionamentos sociais, comunitários, religiosos, estudantis, profissionais".[1] Em função da proximidade entre as pessoas, o convívio resulta na maioria das vezes em conflitos, que são naturais em tais relações, pelas próprias limitações a ele inerentes, e levam à dificuldade no diálogo entre as pessoas, de modo que buscar um terceiro, para que este diga quem está certo ou errado ou a quem assiste o direito, passa a ser a perspectiva mais comum. Nesse sentido, se pode afirmar que, no convívio social, normalmente a terceirização do conflito é a forma mais comum na resolução dos conflitos, que aos poucos vêm apresentando mudanças na construção de um novo paradigma para tanto.

Nas palavras do Prof. José Francisco Cahali, "arbitragem, conciliação e mediação – opções valiosas para solução de controvérsias"[2], constituem-se hoje uma realidade no Brasil, graças a intensas atividades em diversos contextos. Essa realidade é decorrente da abertura da sociedade brasileira a seus princípios norteadores, o que está levando à construção de um novo paradigma na resolução de todos os conflitos. Em outras palavras, o País vivência o que Thomas Kuhn, filósofo e físico conhecido por suas contribuições à história e filosofia da ciência, em especial do processo que leva à evolução do desenvolvimento científico, designou como mudança paradigmática: "realizações científicas que geram modelos que, por períodos mais ou menos longos e de modo mais ou menos explícito, orientam o desenvolvimento posterior das pesquisas exclusivamente na busca da solução para

---

1 Oswaldo Peregrina Rodrigues. *Os Novos Tipos Familiares em face da Lei em vigor* – As relações jurídicas privadas e a dignidade das pessoas humanas que a integram. São Paulo: Claris, 2016, p. 9.

2 Francisco José Cahali. *Curso de Arbitragem* – Mediação – Conciliação – Tribunal Multiportas. São Paulo: Revista dos Tribunais, 2018, p. 27.

os problemas por elas suscitados".[3] Em curto espaço de tempo, em menos de duas décadas, a evolução que a sociedade brasileira apresentou é digna de nota para o mundo. Tal fato é facilmente constatado pela própria linguagem utilizada, pois os métodos não são mais vistos como alternativos: ganharam o *status* de adequados por constituírem-se para além das opções a partir da vontade de seus participantes em relação ao conflito existente. No mesmo sentido, pode-se afirmar que foi transposto o debate com o advento da Constituição em 1988, que identificou o acesso à justiça pelo cidadão por meio dos órgãos do Judiciário. Pode-se afirmar que o debate atual possui outro título, o "acesso à ordem jurídica justa"[4], em que o cidadão brasileiro tem à sua disposição a possibilidade de escolha do método que melhor contempla o que ele busca. Em outras palavras, como afirma a Profa. Ada Pellegrini Grinover, "além da justiça estatal, os conflitos podem ser solucionados pela justiça arbitral e pela justiça conciliativa. Todas elas se apresentam como meios mais ou menos adequados para a solução de cada conflito"[5]. E acrescenta: "não é correto falar-se em privatização da justiça, em face do reconhecimento de vias mais adequadas para a solução de determinado conflito, livremente escolhida pelas partes, no uso de sua autonomia de vontade"[6].

Entre os métodos que podem ser escolhidos pelo cidadão, encontra-se a mediação de conflitos, que pode ser definida como um processo em que um terceiro imparcial e independente coordena reuniões separadas ou conjuntas com as pessoas envolvidas em conflitos, sejam elas físicas ou jurídicas, com o objetivo de promover uma reflexão sobre a inter-relação existente, a fim de alcançar uma solução, que atenda a todos os envolvidos. E como solução quase sempre resulta no cumprimento espontâneo das obrigações nela assumidas. Ou mesmo, segundo a SAMPAIO e BRAGA NETO – 2007, "a mediação, não visa pura e simplesmente o acordo, mas atingir à satisfação dos envolvidos no conflito"[7].

A simplicidade conceitual enfatizada no primeiro parágrafo, por outro lado, encobre o caráter complexo do método, operado por meio da intervenção de um terceiro com inúmeras funções, dentre elas a de proporcionar momentos de reflexão sobre tudo aquilo que foi vivenciado pelas pessoas, como dito, sejam físicas, sejam jurídicas. Essa aparente simplicidade não deve impedir a identificação de toda a

---

3 Thomas Kuhn. *Estrutura das revoluções científicas*. São Paulo: Perspectiva, 1978, Google Books, p. 219.

4 Kazuo Watanabe. *Acesso à Ordem Jurídica Justa*. Belo Horizonte: Del Rey, 2019, p. 3.

5 Ada Pellegrini Grinover. *Ensaio sobre a Processualidade*. Brasília: Gazeta Jurídica, 2016, p. 62.

6 Ibidem, p. 72.

7 Lia Regina Castaldi Sampaio e Adolfo Braga Neto. *O que é Mediação de Conflitos*. São Paulo: Brasiliense – Coleção Primeiros Passos, 2007, p. 22.

complexidade de que se reveste a inter-relação entre elas e o conflito instaurado. A mediação se propõe a refletir sobre esta complexidade para, com a mediação, promover o repensar sobre a perspectiva de futuro para aquelas pessoas. Ao mesmo tempo, busca redefinir papéis que muitas vezes são confundidos por força da existência do conflito. Em outras palavras, um dos grandes desafios colocados à mediação é enfrentar a complexidade que, segundo MORIN – 2005, "se apresenta com os traços inquietantes do emaranhado, do inextricável, da desordem. Da ambiguidade, da incerteza... Por isso, o conhecimento necessita ordenar os fenômenos rechaçando a desordem, afastar o incerto, isto é selecionar os elementos da ordem e da certeza, precisar, clarificar, distinguir, hierarquizar..."[8]

Dentre os elementos essências da mediação de conflitos, a autonomia das vontades possui um protagonismo muito relevante, senão o mais relevante, pois o caráter voluntário da mediação constitui-se a grande mola propulsora da atividade. Este elemento garante o poder das pessoas em optar pelo processo, ao conhecê-lo. Em outras palavras, só existirá o processo se as pessoas efetivamente queiram dele fazer parte e, para tanto, é fundamental que conheçam seus objetivos, seu dinamismo, bem como seu alcance e limitações. Da mesma maneira, este mesmo elemento proporciona às pessoas, ao longo do processo, gerir o conflito conforme suas vontades a partir de regras por elas mesmas estabelecidas. Neste aspecto, convêm destacar que também se inclui, no âmbito deste princípio consagrado no Direito Contratual, a vontade das pessoas em levar para a mediação os temas que desejam serem solucionados E, de igual maneira, a elas também cabe tomar as decisões que considerarem pertinentes durante e após o processo. Com base nas observações acima, conclui-se que a mediação de conflitos não possui qualquer caráter ou qualquer elemento de natureza impositiva. Ela existirá caso as pessoas efetivamente desejem que ela exista, tomará o rumo que elas determinarem e ao mesmo tempo incluirá temas por elas identificados e que estejam dentro de suas intenções em discuti-los. A mediação é fruto do consenso entre as pessoas em a utilizarem. Também é fruto da vontade das mesmas em conversar sobre questões que consideram ser pertinentes ao processo. Por isso, não há como impor a mediação, suas regras e muito menos as questões a serem discutidos – muito pelo contrário, o método se propõe a propiciar um ambiente de cooperação ou colaboração, o qual sem ele não há como ser realizada.

A mediação de conflitos pressupõe a confidencialidade, no sentido de que as informações, fatos, relatos, situações, propostas e documentos trazidos, oferecidos ou produzidos ao longo de seu processo serão cobertos pelo manto do sigilo, não

---

8 Edgar Morin. *Introdução ao Pensamento Complexo*. Tradução Elaine Lisboa. Porto Alegre: Sulina, 2005, p. 7.

podendo ser revelados a pessoas que dele não participam. Este sigilo inclui o processo como um todo. E, caso se desenvolva em reuniões separadas, ele também deverá ser preservado, sendo que o mediador somente revelará alguma informação de um a outro sob autorização daquele que revelou. Na mediação, o sigilo é revestido de responsabilidade ímpar, o que explica que, nos termos de compromissos de mediação (ou contratos de mediação de conflitos, como outros autores identificam), que será analisado mais adiante, está sempre prevista uma cláusula que veda a possibilidade de o mediador ser arrolado como testemunha em processo judicial ou extrajudicial, salvo eventuais questões ligadas a violência sobre incapazes.

Outro aspecto não menos importante seria o caráter de confiabilidade da mediação. Os mediados, ao optarem pela mediação de conflitos, o fizeram baseados na confiança de que esse método é o mais adequado para o conflito por eles enfrentado. A mesma confiança deverá ser projetada ao mediador, sob pena do mesmo não poder dar continuidade ao processo, já que seu trabalho depende da confiança dos mediados. Em outras palavras o mediador ao usufruir da confiança dos mediados terá informações privilegiadas sobre os mesmos, o que lhe permitirá dar continuidade do método com vistas à eventual construção da solução.

A mediação, por outro lado, busca administrar os conflitos a partir dos saberes das pessoas e estas, como tal, deverão ter a informação sobre o processo para tomadas de decisões ao longo do mesmo. Além disso, ao longo do processo os recursos pessoais no sentido de fortalecimento e reconhecimento mútuos, como defendem BUSH e FOLGER – 2005, constituem-se "elementos imprescindíveis para a mediação de conflitos"[9]. Por isso, eventuais mudanças de perspectivas pessoais ao longo do processo, a partir do debate sobre temas a eles ligados, são naturais, cabendo a mediação e ao mediador acolhê-los permanentemente. Para eles, o conflito traz o desrespeitar mútuo. Este desrespeito tanto pode ser identificado com relação a falta de reconhecimento mútuo, quanto ao sentimento de inferioridade ou superioridade. A mediação, desde o primeiro momento da preparação, da pré-mediação, bem como ao longo de todo o processo, promove o resgate do respeitar das individualidades de todos, sempre a partir de seus limites e perspectivas pessoais individuais, tendo como pressuposto o respectivo empoderamento mútuo também.

Convém enfatizar uma característica muito comum como resultado da utilização da mediação. Em muitos casos, as pessoas que dela fazem uso acabam aprendendo a administrar de maneira mais amigável seus conflitos e, com isso, se capacitam para futuros conflitos entre elas. Por isso, muito autores identificam seu caráter didático na gestão dos conflitos, pois muitas vezes as pessoas passam

9 Robert A. Baruch Bush e Joseph P. Folger. The Promise of Mediation. Nova Iorque: Jossey Bass, 2005. p. 11.

a prevenir de maneira mais frequente futuros conflitos entre elas. Este elemento eventualmente pode ser explicado pelo fato de os mediados se colocarem, ao longo do processo, um no lugar do outro e, com isso, iniciar um processo de solidariedade recíproca a partir da sensibilização das visões limitadas e ilusórias de cada um. E como salienta WARAT - 2004 a mediação é um "processo que recupera a sensibilidade, ainda que leve ao crescimento interior na transformação dos conflitos"[10]. A partir disto, de maneira muito resumida, promove-se o respeito mútuo às diferenças e o reconhecimento das limitações próprias e das perspectivas de pessoas diferentes, o que proporciona, em seguida, a integração das visões individuais que será terreno fértil para a responsabilidade que pavimentará de maneira robusta a possibilidade da construção de soluções.

A mediação de conflitos significa atender a pessoas e não a casos. Em outras palavras seu foco de ação visa privilegiar as pessoas com base em suas próprias perspectivas pessoais. Ela parte do pressuposto da existência de dificuldades e limitações momentâneas das pessoas em administrar seus conflitos e, em razão disso, um terceiro poderá lhes auxiliar na sua gestão. Com isso, a referência deste método de resolução de conflitos é muito diferente da de outros instrumentos facilmente confundidos com ele, como a atividade de assessoramento, que nada mais é do que disponibilizar informações para que as pessoas saibam como melhor optar pelo caminho a ser percorrido. Também difere da conciliação, que se constitui em uma tentativa de acordo com o auxílio de um terceiro, o conciliador. Cabe também salientar que a mediação não se confunde com o aconselhamento, pois o conselheiro oferece sugestões para o relacionamento – já ao mediador não cabe qualquer tipo de conselho. Ao conselheiro é possível propor a reconciliação, que no âmbito da mediação poderá ser uma das hipóteses a ser pensada pelas pessoas envolvidas no conflito. Além disso, a relação entre cliente e conselheiro pode envolver alguma dependência durante algum tempo, ao passo que, na mediação de conflitos, o mediador procura capacitar as partes a aumentar a sua própria autonomia.

Vale lembrar que a mediação quando envolve laços afetivos não se confunde com terapia, muito embora ela possua um cunho terapêutico decorrente de servir, na maioria das vezes, como uma possibilidade de as pessoas passarem a observar a realidade sob outra ótica e passarem a possuir uma perspectiva mais ampla sobre a interação existente. Esta confusão normalmente é mais fácil de ocorrer quando se trata de conflitos familiares ou de questões de vizinhança, em que os vínculos entre as pessoas são mais fáceis de serem notados. O papel do mediador não deve ser confundido com o do terapeuta, pois não pressupõe a elaboração de um diagnóstico seguido de tratamento. Na mediação não há uma análise sobre o conflito

---

10 Luis Alberto Warat. *Surfando na Pororoca* – O ofício do mediador. Florianópolis: Fundação Boiteux, 2004, v. III, p. 31.

intrapsíquico, mas sim sobre a interação dos integrantes da família, dos vizinhos, dos sócios, suas funções e papeis. Não há o desenvolvimento de hipóteses para explicar o funcionamento da família, dos vizinhos ou mesmo dos sócios, que ocorre naturalmente em terapia, mas o auxílio do mediador na negociação desenvolvida e protagonizada pelas pessoas. Por outro lado, a construção de soluções não é o fim de uma terapia, como é o resultado natural da mediação de conflitos, mas sim um finalizar pela evolução do paciente. E, na mediação, não há um processo longo, mas a reflexão acerca de questões pontuais relativas ao conflito interpessoal familiar e de vizinhança. E, outro detalhe, os participantes do processo de mediação são mediados ou mediandos – na terapia, são mais conhecidos como pacientes.

Ao identificarem as características da mediação, SAMPAIO e BRAGA NETO – 2007 enfatizam ser uma atividade que "se beneficia da multidisciplinaridade geradora da interação interdisciplinar em busca de soluções transdisciplinares".[11] Nesse sentido, há que pensar que a atividade pode e deve ser exercida por profissionais de diferentes áreas do conhecimento ou distintos saberes, baseados em trajetórias diversas e que, com seus respectivos olhares, enriquecerão o trabalho desenvolvido e promoverão um resultado que transcende uma área específica e terá reflexos em todas elas simultaneamente, sobretudo para o maior beneficiário as pessoas que dela fazem uso. Assim é que, a todo e qualquer profissional, caberá a possibilidade de se capacitar em mediação de conflitos e, com base nisso, distintos olhares contribuirão para se alcançar a solução que transcenderá todas as áreas, pois promoverá repercussão em todas elas.

Há que se destacar também uma das características mais marcantes neste método de resolução de disputas. Nele, é imprescindível o emprego da negociação, instrumento primeiro e natural de resolução de conflitos que é buscado pelas pessoas quando algo se faz incômodo na inter-relação existente, quer seja ela de ordem afetiva, profissional, social, permanente ou momentânea, ou mesmo formal, ou informal. Em outras palavras, só é possível a implementação da mediação de conflitos quando há predisposição das pessoas envolvidas no conflito em debater, por assim dizer, em uma "mesa de negociação" questões relativas a suas respectivas visões e inter-relações. A propósito deste aspecto, importante lembrar que a Lei 13.105/15, que instituiu o Código de Processo Civil, em vigor em seu artigo 165, parágrafo 3º, estabelece ser mediação mais bem empregada quando há vínculo entre seus participantes.

Ao se estabelecer este pré-requisito, o legislador o fez com base em um eixo de referência estruturado na premissa de que o conflito ocorrido faz parte do passado. Não há como modificá-lo, mas pode ser enfrentado e, ao sê-lo, poder proporcionar mudanças nas perspectivas pessoais dos participantes. Por isso, FOLGER e BRAGA NETO – 2016 pontuam ser necessário preservar o "valor único

---

11 Lia Regina Castaldi Sampaio e Adolfo Braga Neto. op. cit., p. 24.

da mediação"[12]. Na verdade, é o momento em que as pessoas percebem que estão vivenciando uma oportunidade de falar sobre o conflito e a inter-relação entre elas existente. Com isso, se instaura a colaboração, oferecendo-se o repensar da inter-relação com a eventual perspectiva de futuro, para a promoção de ideias ou possibilidades que levarão a soluções que atendam não as posições iniciais, mas sim aos seus reais motivadores – entre outros, os interesses, as expectativas, os desejos, as necessidades ou valores envolvidos no conflito, os quais são grandes impulsionadores das inter-relações.

Convêm ressaltar que a mediação de conflitos não visa pura e simplesmente o acordo. Visa sim, antes, como dito anteriormente, construir soluções com base na satisfação dos interesses, expectativas, desejos e atendimento dos valores e necessidades das pessoas nele envolvidas. A mediação possui um terceiro independente e imparcial a intervir pelo diálogo cooperativo entre as pessoas para que elas alcancem a solução das controvérsias em que estão envolvidas. Neste método, busca-se propiciar momentos de criatividade para que os próprios envolvidos possam melhor refletir que opções desejam em face da relação existente, geradora da controvérsia. Por isso, eventual acordo poderá ocorrer caso as pessoas assim o desejem. A criatividade apontada significa dizer que, aos que dela participam, deverão ser criativos ao oferecerem informações sobre suas realidades e ao mesmo tempo terem a possibilidade de imaginar a realidade do outro.

Com base nas observações oferecidas, cabe afirmar que a mediação se constitui em um moderno e eficaz método de resolução ou transformação de conflitos. No entanto, convêm fazer uma ressalva: destina-se, sobretudo, àqueles de quem dela desejem fazer uso. Além de não ser uma panaceia para resolução de todos os conflitos, possui limitações quanto ao seu emprego. Com base em aspectos materiais, a mediação efetivamente não encontra limitação, pois se pode dela fazer uso dela em todos os tipos de disputa – conforme será ilustrado mais adiante neste artigo. No entanto, cabe esclarecer que as limitações não são relativas a sua materialidade, mas sim com relação às pessoas que dela fazem uso. Uma limitação é a própria disposição em cooperar durante o processo, o que demonstra desinteresse em integrá-lo em sua plenitude, bem como predisposição em alcançar uma solução que atenda a todos envolvidos no conflito. Outras limitações seriam aquelas ligadas às condições físicas pessoais de cada um dos participantes no processo de mediação, que deverão estar em condições normais para refletir sobre temas de interesse na mediação e mesmo livres de fatores emocionais que os impedem de fazê-lo. Outra limitação estaria ligada às condições mentais das pessoas: limitações decorrentes

---

[12] Joseph Folger e Adolfo Braga Neto. *Revista de Arbitragem e Mediação*. Ano 13 – 52. São Paulo: RT, 2016, p. 17.

de fatores psicológicos impendem as pessoas de refletir e, com isso, a impossibilidade de colaborar e se responsabilizar por tudo que for tratado na mediação.

3. O PROCESSO INTERVENTIVO DO MEDIADOR E O PROCESSO INTERATIVO DA MEDIAÇÃO DE CONFLITOS

Defendem alguns que o processo da mediação é célere. A determinante com relação ao tempo é decorrente dos seus participantes. Já que a mediação existe em função deles, a eles cabe determinar suas disponibilidades e possibilidades. De modo geral, a mediação leva, no mínimo, de três a quatro reuniões em que o mediador estimula o diálogo entre os participantes a fim de mudar a qualidade da interação decorrente do conflito[13].

O processo de mediação, aqui entendido como a intervenção do mediador a partir de sua escolha e da aceitação do encargo, consiste em momentos em que o diálogo se desenvolve de maneira única na interação entre os mediandos. Inicialmente, a preparação envolve o esclarecimento sobre o processo e sua aplicabilidade ao caso e a adesão dos envolvidos. Em seguida, procede-se à uma análise das questões pertinentes ao conflito, a partir de forte interação entre mediador e mediandos, por intermédio de técnicas. E caberá sempre ao mediador checar os temas que desejam tratar e a forma que serão abordados, inclusive com a sondagem permanente da eficácia ou não para os mediandos. Por isso, o mediador promoverá a possibilidade de convidá-los a debater outros temas tão importantes quanto aquele que os trouxe para a mediação, para que se alcance toda a complexidade das questões identificadas.

4. BREVE HISTÓRICO DA MEDIAÇÃO NO BRASIL E SUA INTRODUÇÃO NO ORDENAMENTO JURÍDICO PÁTRIO

A mediação deu seus primeiros passos no País na década de 90, quando especialistas estrangeiros, em seu maior número, americanos e argentinos, faziam frequentes visitas ao Brasil para ministrar palestras ou cursos de mediação em distintas partes do território brasileiro. Nesses eventos, os especialistas apresentavam o trabalho que vinham desenvolvendo em seus países, deixando a plateia cada vez mais entusiasmada com o tema. Esse entusiasmo levou os participantes desses eventos a se preocuparem com sua capacitação, visto que desconheciam profissionais com experiência para aqui desenvolver o instituto. Assim, alguns

[13] Para registro, convêm lembrar que alguns modelos conhecidos de mediação de conflitos, propõem seu desenvolvimento por etapas. No entanto o transformativo de autoria de Bush e Folger – 2005 defende a inexistência de etapas, pois toma por base somente o que as pessoas desejam abordar sobre o conflito entre elas e o que desejam fazer com ele.

interessados no tema, iniciaram um processo de capacitação teórica em países como os Estados Unidos, França, Inglaterra e Argentina, com o objetivo de se preparar estruturalmente para difundir e capacitar outros profissionais brasileiros, além, é claro, de implementar a atividade no Brasil. No mesmo período alguns outros especialistas estrangeiros que costumavam visitar o Brasil com maior frequência passaram a ter residência fixa no País e acabaram criando instituições voltadas para a difusão e a capacitação de profissionais. A partir do ano de 1996, com o advento da Lei 9.307, lei que deu nova roupagem à arbitragem, como mencionado anteriormente, o País vivenciou o nascimento de um número expressivo de câmaras de arbitragem, que incluíam também em sua denominação a mediação de conflitos e ofereciam ambos os serviços: a arbitragem e a mediação.

A propósito deste último fato, chama a atenção essa particularidade, pois no Brasil a aproximação entre ambos aconteceu desde o início, com o nascimento do movimento, pelas suas respectivas implementações, que se deram no mesmo período. Em 1997, as mais expressivas instituições de mediação e arbitragem foram reunidas por um movimento chamado Operação Arbiter 2, com o intuito de criar padrões mínimos de qualidade que guiassem o desenvolvimento da arbitragem, num primeiro momento, que foi seguido pelos que desenvolviam ou estudavam mediação, dentro dos princípios éticos inerentes a ambas as atividades, já que o País acabara de sancionar um inovador texto legal, a cujos avanços a sociedade brasileira não estava totalmente preparada, necessitando de parâmetros que a guiassem para a concretização e sedimentação do instituto. Nasceram, assim, os documentos norteadores de ambas as atividades criados pelo Conima – Conselho Nacional das Instituições de Mediação e Arbitragem, quais sejam: o regulamento do modelo de arbitragem, assim como o de mediação, bem como códigos de ética para mediadores e para árbitros.

Muito embora no Brasil já existia ampla experiência do emprego da mediação em vários contextos, no âmbito judicial foi institucionalizado pela Resolução CNJ nº 125 em 2010 sofreu algumas adequações em 2013, 2015, 2019 e 2020. Cabe lembrar, todavia, que não existia um marco legal específico para a atividade até 26 de junho de 2015, pois até então a legislação brasileira fazia menção aos termos: mediação e mediador em contextos distintos que a seguir serão comentados.

A Lei 9.870/99, em seu artigo 4º, prevê a possibilidade da utilização de um mediador em casos de conflitos entre pais ou associação de pais e alunos e escolas, quando o conflito tratar de reajustes de mensalidades escolares. A redação nela prevista confunde mediação com outros métodos de resolução de disputas, em especial a arbitragem. E, de forma equivocada, prevê a possibilidade de um acordo referente a um valor arbitrado ser fruto de decisão de um mediador. Na prática, seu emprego é inexistente na resolução daqueles conflitos, pois não se tem notícia, no país, de casos em que tenha sido pelo menos experimentada.

No âmbito das relações "capital X trabalho", leis esparsas também fazem menção ao termo mediação, porém sem qualquer preocupação de defini-la. Com estes textos legais, buscou-se implementar um papel mais ativo dos envolvidos na gestão e resolução de controvérsias trabalhistas, sobretudo com a participação do Ministério do Trabalho e Emprego, a quem incumbe o caráter de zelar pelo bom atendimento das regras laborais nacionais.

Com este propósito é que a Lei 10.101/00 foi sancionada. Ela dispõe sobre a participação dos trabalhadores nos lucros e resultados das empresas, prevendo em seu artigo 4º que, naquelas negociações, caso ocorra algum impasse, se estabeleça a possibilidade de utilização da mediação, coordenada por mediador independente, pertencente ao quadro oficial do Ministério do Trabalho e Emprego ou vinculado a alguma instituição privada, escolhido de comum acordo entre as partes.

Outro exemplo são as previsões da Lei 10.192/01 de mecanismos de negociação e mediação para definição de reajustes salariais de categorias profissionais. No bojo das medidas econômicas do Plano Real, em 1994, foram adotadas medidas para o expurgo do reajuste automático salarial, substituído pelo reajuste anual dos salários para todas as categorias econômicas baseado na variação do IPC-r acumulado nos últimos 12 meses. Os artigos 9º e 10 daquela Lei, ao manterem as datas base das diversas categorias econômicas, exigem que sejam entabuladas negociações para regramento das relações capital-trabalho uma vez ao ano. Mais adiante, o artigo 11 do mesmo diploma estabelece a possibilidade de, uma vez frustrada a negociação, as partes utilizarem um mediador, inclusive do Ministério do Trabalho, para estimular uma solução negociada para as partes, devendo este fazê-lo no prazo máximo de 30 dias. E, caso não cheguem a um consenso, será lavrada ata negativa com as causas motivadoras do conflito e as reivindicações econômicas – documento este que instruirá a representação para ambas as partes para instauração do dissídio coletivo.

Em meados do ano de 1998, deu-se o início ao processo legislativo de tramitação, junto a Câmara de Deputados, do Projeto de Lei nº 4.837, que trata da mediação de conflitos como método de resolução de conflitos judiciais e extrajudiciais. De autoria da Deputada Zulaiê Cobra Ribeiro, o projeto foi aprovado conforme sua redação original pelo plenário daquele Órgão em 2002. Em julho de 2006, sob a relatoria do Senador Pedro Simon, o plenário do Senado aprovou um novo texto, ampliando o conteúdo original de 7 para 47 artigos. Foi devolvido à Câmara dos Deputados e se encontrava no plenário até junho de 2015, quando foi aprovado outro texto no Senado, a partir de outros dois textos elaborados por duas Comissões criadas no mesmo ano com o objetivo de elaborar o Marco Legal para a Mediação no Brasil. O referido texto legal – Lei 13.140/15 – entrou em vigor no mês de dezembro do mesmo ano e ofereceu de maneira geral, pontual e simplista o delineamento da mediação de conflitos a partir de seus princípios e norteadores, bem como o papel do mediador baseado na conduta ética ideal de sua atuação, a serem observados no âmbito da mediação judicial e extrajudicial.

Convêm ressaltar que ao se observar a estrutura adotada pelo legislador quanto à referida lei, se constata a existência de dois capítulos, sendo o primeiro voltado para a mediação entre particulares, e, o segundo para a mediação com entes públicos. O primeiro possui 31 artigos, o segundo 8 artigos e as disposições finais o mesmo número de 8 artigos. BRAGA NETO – 2015 enfatiza que "nota-se claramente a intenção do legislador em introduzir um divisor de águas com relação às matérias a serem objeto da mediação e como ela deverá ser operacionalizada a partir de elementos diferenciados em ambos os contextos"[14].

Cabe ressaltar que o referido Marco Legal da Mediação deve ser interpretado e aplicado em consonância com o Código de Processo Civil (Lei 13.105/2015) que entrou em vigor em março/2016. Este último estabelece os instrumentos que devem ser observados quando se tratar da mediação no âmbito judicial. Nesse sentido, importante lembrar palavras de FERNANDA TARTUCE - 2015, "percebe-se que a mediação se coaduna com um modelo diferenciado de distribuição de justiça embasado em noções centrais de cooperação". E finaliza, a ela " foi atribuída tamanha relevância em nosso ordenamento jurídico que uma lei inteira foi dedicada a ela com vistas a disciplinar sua adoção tanto no âmbito judicial, quanto na seara extrajudicial"[15].

1) Marco Legal da Mediação - Lei 13.140/2015

Ao se observar a estrutura adotada pelo legislador sobre a Lei 13.140/15, constata-se a existência de três capítulos, sendo o primeiro voltado para conflitos entre particulares e o segundo voltado para conflitos em que interesses públicos estão em jogo, quando ao menos um dos envolvidos é agente do poder público. "O primeiro possui 31 artigos, sem contar os das disposições finais, ao todo 8 artigos; o mesmo número dedicado à autocomposição de conflitos no âmbito da administração pública de que trata o Capítulo"[16]. Nota-se claramente a intenção do legislador em introduzir um divisor de águas com relação às matérias a serem objeto de mediação e como ela deverá ser operacionalizada a partir de elementos diferenciados em ambos os contextos. O primeiro capítulo, voltado para questões

14 Adolfo Braga Neto. Marco Legal da Mediação – Lei 13140/2015 – Comentários Iniciais à luz da prática brasileira. *Revista de Arbitragem e Mediação*, ano 12 – 47 out./dez.-2015. São Paulo: RT, 2015, p. 260.

15 Flavia Tartuce. *Mediação nos Conflitos Civis*. São Paulo: Forense, 2015, p. 55.

16 Idem, p. 57.

entre particulares, quer se tratem de conflitos entre pessoas jurídicas ou entre físicas e jurídicas ou pessoas físicas. E o segundo capítulo, para quando se tratar de conflitos, como dito acima, em que um dos usuários do método seja integrante do poder público.

a) A mediação entre particulares

Logo no primeiro artigo, em seu parágrafo único, está contida a definição da mediação como "atividade técnica exercida por terceiro imparcial sem poder decisório, que, escolhido ou aceito pelas partes, as auxilia e estimula a identificar ou desenvolver soluções consensuais para a controvérsia". Nota-se nesse conceito os mesmos parâmetros propostos pelo Projeto de Lei de 1998 mencionado acima, muito embora algumas modificações tenham sido realizadas, pois se estabelecem os parâmetros do método no sentido de se constituir uma atividade promovida por um terceiro imparcial, sem qualquer poder sobre os participantes, que, como técnico, deverá estar devidamente capacitado, para ajudar e incentivar os participantes a identificar ou desenvolver soluções consensuais. Observa-se claramente a distinção do conceito anterior com este determinado por lei.

Ainda com relação à estrutura da lei, chama atenção que o legislador tentou oferecer a estrutura base para sedimentar sua efetiva realização. Em outras palavras, abordou a figura do mediador e o processo a ser desenvolvido por e com ele a partir de duas lógicas em que hoje a mediação entre particulares é utilizada, isto é, o âmbito judicial e extrajudicial. E, para tanto, optou também por apontar o que é geral para ambos os segmentos. Assim é que aos mediadores é dedicada uma Seção que contém as disposições que são comuns a ambos os segmentos, seguidos dos elementos mais específicos ligados ao ambiente extrajudicial e judicial. A mesma lógica é empregada na seção dedicada ao procedimento. E esse mesmo raciocínio levou à estruturação da autocomposição de conflitos em que for parte pessoa jurídica de direito público em duas seções, a primeira, de caráter geral e a segunda seção para conflitos que envolverem a administração pública federal direta, suas autarquias e fundações. E não poderia ser deixado de lado o destaque que é dado a confidencialidade que é objeto de uma única seção, a de número IV, que bem define seu alcance e, eventualmente, suas exceções, muito embora sintetizados em apenas dois artigos.

Na sequência da definição, optou o legislador por tratar da mediação no Capítulo I, o mais extenso, como dito acima, cujas disposições gerais pretendem abarcar o método como um todo, apresentando os parâmetros em que ela deve ser desenvolvida no território nacional, a partir de seus princípios, seu objeto, seu limite e obrigatória aplicabilidade quando prevista em um contrato, podendo tratar sobre todo o conflito ou parte dele, conforme § 1.º do art. 3.º.

Com relação aos princípios, selecionou nove, elencados no art. 2.º, muitos deles mais compreensíveis como conduta ideal a ser desenvolvida pelo mediador do que propriamente princípios da atividade. De qualquer maneira, são eles:

1. **Imparcialidade do mediador**, entendida, entre outros conceitos, como pressuposto de sua atuação antes e durante a mediação com a inexistência de qualquer conflito de interesses capaz de afetar o procedimento, devendo compreender a realidade dos mediados, sem que nenhum paradigma, preconceito ou valores pessoais venham a interferir em sua intervenção;
2. **Isonomia entre as partes**, compreendida no sentido do tratamento igualitário a ser oferecido aos participantes da mediação, inclusive com relação às oportunidades que também deverão ser igualitárias;
3. **Oralidade**, percebida que certos atos devem ser praticados oralmente, recomendando a prevalência da palavra falada do que a escrita. Na verdade, é onde a mediação se estrutura, pois sem o diálogo entre os participantes não será possível sua existência e muito menos sua continuidade, mesmo que sejam realizadas reuniões individuais;
4. **Informalidade,** significa a dispensa de requisitos formais sempre que a ausência não incorrer em prejuízo, assim como a flexibilidade no desenvolvimento do procedimento, levando-se em consideração a complexidade inerente ao conflito e a individualidade dos participantes;
5. **Autonomia da vontade das partes**, percebida como a garantia da voluntariedade, o poder que as pessoas têm em optar pela participação na mediação ao conhecê-la, podendo interrompê-la a qualquer tempo, e, também, da autodeterminação, poder que as pessoas têm de gerir seu próprio conflito e tomar suas próprias decisões, durante ou ao final do procedimento;
6. **Busca do consenso**, determina que só existirá o procedimento se houver consenso dos participantes antes, durante e após seu advento;
7. **Confidencialidade,** englobando todas as informações, fatos, relatos, situações, propostas e documentos, oferecidos ou produzidos durante toda a sua realização, sendo vedado qualquer uso para proveito de quem quer que seja, salvo os limites estabelecidos no contexto em que a prática da mediação se dá e/ou previsão em contrário estabelecida entre os mediandos e a própria, que assim determina mais adiante; e

8. **Boa-fé**, não sendo indicada como objetiva ou subjetiva, por se tratar do pressuposto de conduta dos participantes de forma honesta, leal e proba.

Com relação ao item 5.º, que trata da autonomia da vontade, no § 1.º do mesmo artigo chama a atenção o fato de estar prevista a obrigatoriedade do comparecimento dos participantes na primeira reunião de mediação, quando estiver prevista em um contrato. Com esta redação mitigam-se os efeitos do referido princípio, determinando-se imperativamente o dever de estar presente no primeiro encontro. Já o § 2.º, ao contrário, reforça o mesmo princípio, desobrigando a continuidade da mediação se não houver vontade dos participantes em dela continuar. Denota-se uma incoerência clara no próprio artigo, pois, ao nomear a autonomia da vontade como o quinto princípio a ser seguido, viola-o ao determinar essa obrigatoriedade. Ao se tentar buscar os objetivos do legislador com essas determinações, percebe-se que a intenção foi oferecer segurança jurídica à opção feita pela mediação quando da lavratura do contrato. Em outras palavras, a opção pelo método é fruto do consenso quando de sua elaboração, portanto não poderá dele fugir quando da existência da controvérsia. Importante ressaltar que esse efeito vinculante da cláusula que obriga os contratantes ao método escolhido, quando da elaboração do contrato foi inspirado na experiência brasileira com a Lei 9.307/1996 (arbitragem), que, ao dar força vinculante à cláusula arbitral, promoveu verdadeira mudança de realidade da arbitragem no Brasil, dotando-a de maior segurança jurídica. Percebe-se que este foi o efeito inspirador para que possam coexistir garantias às pessoas para conhecerem o método e optarem se o desejam ou não. Com isso, a mediação passa a ter maior difusão e ampliação do conhecimento de sua existência e alcance.

Quanto a esse tema, cabe trazer à análise a prática da mediação extrajudicial no âmbito institucional brasileiro. Muitas instituições adotaram em seus regulamentos a prática da pré-mediação, reunião inicial com os possíveis participantes do procedimento em que são esclarecidos aspectos importantes do método e de como será desenvolvido naquela instituição. As referidas instituições têm optado por esse momento com o objetivo de melhor esclarecer os objetivos e o alcance da mediação e, sobretudo, o seu funcionamento naquela instituição. Em muitas delas este momento inicial, não considerado por muitos autores como parte do procedimento por ser prévio e preparatório, é realizado por profissional(is) da instituição que apresenta(m) o método lá desenvolvido e sua lista de mediadores para efeitos de escolha. Importante seria notar que esse momento não pode ser considerado o previsto como a primeira reunião obrigatória do § 1.º deste artigo, por vários motivos. Entre eles, destaca-se o fato de os participantes não estarem com o mediador escolhido, que na verdade o será na sequência. Ou mesmo por se tratar de momento prévio e esclarecedor do procedimento que não envolve tomada de decisão com relação ao conteúdo, mas sim com relação ao próprio método e sua adequação ao caso concreto. Nesse sentido, deve-se de imediato fazer um alerta com relação ao cumprimento do previsto neste parágrafo, pois a obrigatoriedade não é cumprida com a reunião de pré-mediação, ou reunião preparatória, mas sim com a instalação da mediação a partir da nomeação e do aceite do mediador ao caso concreto. Esse alerta vale especialmente para as instituições que vêm utilizando o momento preparatório, sobretudo como marca de qualidade dos serviços prestados.

Ainda quanto ao mesmo capítulo, o art. 3.º aponta, no seu *caput,* os limites com relação à matéria objeto da mediação, determinando que deverá ser restrita a direitos disponíveis. Essa limitação não é absoluta, pois o § 2.º permite que, diante do consenso dos envolvidos, quando se tratar de indisponibilidade de direitos, mas transigíveis, a homologação por parte do Judiciário é obrigatória depois do parecer do Ministério Público. Em outras palavras, ao optarem por permitir a transação quando se tratar de direitos indisponíveis, desde que alguns cuidados sejam tomados, consagrou o legislador a prática hoje realizada no País, repetindo o desenvolvido em vários países no contexto familiar, ambiental, entre outros.

b) O mediador

Inaugurando as subseções do texto legal, o legislador optou por estabelecer os parâmetros do trabalho a ser desenvolvido pelo mediador e determinou a conduta a ser por ele promovida com as disposições gerais que são válidas tanto para o âmbito extrajudicial, quanto para o âmbito judicial. E oferece, de imediato, no *caput* do art. 4.º a possibilidade de ser "designado pelo Tribunal ou escolhido pelas partes". Em outras palavras, definiu-se que no âmbito judicial a nomeação partirá exclusivamente do Tribunal, como é hoje, no sentido de ser designado a partir de um juiz, que encaminha para a mediação, e o trabalho é desempenhado por algum mediador à disposição, não permitindo que naquele âmbito possa ser escolhido como é usual no âmbito extrajudicial tanto institucional, quanto por mediadores independentes. No mesmo artigo, o § 1.º determina a maneira como o mediador deverá agir diante dos mediados no sentido de intervir na comunicação como um facilitador para a resolução do conflito por meio do estímulo ao entendimento e ao consenso entre eles. A esta conduta é acrescido o dever ético contido no parágrafo único do artigo seguinte, o 5.º, com o dever do mediador de revelar qualquer tipo de conflito de interesse que o impeça de atuar naquela qualidade, sendo taxativo ao determinar esse dever ao perceber qualquer tipo de fato ou circunstância que leve a eventual dúvida de sua imparcialidade. Cabe enfatizar que se agrega à mediação um dever ético comumente atribuído ao árbitro e ao juiz, visto que, ao ser designado ou escolhido, deve verificar eventuais conflitos de interesse que levem a possíveis dúvidas sobre sua atuação na qualidade de terceiro imparcial e independente. Convém lembrar que esse dever foi objeto de inclusão em diversos códigos de ética para mediadores brasileiros elaborados pelo Conima, pela Foname e por outras instituições nacionais. Todo eles reforçam os ensinamentos de Fernanda Tartuce, que ressalta que o mediador precisa estar "apto a trabalhar com resistências pessoais e obstáculos decorrentes do antagonismo de posições para restabelecer a comunicação. Seu papel é facilitar o diálogo para que os envolvidos na controvérsia possam protagonizar a condução de seus rumos de forma não competitiva. Mediar constitui uma tarefa complexa que demanda preparo, sensibilidade e habilidades"[17].

A propósito dos terceiros imparciais e independentes, importante ressaltar que o mediador, seja extra ou judicial, está equiparado ao juiz nos casos de suspeição, conforme estabelece o art. 5.º, e da mesma forma é equiparado ao servidor público para efeitos da legislação penal, na conformidade do art. 6.º, sendo incluído nesse aspecto seus eventuais assessores que participarem do procedimento com ele.

Ainda com relação ao mediador no âmbito extra e judicial, é vedada a possibilidade de prestar qualquer tipo de serviço, seja na qualidade de assessor, representante ou patrocinador de qualquer das partes, durante um ano após finda última reunião do procedimento de mediação. Também é vedado a ele, conforme o art. 6.º, a possibilidade de atuar como árbitro em conflito em que já atuou como mediador, preceito respaldado pela doutrina nacional que também direciona no mesmo sentido de impedimento de ser testemunha em processos posteriores, conforme art. 7.º do texto legal ora em foco. Com esses preceitos, mais uma vez se consagram os códigos deontológicos brasileiros acima mencionados.

Os dois artigos seguintes, 9.º e 10, tratam do mediador extrajudicial podendo ser qualquer pessoa capaz que tenha a confiança dos participantes capacitada para mediar, ligada ou não, a qualquer instituição. O legislador optou não somente pela possibilidade de a mediação extrajudicial ser desenvolvida fora, bem como em uma instituição. Deixou, entretanto, de esclarecer no que consiste a capacitação, sendo, nesse sentido desnecessária. A propósito desta, há que fazer referência à prática nas instituições nacionais, que apontam para as regras do Foname e da Conima que propõem em duas etapas: "A primeira se refere à imprescindível participação e conclusão em um Curso teórico/prático de no mínimo 80 horas nos parâmetros ditados pelo Foname/Conima. A segunda, por seu turno, trata-se da prática supervisionada de casos reais, também com no mínimo 80 horas, conforme os parâmetros acima apontados"[18]. Seriam, em outras palavras, os estágios supervisionados com o acompanhamento e monitoramento permanente de mediadores com mais experiência que se qualificaram ao longo de sua trajetória

17 Fernanda Tartuce. *Mediação nos Conflitos Civis*. 2. ed. São Paulo: Forense, 2015, p. 271.

18 Disponível em: <http://www.conima.org.br/plano_med> e <https://foname.com.br/>.

na mediação na função de supervisores. Evidentemente, o profissional dedicado à mediação não deve parar por aí. Esse é o mínimo para poder se auto-observar com mais propriedade e segurança na função de mediador, muito embora só será legitimado pelas pessoas quando for por elas nomeado e reconhecido como tal durante todo o processo. Além disso, o estudo permanente da mediação poderá de alguma maneira preencher lacuna deixada por mais horas de prática a fim de garantir maior qualidade ao profissional. Tudo isso se faz necessário para que o mediador melhor acolha os mediandos e proporcione nos seus serviços os parâmetros mencionados acima. Com isso, o mediador a partir da continuidade de seus estudos, além de melhor se estruturar e se desenvolver para ajudar as pessoas, poderá, se o desejar, integrar uma carreira, em que os próximos passos consistiriam em se tornar um supervisor de futuros mediadores e, posteriormente, professor em mediação, ministrando o ensino da mediação de conflitos e capacitando profissionais. Esse último degrau, é o "nível mais alto da arte e da ciência da atividade"[19], segundo Gladys Álvarez.

Já o art. 10 faculta aos participantes a possibilidade de estarem acompanhados de advogados ou defensores públicos, o que na verdade reforça a autonomia da vontade com relação ao procedimento que não estaria sujeito a eventuais orientações ou inclinações de seus representantes legais. Mas o parágrafo único determina, claramente, que, se uma das partes estiver acompanhada de um deles, deverá o mediador interromper o procedimento e requerer que a outra parte esteja devidamente acompanhada. Um dever ético agregado pela lei ao mediador: o de ver cessar o processo para que todos estejam representados.

Nos três artigos seguintes, o legislador se dedicou a traçar os parâmetros para o mediador judicial, que poderá ser qualquer profissional com nível superior, graduado em faculdade reconhecida pelo Ministério da Educação com no mínimo dois anos de graduação e devidamente capacitado por escola de formação em mediação reconhecida pela Enfam – Escola Nacional de Formação e Aperfeiçoamento de Magistrados, observadas as regras do CNJ – Conselho Nacional de Justiça em conjunto com o Ministério da Justiça. A propósito desse tema, importante lembrar que os eixos da capacitação no âmbito extrajudicial são observados também no âmbito judicial, muito embora em uma proporção talvez menor, conforme a Resolução 125/2010 e suas emendas/alterações de 2013, 2015, 2019 e 2020.

O artigo 12 determina que os Tribunais Estaduais deverão possuir um cadastro atualizado de mediadores habilitados e autorizados e realizar mediações judiciais, sendo possível o requerimento do interessado na área e no Tribunal em

---

19 Gladys Stella Álvarez. Ser um mestre em mediação. In: Casella, Paulo Borba; Moessa, Luciane de Souza (coord.). *Mediação de conflitos*: novo paradigma de acesso à justiça. Belo Horizonte: Fórum, 2009, p. 89.

que pretende exercer sua atividade, cabendo aos tribunais estabelecer as regras de cadastramento e descadastramento, assim como o pagamento dos seus serviços desde que os participantes do processo não estejam sob a proteção da assistência jurídica gratuita.

Diante dos elementos novos ou já conhecidos da atividade no dia a dia da prática brasileira tanto judicial, quanto extrajudicial, seja institucional ou não, a redação desta subseção denota uma opção realizada pelo legislador no sentido de referendá-la, consagrando a escolha pelo mediador facilitativo. Em outras palavras, o texto legal em comento oferece uma opção clara em termos da atuação do mediador pela vertente de facilitador do diálogo, primando por esforço no sentido de priorizar a autonomia plena das vontades daqueles que dela participaram, participam e participarão. Ao mesmo tempo respalda de maneira incontroversa os Códigos de Ética já mencionados, inclusive o da Res. CNJ 125/2010 e sua emenda de 2013, muito embora permita que ele ofereça proposta de acordo conforme o dispositivo que trata da confidencialidade a ser comentado mais adiante no inc. III do § 1.º do art. 30.

c) O processo de mediação

Ao se fazer uma leitura *prima facie* da Seção III, que trata do procedimento de mediação, constata-se que o legislador com relação ao procedimento consagrou, mais uma vez, a prática hoje desenvolvida no País. Por isso, de imediato, o art. 14 estabelece como dever do mediador lembrar a confidencialidade do procedimento, muito embora na seção seguinte aponte as possíveis exceções facilmente identificáveis, como será descrito mais adiante. A observação acima se verifica na redação do art. 15, que estabelece a possibilidade de ser adotada a comediação, quando se tratar das questões complexas ou a própria natureza do conflito assim o exigir, a partir da recomendação do mediador ou mesmo dos participantes, efetivando-se caso houver consenso neste sentido.

Além disso, cada vez mais se observa uma tendência de processos judiciais ou arbitrais serem interrompidos para que os participantes possam tentar uma composição entre eles. O art. 16 determina que se as partes assim desejarem, deverão solicitar ao juiz ou ao árbitro a suspensão do processo, que poderá ser em tempo suficiente para a tentativa de solução consensual. E seus parágrafos determinam: o § 1º, a impossibilidade de recurso da decisão de deferimento para a tentativa de composição, e, o § 2º, que, mesmo com a suspensão do processo, não se inviabilizam as possíveis medidas de urgência, as quais poderão ser tomadas tanto pelo juiz quanto pelos árbitros se solicitadas. Já o art. 17 determina claramente o momento da instalação da mediação, que é a data em que foi marcada a primeira reunião de mediação. Este artigo deve ser lido em conjunto com o § 1.º do art. 2.º, já comentado, que obriga a realização da primeira reunião de mediação, quando de sua previsão contratual, determinando com sua instalação a interrupção da prescrição, conforme o parágrafo único do mesmo artigo.

Os que já conhecem na prática a mediação de conflitos no Brasil, considerariam óbvia a previsão contida no art. 18, que estabelece que as reuniões posteriores à primeira só ocorrerão se houver consenso de sua realização pelos participantes. Na verdade, o legislador confirmou com este artigo as determinantes de conduta do mediador no sentido de buscar o consenso, com relação ao processo e, claro, com relação a seus honorários, que serão devidos se o procedimento tiver continuidade. Esse mesmo raciocínio deve ser levado em conta com relação ao art. 19, que permite ao mediador realizar reuniões conjuntas ou em separado e também solicitar quantas informações sejam necessárias, já que a matéria-prima da atividade é a informação devidamente escutada, compreendida e reconhecida.

A finalização da mediação deverá ser formal com a elaboração de um acordo que, segundo o parágrafo único do art. 20, é título executivo extrajudicial e, se homologado, se transforma em título executivo judicial. Ao mesmo tempo e no mesmo artigo, a previsão legal determina que o procedimento poderá ser encerrado com uma simples declaração de um ou dos mediandos ou do mediador, em que aleguem não haverem alcançado a solução. Todas essas previsões são na verdade a prática comum em território brasileiro.

Na subseção referente à mediação extrajudicial são oferecidos elementos inovadores em termos jurídicos, mais ligados à perspectiva de promoção de maior segurança jurídica para efetiva instalação e desenvolvimento da mediação. Por isso, num primeiro momento, o art. 21 indica os possíveis meios de comunicação para iniciar o procedimento, podendo ser qualquer um, o que significa dizer qualquer forma que permita trazer a informação da intenção de uma parte com relação à outra no sentido de iniciar a mediação. Exige, no entanto, que o convite deva conter o escopo da mediação data e local da primeira reunião, sendo considerado rejeitado se no prazo de 30 dias não houver resposta.

A seguir, o art. 22 elenca os requisitos mínimos que deverá conter a previsão contratual da mediação (vide transcrição), podendo ser substituído por regulamento de instituição idônea de prestação de serviços de mediação em que constem critérios claros de escolha do mediador e da realização da primeira reunião, conforme o § 1.º

Os requisitos ora apontados, no *caput* do dispositivo legal, são:

> "I – prazo mínimo e máximo para a realização da primeira reunião de mediação, contado a partir da data de recebimento do convite;
>
> II – local da primeira reunião de mediação;

III – critérios de escolha do mediador ou equipe de mediação;

IV – penalidade em caso de não comparecimento da parte convidada à primeira reunião de mediação".

Por outro lado, o mesmo artigo, em seu § 2.º, estabelece que, na hipótese de a previsão contratual não ser completa, outros requisitos devem ser observados com relação à realização da primeira reunião de mediação, a saber:

> "I – prazo mínimo de dez dias úteis e prazo máximo de três meses, contados a partir do recebimento do convite;
>
> II – local adequado a uma reunião que possa envolver informações confidenciais;
>
> III – lista de cinco nomes, informações de contato e referências profissionais de mediadores capacitados; a parte convidada poderá escolher, expressamente, qualquer um dos cinco mediadores e, caso a parte convidada não se manifeste, considerar-se-á aceito o primeiro nome da lista;
>
> IV – o não comparecimento da parte convidada à primeira reunião de mediação acarretará a assunção por parte desta de cinquenta por cento das custas e honorários sucumbenciais caso venha a ser vencedora em procedimento arbitral ou judicial posterior, que envolva o escopo da mediação para a qual foi convidada."

Todas as previsões legais indicadas acima trazem em seu bojo a preocupação com a efetivação do método no sentido de ultrapassar descuidos com a elaboração de uma cláusula de mediação em um contrato. Deve-se dotá-la de devida força para a instalação do procedimento e ao mesmo tempo promover um cenário que proporcione, pelo menos inicialmente, o diálogo, que poderá existir em situações imprevistas. Mais uma vez a experiência com a arbitragem no País, sobretudo no que se refere à redação de cláusulas conhecidas como vazias, foi a inspiração desses preceitos, que são muito claros.

Já com relação à subseção III, que trata da mediação judicial, o art. 24 repete as determinações da Res. CNJ 125/2010 e suas emendas, no sentido de os Tribunais criarem centros judiciários de solução consensual de conflitos, onde serão desenvolvidos os procedimentos de mediação pré e processuais, sendo também responsáveis pelo desenvolvimento de programas voltados para a autocomposição. O art. 25 estabelece que os mediadores judiciais não estão sujeitos à aceitação das partes e estarão sujeitos aos crimes de servidores públicos. O art. 26 determina que as partes devem estar acompanhadas de advogados ou defensores públicos quando estiverem nas condições exigidas pela assistência jurídica gratuita.

O art. 27 determina a obrigatoriedade da designação pelo juiz da mediação, assim que aceito o pedido baseado na petição inicial devidamente considerada apta a produzir seus efeitos jurídicos, devendo o procedimento ser concluído no prazo de 60 dias contados da primeira reunião, conforme previsão do art. 28. Importante enfatizar essas determinações que apontam mais uma vez pela obrigatoriedade de as partes comparecerem, pelo menos na primeira reunião, devendo ser observado nas disposições gerais já comentadas que valem para toda e qualquer mediação, seja no âmbito judicial seja no extrajudicial. E, por fim, solucionado o conflito pela mediação, o juiz homologará por sentença, determinando o arquivamento do processo, e, caso isso se dê antes da citação do réu, não serão devidas as custas judiciais finais, conforme os arts. 28, parágrafo único, e 29.

d) A confidencialidade

Com relação a esse tema, a opção do legislador foi proporcionar à mediação em qualquer contexto um ambiente seguro para revelação de informações importantes ao diálogo, podendo somente ser mitigado a partir do princípio da autonomia dos participantes ou quando a legislação assim o disser. Em outras palavras, qualquer informação trazida à mediação será confidencial em relação a terceiros, vedada a sua utilização em processos de resolução de conflitos posteriores à mediação. Essa regra vale para os participantes da mediação, seus prepostos, advogados, assessores técnicos e outras pessoas que tenham participado direta ou indiretamente do procedimento. E inclui declarações, opiniões, reconhecimento de fatos dos participantes ou manifestação de eventual aceite de propostas e documentos produzidos para o procedimento. O mesmo tratamento de sigilo é dado para as informações oferecidas em reuniões individuais, podendo só ser revelado com autorização de quem a revelou. Reforça o legislador o que a doutrina especialmente propõe. A regra de confidencialidade não afasta o dever de os acima citados prestarem informações a administração tributária. Tudo conforme os arts. 30 e 31. Evidentemente, esses parâmetros poderão ser objeto de tratamento diferente quando durante seu processo o mediador receber alguma informação relativa a crime de ação pública, mesmo de administração tributária ou um dos participantes for órgão público, pois nessa área a transparência das decisões é o pressuposto. Por isso, há que se fazer uma breve análise a respeito do Capítulo II da referida lei, que virá a seguir.

e) A autocomposição de conflitos com entes públicos

O Capítulo II, na seção primeira, em linhas gerais, especifica a possibilidade da autocomposição de conflitos, aqui entendida como garantia de direitos, da legalidade, de maneira breve, eficaz e humanizada, quando pessoa jurídica de direito público for parte no procedimento, não importando se são duas ou mais em polos opostos ou em um deles pessoa do direito privado. A intenção do legislador foi de retirar obstáculos até então existentes na legislação ao criar esta possibilidade. Assim é que o art. 32 permite que a União, os Estados, o Distrito Federal e os Municípios criem câmaras de prevenção e resolução administrativa de conflitos, no âmbito nos respectivos órgãos da Advocacia Pública. E o mesmo artigo aponta ainda a competência das referidas entidades para dirimir conflitos entre órgãos e entidades da administração pública, avaliar pedidos de resolução de conflitos nos casos entre particular e pessoa jurídica de direito público e também promover a realização de termos de ajustamento de condutas, atribuição já exercida de há muito pelo Ministério Público. Na realidade, o referido artigo é um verdadeiro incentivo a todas estas instituições públicas a criarem câmaras nestes moldes, muito embora não se estabeleça a maneira como deva ser desenvolvida, apesar da previsão contida no art. 33, que estipula claramente a utilização dos parâmetros do procedimento previsto para a mediação nas disposições comuns enquanto a instituição, que está limitada ao campo de atuação que ela mesma delimitar, não for criada.

O mesmo Capítulo, mas na seção II, que versa restritamente sobre conflitos que envolvam a administração pública federal direta, suas autarquias e fundações, permite no art. 35 que as controvérsias daqueles entes sejam objeto de transação por adesão com fundamento na autorização do Advogado-Geral da União com base na jurisprudência pacífica do STF ou demais tribunais superiores, sendo seu parecer aprovado pela Presidência da República. Os demais artigos indicam elementos de como deverão proceder e os reflexos que a transação proporcionará. Ao mesmo tempo, oferecem elementos que sustentam juridicamente a escolha pelo método e até mesmo determinam que um processo judicial entre órgãos e entidades de direito público que integram a administração pública federal só poderá ser intentada se tiver a autorização da Advocacia-Geral da União (art. 39). Em suma, mais incentivos, como dito anteriormente para a prática da mediação no âmbito público, muito embora o conhecimento do tema na área pública seja ainda pequeno.

f) As disposições finais

Pelo fato de encerrar o texto legal, este capítulo inclui dispositivos relativos aos dois capítulos anteriores. Nesse sentido, estabelece no art. 41 a competência da Escola Nacional de Mediação e Conciliação do Ministério da Justiça para criar banco de dados sobre boas práticas em mediação e possuir relação de mediadores. Além disso, prevê a interpretação ampliada do texto, ao dispor no seu art. 42 que poderá ser aplicado, no que couber, a outras formas consensuais de resolução de conflitos, como, por exemplo, o contexto comunitário ou o escolar. Chama a atenção para a exclusão dos conflitos nas relações capital-trabalho, visto considerar necessária uma lei própria, conforme o parágrafo único do mesmo artigo. Oferece a possibilidade de as entidades da administração pública possuírem câmaras para resolução de conflitos entre particulares que versem sobre atividades por eles reguladas ou supervisionadas, conforme o art. 43. Já os artigos subsequentes tratam de alterações de leis na área pública que necessitam se adequar aos parâmetros ditados por este texto. O art. 46 faz referência à já existente prática da mediação *on-line* ou por outro meio de comunicação à distância, preservando-se o princípio da autonomia da vontade, e, por fim, faculta às pessoas domiciliadas em outros países a utilização da mediação nela previstos.

2) A Mediação no novo CPC – Lei 13.105/2015

Segundo a Fernanda Tartuce,

> "na seara judicial e no plano normativo, a priorização de chances para entabular acordos vem se intensificando ao longo dos anos. O novo Código de Processo Civil confirma essa tendência ao contemplar muitas regras sobre o fomento a meios consensuais de abordagem de conflitos. Sob a perspectiva numérica, eis as ocorrências: a mediação é mencionada em 39 dispositivos, a conciliação aparece em 37, a autocomposição é referida em 20 e a solução consensual consta em 7, o que totaliza 103 previsões"[20].

Na mesma linha aponta Daniela Monteiro Gabbay, que ressalta:

> "na relação entre processo e a mediação, a identidade (processual e funcional) da mediação precisa ser assegurada para que esta relação ocorra de forma equilibrada, tendo por base um círculo virtuoso existente entre Judiciário e as formas alternativas de solução de conflitos"[21].

Por isso, não é por acaso que o art. 359 determina que compete ao Juiz tentar conciliar as partes.

Chama a atenção, nos primeiros artigos do referido Código, a intenção do legislador em manter a tendência apontada por Tartuce, acima. Nesse sentido, já há no Capítulo I, da Parte Geral, Livro I – Das Normas Processuais Civis, Título Único – Das Normas Fundamentais e da Aplicação das Normas Processuais, uma espécie de pré-anúncio das mudanças que a referida lei buscou desenvolver. Mais especificamente, os parágrafos do art. 3º, que tratam da competência jurisdicional relativa à ameaça e à lesão de direitos, sendo que, no primeiro, já se prevê a arbitragem na forma da lei, como possível opção. No seguinte,

---

[20] Fernanda Tartuce. Mediação nos Conflitos Civis. 2. ed. São Paulo: Forense, 2015, p. 329.

[21] Daniela Monteiro Gabbay. *Mediação & Judiciário no Brasil e nos EUA* – Condições, Desafios e Limites para a institucionalização da Mediação no Judiciário. Brasília: Gazeta Jurídica, 2013, p. 13.

aborda-se a exigência de que o próprio Estado deve promover a solução consensual sempre que possível. E, no último, aponta como será este dever, estabelecendo que conciliação, mediação e outros métodos de solução consensual de conflitos deverão ser estimulados por juízes, advogados, defensores públicos e membros do Ministério Público, inclusive no curso do processo judicial.

O Título IV – Do Juiz e dos Auxiliares da Justiça, logo no Capítulo I – Dos poderes, dos deveres e da responsabilidade do Juiz, determina, além de dirigir o processo na conformidade da referida lei, o dever de velar pela duração razoável do processo e promover, a qualquer tempo, a autocomposição, preferencialmente com o auxílio de conciliadores e mediadores judiciais. Importante enfatizar que foi criada outra função ao juiz, a possibilidade estimular a mediação e a conciliação e a qualquer tempo.

Ainda no mesmo Título, mas no Capítulo III, que trata dos auxiliares do poder judiciários, os mediadores e conciliadores passaram a possuir o referido *status*. A intenção do legislador foi a de incluí-los na lista de que fazem parte os auxiliares do poder judiciário, entre eles os tradicionais escrivão, chefe de secretaria, oficial de justiça, perito, depositário, administrador, intérprete, tradutor, mediador, conciliador judicial, partidor, distribuidor, contabilista e regulador de avarias.

No mesmo Capítulo, porém em Seção própria, V – Dos Conciliadores e Mediadores Judiciais, mais especificamente do art. 165 ao 175, a referida lei estabelece que os Tribunais criarão centros judiciários de solução consensual de conflitos, sendo responsáveis pela realização de sessões e audiências de conciliação e mediação, bem como programas destinados a auxiliar, orientar e estimular a autocomposição, com observação das normas já existentes do CNJ. Nota-se que a preocupação do legislador se une à do legislador do Marco Legal da Mediação, pois ambos reforçam o que já na prática existia no contexto judicial.

Os §§ 2º e 3º do art. 165, por sua vez, cometem um equívoco ao estabelecer as diferenças entre a atuação do conciliador e do mediador, determinando que o primeiro deverá desenvolver sua atividade preferencialmente nos casos em que não houver vínculo anterior entre os participantes. Para o segundo, a atuação será preferencialmente quando as partes tiverem vínculo anterior. É errôneo, pois o termo "preferencialmente" acaba por não expressar com precisão uma distinção, denotando ser opcional, sem especificar para quem, muito embora a redação tente esclarecer o ideal a partir de suas funções, que são diferentes.

O artigo seguinte salienta os princípios que regem tanto a conciliação, quanto a mediação. Todos já mencionados anteriormente, especificamente voltados para o contexto judicial público, inclusive a confidencialidade, com o objetivo de proporcionar ambiente favorável à autocomposição, especialmente tendo como referência a livre autonomia dos interessados, incluindo a definição das regras procedimentais e a possibilidade de escolha do profissional em artigo mais adiante, e, em face da falta de escolha definiu-se pelo regime de distribuição entre eles.

O art. 167 estabelece que os conciliadores, os mediadores e as câmaras privadas devem estar inscritos em cadastro nacional e em cadastro de tribunal de justiça ou de tribunal regional federal, sendo que os mediadores e conciliadores devem preencher o requisito da capacitação mínima, por meio de curso realizado por entidade credenciada, conforme parâmetros já definidos pelo CNJ na Resolução nº 125/10 e suas emendas. Os parágrafos do referido artigo regulam a forma dos credenciamentos, e um deles estabelece que os conciliadores e os mediadores judiciais cadastrados, se forem advogados, estarão impedidos de exercer a advocacia nos juízos em que desempenhem suas funções, estando proibidos de atuar para aqueles mediados em outra atividade pelo prazo de um ano, devendo ser remunerados neste período.

O art. 319 determina que a petição inicial deverá indicar, entre outros a opção do autor pela realização ou não de audiência de conciliação ou de mediação, sob pena de ser considerada inepta. Segundo o art. 334, em sendo a petição inicial apta, o juiz designará audiência de conciliação ou de mediação com antecedência mínima de 30 (trinta) dias, devendo ser citado o réu com pelo menos 20 (vinte) dias de antecedência, podendo haver mais de uma reunião, não podendo exceder a 2 (dois) meses da data de realização da primeira sessão, desde que necessárias à composição das partes. E, na hipótese de se alcançar autocomposição, será reduzida a termo e homologada por sentença. O art. 515 considera título executivo judicial, a decisão homologatória de autocomposição judicial, bem como a extrajudicial de qualquer natureza.

O art. 694 estabelece que nas ações de família, todos os esforços serão empreendidos para a solução consensual da controvérsia, devendo o juiz dispor do auxílio de mediadores e conciliadores para as reuniões, não importando o número. Seu parágrafo único permite que, mediante pedido dos conflitantes, o juiz possa suspender o processo para uma mediação extrajudicial ou atendimento multidisciplinar. Nesse aspecto se estabelece claramente que só será realizada mediação para área familiar e/ou práticas colaborativas.

5. NATUREZA JURÍDICA DA MEDIAÇÃO DE CONFLITOS

De qualquer forma as supracitadas leis apontam o fundamento jurídico que sustenta a mediação de conflitos no Brasil e respaldam elementos já existentes antes de seus adventos. Nesse sentido, importante lembrar que a natureza jurídica da mediação é contratual, posto ser instrumentalizado por duas ou mais vontades orientadas para um fim comum de contratar uma terceira pessoa que promova o diálogo entre elas. E, "como contrato, pode ser classificada como plurilateral, por estarem ajustadas no mínimo 2 (duas) pessoas físicas ou jurídicas, na forma mencionada no parágrafo anterior – além, naturalmente, do mediador"[22]. Trata-se ainda de mecanismo consensual, uma vez que nasce do acordo entre as pessoas envolvidas no conflito para a contratação de um terceiro. Informal, visto pressupor regras flexíveis de acordo com as vontades. É também oneroso, posto ser objeto de remuneração ao profissional que colaborará com os mediados. Não deixa de constituir-se, também, em um contrato de prestação de serviços no qual, de comum acordo, as pessoas celebram com um mediador a possibilidade de este presta do serviço de auxílio a elas para que busquem por si soluções para o conflito que estão enfrentando.

A sua natureza contratual da mediação de conflitos exige atenção aos seus requisitos mínimos e obrigatórios abaixo elencados:

1. menção expressa de que o mediador pautará sua conduta nos princípios da imparcialidade, independência, diligência, competência, confidencialidade e credibilidade;
2. referência de que os mediados participarão do processo baseados em suas próprias vontades, boa-fé e real compromisso de se esforçarem para a resolução dos conflitos que os trouxe para a mediação;
3. qualificação completa dos mediados e dos seus advogados, devendo estes apresentar os documentos legais que lhes conferem poderes de representação legal, nos termos da lei;
4. qualificação completa do mediador e do comediador e outros da equipe, se for o caso de comediação com observadores ou não;
5. fixação de normas e procedimentos, ainda que sujeitos a redefinições, estabelecidos para o processo;
6. previsão de número indicativo de reuniões para o bom andamento do processo de mediação;
7. regras sobre honorários bem como as despesas incorridas durante a mediação e respectivas formas de pagamento, os quais, na ausência de estipulação expressa em contrário, serão suportadas na mesma proporção pelos mediados;
8. dispositivo sobre a faculdade de qualquer dos mediados e do mediador de se retirarem, a qualquer momento, do processo, comprometendo-se a dar um pré-aviso desse fato ao mediador e vice-versa;

---

22 Adolfo Braga Neto. *Mediação* – Uma experiência brasileira. São Paulo: CLA, 2017, p. 99-100.

9. disposição de cláusula de confidencialidade absoluta referente a todo o processo e de conteúdo da mediação, nos termos da qual os mediados e o mediador, comediador e todos os pertencentes a equipe de mediação se comprometem a manter em total sigilo a realização da mediação e não utilizar qualquer informação documental ou não, oral, escrita ou informática, trazida ou produzida durante ou em resultado da mediação, para efeitos de utilização posterior em processo arbitral ou judicial;
10. o lugar e o idioma da mediação.

Por oportuno, convêm lembrar também que a mediação deve manter abertas as portas para a participação dos advogados, que desempenham papel fundamental em todos os momentos da realização da atividade. Os advogados poderão indicar para seus clientes a mediação de conflitos e, para tanto, é imprescindível que conheçam o método. Sua participação facilita em muito o preparo das pessoas para a mediação, auxilia a definição do marco contratual em que se estruturam os compromissos assumidos para sua realização, as tomadas de decisões relativas aos aspectos legais, levantadas por eventuais dúvidas que surjam durante o mesmo, bem como o encaminhamento legal dos compromissos nela assumidos. Da mesma maneira, caso os advogados não participem de maneira presencial ao longo do processo, se faz imprescindível que acompanhem a evolução de seus clientes durante todo o mesmo, a fim de conhecer passo a passo as evoluções alcançadas pelos seus clientes.

6. O MEDIADOR

Como mencionado anteriormente, o mediador deve pautar sua conduta pela imparcialidade, independência, competência, discrição e diligência. Todos estes princípios éticos consagrados mundialmente estão presentes nas leis acima mencionadas. Por isso, exige-se dele conhecimento sobre o processo de mediação e intervenção de maneira a pacificar os conflitantes, o que obtém a partir de um treinamento específico, acompanhado de um aperfeiçoar-se permanente, para que possa aprender com sua prática e evoluir continuamente em sua auto-observação, questionamentos, atitudes, dificuldades e habilidades. Ao mesmo tempo, ele deve estar aberto a vivenciar propriamente a educação continuada em mediação de conflitos, além do dever de preservar postura ética inatacável para manter sua própria credibilidade e a do instituto a que se vincula. Abaixo se elencam alguns de seus deveres, que se constituem em valores irrenunciáveis e inegociáveis.

Imparcialidade – compreendida no sentido de manter a devida equidistância com as pessoas envolvidas, com o objetivo de evitar que qualquer paradigma, ilusório, preconceito, mito, expectativa, valores ou necessidades pessoais do mediador interfiram em sua intervenção ao longo do processo. Ele não poderá tomar qualquer atitude que possa sugerir parcialidade ou favorecimento de uma delas em detrimento da outra. Para que isso ocorra, deverá cuidar do equilíbrio de poder entre as partes e jamais receber presentes, favores ou outros itens de valor a não ser os honorários de sua prestação de serviço.

Independência – entendida como a inexistência de qualquer conflito de interesse ou relacionamento anterior capaz de afetar a credibilidade do mediador e a condução do processo de mediação. Esta atitude inclui também a preservação das pessoas sobre qualquer informação ou tema que possa levá-las a desconfiar da conduta do mediador, bem como o compromisso de manter esta atitude ao longo de todo o processo.

Confidencialidade – significa que todos os fatos, situações, documentos, informações e propostas apresentadas ou produzidas durante o processo guardem o necessário sigilo, bem como a exigência de que todos os seus participantes, obrigatoriamente, mantenham sigilo sobre o conteúdo a ele referente, não podendo ser usados em situações ou processos futuros – respeitados o princípio da autonomia da vontade das partes, nos termos por elas convencionados, e a ordem pública.

Competência – o mediador deverá comprovar capacidade para efetivamente mediar o conflito de maneira eficaz e eficiente, devendo aceitar a investidura, quando efetivamente reunir os requisitos mínimos e as qualificações necessárias para coordenar o processo. Este dever há que ser entendido de maneira ampla, pois caso o mediador não se sinta capaz de coordenar o processo com esta premissa deverá se retirar do processo.

Diligência – consiste no cuidado e na prudência na observância da regularidade do processo, assegurando sua qualidade e cuidando ativamente de todos os seus princípios fundamentais; ao mesmo tempo, primar por manter o devido aprofundamento quando exigido pelas pessoas, evitando seguir ao próximo momento sem que o anterior esteja concluído.

Não seria repetitivo e exagerado enfatizar que o mediador deve ser imparcial, no sentido de evitar qualquer privilégio a uma das partes em detrimento da outra ao longo de todo o processo; independente, no sentido de não estar vinculado a qualquer das partes envolvidas no conflito antes, durante e após o processo; competente, por deter o conhecimento profundo e ampla experiência com o processo de mediação para bem coordená-lo e com isso saber os parâmetros ditados pelas pessoas para auxiliá-las a decidir; confidente, zelando por preservar ele próprio, assim como os mediados, a devida confidencialidade toda e qualquer informação, trazida, oferecida ou produzida no processo; e diligente, pressupondo-se que desenvolverá amplos esforços para proceder da melhor maneira possível quanto à investigação dos fatos relacionados ao conflito e sua administração de maneira positiva até a construção da solução desejada pelos mediados. Em outras palavras, o mediador, segundo SIX - 2001, é "alguém que faz comunicar, que faz passar uma corrente".[23]

Com relação às funções exercidas pelo mediador ao longo de sua intervenção, cabe ressaltar também que muitos autores, brasileiros e estrangeiros, defendem que este terceiro deve ser neutro. Sobre este aspecto há que se proceder a algumas reflexões. A natureza humana sempre prima pela associação ao já vivenciado e conhecido, decorrente de determinadas ideologias, mitos, paradigmas, imaginários, ilusórios e mesmo necessidades e valores pessoais. Esta associação leva a interpretações e julgamentos internos, os quais, como dito, são internos e não devem ter nenhuma conexão com os mediados. Tais elementos constituem-se verdadeiros desafios para o mediador, que deverá evitar sua exposição durante todo o processo de mediação. Tal fato, na realidade, leva qualquer pessoa a se alinhar a uma determinada tendência, o que demonstra, na verdade, que a neutralidade inexiste. No entanto, é dever do mediador se isentar de seus elementos internos pessoais, pois na mediação valem os elementos internos dos mediados. Em outras palavras a isenção é o valor soberano do mediador que deve ser preservado sob pena de sua imparcialidade inexistir e, com isso, restar comprometido o processo, o resultado e, o que é pior, prejudicar as pessoas.

Evidentemente que, na sua intervenção promotora de reflexão, o mediador a fará com base em seus paradigmas, imaginários, ilusórios, mitos, preconceitos, necessidades e valores, mas, ao se deparar com as referências dos mediados, deverá primar por privilegiá-las. No momento da objetivação, em que são identificados os temas, as opções e escolhas criadas e feitas para cada um, deverão valer as referências das pessoas e não as do mediador. Este questionamento não deve, portanto, expressar quesitos pessoais do mediador que possam direcionar os mediados para determinadas soluções. Para que isso não ocorra, é necessário cuidar ativa e continuamente da manutenção de um estado de isenção permanente de sua história para se fazer valer a dos participantes. O mediador deverá cuidar da equidade de participação dos mediados, manter em relação a esses a devida equidistância objetiva e subjetiva. Nesse sentido, a capacitação em mediação de conflitos é fundamental, devendo privilegiar cuidados extremos com relação a estes elementos, tanto no âmbito teórico quando no prático supervisionado.

Além disso, a isenção mencionada anteriormente inclui também o não oferecimento de informações técnicas especializadas emanadas do mediador. Nesse sentido, caberá a ele a disponibilidade de chamar o profissional adequado para o fornecimento da informação e orientação necessária. Por outro lado, não poderá oferecer os conhecimentos de sua profissão de origem para assessorar as partes

---

23 Jean François Six. *Dinâmica da Mediação*. Belo Horizonte: Del Rey, 2001, p. 237.

em suas decisões, nem poderá sugerir ou aconselhar quanto a decisões a serem tomadas. Ao mesmo tempo, uma vez finda a função de mediar o conflito para o qual foi nomeado, ele deverá evitar exercer outra função no mesmo caso – por exemplo, terceiro, juiz, árbitro ou consultor.

A mediação parte de uma atitude de humildade do mediador com os mediados, pois os principais atores deste método são eles próprios. Eles são os mais indicados para solucionar suas questões, pois sabem o que é melhor para eles próprios e, naquele momento, o estado de competição ou de imposição originado pelo conflito dificulta este saber. A conduta humilde deste terceiro parte do pressuposto de que o mediador desconhece a realidade daqueles envolvidos no conflito. Sua função é auxiliar as pessoas com base na retomada do respeito mútuo. Inclui o resgate das responsabilidades das pessoas, não somente pelo conflito gerado na inter-relação, mas, sobretudo, para a responsabilidade em face dos compromissos assumidos no decorrer do processo e posteriormente a ele.

Com conhecimento aprofundado sobre a comunicação humana, técnicas pacificadoras, perspectiva holística e visão ampla da controvérsia, o mediador deve promover a facilitação de diálogos em situações que envolvem conflitos. Sua competência resulta do seu domínio sobre os temas acima citados e sobre a condução do processo de mediação. Ele deverá estar permanentemente atento aos vários tipos comunicação que se estabelecem entre os mediados. Deverá observar, dentre outras, a comunicação verbal, paraverbal e não verbal existente, as narrativas que auxiliam a identificar e buscar motivadores comuns, divergentes e convergentes, ao desequilíbrio de qualquer natureza entre os participantes do processo. Deverá também estar atento ao grau de fortalecimento pessoal e reconhecimento das identidades dos mediados.

Imprescindível promover, durante a inter-relação momentânea entre mediador e mediados, o reconhecimento da existência provisória de uma equipe em colaboração, que buscará auxiliar os mediados a focarem nas suas motivações, a articularem a possibilidade de atender um ao outro nas suas respectivas necessidades e a legitimarem sua capacidade de solucionar pacificamente as próprias questões, beneficiando-se mutuamente.

Em outras palavras, a função do mediador é de auxiliar os mediandos a conduzir o processo de mediação a um resultado que atenda de maneira igualitária e equilibrada a todos. Ele tem a autoridade de coordenar o processo, e nunca de decisão do mesmo. Como dito anteriormente, a confiança construída entre o mediador e os mediados, constitui-se elemento fundamental para o próprio funcionamento do processo. A ele cabe o acolhimento das partes e seus advogados, prestar os esclarecimentos relativos ao processo de forma objetiva e correta, administrar a participação de todos os envolvidos, assegurando o bom andamento dos trabalhos, a manutenção da ordem, o respeito à integridade física e emocional, a livre expressão, formular perguntas de modo construtivo e agregador, buscar a clareza de todas as ideias, assegurar o equilíbrio de poder, facilitar o diálogo, oferecer reflexões relativas ao futuro a partir do presente e com respeito com o passado, promover a decisão dos que dela optaram em participar e, sobretudo, assegurar as condições do cumprimento da solução, quando alcançada.

7. ALGUMAS OBSERVAÇÕES SOBRE A CAPACITAÇÃO TEÓRICO-PRÁTICA MÍNIMA EM MEDIAÇÃO DE CONFLITOS

Para bem compreender a atividade da mediação de conflitos, há que se entender como se dá a intervenção de um terceiro imparcial, independente e alheio ao conflito. Como premissa, o mediador não dará continuidade ao paradigma usual de se terceirizar a gestão, resolução ou transformação do conflito. Paradigma este que privilegia a decisão impositiva de uma autoridade sobre a realidade das pessoas, muitas vezes impondo mudanças totais de seus hábitos e sua cultura. Nesse sentido, de nada adiantaria a mediação caso fossem objeto de reflexão a culpa, ou o "certo" em detrimento do "errado", ou de quem assiste o direito ou a razão. Na verdade, a lógica binária baseada no bem e no mal é traduzida, no procedimento da mediação, pela conscientização das responsabilidades e dos papeis que cabem a cada uma das pessoas envolvidas no conflito, sob a intervenção de um terceiro que oferecerá uma nova dinâmica, pela lógica ternária.

Na mediação de conflitos, o mediador deverá proporcionar momentos de diálogo em que a cooperação e o respeito se fazem imprescindíveis para que os próprios participantes busquem a solução. Deverá oferecer a reflexão, o questionamento, baseado em paradigmas distintos daqueles citados anteriormente, principalmente tendo como pressuposto o eixo referencial de que poderá se constituir em uma oportunidade de crescimento e evolução na relação existente. A atuação do mediador, portanto, distingue-se muito do hábito comum na sociedade pela imposição da vontade de um terceiro, na maioria das vezes o Estado. O mediador ao propor a cooperação levará a conscientização de que o conflito é inerente a toda e qualquer inter-relação. Com isso as pessoas envolvidas em conflitos passarão a melhor refletir sobre a inter-relação entre eles existente e permitirão que fatores emocionais sejam trabalhados para a geração de ideias, criação de opções e/ou construção de futuras soluções.

Os mediados atribuem ao mediador uma série de responsabilidades: bom senso, competência técnica, equidistância, experiência, habilidade para compreender as percepções individuais e individualistas, imparcialidade, integridade, sensibilidade, independência, confidencialidade e diligência. Cabe lembrar que, na maioria das vezes, num primeiro momento os conflitantes vêm impregnados do paradigma da terceirização do conflito, transferindo a responsabilidade da solução para este terceiro e, ao mesmo tempo, atribuindo a culpa de maneira recíproca.

Por essas razões, o profissional que irá atuar nesta atividade deve buscar a capacitação que lhe propicie romper com a lógica binária do "ganhar para não perder", do "certo ou errado", do "culpado ou inocente", ou mesmo das concessões mútuas. E, com isso, alcançar a reflexão sobre a inter-relações entre os mediados para permitir uma gestão do conflito mais pacífica e posteriormente todos ganharem com a sua resolução ou transformação.

Essas considerações podem ser estendidas para o comediador e eventuais observadores ou estagiários em mediação que acompanhem o processo. Na comediação, mais de um mediador estará colaborando na intervenção junto às pessoas. Nela, existe a intervenção de no mínimo dois mediadores capacitados que construirão em conjunto com as partes o processo e sua resolução ou não. Observadores ou estagiários em mediação são aqueles que observam a intervenção dos mediadores sem qualquer possibilidade de manifestação ao longo do processo. Pela função e importância para o processo de mediação, as considerações relativas à formação e capacitação do mediador lhes podem ser proporcionalmente estendidas.

A capacitação em mediação deve conter um estudo mais aprofundado do conflito e todas as suas diversas manifestações sejam elas latentes ou manifestas. Como ele nasce, cresce e promove reflexos nas inter-relações. Passa também por um aprendizado que deve percorrer "passo a passo" todo o processo de mediação, para que os novos conceitos trazidos sejam incorporados de maneira efetiva e bem sedimentada. Passa ainda por um aprendizado que privilegia a prática gradual e permita incorporar todas as técnicas da mediação. Passa por estudos relativos a diversos temas que envolvem uma inter-relação pessoal, profissional ou comercial. Passa por privilegiar a interdisciplinaridade, no sentido dos conhecimentos das diversas áreas de atuação do ser humano, extraindo de todas elas tecnologia a serviço das pessoas. E, ao mesmo tempo, deve fazer referência às suas habilidades em utilizar técnicas que promovam o pensar sobre a relação conflituosa, o desenvolvimento do processo de maneira que sua sensibilidade proporcione a perspectiva de futuro dos mediados, bem como a manifestação de criatividade, por parte dos mediados.

Além disso, a capacitação em mediação deve privilegiar a prática supervisionada e, nesse sentido, desprende-se da crítica e da indicação do que é certo ou errado, mas com a noção da pontuação das eventuais dificuldades observadas para o aprimoramento das habilidades peculiares a cada profissional, embasada na construção da efetiva criatividade e inovação. Tudo isso em favor das pessoas, as usuárias do processo, razão principal e central da atividade – não se esquecendo dos cuidados que há que existir com o próprio mediador, pois necessita de acompanhamento permanente a partir de sua intervenção.

Convêm ressaltar também que o profissional que ora se delineia nos parâmetros da capacitação é aquele que cultiva empatia para entender o que não é claramente expressado, busca sabedoria para identificar conexões entre fatos aparentemente não relacionados e criatividade para descobrir novas formas de definir conflitos ou novas regras que permitam adequar-se ao inesperado. Por isso, é relevante que a capacitação seja estruturada a partir destes elementos, pois não é "da noite para o dia", com um simples falar do que ela seja, assim como sua amplitude, alcance e limitações, que os profissionais desenvolverão a atividade com eficácia, eficiência, segurança e propriedade.

A capacitação em mediação de conflitos deve também privilegiar o estímulo à habilidade do mediador em utilizar técnicas que promovam o desenvolvimento ou a manifestação de criatividade por parte das pessoas envolvidas. Deve promover o questionamento do mediador a partir de sua perspectiva pessoal a respeito de sua realidade e de sua visão de mundo, baseados nos mesmos elementos citados no parágrafo anterior. O seu questionamento se agrega ao questionamento dos mediados. Nessa ocasião, o questionamento não deverá expressar valores ou leituras que possam direcionar as partes para determinadas soluções. Para que isso não ocorra, é necessário cuidar ativa e continuamente da manutenção de um estado de imparcialidade e permanecer isento de sua história para se fazer valer a das partes. Deve-se cuidar da equidade de participação dos mediados, manter equidistância objetiva e subjetiva e não tomar partido com relação aos temas e às partes com os quais esta mediando. Nesse sentido, a capacitação em mediação de conflitos deve privilegiar cuidados extremos com relação a estes elementos, tanto no âmbito teórico quando no prático supervisionado.

A capacitação em mediação deve passar também por um treinamento teórico e prático que promova a ampliação de sua capacidade de escuta, a conscientização de sua intervenção e do seu questionamento, o que provocará a reflexão própria para, depois, estruturar o questionamento dos mediados. Ao mesmo tempo, o mediador necessita de equidistância para se manter imparcial ao longo de todo o processo, em especial nas situações emocionais envolventes ou nas situações em que eventualmente ocorra identificação com as partes. Caso isto ocorra, é recomendável que o mediador decline do processo, encaminhando para outro mediador sob pena de comprometer toda a mediação iniciada, pelos resultados que poderão ocorrer e em especial a ele que também correrá o risco de comprometer a ele próprio.

Em resumo, a capacitação em mediação deve apresentar o processo de interação momentânea entre mediador e mediados, proporcionando a vivência de cada um dos momentos desta interação. Como destacam vários autores, este processo é tão importante quanto o resultado. Para tanto, cabe lembrar os movimentos incluídos no referido processo que o mediador deverá desenvolver com as partes. O resultado é a construção conjunta do ser mediador que existe em cada pessoa, com a identificação das habilidades a serem aperfeiçoadas e as dificuldades a serem superadas de maneira individual.

8. ALGUMAS ÁREAS DE UTILIZAÇÃO DA MEDIAÇÃO DE CONFLITOS

Com base nas observações apresentadas ao longo do presente texto, é fundamental ainda acrescentar a amplitude e alcance da mediação de conflitos, desde suas áreas de aplicação até os elementos pontuados anteriormente que poderão ser usados incidentalmente em diversos âmbitos. Não há limitação para o emprego da mediação de conflitos. Ao contrário do que a própria Lei 13.140/15 estipula a mediação não se limita à resolução de conflitos envolvendo "direitos disponíveis ou sobre direitos indisponíveis que admitam transação", pois poderá ser empregada em diversos contextos, desde que seus participantes sejam, no sentido legal, potenciais titulares de direitos. Em outras palavras, a mediação pode ser utilizada quando seus participantes possuírem a capacidade civil e se encontrarem em pleno gozo de suas faculdades físicas e mentais.

Como método de resolução ou transformação de conflitos, poder-se-ia ilustrativamente destacar a possibilidade de qualquer questão que envolva laços afetivos ou familiares entre as pessoas, como separação, divórcio, revisão de pensão, guarda de filhos, adoção, conflitos entre pais e filhos ou entre amigos etc. Igualmente, qualquer questão no âmbito empresarial, que envolva conflitos internos nas empresas ou entre empresas, bem como entre empresas e organizações, instituições ou mesmo corporações também poderiam ser mediadas. Ou mesmo, qualquer questão na área civil, como locação, relações condominiais, dissolução de sociedades empresariais ou não, inventários e partilhas, perdas e danos. E ainda, qualquer questão no âmbito comercial, como contratos em geral, títulos de crédito, fretes, seguros etc. Qualquer questão na área trabalhista, quando abordados os aspectos legais, tanto dissídios coletivos quanto dissídios individuais. Qualquer questão com relação ao meio ambiente, incluindo os órgãos de fiscalização, as pessoas jurídicas e físicas e os órgãos públicos. Qualquer questão na comunidade, desde problemas de vizinhança, passando por familiares e entre vizinhos, até conflitos coletivos. Qualquer questão no âmbito da escola, que poderá fazer uso do instrumento a partir de um plano em que se implementa a cultura da paz em uma escola ou uma rede de ensino. Outros conflitos também poderiam fazer parte desta lista, já que estas referências são apresentadas apenas e tão somente para proporcionar uma visão mais panorâmica e ilustrativa sobre o alcance da mediação.

Além disso, a mediação de conflitos é tão flexível e promotora de novos paradigmas que é possível o uso de seus princípios, norteadores, características e técnicas sem necessariamente se estar utilizando o método propriamente dito.

A mediação poderá ser utilizada de maneira eficiente quando seus norteadores e técnicas forem usados para qualificação do atendimento a pessoas envolvidas em conflitos. Ou seja, não é necessário existir mediadores para que seus elementos sejam empregados; basta fazer uso de seus novos paradigmas e técnicas que certamente resultarão num ambiente mais acolhedor às pessoas e, com isso, promover a pacificação e a cultura da paz. Por isso, nada obsta, que agentes de segurança pública, educadores, profissionais de distintas áreas em uma instituição ou organização, pública ou privada, se apropriem das técnicas de mediação para melhor se relacionar com as pessoas, refletir sobre as suas ações, proporcionar ações mediadoras em seu cotidiano e, com isso, pacificar as relações.

9. CONCLUSÃO A PARTIR DE UM BREVE HISTÓRICO SOBRE A MEDIAÇÃO DE CONFLITOS

A mediação de conflitos possui suas origens nos tempos antigos. Confúcio, por volta do ano 700 a.C., defendia que a melhor forma de resolução de questões conflituosas entre as pessoas era pela mediação de conflitos[24]. Os conceitos e experiências empíricas da mediação sempre estiveram presente em todas as civilizações antigas ou modernas. Além dos chineses, povos como o japonês, o judaico, o árabe, o anglo saxão, entre outros, sempre tiveram a figura de uma pessoa que auxiliava as demais a melhor se entenderem a se comporem. A partir da década de setenta no século passado, entretanto, diversas experiências empíricas passaram a ser observadas e estudadas pela Escola de Direito da Universidade de Harvard, no âmbito de seu Projeto de Negociação[25]. Tais observações apontavam para elementos comuns à mediação de conflitos que passaram a ser estudados e experimentados em situações diferentes. Com a união dos elementos que foram considerados, à época, mais eficazes na resolução de conflitos, foi dado início ao processo de sistematização teórica da mediação de conflitos, com a estruturação de mecanismos, técnicas e estratégias para sua institucionalização como método de resolução de disputas voltada para os tempos atuais.

Na sequência da referida teorização, iniciou-se o movimento mundial pela implantação da mediação em diversos países, nos cinco continentes. Nos dias atuais, a prática deste método para gestão, resolução e transformação de conflitos se desenvolve a passos largos e rápidos da China ao Peru, da Noruega à Argentina, da Austrália à Rússia, do Egito à África do Sul. Enfim, em muitos países. Alguns

---

24 John M Haynes. *Fundamentos da mediação familiar*. 2. ed. Tradução Marilene Marodin. Porto Alegre: Artes Médicas, 1998, p. 27.

25 Roger Fisher; Bruce Patton e Willian Yuri. *Como Chegar ao Sim*. Primeiro marco teórico da medição, *best seller* publicado em mais de cem países.

autores preocupados com sua essência propõem a perspectiva de a mediação transformar conflitos, por intermédio da autodeterminação do ser humano, que possui recursos próprios para superar o momento de crise criado com o surgimento do conflito. E como afirma MOORE – 1998, "a prática da mediação não está confinada à cultura ocidental e, na verdade, os procedimentos de mediação podem ser mais amplamente praticados nas sociedades e nos países não ocidentais do que no ocidente"[26].

Nesse sentido, convém reafirmar que tal movimento não é somente vocacionado ao auxílio às pessoas envolvidas em conflitos, dispondo-lhes uma alternativa ao modelo tradicional de resolução, mas, sobretudo, uma opção pela escolha do método mais adequado para o que estão enfrentando.

Atento às origens e preocupado com a sociedade pós-moderna, o movimento mundial de difusão da mediação de conflitos propõe caminhar em contextos os mais diversos e inusitados possíveis, nos quais se reconhecem diferenças e o convívio é marcado pelo respeito mútuo e a cooperação entre todos de maneira natural. Com isso, se proporcionam espaços mais dialógicos, permitindo o convívio das diferenças entre as pessoas e as organizações. Os princípios, norteadores, características e demais elementos da mediação, como dito anteriormente, empreendem novos paradigmas em prol de uma realidade mais autêntica entre as pessoas sejam físicas ou jurídicas. Com base nessa premissa, a Organização das Nações Unidas, por intermédio de sua Assembleia Geral da Organização das Nações Unidas – ONU, aprovou a Resolução nº 40/34, já em 29 de novembro de 1985, identificando a mediação de conflitos como método eficaz de resolução de conflitos. Além disso, com esta mesma premissa é que a UNCITRAL assina em agosto de 2019, com a participação de todos os seus integrantes, a Convenção de Singapura que trata da execução de acordos de mediação e de uma lei modelo de mediação para seus países signatários, entre eles o Brasil.

REFERÊNCIAS BIBLIOGRÁFICAS

BRAGA NETO, Adolfo. Marco Legal da Mediação – Lei 13.140/2015 – Comentários iniciais à luz da prática brasileira. *Revista de Arbitragem e Mediação – RArb*, ano 12 – 47 out./dez. São Paulo: RT, 2015.

BRAGA NETO, Adolfo. Mediação de Conflitos. In: PEREIRA JUNIOR, Antonio Jorge; JABUR, Glberto Haddad (coords.) – CEU *Direito dos Contratos*. São Paulo: Quartier Latin, 2006.

26 Christopher W. Moore. *O processo de mediação* – Estratégias Práticas para a Resolução de Conflitos. Porto Alegre: Artes Médicas, 1998, p. 41.

BRAGA NETO, Adolfo. *Mediação* – Uma experiência brasileira. São Paulo: CLA, 2017.

BRAGA NETO, Adolfo. Projeto de Lei de Mediação Paraprocessual em Trâmite no Congresso Nacional. *Revista Brasileira de Arbitragem*, nº 11, edição de jul./set. CBAR/IOB Thomson, São Paulo: 2006.

CAHALI, Francisco José. *Curso de Arbitragem* – Mediação – Conciliação – Tribunal Multiportas. São Paulo: Revista dos Tribunais, 2018.

FISHER, Roger; PATTON, Bruce; URY, Willian. *Como chegar ao sim*. 2. ed. Tradução Ana Luiza Borgers e Vera Ribeiro. Rio de Janeiro: Imago, 2005.

FOLGER, Joseph P.; BRAGA NETO, Adolfo. Mediação Transformativa, preservando o valor único da mediação em contexto de disputa. Tradução Julia S. Barros. *Revista de Arbitragem e Mediação – RArb*, ano 13 – 52 out./dez. São Paulo: RT, 2016.

FOLGER, Joseph P.; BUSH, R. A. Baruch. *The Promise of Mediation*. Nova Iorque, Jossey-Bass, 2005.

GRINOVER, Ada Pellegrini; WATANABE, Kazuo e LAGRASTA NETO, Caetano (coord.). *Mediação e Gerenciamento do Processo* – Revolução na Prestação Jurisdicional. São Paulo: Atlas, 2007.

GRINOVER, Ada Pellegrini. *Ensaio sobre a Processualidade*. Brasília: Gazeta Jurídica, 2016.

HAYNES, John M. *Fundamentos da Mediação Familiar*. 2. ed. Tradução Marilene Marodin. Porto Alegre: Artes Médicas, 1998.

KUHN, Thomas. *Estrutura das revoluções científicas*. São Paulo: Perspectiva, 1978. Google Books.

MOORE, Christopher W. *O Processo de Mediação*. 2. ed. Tradução Magda França Lopes. São Paulo: Artes Médicas, 1999.

MORIN, Edgar. *Introdução ao Pensamento Complexo*. Tradução Elaine Lisboa. Porto Alegre: Sulina, 2005.

RODRIGUES, Oswaldo Peregrina. *Os Novos Tipos Familiares em Face da Lei em vigor* – As relações jurídicas privadas e a dignidade das pessoas humanas que a integram. São Paulo: Claris, 2016.

SALES, Lília Maia de Morais; BRAGA NETO, Adolfo (orgs.). *Aspectos Atuais sobre Mediação e Outros Métodos Extra e Judiciais de Resolução de Conflitos*. Rio de Janeiro: GZ, 2012.

SALES, Lília Maia de Morais. *Mediação de Conflitos* – Família, Escola e Comunidade. São José: Conceito, 2007.

SAMPAIO, Lia Regina Castaldi e BRAGA NETO, Adolfo. *O que é Mediação de Conflitos*. Coleção Primeiros Passos. São Paulo: Brasiliense, 2007.

SIX, Jean-Françoi. *Dinâmica da Mediação.* Tradução Aguida Arruda Barbosa, Eliana Riberti Nazareth e Giselle Groeniga. Belo Horizonte: Del Rey, 2001.

SUARES, Marines. *Mediación. Conduccion de disputas, comunicación y técnicas.* 2. ed. Buenos Aires: Paidós, 2001.

TARTUCE, Fernanda. *Mediação nos Conflitos Civis.* 2. ed. São Paulo: Método, 2015.

WARAT, Luis Alberto. *Surfando na Pororoca* – O ofício do mediador. v. III. Florianópolis: Fundação Boiteux, 2004.

QUESTÕES PARA ORIENTAR A LEITURA E O DEBATE EM SALA DE AULA

1. O que, afinal, pode e deve fazer o mediador de conflitos? O que o autor quer dizer com "facilitador da comunicação"?
2. Se ele não aconselha nem avalia, por que "diferentes visões" contribuem para a mediação?
3. Que conteúdos e que habilidades devem compor a formação básica do mediador?
4. Existe uma zona de conflito entre a mediação e a jurisdição? Quais as vantagens e desvantagens de se resolver um conflito natureza indisponível, como família e meio ambiente, ou envolvendo interesse público, como relativo à distribuição de medicamentos, por meio de decisão judicial ou por mediação?
5. Podemos afirmar que a mediação de conflitos possui natureza jurídica? Caso positivo, qual seria? Caso negativo, justifique sua resposta.
6. Os requisitos mínimos indicados pelo autor a serem incluídos no contrato de mediação apresentam que tipificação contratual?
7. Os princípios da mediação de conflitos possuem alguma afinidade com os do processo judicial? Quais?
8. As áreas de utilização da mediação foram elencadas de maneira ilustrativa pelo autor, correto? O que ele quer dizer com "não há limitação para o emprego da mediação de conflitos"?

SUGESTÕES DE MATERIAL COMPLEMENTAR

✓ SAMPAIO, Lia Regina Castaldi e BRAGA NETO, Adolfo. *O que é Mediação de Conflitos* – Coleção Primeiros Passos. São Paulo: Brasiliense, 2007.

- *Para conhecer os princípios da mediação e toda a lógica apresentadas nos subtítulos deste capítulo.*

✓ BRAGA NETO, Adolfo. Mediação - Uma experiência brasileira. São Paulo: CLA, 2017.

- *Para conhecer o pensamento mais atual de alguns autores citados por Adolfo Braga Neto.*

✓ BRAGA NETO, Adolfo (Org.). *Mediação Familiar - A experiência da 3ª Vara de Família do Tatuapé.* São Paulo: CLA, 2018.

✓ BRAGA NETO, Adolfo (Org.). *Mediação Empresarial - experiências brasileiras.* São Paulo: CLA, 2019.

✓ A HISTÓRIA DE QIU JU (*Qiu Jiu da guam si*). Dirigido por Zhang Yimou. China, 1992 (110 min).

- *Para observar os vários elementos que envolvem o conflito, as motivações pela busca de justiça, assim como o sistema de mediação administrativo na China. Além isso, cabe salientar como a imposição não soluciona o conflito e muito menos promove a justiça.*

✓ *7 AÑOS. Dirigido por Roger Gual. Espanha, 2016 (78 min).*

- *Para observar as técnicas dialógicas utilizadas por um mediador contratado para ajudar na decisão de 4 sócios sobre irregularidades cometidas pela sociedade.*

7

A MEDIAÇÃO DE CONFLITOS EM CASOS CONCRETOS

Tania Almeida

Samantha Pelajo

1. INTRODUÇÃO

A oportunidade de escrever sobre a mediação em casos concretos nos tomou de entusiasmo pelo ensejo de compartilhar com o cenário brasileiro, que está em processo de legitimar a mediação em sua cultura, exemplos de aplicabilidade do instituto.

Para isso, o primeiro passo foi a eleição de casos. Optamos por apresentar quatro casos, representativos da diversidade de emprego do instrumento. Os Almeida integram uma empresa familiar na passagem da segunda para a terceira geração, o que os coloca em tensão e em diálogo na tentativa de preservar a empresa, a propriedade e o relacionamento familiar. Os Campelo são irmãos que administram um momento conturbado de sucessão hereditária, com risco de ruptura das relações familiares. Os Castro são um ex-casal que transformou uma convivência amorosa e pacífica em ida ao Juizado Especial Criminal. A MINERADORA E O CONDOMÍNIO é um caso ambiental que envolve múltiplas partes e que obteve no diálogo a garantia do atendimento das necessidades de todos e o suporte para os seus trinta anos de convivência previstos.

Estruturamos cada apresentação em três segmentos, de forma a conferir-lhes uma visão panorâmica em termos da história que permeia cada caso e das intervenções técnicas que consideramos favorecedoras dos resultados obtidos: (i) uma breve caracterização do caso; (ii) o momento de deflagração do conflito; e (iii) a mediação – aportes teóricos e técnicos formatam as narrativas.

As intervenções técnicas, alguns aportes teóricos e determinados conceitos estão destacados nos textos em itálico, a fim de facilitar a identificação para os que estão menos familiarizados com a mediação de conflitos e com os temas abordados. Além disso, cada caso está acompanhado por duas referências bibliográficas comentadas, com vistas a fornecer informações teóricas e técnicas adicionais, uma vez que prescindimos das notas de rodapé.

Esperamos que os casos apresentados ilustrem a diversidade de atuação da mediação e estimulem o leitor a incluir, em seu painel de Métodos de Resolução de Conflitos, esse instrumento que se propõe a construir consenso e a preservar a relação social entre as pessoas e as organizações.

2. OS ALMEIDA – UM CASO DE EMPRESA FAMILIAR

2.1. Breve caracterização

Seu Manuel e dona Francisca vieram de Portugal recém-casados para tentar a vida no Brasil. Foram muitos os anos de trabalho árduo no armazém do seu Luiz, um espanhol erradicado em São Paulo. Com a morte do patrão, Manuel reuniu todas as economias e conseguiu tornar-se dono do negócio. Foi prosperando de forma cada vez mais significativa, até que transformou o armazém em uma rede de supermercados.

Com muito esforço, seu Manuel pôde garantir à prole de quatro filhos uma educação de qualidade. Antônio (60 anos), Augusto (falecido aos 51 anos) e Joaquim (48 anos) concluíram os estudos em Administração de Empresas – os dois primeiros com o firme propósito de trabalhar ao lado do pai –; o caçula aspirava a voos mais altos, graduou-se em Engenharia e fez pós-graduação no exterior. A filha mulher, Margarida (58 anos), almejava o magistério, mas acabou se resignando com uma função de cunho gerencial nos negócios da família.

Os quatro filhos constituíram família – Antônio por mais de uma vez – e deram aos pais quinze netos. Pouco depois da morte de seu Manuel, ocorrida há seis anos, um trágico acidente culminou no falecimento de três funcionários e de Augusto e fez com que Margarida assumisse, ao lado de Antônio, a direção da empresa.

Dona Francisca e a(s) família(s) de três de seus filhos são integralmente providas pela receita oriunda da rede de supermercados. Joaquim, diferentemente dos demais, galgou a posição de presidente de uma multinacional, com sede em Curitiba, e pouco se interessa pelos rumos da empresa do pai.

2.2. O momento de deflagração do conflito

Quando a terceira geração chega à fase adulta, sua influência sobre a direção dos negócios passa a ser bastante intensa, especialmente porque três dos quinze netos dedicaram-se profissionalmente a áreas consonantes com os interesses da empresa e partilham da convicção de que os conhecimentos técnicos de ponta apreendidos em seus cursos universitários terão o condão de superar a estagnação das práticas gerenciais, já obsoletas, e trazer resultados muito mais lucrativos.

Em resposta aos questionamentos dos sobrinhos, relativos à gestão da sociedade, os dois sócios-administradores – Antônio e Margarida – procuram um consultor em empresas familiares para ajudá-los a conferir um viés mais profissional para o negócio. A consultoria identifica pecados comuns à condução de empresas familiares e coloca os membros da família diante de impasses que demandam um delicado e complexo diálogo entre os envolvidos. A partir da constatação de que a rede de supermercados não mais tem fôlego para continuar provendo a viúva de seu fundador e mais quatro famílias – um dos três filhos que dependem do negócio casou pela segunda vez – e de que está seriamente endividada, inclusive por passivos fiscais e trabalhistas, o conflito ganha um tom ainda mais confrontativo e passa a envolver as três gerações. Até mesmo a família de Joaquim, que até então se mantinha silente, é instada a tomar uma posição.

Com o diagnóstico da consultoria em mãos, a família chega à mediação com a intenção de colocar em pauta todos os temas que demandariam uma negociação baseada em consenso para serem bem administrados.

A intervenção de um mediador foi fortemente recomendada pela consultoria, notadamente em razão de os diálogos resultarem, invariavelmente, em discussões improdutivas e desgastantes e, também, porque todos entendiam que os laços afetivos entre os familiares deveriam ser preservados.

2.3. O processo de mediação: aportes teóricos e técnicos

Os Almeida procuram a equipe de mediadores, motivados pela percepção de que a gestão empresarial precisa de um redesenho para se tornar mais profissional, afinal, o caráter doméstico da administração não condiz com uma rede de supermercados em pleno século XXI que se pretende competitiva.

Assim, os mediadores são porta-vozes da seguinte pauta de negociação, identificada ao longo da consultoria: (i) definir se a empresa manterá uma administração doméstica ou se conferirá um perfil profissional à gestão, contratando profissionais especializados, inclusive para cargos de direção, entre outras medidas; (ii) estabelecer, com clareza, os critérios para confirmar os familiares dedicados ao negócio e para nortear a incorporação de novos membros da família a seus quadros – se a escolha se dará por competência ou pelas relações de parentesco e se os cargos serão preenchidos em função das demandas da empresa ou da necessidade das pessoas; (iii) deliberar como viabilizar a quitação dos débitos fiscais, não só porque estão cada vez mais onerando os cofres da rede de supermercados, mas também em virtude dos benefícios oferecidos pelo Governo, nesse momento, para negociação espontânea do passivo tributário; (iv) firmar a diferenciação entre as concepções de negócio, família e propriedade, prevendo-se remuneração aos administradores e distribuição de lucros entre os sócios.

À medida que a mediação progride, percebe-se que a família envida seus melhores esforços no sentido de compatibilizar os norteadores de mudança sinalizados pela consultoria como fundamentais à sustentabilidade do negócio com os valores afetivos que se mostram indispensáveis à preservação dos vínculos familiares. Essa combinação de premissas confere um tom singular e cuidadoso ao processo de diálogo.

Nas negociações relativas às empresas familiares, a tendência é de que as questões corporativas se entrelacem com as relações de parentesco, ocasionando momentos de predominância de uma em detrimento da outra.

Em casos – como o dos Almeida – em que coexistem questões de natureza objetiva e subjetiva, o instituto da mediação mostra-se especialmente adequado. Isto porque estimula que a tomada de decisões – *pauta objetiva* oferecida pela consultoria – se dê mediante a *construção de consenso*, ao mesmo tempo em que se mantém em foco a preservação da relação social entre os envolvidos – *pauta subjetiva* almejada pela família. Essa distinção de pautas resulta do *primeiro princípio de negociação da Escola de Harvard*: discriminar e separar a questão da relação.

A determinação da terceira geração de profissionalizar o negócio com base em concepções provenientes do conhecimento acadêmico adquirido, desprestigiando, assim, o que vinha sendo feito por seus pais e tios, possibilitou que os mediadores convidassem todos à reflexão: manter-se na gestão (posição da segunda geração) ou substituir os membros da diretoria (posição da terceira geração) levavam ao antagonismo e tiravam de foco os interesses manifestados por todos; sustentabilidade dos negócios e das relações. Essa intervenção está pautada no *segundo princípio de negociação da Escola de Harvard*, que instiga negociadores a identificarem seus interesses ocultos e valores por trás de posições antagônicas.

Muito embora as posições sejam francamente divergentes, ocasionando uma sensação de polarização entre as pessoas, os interesses que as alicerçam são comuns ou complementares: todos almejam *a* sustentabilidade dos negócios e das relações. A percepção de que a congregação de esforços incrementará a qualidade e a eficácia do processo de diálogo enseja uma maior disponibilidade de todos para a identificação de uma *multiplicidade de opções*, bem como a escolha, a partir da avaliação de *custos e benefícios de cada uma das possibilidades*, das soluções que promovam *satisfação mútua – terceiro princípio da Escola de Negociação de Harvard.*

A necessidade inconteste de sanear a empresa do passivo existente, aliada à oportunidade de negociar os débitos de natureza tributária, durante a vigência da lei que instituiu benefícios fiscais para a quitação espontânea, fez concentrar a energia e a atenção de todos os envolvidos, conferindo à questão caráter emergencial.

Após negociarem, de forma bastante colaborativa a melhor maneira de gerarem liquidez para o pagamento da dívida, novo impasse se colocou para os onze participantes da negociação: conquanto fosse consenso que um dos imóveis titularizados pela rede de supermercados deveria ser alienado de forma imediata, subsistia o dissenso relativo ao valor mínimo de venda a justificar o desfazimento do patrimônio.

As posições divergentes puderam ser conciliadas quando os mediadores convidaram a família a eleger critérios objetivos capazes de determinar o valor que nortearia a negociação no mercado. As ideias de avaliação oferecidas foram conjugadas, usando-se a média aritmética dos valores obtidos. A utilização de *critérios objetivos* diante de impasses na operacionalização de decisões constitui o *quarto princípio de negociação da Escola de Harvard.*

Discriminar família, negócio e propriedade, assim como eleger o diálogo e a construção de consenso para a tomada de decisões possibilitou aos Almeida identificar e implementar soluções convergentes com seus maiores interesses: a sustentabilidade dos negócios e das relações.

3. OS CAMPELO – UM CASO DE SUCESSÃO HEREDITÁRIA

3.1. Breve caracterização

A família Campelo é composta por uma viúva (Lourdes) e quatro filhos adultos, que não mantiveram vínculos afetivos estreitos ou convivência: uma mulher casada (Marina), com 45 anos e quatro filhos; um homem casado (Afonso), com 42 anos e sem filhos; um solteiro (Conrado), com 34 anos; e outra solteira (Norma), com 32 anos.

A morte prematura do marido de Lourdes (Rubens) – grande produtor de soja, proprietário de extensa área de terras e provedor afetivo e financeiro de todos – vem ocasionando, ao longo dos últimos cinco anos, a necessidade de redefinir papéis e conjugar esforços para a administração das fazendas, de seus negócios e do espólio.

Nem a meeira, tampouco os herdeiros detêm especial conhecimento sobre as atividades que eram tão bem desempenhadas pelo falecido Rubens. Norma assumiu, de forma quase que instantânea e intuitiva, a função de administradora das fazendas e dos negócios, em virtude da familiaridade – ainda que não tão expressiva assim – com o cotidiano da produção. Era muito próxima ao pai, a quem admirava profundamente e, por vezes, acompanhava na lida.

Todos manifestam interesse na ultimação imediata da partilha do acervo hereditário. Os três irmãos com problemas financeiros mais prementes – Marina, uma dona de casa cujo marido enfrenta sérias dificuldades; Afonso, um administrador de empresas que dirige, sem muito sucesso, uma rede de restaurantes; Conrado, um médico que precisa de recursos para deixar o hospital em que trabalha e montar sua própria clínica – questionam se de fato a irmã mais nova é sincera nessa intenção. Norma tem feito da administração dos negócios do pai um de seus objetivos de vida. Lourdes – inventariante do espólio – demonstra claramente sua insegurança quanto à gestão futura da parte que lhe caberá.

3.2. O momento de deflagração do conflito

Com a morte de Rubens, o clima entre os irmãos torna-se cada vez mais tenso: Afonso e Conrado, pela desconfiança sobre a gestão de Norma; Marina, pelo tempo infindável que o inventário está levando; Lourdes, pela falta de compreensão e reconhecimento dos filhos pelo trabalho que Norma vem realizando.

Marina, Afonso e Conrado resolvem, então, romper com a mãe e a irmã e contratar um advogado para questionar as contas do espólio e dos negócios. Um amigo do falecido Rubens, ao ver a família fragmentada, sugere fortemente a intervenção de um mediador de conflitos, com os objetivos de: (i) instituir um tom colaborativo nas interlocuções entre os familiares; (ii) possibilitar que os membros da família se mantenham *autores das decisões* que irão afetá-los; (iii) buscar *soluções de benefício e satisfação mútuos*; (iv) resolver as *questões de cunho objetivo*, preservando em paralelo a *relação afetiva entre todos.*

3.3. O processo de mediação – aportes teóricos e técnicos

Norma pediu a um advogado amigo da família a indicação de um mediador que pudesse atuar em Cuiabá – local que lhe pareceu acessível a todos – e sugeriu à família que não perdesse essa oportunidade de *conter a escalada do conflito*, cujas consequências já haviam desaguado na esfera judicial. Houve receptividade de todos à proposta.

Em virtude da complexidade do caso, que envolvia aspectos jurídicos, sociais, afetivos e financeiros, o mediador indicado optou por trabalhar em *comediação* (prática bastante usual), com vistas à complementaridade de conhecimentos: um psicólogo e administrador, com marcante atuação em situações que envolvem relações de parentesco e famílias empresárias, e um advogado, especializado em questões sucessórias.

Ao perceber que a mediação proporcionaria espaço e tempo adequados à *negociação das questões materiais* pelo viés colaborativo, proporcionando, assim, a *restauração da capacidade de diálogo* entre todos e a *preservação das relações sociais* subjacentes, a família elegeu, com entusiasmo, a mediação como instrumento de intervenção.

Houve consenso quanto à eleição do método e da pauta de trabalho: negociações relativas à partilha dos bens que compunham o acervo hereditário (*pauta objetiva*) e à reconquista da qualidade do relacionamento afetivo (*pauta subjetiva*). Como a mediação não se restringe à pauta inicialmente apresentada, que pode ser expandida em qualquer tempo para abranger outros temas além dos inicialmente elencados, a questão da administração das fazendas e dos negócios foi incluída.

A *ampliação de pauta* consiste em uma ferramenta extremamente relevante, já que possibilita a negociação de temas que estejam alicerçando ou alimentando o conflito e obstruindo sua dissipação. Uma vez superadas essas questões, a tendência é de que os acordos ganhem em qualidade e em sustentabilidade, além de se evitar o surgimento de novas expressões do mesmo conflito.

Ao longo de dez encontros de três horas, com periodicidade quinzenal, foram realizadas *reuniões conjuntas e privadas*, com o intuito de gerar informações para o processo e para as pessoas, bem como ações consequentes. Nas reuniões conjuntas, o entendimento pode se dar em tempo real e a negociação das opções se mostra especialmente profícua, pois articula as contribuições de todos, no que diz respeito tanto à *multiplicidade de sugestões*, quanto à *avaliação dos custos e benefícios das possibilidades aventadas* e à *viabilidade da implementação prática das soluções*. As reuniões privadas têm o objetivo de proporcionar um esvaziamento emocional e de possibilitar uma análise autoimplicativa da contribuição de cada um para a construção do desentendimento e para o resgate do entendimento.

No caso da família Campelo, as informações geradas nas reuniões conjuntas e privadas permitiram que todos percebessem que: (i) a não prestação de contas de Norma devia-se ao acúmulo de trabalho e à consequente escassez de tempo; (ii) a morosidade no andamento do processo de inventário era decorrente do desconhecimento de Lourdes quanto aos procedimentos judiciais e à possibilidade de o inventariante influir proativamente no ritmo da tramitação processual; (iii) a iniciativa de Marina, Afonso e Conrado, no sentido de pleitearem em juízo a prestação de contas, foi um movimento para provocar transparência, sem qualquer intuito de retaliação.

Na vigência do conflito, é natural que as ações ou atitudes que desagradam sejam mal interpretadas. Esse *distanciamento entre intenção e interpretação gera ruídos na comunicação* e incompreensões de diversas naturezas. O fato de a mediação *transcender à construção de acordos* e dedicar-se, também, ao *restauro da fluidez do diálogo e da relação social* dá ensejo a que esses temas possam ser tratados e as questões, superadas.

Em um primeiro momento, as atenções voltaram-se à pauta subjetiva – desconstrução do desconforto provocado pela desconfiança, pelo não reconhecimento e pela abertura de um processo judicial visando à prestação de contas. A *eleição da pauta subjetiva* como tema inicial é do mediador, como condutor do processo de diálogo. Costuma ser mais proveitoso *restabelecer o diálogo, antes de negociar temas objetivos*, já que a fluidez do primeiro contribui significativamente para a qualidade e amplitude do segundo. O *conflito subjacente* aos desentendimentos é construído a partir de sentimentos de desagrado e, se não for trabalhado, provocará impasses para a negociação objetiva. Quando os temas objetivos são muito prementes, o mediador pode optar por trabalhar as duas pautas em paralelo, como ocorreu com essa família.

O movimento seguinte foi o de *negociar os temas da pauta objetiva*: gestão do espólio e administração das fazendas e dos negócios. Nessa ocasião, o relacionamento entre os irmãos e entre eles e a mãe já estava fluido: o processo judicial de prestação de contas havia sido retirado; a família Campelo promovia encontros com bons resultados; um único advogado, eleito por todos, foi contratado para conduzir o inventário. A mediação os auxiliou a identificarem habilidades complementares, de forma que cada um pudesse oferecer sua melhor contribuição para todas as ações cabíveis.

Antes da negociação da pauta objetiva, com vistas a complementar as informações até então reunidas, os mediadores identificaram a necessidade de um *parecer técnico* sobre o que estavam por decidir – a informação técnica não pode ser oferecida pelos mediadores, mesmo que a detenham, a fim de preservar seu dever ético de imparcialidade. A consulta a um contador teve o objetivo de viabilizar uma prestação de contas mais elaborada e precisa; a orientação do advogado ofereceu norteadores que permitiram decisões qualificadas e juridicamente viáveis, cabendo-lhe também a revisão legal do acordo.

4. OS CASTRO – UM EX-CASAL QUE CHEGA AO JUIZADO ESPECIAL CRIMINAL

4.1. Breve caracterização e o momento de deflagração do conflito

Ernesto e Wilma são militares com patentes hierarquicamente distintas. Ambos foram casados e tiveram filhos nas uniões anteriores – ela, duas meninas de 12 e 15 anos; ele, um menino de 8 anos. Administraram as particularidades dos novos casamentos, incluindo a dificuldade de diálogo com os ex-parceiros e a delicadeza do convívio com os filhos do primeiro casamento. Habituados a ações diplomáticas no âmbito familiar e profissional, conseguiram construir um bom relacionamento durante dez anos de união, até se divorciarem.

A relação social entre ambos precisou ser mantida em função de Carlos, um menino de quatro anos, filho de Wilma e Ernesto, que passou a mostrar, após a separação, um comportamento muito agressivo. Os processos de separação e de fixação de pensão alimentícia e o estabelecimento de uma nova rotina de convivência com Carlos foram marcados por muitas discussões. Cada encontro para levar ou trazer o filho, assim como as conversas aparentemente motivadas para falar a respeito dele, resultavam em agressões verbais e, eventualmente, físicas.

Um processo de responsabilidade por dano moral, em função de Ernesto ter agredido Wilma no ambiente de trabalho, resultou no pagamento de quinze mil reais e nos prejuízos funcionais que um fato como esse provoca na carreira militar. O conflito continuou a escalar, o que acarretou a aplicação da Lei Maria da Penha e uma queixa crime contra Wilma por calúnia.

4.2. O processo de mediação – aportes teóricos e técnicos

A mediação foi sugerida e aceita por ambos, no âmbito do Juizado Especial Criminal, em um programa que seleciona as relações continuadas no tempo como objeto de intervenção.

Por requisição de ambos, foram atendidos durante todo o processo em *reuniões privadas* (*caucus*). As reuniões privadas são especialmente úteis quando se lida com situações extremamente carregadas de tensão e de emoção, uma vez que possibilitam, às partes, falar abertamente e, ao mediador, fazer perguntas mais diretas, que implicam, por exemplo, rever a própria contribuição para a situação conflituosa. No espaço privado, o discurso dos litigantes é predominantemente na terceira pessoa do singular, as acusações prevalecem, e os mediadores podem ajudar os mediandos a *redefinir suas queixas em preocupações*, identificando valores morais que estariam sendo violados pelo comportamento do outro.

O trabalho com Ernesto e Wilma ocorreu quinzenalmente e requereu sete reuniões privadas com cada um. Ter Carlos como *foco* de todas as ações e resoluções possibilitou que o diálogo progredisse. As intervenções que colocam os mediandos voltados para um especial *interesse comum* são recursos de negociação privilegiados pela mediação e viabilizam que litigantes *olhem em uma mesma direção* e construam *ações convergentes*.

Trabalhar com o cenário de *interesses comuns ou complementares* é uma proposta da Escola de Negociação de Harvard e integra um conjunto de princípios em torno dos quais a mediação foi estruturada, na década de 70, nos Estados Unidos. Na base de *interesses manifestos* jazem *valores* que os embasam e que possibilitam, quando identificados e reconhecidos como legítimos, que o diálogo aconteça. No caso de Ernesto e de Wilma, o exercício responsável da paternidade e da maternidade, o respeito mútuo e o restabelecimento da confiança foram valores identificados por ambos como importantes em sua história de vida e passíveis de serem resgatados em benefício de Carlos.

O fato de Wilma e Ernesto terem uma história positiva anterior ao litígio possibilitou trabalhar com a ideia de resgate. O reconhecimento da adequação de condutas anteriores à discordância empodera os mediandos e aumenta a possibilidade de construir um futuro que volte a incluí-las.

Como a mediação não se volta ao passado nem à culpa, mas sim ao *futuro*, e como o futuro de Carlos é longo, Ernesto e Wilma se dispuseram a resgatar em favor do filho um clima de confiança na convivência; sentiam-se responsáveis pela mudança de comportamento de Carlos no último ano, após o início do litígio.

Na mediação as *soluções são prospectivas* e o passado é referencial, somente para saber o que não repetir – no caso, as condutas agressivas – e o que trazer para o presente e para o futuro – uma capacidade negocial e cooperativa expressa na convivência com os ex-cônjuges e enteados.

As *opções de benefício mútuo* foram outro norteador na construção de *soluções consensuadas*. Carlos estudava muito distante da casa do pai, o que dificultava uma participação maior no cotidiano da escola. A condução escolar escolhida por um e paga pelo outro facilitou a logística de convivência de Carlos com o pai e viabilizou financeiramente a proposta.

Ter o filho como principal norteador de decisões ajudou Wilma e Ernesto a perceberem que, enquanto olhavam um para o outro reagindo agressivamente a cada movimento, descuidavam-se de Carlos, deixando de atendê-lo em algumas necessidades.

A *rede de pertinência* de Wilma e de Ernesto – irmãos, tios e pais – foi decisiva durante o período de litigância, quando a comunicação direta não se fazia possível entre o ex-casal. Todos se dispuseram a intermediar recados, telefonemas e a ajudar nos cuidados com Carlos, quando necessário. A mediação é o único processo de resolução de controvérsias que possibilita incluir a rede de pertinência dos mediandos no escopo de trabalho. Essa contribuição da Sociologia e da Antropologia – considerar as redes de pertencimento como parte determinante do comportamento dos sujeitos – facilita algumas abordagens na medida em que essas redes podem ter função conciliadora ou fomentadora das desavenças.

Em realidade, mediandos *representam muitas vozes* quando estão em processo de negociação e, por vezes, não podem flexibilizar posições em função do compromisso de fidelidade com suas redes sociais. Os advogados integram as vozes que os mediandos representam e, em determinadas situações, são pouco facilitadores de uma postura colaborativa nos seus clientes. No caso de Ernesto e Wilma, toda a rede social era muito afeita ao entendimento e, junto com a equipe de mediação, os convidava para focarem em Carlos como objeto maior de cuidado.

Este caso pode ser incluído no âmbito da *Justiça Restaurativa* que, dentre outras abordagens, pode valer-se da mediação para *tratar o conflito*, mantendo com a Justiça Penal a abordagem do delito. O conflito é a base dos delitos e, se for não trabalhado, dá margem à escalada de atos violentos. A comunicação agressiva para lidar com situações do cotidiano acaba sendo judicializada e constitui a tônica dos casos dos Juizados Especiais Criminais.

O *espectro restaurativo* acresce, à *visão retributiva* de infração à norma, o tema do desrespeito ao outro, convidando todos a identificarem suas *responsabilidades* no ocorrido e a *repararem os possíveis danos*. Coloca em foco a relação social e a *ética pautada na interação com o outro*. Tem como foro de trabalho o diálogo, nele incluindo as redes sociais, e dispõe-se a *monitorar*, junto com as redes de pertinência, as conquistas feitas. O *reconhecimento do erro*, o *aprendizado de outras formas de lidar com as diferenças* e a *reparação* tendem a interromper o ciclo de violência, a diminuir a reincidência de ações agressivas e a evitar sua propagação para os filhos.

Este trabalho valeu-se, também, de outra possibilidade oferecida pela mediação – os *acordos provisórios*. Pessoas com o nível de animosidade de Ernesto e Wilma dificilmente galgam um patamar de confiança e de colaboração sem um estágio intermediário que possibilite testar a confiança no outro e assegurar que é possível voltar a negociar e a respeitar.

Quatro meses depois de iniciada a mediação, Ernesto, Wilma e seus advogados assinaram um acordo provisório previsto para ser revisado em três meses. Decorrido esse prazo, os pais de Carlos voltaram à mediação para ratificar o consenso construído e para ampliá-lo. A hipótese da *guarda compartilhada* de Carlos foi aventada e a equipe propôs uma *reunião de avaliação* para seis meses depois, quando a guarda compartilhada não era mais objeto de regulamentação, uma vez que já vinha sendo praticada.

A *comediação interdisciplinar*, caracterizada pela complementaridade de conhecimentos, possibilitou identificar a *multifatorialidade do conflito* que envolvia Wilma e Ernesto – aspectos, legais, psicológicos, financeiros e sociais – e trabalhar com uma *abordagem sistêmica do litígio*, levando os diferentes aspectos em consideração.

A *avaliação quantitativa e qualitativa* do caso, feita pela equipe de mediação e pelos mediandos, confirmou o progresso relatado por Wilma e Ernesto e identificou Carlos como o maior beneficiário das mudanças efetuadas por seus pais.

5. A MINERADORA E O CONDOMÍNIO – UM CASO DE CONFLITO AMBIENTAL

5.1. Breve caracterização

O quadrilátero ferrífero de Belo Horizonte tem aproximadamente 2.500 quilômetros quadrados e contribuiu, ao longo dos anos, para a convivência entre a exploração de minério de ferro e a urbanização. A cidade de Nova Lima é o cenário do conflito potencial aqui apresentado.

A discordância entre um condomínio de alto luxo e uma grande mineradora, na década de 1990, foi precedida por desavença entre o mesmo condomínio e uma mineradora menor, que já fazia a exploração no local quando a empresa de maior porte anunciou sua chegada. A paz parecia ter deixado de existir para todos aqueles 500 condôminos, com suas casas cercadas de jardins, quadras de tênis e um campo de golfe.

A desavença com a empresa menor começou quando o condomínio constatou redução da água em seus poços artesianos e atribuiu o fato à empresa familiar mineradora que atuava na cercania, uma vez que a extração de minério demanda grande quantidade de água.

A pequena empresa contratou um geólogo para emitir um laudo que pudesse, inclusive, junto aos órgãos governamentais, selar responsabilidades. O geólogo eleito era também mediador e conduziu a pesquisa e o paralelo diálogo entre as duas partes – condomínio e mineradora familiar – de forma não adversarial. Por sua competência e postura, ganhou a confiança do condomínio, que aceitou seu laudo, mesmo contrário à hipótese inicial – o problema era decorrente do uso abusivo da água para molhar os jardins e das rachaduras nas piscinas naturais das casas do condomínio.

Como a grande empresa mineradora se aproximou nesse momento, anunciando sua atividade extrativa, o tom colaborativo e amistoso do diálogo inicial estendeu-se para os novos atores da questão – o condomínio, a empresa de grande porte e todos os órgãos governamentais envolvidos. Em paralelo, a pequena empresa familiar foi convidada a integrar o diálogo e a população de baixa renda das cercanias, de onde vinham funcionários para as mineradoras e para o próprio condomínio, teve seus interesses representados por este último, beneficiando-se do acordo construído durante três anos de negociação.

5.2. O momento de deflagração do conflito

Os órgãos governamentais estabeleceram como condição para a instalação da grande extratora uma composição que atendesse às normais legais e, nesse roldão, os interesses particulares do condomínio e da população periférica foram incluídos.

Um conflito não chegou a se instaurar em virtude dessa negociação ter preservado o caráter não adversarial inaugurado entre o condomínio e a mineradora familiar.

Todos os atores do episódio foram entrevistados em 2004, oito anos depois do acordo, para uma pesquisa do Banco Interamericano de Desenvolvimento que desejava identificar processos colaborativos de resolução de conflitos em situações comunitárias na América Latina, com vistas à publicação e divulgação (www.mediadoresenred.org.ar). A investigação demonstrou que, dentre os *atores diretamente envolvidos* – as indústrias mineradoras, o condomínio e os órgãos públicos –, todos possuíam perfil negocial, procuraram na informação o alicerce para um posicionamento adequado e no diálogo o meio de levar a bom termo a questão.

A partir da negociação com o condomínio, a grande mineradora passou a tomar como norma, antes de se instalar em outros sítios, promover conversas e negociações com os atores que seriam afetados, negativa ou positivamente, pela extração. Elaborou material pedagógico de fácil compreensão, esclarecendo sobre a utilidade do minério de ferro em nossas vidas, promoveu seminários ilustrativos e estabeleceu negociações visando ao cumprimento de normas legais, assim como ao atendimento de interesses daqueles que viriam a ser afetados pelo empreendimento.

5.3. O processo de mediação/facilitação de diálogos com múltiplas partes – aportes teóricos e técnicos

Sabe-se que os diálogos com múltiplas partes são complexos, uma vez que envolvem distintos interesses, de natureza, por vezes, divergente. São exemplos disso as negociações relativas ao coletivo e às políticas públicas.

A mediação oferece subsídios teóricos e técnicos para negociações que envolvem múltiplas partes. O fato de ter evoluído para além do objetivo negocial preconizado pela Escola de Negociação de Harvard, agregando outros olhares teóricos e consequentes posturas práticas mais abrangentes, conferiu ao método um caráter transdisciplinar, possibilitando, também, ser utilizado como base para processos colaborativos relacionados ao coletivo.

Diálogos dessa natureza têm caráter inclusivo, ou seja, trazem para a mesa todos os atores envolvidos a partir de um cuidadoso mapeamento que, além de identificá-los, discrimina os interesses, necessidades e valores que cada um aporta para a negociação. Os atores primários são os mais diretamente envolvidos na questão, e os secundários aqueles que administrarão de forma indireta os custos e os benefícios das soluções encontradas. Neste caso, eram atores primários, além do condomínio e das mineradoras de pequeno e grande portes, os órgãos públicos. Os atores secundários incluíam a população periférica do entorno do condomínio, seus funcionários e os das mineradoras.

Um mapeamento adequado é de suma importância porque garante, em muito, o cumprimento do acordado, em função da horizontalidade das decisões, da coautoria e do benefício, bem como a satisfação que resultam da articulação das necessidades e possibilidades de todos. O mapeamento também possibilita identificar os diferentes componentes do potencial conflito ou da desavença já instaurada, norteadores adicionais do processo de negociação.

Neste caso, o conflito não estava instalado, mas era potencial. Essa é uma especial aplicabilidade dos métodos autocompositivos voltados a múltiplas partes. O tratamento de conflitos potenciais provoca ampla repercussão social positiva porque evita que uma rede de pessoas se indisponha, gerando prejuízo para todas as interações das quais participam. Acredita-se que os conflitos não são construtivos ou destrutivos em si. Os meios utilizados para resolvê-los é que proporcionam resultados positivos ou negativos. Os métodos baseados em benefícios mútuos, no atendimento dos interesses e necessidades de todos os envolvidos, na visão multifatorial da divergência, no fortalecimento e preservação da relação social preexistente e em soluções criativas e prospectivas que articulem todos os itens anteriores, integrariam o escopo dos instrumentos de resolução/administração de conflitos que promovem resultados positivos.

Um passo a passo coordenado fez parte do caso do condomínio e das mineradoras. O condomínio organizou-se internamente, constituindo comitês temáticos, consultando técnicos em distintos assuntos – essas são questões que demandam informação técnica – e promovendo interlocução entre representantes e condôminos de forma a buscar coesão interna e legitimidade para seus representantes.

A grande mineradora orquestrou um diálogo interno e alimentou seus representantes com norteadores de negociação, enquanto tornava claros, para os órgãos públicos e para o condomínio, seu programa de identificação e cumprimento das medidas mitigatórias e compensatórias necessárias, assim como sua disponibilidade para o posterior monitoramento.

Foi consenso entre os entrevistados que o texto escrito do acordo foi elemento imprescindível, não só para a obtenção do licenciamento necessário à atividade industrial, mas, especialmente, para tornar-se referência para o monitoramento e a manutenção do diálogo entre as partes. Junto com o condomínio, a mineradora maior – que ofereceu à menor um outro sítio para a atividade extrativa – acompanha o monitoramento do acordo e ambos – condomínio e mineradora mantêm-se em diálogo até hoje, catorze anos após sua assinatura.

Para todos os envolvidos, o diálogo como instrumento de entendimento e o acordo realizado compuseram a melhor alternativa para a administração da questão. Um viés adversarial não viabilizaria a proteção ambiental necessária e colocaria os atores diretamente envolvidos em antagonismo, tornando complexas conversas futuras e instabilizando uma relação de vizinhança prevista para os subsequentes trinta anos.

A resolução pelo diálogo possibilitou que a convivência com a mineradora maior mantivesse, ainda hoje, micronegociações para ajustes e para a atualização de necessidades.

6. CONCLUSÃO

Voltada a diálogos com duas ou mais partes e dedicada à construção de consenso e à preservação da relação social, a mediação faz-se indispensável nas interações que permanecerão no tempo. Auxiliando nos conflitos existentes ou potenciais, tem especial contribuição na prevenção do litígio e da violência e na manutenção do diálogo entre pessoas ou organizações.

REFERÊNCIAS BIBLIOGRÁFICAS

Caso 1

DAVIS, John A. et al. *De geração para geração*: ciclos de vida das empresas familiares. São Paulo: Negócio Editora, 1998.

Essa obra é emblemática no campo das empresas familiares. São esses autores que lançam a ideia dos três círculos entrecruzados – família, empresa e propriedade –, que caracterizam tais empresas. Discriminar as três instâncias no cotidiano e manter fluida a comunicação são fatores indispensáveis ao sucesso dessas organizações.

FISHER, Roger; URY, William; PATTON, Bruce. *Como chegar ao sim:* negociação de acordos sem concessões. 2. ed. revisada e ampliada. Trad. de Vera Ribeiro e Ana Luiza Borges. Rio de Janeiro: Imago, 2005.

Inicialmente, os autores descrevem os problemas decorrentes do uso de estratégias padronizadas pelo modelo negocial baseado na barganha. Apresentam, a seguir, os quatro princípios da negociação baseada em interesses, cerne do processo de mediação.

Caso 2

CARAM, María Helena; EILBAUM, Diana Teresa; RISOLÍA, Matilde. *Mediación*: diseño de una práctica. Buenos Aires: Librería Histórica, 2006.

As autoras são advogadas argentinas dedicadas à prática privada e à docência em mediação e compartilham nesta obra experiências de mais de dez anos. O livro volta-se, com minúcia, ao passo a passo do processo de mediação, do encaminhamento aos aportes técnicos.

MOORE, Christopher W. *O processo de mediação*: estratégias práticas para a resolução de conflitos. Porto Alegre: Artmed,1998.

O autor é um consultor internacional no campo da administração de conflitos, especialmente dedicado a questões ambientais e de políticas públicas. Esta obra sobressai pela abrangência e clareza e dedica-se ao passo a passo da mediação, antes mesmo do seu início.

Caso 3

BUSH, Robert A. Baruch; FOLGER, Joseph P. *The Promisse of Mediation*: the transformative approach to conflict**.** San Francisco: Jossey-Bass, 2005.

Esse livro retrata a ideologia do modelo de prática denominado mediação Transformativa e identifica seus princípios norteadores. Os autores relatam algumas situações de conflitos e dão ênfase ao empoderamento de cada parte e ao reconhecimento de suas necessidades e possibilidades, marcas do trabalho transformativo.

ZEHR, Howard. *Trocando as lentes*: um novo foco sobre o crime a Justiça Restaurativa. São Paulo: Palas Atenas, 2008.

O autor apresenta distinções entre os paradigmas da Justiça Retributiva e da Justiça Restaurativa, como duas lentes com dessemelhantes visões de justiça. Identifica que a nova lente amplia a percepção do crime – também como violação de pessoas e relacionamentos – e aponta para o objetivo de restaurar as relações sociais.

Caso 4

DEUTSCH, Morton. *The resolution of conflict*: constructive and distructive processes. New Heaven CT: Yale University Press, 1993.

O autor dedica-se a diferentes vertentes do tema conflitos, identificando variáveis que afetam seu curso, reafirmando seus aspectos positivos e discriminando conflitos construtivos e destrutivos a partir dos meios utilizados para administrá-los.

SOARES, Samira de O. *Mediação de conflitos ambientais*: um novo caminho para a governança da água no Brasil? Curitiba: Juruá, 2010.

A autora, consultora jurídica em meio ambiente e mediadora de conflitos, articula os dois temas – mediação e meio ambiente – com especial foco nos recursos hídricos, mas chamando a atenção para outras aplicações na seara ambiental.

QUESTÕES PARA ORIENTAR A LEITURA E O DEBATE EM SALA DE AULA

Os Almeida – um caso de empresa familiar

1. Quais seriam os principais temas de negociação em uma empresa familiar?

2. Que benefícios podem advir da proposta de tratar esses temas por meio do processo de diálogo que caracteriza a mediação?

Os Campelo – um caso de sucessão hereditária

1. Por que o tema da sucessão hereditária traz tensão para o seio da família?
2. Que benefícios podem resultar da eleição de um terceiro neutro para coordenar um diálogo colaborativo entre todos os envolvidos na sucessão?

Os Castros – um ex-casal que chega ao Juiz do Especial Criminal

1. Por que a Justiça Retributiva não contempla de forma abrangente as questões familiares ou comunitárias que resultam em queixa-crime?
2. Que benefícios a proposta restaurativa pode aditar em situações dessa natureza?

A Mineradora e o Condomínio – um caso de conflito ambiental

1. Por que um conflito que envolve múltiplas partes e interesses coletivos é considerado complexo?
2. Que benefícios um processo de diálogo que inclua o ponto de vista, os interesses e as necessidades dos atores envolvidos em um conflito multipartes pode agregar à convivência futura entre eles?

SUGESTÕES DE MATERIAL COMPLEMENTAR

Segue uma bibliografia comentada que poderá ampliar as reflexões sobre os temas tratados nos quatro casos oferecidos. Os comentários auxiliarão o leitor a eleger os assuntos de interesse.

✓ ALMEIDA, Tania, *Caixa de Ferramentas em Mediação – Aportes práticos e teóricos.* São Paulo: Dash, 2014.

➢ *Essa obra em dois capítulos coloca em conversa os aspectos práticos das intervenções em Mediação – objetivos, operacionalização e o impacto – comtemplados no capítulo I, com a leitura teórica de cada ferramenta explorada no capítulo II. Pode estar a serviço de consultas rápidas (capítulo I) e a serviço do estudo mais aprofundado das inúmeras intervenções compiladas na obra (capítulo II).*

✓ ARÉCHA, Patricia, BRANDONI, Florencia; FINKELSTEIN, Andrea. *Acerca de la Clínica de Mediación* – relato de caos. Buenos Aires: Librería Histórica 2004.

➢ *As autoras dessa obra – duas advogadas e uma psicológica – acompanham questionamentos teóricos e práticos relativos à Mediação por meio da análise de casos que ilustram. Casos mediáveis ou não, neutralidade, intervenções e a subjetividade/imaginário social da Mediação são partes dos temas abordados. Um livro muito ilustrativo para quem atua na prática da Mediação.*

✓ AZEVEDO, André Gomma (Org.). *Manual de mediação judicial.* Brasília: Ministério da Justiça, Secretaria de Reforma do Judiciário, 2009.

➢ *Devido ao fato de ter o ensino como finalidade primeira, essa obra é muito útil para os que estão em processo de capacitação em Mediação. Além de descrever o processo em toda sua extensão, aporta técnicas e leituras teóricas correspondentes. Traz um exemplo detalhado e Declaração de Abertura e um check list que pode auxiliar os iniciantes dessa prática.*

✓ BOJER, Marianne Mille et al. *Mapeando diálogos* – Ferramentas essenciais para a mudança social. Rio de Janeiro: Instituto NOOS, 2008.

➢ *Esta tradução anteriormente publicada pelo Taos Institute e originária de um trabalho do Centro de Memória e Diálogo da Fundação Nelson Mandela, está dirigida, em especial, àqueles que facilitam diálogos entre pessoas. Curiosamente, o texto não trabalha com a ideia de imparcialidade no relativo ao desempenho adequado do facilitador de diálogos, mas sim com um conjunto de atitudes e objetivos: clareza de propósitos, forte habilidade de escuta, autoconsciência e autenticidade, habilidade para fazer boas perguntas e para fazer uma abordagem holística.*

✓ CARPENTER, Susan L.; KENNEDY, W. J. D. *Managing Public Disputes* – A pratical guide for government, business, and citizens group. San Francisco: Jossey Bass, 2001.

➢ *Os livros dedicados a diálogos colaborativos com múltiplas partes são os mais férteis em demonstrar a importância de o facilitador de diálogos ter sob sua conduta esses processos. Essa obra traz um passo a passo para a condução de diálogos dessa natureza – desde sua estruturação ao fechamento, aplicável a diferentes contextos de convivência.*

✓ COOLEY, John W. *A advocacia na mediação*. Brasília. UnB, 2001.

➢ *Cooley dedica-se a focar na participação do advogado em processos de Mediação, chamando a atenção para uma mudança paradigmática em sua postura e na do cliente. Ambos administrarão uma outra natureza de prestação de serviços. Assim que é necessário ao advogado saber sobre o amplo espectro de sua participação em uma Mediação, especialmente por oferecer um parecer técnico muitas vezes indispensável.*

✓ COOPERRIDER, David L.; WHITNEY, Diana; STAVROS Jacqueline M. *Appreciative Inquiry Handbook*. Brunswick, Ohio: Crown Custom Publishing, 2005.

➢ *Os autores desenvolveram uma pesquisa no campo organizacional e constataram que as consultorias pautadas em diagnósticos patológicos – o que não está funcionando e precisa ser revisto – deixavam de lado os aspectos positivos da corporação. O diálogo apreciativo está baseado em positividade de qualquer sistema – família, empresa, comunidade. O livro mostra um passo a passo que orienta na construção de diálogos dessa natureza e propõe uma mudança paradigmática no campo da facilitação de diálogos.*

✓ FIORELLI, José Osmir; MALHADAS JUNIOR, Marcos Julio Olivé; MOORAES, Daniel Lopes. *Psicologia na mediação* – Inovando a gestão de conflitos interpessoais e organizacionais. São Paulo: LTr, 2004.

➢ *Um professor de psicologia e engenheiro, um advogado e um consultor de empresas e um engenheiro civil com especialização em psicologia reúnem e compartilham sues conhecimento nessa obra que mergulha no estudo da comunicação humana na vigência do conflito e articula as reflexões produzidas ao processo de Mediação de Conflitos.*

✓ FISHER, Roger; SHAPIRO, Daniel. *Beyond Reason* – Using emotions as you negociate. New York: Peguin Books, 2005.

➢ *Os autores, integrantes do Harvard Negotiation Project, legitimam processos negociais. Enquanto Getting to Yes (livro anterior resultante do mesmo projeto) parecia asséptico com relação às emoções, nessa obra elas tomam lugar semelhante ao que as posições tiveram em Gettin to Yes: emoções e manifestação de sentimentos estariam a serviço de encobrir valores não cuidados e preocupações, assim como as posições encobririam os interesses. Lendo dessa forma, mediadores cuidariam para identificar preocupações e valores sob posturas aparentemente inadequadas de mediandos.*

✓ GALTUNG, Johan. *Transcender e transformar* – Uma introdução ao trabalho de conflitos. São Paulo: Palas Athena, 2006.

➢ *Galtun fundou a disciplina estudos para a paz na academia, assim como o Instituto Internacional de Pesquisas de Paz, em Oslo (1959). Ele desempenhou importante papel na Mediação e na prevenção da violência em dezenas de conflitos armados no mundo, nas últimas quatro décadas. Longe de trabalhar com a solução ideal, mas próximo de bem utilizar o melhor dentro do possível, este livro é um manual prático para transcender e transformar conflitos de distintas naturezas – pessoais, domésticos, internacionais; de origem étnica, de classe ou de gênero.*

✓ GERGEN, Kenneth J. *El ser relacional – Más allá del Yo y de la Comunidad.* Bilbao: Desclée De Brouwer, 2015.

➢ *Grergen há anos vem atento ao tema das relações e nesta obra destrincha o valor e o impacto das relações nos cenários da vida cotidiana e conclui: tudo se dá na relação.*

✓ HICKS, Donna. *Leading with Dignity* – How to create a culture that brings out the best in people. New Haven: Yale University Press, 2018.

➢ *Esse pequeno livro de Donna Hicks resulta de pesquisa que assina o quanto o ser humano necessita ser reconhecido em suas necessidades e o quanto algumas dessas, quando desatendidas, ferem sua dignidade.*

✓ ISAACS, William. *Dialogue and the Art of Thinking Together.* New York: Currency, 1999.

➢ *O autor integra a equipe do MIT Dialogues Project, e o livro, baseado em dez anos de pesquisa, dedica-se a estudar as características positivas de processos de diálogo, destacando a qualidade da expressão e da escuta, a admissão da diferença e a genuína curiosidade que vê o novo em temas conhecidos. A imagem metafórica que a pesquisa construiu sobre o diálogo foi levada para o título do livro – a arte de pensar junto.*

- ✓ JONATHAN, Eva; PELAJO, Samantha; ALMEIDA, Tania (Coords.). *Mediação de conflitos – Para iniciantes, praticantes e docentes*. Salvador: JusPodivm, 2016.
  - ➢ *Esse livro compila as ideias de 74 autores e de forma complementar apresenta temas genéricos sobre a Mediação de Conflitos, no segmento para iniciantes; textos relativos à aplicabilidade do Instituto em distintas áreas de prática, no segmento dirigido a praticantes; e aportes didático-pedagógicos de renomados professores que trabalham capacitando mediadores, segmento voltado a docentes. Obra completa!*

- ✓ LAZARE, Aaron. *On Apology*. New York: Oxford University Press: 2004.
  - ➢ *Lazare nos brinda com a percepção de que o pedido de desculpas pode advir de distintas motivações e o quanto oferecê-lo adequadamente aproxima as relações sociais.*

- ✓ LITTLEJOHN, Stephen; DOMENIC, Kathy. *Communication, Conflict and Management of Difference*. Illinois: Waveland Press, 2007.
  - ➢ *Nessa obra, os autores pautam o desenvolvimento de suas ideias no manejo das diferenças. Considerando que diferenças são inerentes à vida e às pessoas, a legitimação de diferenças seria o caminho para bem manejá-las. A ferramenta que elege para dar conta dessa tarefa pode se constituir em desafios para o entendimento e a composição em lugar de se constituírem em barreiras à interação.*

- ✓ PRANIS, Kay. *Circle Process* – A new/old approach to peacemaking. Intercourse, PA: Good Books, 2005.
  - ➢ *Os Círculos de Conversa, voltados ou não para propostas restaurativas, são a metodologia de diálogo mais significativa até o momento até o momento para compor diferenças e articular interesses comuns e complementares (com os interesses divergentes, inclusive). Kay Pranis é uma expert no tema e compartilha conosco, nessa obra, os fundamentos da construção e do manejo de um círculo de conversa.*

- ✓ ROSEMBERG, Marshall B. *Comunicação não violenta* – Técnicas para aprimorar relacionamentos pessoais e profissionais. São Paulo: Ágora, 2006.
  - ➢ *A comunicação Não Violenta (CNV) preconiza uma expressão clara e uma escuta empática para o cotidiano, independentemente*

do contexto, com vistas a contribuir para uma convivência mais pacífica. Tarefas aparentemente fáceis, a expressão e a escuta com as qualidades sugeridas pela CNV, devem ser cuidadas a cada momento e em todas as interações. No capítulo 7 – Receber com Empatia –, os muitos outros concernentes à Mediação: perguntar, prestar atenção na necessidade do outro, manter a empatia. A validação está firmemente assentada nos princípios da CNV.

- ✓ SHAPIRA, Omer. *A Theory of Mediator's Ethics* – Foundations, Rationale and Application. New York: Cambridge University Press, 2016.
  - ➢ *Omer é considerado um ícone no tema Ética na Mediação. Citado por muitos como referência, aborda 1001 aspectos éticos advindos da prática da Mediação.*

- ✓ SUSSKIND, Lawrence E.; CRUIKSHANK, Jeffrey L. *Braking Robert's Rules* – The new way to run your meeting, build consensus, and get results. New York: Oxford University Press, 2006.
  - ➢ *Susskind é personalidade no campo da construção de consenso – MIT e Harvard – e possui algumas obras no tema. Essa, em especial, de fácil leitura e cunho prático, ensina sobre a importância de ground rules e, reuniões tensas, que envolvem múltiplos atores e distintos interesses. As regras de convivência adotadas ao início dos processos de diálogo, em comum acordo, podem então ser evocadas e lembradas quando do seu descumprimento.*

- ✓ WATZLAWICK, Paul; BEAVIN, Janet Helmick, JACKSON, Don. *Programática da comunicação humana* – Um estudo de padrões, patologias e paradoxos da interação. São Paulo: Cultrix, 1967.
  - ➢ *Esta é uma obra emblemática no campo da comunicação. O conteúdo é fruto de uma pesquisa sobre o tema. Define alguns padrões comunicacionais e elenca o que seriam os cinco axiomas da comunicação humana: (i) é impossível não comunicar; (ii) toda comunicação tem um aspecto informativo (conteúdo) e outro relacional (forma); (iii) a comunicação se dá de maneira analógica (não verbal) e digital (verbal); (iv) os padrões comunicacionais são simétricos ou complementares; (v) a natureza de uma relação depende da pontuação das sequências comunicacionais (como cada dialogante significa a comunicação recebida).*

8

Conciliação em juízo: o que (não) é conciliar?

Fernanda Tartuce

1. AMBIGUIDADES E QUESTIONAMENTOS

O título deste capítulo é propositalmente ambíguo e apresentado como questionamento porque o tema muitas vezes é marcado por dúvidas significativas. Embora seja muito festejada a promoção da conciliação, é preciso atentar como sua prática deve ser concebida para atender ao desiderato de gerar resultados produtivos aos envolvidos.

Os meios "alternativos" de composição de conflitos, aliás, costumam ensejar confusões conceituais. Muitas vezes ouve-se falar em mediação e logo vem à mente a arbitragem, assim como algumas pessoas não divisam diferenças entre conciliação e mediação.

Em inglês, a sigla *ADR* (*alternative dispute resolution*) vem sendo repensada para que a letra A passe a representar *appropriate*: mais do que meramente alternativos, os mecanismos devem ser adequados[1] para a abordagem da controvérsia a partir da consideração de fatores como o tipo de litígio e as condições das partes.[2]

A associação entre mediação e arbitragem ocorre por serem meios tradicionalmente privados de composição de conflitos, sendo conduzidos por terceiros nomeados pelos litigantes para a gestão do impasse. As diferenças entre as técnicas são significativas: enquanto o mediador colabora para o resgate da comunicação de modo que os envolvidos possam identificar soluções convenientes, o árbitro exerce a função de julgador e decide de forma imperativa. Assim, enquanto a mediação se aproxima da conciliação (em que o terceiro facilitador não tem poder decisório), a arbitragem se afina com a solução jurisdicional (ambos são mecanismos de adjudicação em que terceiros resolvem o conflito, sendo suas decisões reconhecidas como títulos executivos judiciais).

Tanto na mediação como na conciliação o terceiro imparcial irá colaborar para que envolvidos dialoguem e tornem-se aptos a identificar os interesses sobre os quais podem transacionar.

Como exemplo, considere o conflito sobre o valor do aluguel em que o locador exige reajuste segundo o índice contratual e o locatário afirma não ter poder arcar com o aumento. Apesar de as posições de ambos revelarem preocupações puramente econômicas, outros interesses estão certamente envolvidos na negociação (como a manutenção do contrato, as boas condições do imóvel...). Tanto o mediador quanto o conciliador podem colaborar para que os indivíduos identifiquem a importância dos interesses comuns e cogitem sobre alternativas para contemplá-los. No que tange à apresentação de propostas é que a atuação difere: enquanto o conciliador pode propor soluções, o mediador deve colaborar para

---

1 A adequação dos mecanismos de composição de conflitos (e não sua contribuição para buscar "desafogar o Poder Judiciário") é a grande razão para sua adoção; o tema foi abordado pela autora em seu mestrado na USP, tendo sido a dissertação ampliada e adaptada na obra *Mediação nos conflitos civis*. São Paulo: Método, 2008.

2 Ao ponto, vale a pena destacar a existência do "*Design* de Sistemas de Disputas" (DSD). Em artigo referencial sobre o tema, aborda Diego Faleck que "tal investigação visa à construção de sistemas de resolução de disputas, que envolvem um conjunto de procedimentos criados sob medida para lidar com um conflito determinado, ou uma série destes. A customização do sistema permite que as necessidades únicas de cada caso concreto sejam atendidas com eficiência e evita gastos de recursos, tempo, energia emocional e perda de oportunidade. Ao mesmo tempo, permite a maior participação das partes interessadas e afetadas para o alcance de seus objetivos, o que gera satisfação com os resultados" (Introdução ao *design* de sistemas de disputas: câmara de indenização. Disponível em <www.fernandatartuce.com.br/artigosdeconvidados>. Acesso em: 13 mar. 2020).

que as próprias partes formulem alternativas, de forma a preservar sua autoria na construção da resposta.[3]

Nosso foco no momento é a conciliação judicial, instituto sobre o qual algumas frases prodigalizadas merecem reflexão; para tanto, nada melhor do que o formato interrogativo, técnica útil para fomentar ideias e viabilizar legítima autocomposição.

Prevalece (ou deve prevalecer) a máxima "antes um mau acordo do que uma boa demanda"? E "conciliar é legal"? No que implica, exatamente, à prática conciliatória, basta apenas perguntar se há acordo? Conciliar é expor as desvantagens de estar em juízo? Ou colaborar para a conscientização dos interesses relevantes? Como promover o diálogo? O que pode realmente pacificar os contendores? Soluções criativas podem representar desfecho mais apropriado do que o julgamento segundo a legalidade estrita? As perguntas são várias... Quem sabe a partir de sua análise possamos chegar a algumas conclusões.

2. CULTURA DE PAZ E ENSINO

Para iniciar a reflexão, é importante abordar alguns aspectos sociológicos do contexto brasileiro de enfrentamento de controvérsias, merecendo destaque a informação de que milhões[4] de processos tramitam na Justiça brasileira.[5]

---

3 Há quem defenda inexistir diferença entre mediação e conciliação, propugnando que o mediador também pode intervir a ponto de formular propostas. Não é esta a posição adotada: é essencial diferenciar os mecanismos para que seja preservada ao máximo a posição protagonista dos contendores; a conciliação, especialmente da forma como é praticada em algumas instâncias, acaba centrando o poder decisório no terceiro, e não nas partes.

4 Segundo consta em relatório do Conselho Nacional de Justiça, "o Poder Judiciário finalizou o ano de 2019 com 77,1 milhões de processos em tramitação, aguardando alguma solução definitiva. (Justiça em números 2020 – ano-base 2019, p. 93. Disponível em: <https://www.cnj.jus.br/wp-content/uploads/2020/08/WEB-V3-Justi%C3%A7a-em-N%C3%BAmeros-2020-atualizado-em-25-08-2020.pdf>. Acesso em: 24 nov. 2020).

5 Diversos fatores podem ser identificados para explicar a explosão da litigiosidade no País, destacando-se o descumprimento, pelo Estado brasileiro, das prestações primárias necessárias para efetivar os direitos garantidos na Constituição Federal e o avanço na tecnologia da informação (com maior conhecimento sobre posições jurídicas de vantagens) (PONCIANO, Vera Lúcia Feil. Morosidade do Poder Judiciário: prioridades para a reforma. Disponível em: <http://www.uel.br/revistas/uel/index.php/iuris/article/view/4118>. Acesso em: 24 nov. 2020).

Nos primeiros conflitos entre pessoas de tenra idade, mecanismos consensuais costumam ser cogitados ou explicados para o enfrentamento dos impasses? No início da vida escolar, quando conflitos surgem e são relatados pelos filhos, quais reações esboçam os pais? "Se apanhar, bata também", muitos afirmam. Haveria, ao revés, outra forma de reagir, alguma instância consensual a ser mobilizada? A resposta costumava ser sempre negativa,[6] mas vem mudando: em muitas escolas são disponibilizados espaços para mediação escolar.[7]

Associada a entidades sociais, a Unesco vem fomentando intensamente a cultura de paz: conjunto de valores, atitudes, tradições, modos de comportamento e estilos de vida sob os marcos dos direitos humanos, da educação e da transdisciplinaridade. Por tal visão, busca-se abordar as controvérsias pelo diálogo, pela negociação e pela mediação com vistas a inviabilizar a violência. A cultura de paz deve ser compreendida "como um processo, uma prática cotidiana que exige o envolvimento de todos: cidadãos, famílias, comunidades, sociedades e países".[8]

Se no início dos estudos faltam informações, pode-se dizer que na vida universitária jurídica são devidamente abordados meios consensuais como negociação, mediação e conciliação?

Por tradição, não contava o estudante de Direito com a disponibilização de conhecimentos detalhados sobre técnicas variadas e multifacetadas de encaminhamento das controvérsias, o que colaborou para a manutenção do paradigma

---

6 Suspeito que, ainda que disponível uma instância apaziguadora, haveria recusa de alguns a utilizá-la acreditando no antigo "olho por olho...". Aqui é impossível não lembrar a frase de Gandhi, para quem, se atuarmos segundo a lógica do olho por olho, o mundo acabará cego...

7 Sobre o tema, merece leitura o artigo Mediação de conflitos escolares – uma proposta para a construção de uma nova mentalidade nas escolas, de Lilia Maia de Moraes Salles e Emanuela Cardoso Onofre de Alencar. Disponível em: <http://ojs.unifor.br/index.php/rpen/article/view/751>. Acesso em: 24 nov. 2020.

8 "A Cultura de Paz está intrinsecamente relacionada à prevenção e à resolução não violenta dos conflitos; é uma cultura baseada num conjunto de valores e compromissos com o respeito a todos os direitos individuais e humanos; a promoção e vivência do respeito à vida e à dignidade de cada pessoa sem discriminação ou preconceito; a rejeição a qualquer forma de violência; o respeito à liberdade de expressão e à diversidade cultural por meio do diálogo e da compreensão e do exercício do pluralismo; a prática do consumo responsável respeitando-se todas as formas de vida do planeta; a tolerância e a solidariedade; e o empenho na prevenção de conflitos, resolvendo-os em suas fontes (que englobam novas ameaças não militares para a paz e para a segurança como exclusão, pobreza extrema e degradação ambiental)". Disponível em: <http://www.comitepaz.org.br/a_unesco_e_a_c.htm>. Acesso em: 24 nov. 2020.

da prestação jurisdicional estatal como preferível (apesar de todas as suas dificuldades e limitações[9]).

Na grade curricular de alguns cursos, os temas, quando presentes, eram apresentados em disciplinas optativas.[10] Houve recente evolução, porém, para incluir a matéria como obrigatória na graduação em Direito. Contudo, o tempo para desenvolver os meios extrajudiciais costuma ser exíguo (geralmente um semestre) em contraposição aos quatro anos (ou mais!) em que o aluno estuda o sistema processual contencioso. Vale ainda apontar o momento de estudo: em algumas instituições, a disciplina sobre os meios diferenciados é ministrada no último ano, após longo tempo de abordagem de técnicas antagonistas.[11]

Além disso, muitas vezes a disciplina inclui "Mediação, conciliação e arbitragem", exigindo que o professor trabalhe mecanismos tão diferentes e extensos em temáticas no mesmo semestre.

Na busca de melhora desse quadro, foi aprovado na I Jornada de Prevenção e Solução Extrajudicial de Conflitos, promovido pelo Conselho da Justiça Federal, em agosto de 2016, o Enunciado 24: "sugere-se que as faculdades de direito instituam disciplinas autônomas e obrigatórias e projetos de extensão destinados à mediação, à conciliação e à arbitragem, nos termos dos arts. 2.º, § 1.º, VIII, e 8.º, ambos da Resolução CNE/CES n. 9, de 29 de setembro de 2004".

Apesar da falta de informação completas sobre os meios extrajudiciais aptos a compor conflitos, as pessoas envolvidas em impasses devem estar preparadas para

---

9 O tema é abordado com maior detalhamento pela autora no livro *Mediação nos conflitos civis*. 6. ed., São Paulo: Método, 2021.

10 Na Faculdade de Direito da USP (Largo São Francisco), há uma disciplina optativa de extensão que se estende por dois semestres: o Núcleo de Estudos de Meios de Solução de Conflitos (Nemesc), que oferece aos alunos de 2º e 3º anos da graduação o tratamento dos temas "mediação e conciliação" (no primeiro semestre de todo ano) e "arbitragem" (no segundo semestre). A atividade é estruturada em leituras, debates, práticas simuladas e pesquisas de campo (SALLES, Carlos Alberto de; GABBAY, Daniela M.; SILVA, Erica B.; TARTUCE, Fernanda; GUERRERO, Luis Fernando; LORENCINI, Marco Antônio G. L. *A experiência do Núcleo de Estudos de Meios de Solução de Conflitos na Faculdade de Direito da USP*. Disponível em: <http://bibliotecadigital.fgv.br/dspace/handle/10438/9677>. Acesso em: 24 nov. 2020).

11 Como bem aduz Águida Arruda Barbosa, "trata-se de aluno destinatário já com sólida formação processual, com prontidão para o largo uso de mecanismos jurídicos procedimentais para a obtenção de prestação jurisdicional. Não conhecem outra forma jurídica de assegurar o acesso à justiça" (A implantação do instituto da mediação familiar no Brasil. In: DIAS, Maria Berenice; PINHEIRO, Jorge Duarte (Coord.). *Escritos de direito das famílias:* uma perspectiva luso-brasileira. Porto Alegre: Magister, 2008, p. 388).

perquirir: diante de uma controvérsia interpessoal o caminho natural é buscar o Poder Judiciário? Adotar esta trilha é a conduta apropriada em todo e qualquer caso?

Dificilmente a resposta é sempre positiva. A despeito de tal constatação, a deficiência de informações compromete a escolha[12] consciente sobre as opções de enfrentamento de conflitos. Quando em crise, ao consultar um advogado sobre as alternativas de reação, o indivíduo costuma ouvir dados sobre a Justiça competente e a demanda cabível, sendo conduzido (natural e inexoravelmente) à via litigiosa.

Como bem expôs Kazuo Watanabe, a *cultura da sentença* instalou-se assustadoramente entre nós, prodigalizando o manejo da solução contenciosa e adjudicada dos conflitos de interesses. Não obstante tal realidade, fomenta-se a substituição paulatina da *cultura da sentença* pela *cultura da pacificação.*[13]

Para mudar tal padrão de comportamento, deverá ser envidado grande esforço coletivo. Não basta mobilizar apenas um dos elos; a adoção de técnicas diferenciadas exige significativa mudança de postura de todos os integrantes da cadeia do conflito, envolvendo o operador do direito, o jurisdicionado e o administrador da justiça.[14]

O caminho a ser trilhado, portanto, é longo e cheio de obstáculos. No aspecto educacional, apresentar ao aluno um mecanismo consensual como uma das formas de acesso à justiça é um desafio a ser desbravado pelo professor, que precisa se empenhar para demonstrar "que a justiça pode ser acessada por meio de outra linguagem, advinda do próprio conhecimento jurídico".[15]

Como a situação ainda não se encontra consolidada no ensino, há um natural reflexo na postura dos profissionais do direito, sendo facilmente constatável que a cultura da conciliação ainda não se instalou em definitivo nos âmbitos da advocacia e da magistratura.[16]

---

12 Sobre a escolha entre os diferentes meios de abordagem de controvérsias merece leitura o artigo de Frank Sander e Lukasz Rozdeiczerd intitulado *Matching Cases and Dispute Resolution Procedures:* Detailed Analysis Leading to a Mediation-Centered Approach. Disponível em: <http://papers.ssrn.com/sol3/papers.cfm?abstract_id=904805>. Acesso em: 24 nov. 2020.

13 WATANABE, Kazuo. "Cultura da sentença e cultura da pacificação". In: Yarshell, Flávio Luiz; Moraes, Maurício Zanoide de (Coord.). *Estudos em homenagem à professora Ada Pellegrini Grinover*. São Paulo: DPJ, 2005. p. 687.

14 O assunto foi abordado mais profundamente pela autora na obra *Mediação nos conflitos civis*.

15 BARBOSA, Aguida Arruda. *A implantação do instituto da mediação familiar no Brasil*, cit., p. 379.

16 Nas palavras da Ministra Nancy Andrighi, "o ensino da ciência do direito é pautado pelo incentivo à beligerância, isto é, o fim precípuo das aulas nas faculdades de direito

Contudo, há esperança. As novas gerações revelam uma forte disposição para conceber possibilidades amplas e eficientes de enfrentamento dos litígios. Muitos jovens estudantes têm demonstrado grande interesse em saber mais sobre técnicas diferenciadas que respondam de forma mais coerente aos questionamentos sobre celeridade e eficiência na condução dos impasses. É preciso cuidado, porém, para que a dura prática porventura encontrada nas Cortes de Justiça não os desanime em sua busca.

Também os gestores do sistema judiciário têm percebido as grandes vantagens da autocomposição em relação à decisão imperativa sobre o mérito: afinal, "devolver" o conflito às partes libera o juiz de aprofundar sua análise sobre o objeto da demanda e permite-lhe finalizar o processo de forma mais rápida e fácil. É imperioso lembrar, porém, que os meios consensuais só poderão cumprir seu relevante papel na distribuição de justiça se concebidos em sua dimensão qualitativa.[17]

3. A CONCILIAÇÃO NO PODER JUDICIÁRIO: CONCILIAR É LEGAL?

A despeito da falta de informações e aprendizado sobre meios consensuais, ao atuar em juízo os jurisdicionados e seus representantes são instados a cogitar sobre a autocomposição.

No Código de Processo Civil o fomento aos meios consensuais é destacado logo no início.[18] É importante que tal estímulo não enseje posturas "encorajadoras"

é doutrinar os alunos no sentido de, ao se depararem com qualquer ofensa ao direito subjetivo, seja grande ou pequena, o único caminho a ser trilhado será o ajuizamento de ações, e ganhará fama o advogado que manejar o maior número possível de pedidos de liminares. A imagem passada aos alunos é a do juiz entrincheirado na mesa de trabalho, sempre em postura de defesa, e o advogado sempre na posição de ataque, ou vice-versa, dependendo da profissão do professor. Urge que esse modelo de ensinamento seja adaptado à realidade do século XXI, e é nas faculdades de direito que encontramos a sede mais fecunda para plantarmos a cultura de que o Poder Judiciário só deverá ser acionado quando tiverem fracassado todas as tentativas extrajudiciais de solução do litígio" (ANDRIGHI, Fátima Nancy. *Conciliação judicial na área civil*. Disponível em: <http://www.stj.jus.br/internet_docs/ministros/Discursos/0001118/texto%20ministra%20selecionado%20-%20concilia%C3%A7%C3%A3o%20judicial%20na%20%C3%A1rea%20civel%20-Encontro%20Regional%20de%20Magistrados%20de%20Ilh%C3%A9us%202.doc>. Acesso em: 24 nov. 2020).

17 BARBOSA E SILVA, Erica. *Conciliação judicial*. Brasília, Gazeta Jurídica, 2013. p. 24.

18 Lei 13.105/15, art. 3º, § 2º: O Estado promoverá, sempre que possível, a solução consensual dos conflitos; § 3º A conciliação, a mediação e outros métodos de solução consensual de conflitos deverão ser estimulados por juízes, advogados, defensores públicos e membros do Ministério Público, inclusive no curso do processo judicial.

inapropriadas – especialmente mediante a exploração de mazelas da prestação judiciária quanto ao tempo e de dúvidas sobre o teor do possível julgamento de mérito.[19] Uma iniciativa isenta e esclarecedora sobre os meios de composição de conflito (e não sobre o mérito do caso, para evitar comprometimento da imparcialidade) pode ser mais produtiva para angariar adesão aos mecanismos.

Sendo dever do magistrado, a qualquer tempo, promover a autocomposição,[20] audiências são designadas para gerar oportunidades de conversação entre as partes.[21] Para que essas chances sejam bem aproveitadas, é de todo recomendável que, antes de participar da sessão consensual, as partes e seus advogados cogitem sobre a possibilidade de transação e busquem identificar pontos interessantes a serem abordados na negociação.

A expressão "Batna" (sigla no inglês para "best alternative to a negotiated agreement") retrata a melhor opção disponível para o acordo negociado; é muito importante que o negociador tenha pleno domínio e conhecimento do seu "Batna" e que saiba exatamente o que fazer caso não haja acordo.[22]

Em audiência as partes poderão ser veementemente instadas a acreditar que conciliar é a melhor opção[23] e acordos poderão ser celebrados sem a devida reflexão, olvidando aspectos importantes para sua concretização com eficiência. Tal fato poderá ensejar a necessidade de posterior execução do pacto, já que o descumprimento será resultado da falta de genuína adesão aos seus termos.

O bom profissional, portanto, deve informar ao cliente a finalidade da audiência, abordar as possibilidades de autocomposição e compreender com maior profundidade eventuais resistências, conversando sobre elas com clareza.

---

19 TARTUCE, Fernanda. *Mediação no novo CPC:* questionamentos reflexivos. Disponível em www.fernandatartuce.com.br/artigosdaprofessora. Acesso em: 24 nov. 2020.

20 O CPC/2015 prevê, no art. 139, que "o juiz dirigirá o processo conforme as disposições deste Código, incumbindo-lhe: V – promover, a qualquer tempo, a autocomposição, preferencialmente com auxílio de conciliadores e mediadores judiciais".

21 Quando na audiência as partes celebram um acordo, o juiz manda tomá-lo por termo e extingue o processo com resolução de mérito (CPC/2015, art. 487, III, *b*).

22 TARTUCE, Fernanda; FALECK, Diego; Gabbay, Daniela. *Meios alternativos de solução de conflitos.* Rio de Janeiro: FGV, 2014, p. 26.

23 Por tal razão, adverte Carlos Alberto Carmona que o advogado deve estar preparado para participar de uma audiência, sob pena de atrapalhar um acordo que seria aceito pelo seu cliente ("Salvação do Judiciário – Juíza pressiona advogados para aceitarem conciliação". *Revista Consultor Jurídico*, 1º jun. 2007. Disponível em: www.conjur.com.br. Acesso em: 1 abr. 2015). No mesmo sentido se manifesta Juliana Demarchi, para quem cabe aos advogados a elaboração de uma "verdadeira preparação para a negociação de um acordo" ("Técnicas de conciliação e mediação". In: *Mediação e gerenciamento do processo.* São Paulo: Atlas, 2007. p. 56).

O fomento ao consenso está presente no Código de Ética e Disciplina da OAB como dever: cabe ao advogado estimular, a qualquer tempo, a conciliação e a mediação entre os litigantes (prevenindo, sempre que possível, a instauração de litígios) e desaconselhar lides temerárias (art. 2º, parágrafo único, VI e VII).

Como bem destaca a Ministra Nancy Andrighi, é importante cotejar diversos elementos para reverter o habitual desinteresse dos advogados pela conciliação: além de esta ser conveniente ante a sobrecarga de atividades do magistrado que conduz o processo, ela traz notas de celeridade e segurança porque "a homologação do acordo e a extinção do processo permitem o recebimento mais rápido dos honorários, sem as surpresas inerentes a um julgamento".[24]

Embora assim possa ser, não raras vezes o cliente desconfia do advogado que propõe uma solução consensual, supondo estar ele aliado à parte contrária. A situação, portanto, pode ser delicada para o profissional – que, com clareza e serenidade, deve mostrar que seu dever como assessor técnico é colaborar para a visão mais ampla e eficiente possível dos meios de composição de controvérsias[25] em proveito dos interesses em jogo. Tal assessoramento, aliás, deve ser valorizado, já que o advogado, valendo-se de técnicas diferenciadas, mostra-se apto a colaborar para o alcance dos fins almejados pelo cliente. Assim, é essencial pensar em mecanismos apropriados à sua remuneração não só em juízo, como também nos contextos negociais em que trabalha para compor consensualmente as controvérsias.[26]

A conciliação pode ser realizada antes da instauração do processo ou pode se verificar durante seu curso. Nos últimos tempos vem sendo estimulada a conciliação prévia para evitar o crescimento no número de demandas e finalizar ações sem a necessária participação estatal.

Retomando os questionamentos, é relevante contextualizar e esclarecer: conciliar é legal? Em caso positivo, para quem: para o Poder Judiciário ou para os litigantes?

---

24 *Conciliação judicial na área civil*, cit.

25 Como já abordado, "o advogado, quando procurado desde o início da controvérsia por uma ou por ambas as partes, figura como o primeiro apreciador técnico do conflito, sendo essencial sua conduta na orientação e no encaminhamento dos interessados. As rápidas mudanças da sociedade moderna, o dinamismo do desenvolvimento tecnológico e a evolução permanente dos meios de comunicação, dentre outros fatores, exigem do advogado uma conduta dinâmica e eficiente para melhor satisfazer aos interesses de seus clientes" (TARTUCE, Fernanda. *Mediação nos conflitos civis*, 6ª ed., item 2.5, p. 102).

26 Desenvolvi o tema com maior detalhamento no artigo Advocacia e meios consensuais: novas visões, novos ganhos. Disponível em: <http://www.fernandatartuce.com.br/wp-content/uploads/2016/01/Advocacia-e-meios-consensuais-Fernanda-Tartuce.pdf>. Acesso em: 24 nov. 2020.

Para o Poder Judiciário a resposta, obviamente, tende a ser vista como positiva: promover os meios consensuais é uma forma menos custosa e mais célere de gerir o conflito do que investir no complexo aparato necessário à abordagem contenciosa do mérito das demandas.[27]

Como bem destacado por Ada Pellegrini Grinover, pode ser encontrado nos meios consensuais o fundamento funcional do "eficientismo": por força da crise da Justiça, busca-se "a racionalização na distribuição da Justiça, com a subsequente desobstrução dos tribunais, pela atribuição da solução de certas controvérsias a instrumentos institucionalizados que buscam a autocomposição".[28]

Na mesma linha se manifesta João Baptista de Mello e Souza Neto: a celebração de acordos enseja ganhos secundários para a administração da Justiça ao promover o encerramento de processos, a diminuição dos feitos (com o "desafogamento" dos Tribunais) e evitar "a quase sempre dificultosa fase de execução da sentença". Contudo, como bem adverte, não obstante tais fatores, "é preciso ter em mente que a vantagem primária e inspiração primeira da solução negociada é o atendimento à reivindicação justa do litigante. Assim, a transação deve, fundamentalmente, atender aos interesses dos litigantes, não dos advogados ou dos juízes".[29]

Assim, vale questionar: e para os jurisdicionados, a conciliação é a melhor saída? Sempre?

Como afirmado, não há como responder genericamente tal pergunta, *a priori*, sem conhecer diversos elementos (como a história dos indivíduos, os meandros do conflito e os interesses envolvidos na disputa); em alguns casos, pode ser que sim: se bem conduzida, a conciliação auxiliará os participantes a identificar e atender seus interesses, resgatando responsabilidades e colaborando para a construção de uma saída conjunta para a pendência.

Fatores diversificados podem levar à conclusão sobre não ser apropriado concentrar esforços nos meios consensuais em certo momento: se uma das partes, por exemplo, atuou reiteradamente de má-fé e já violou acordos anteriores, pode ser vista como essencial uma decisão impositiva da autoridade estatal – inclusive com cominação de multa para o caso de descumprimento.

---

27 TARTUCE, Fernanda. *Conciliação em juízo*: questionamentos relevantes. Disponível em: <http://www.fernandatartuce.com.br/wp-content/uploads/2019/01/Concilia%C3%A7%C3%A3o-questionamentos-Fernanda-Tartuce-versao-parcial.pdf>. Disponível em: <www.fernandatartuce.com.br>. Acesso em: 24 nov. 2020.

28 GRINOVER, Ada Pellegrini. *Os fundamentos da Justiça Conciliativa*. Disponível em: <http://www.enm.org.br/docs/Revista_ENM_5.pdf>. Acesso em: 24 nov. 2020.

29 *Mediação em juízo:* abordagem prática para obtenção de um acordo justo. São Paulo: Atlas, 2000. p. 67.

Não há como negar que a conciliação é benéfica por seu aspecto de inclusão social e de fomento à cultura de paz. Ela deve, contudo, ser bem utilizada para não se transformar em manobra protelatória de quem não tem razão e quer atrasar o reconhecimento de direitos.

É importante atentar ainda à vulnerabilidade de certos litigantes[30]. O jurisdicionado mais frágil, que não consegue suportar o tempo natural do processo, precisará celebrar acordo para receber qualquer valor (ainda que ínfimo)? Se positiva a resposta, "o que ocorrerá então com a máxima segundo a qual o processo deve dar ao litigante tudo e exatamente aquilo a que faz jus receber, segundo o ordenamento? Esta diretriz é perversamente esvaziada: a autocomposição acaba sendo usada com má-fé, seja para pagar menos do que deveria, seja para ganhar tempo".[31]

Nesse sentido, procede a observação de Botelho de Mesquita, para quem a certeza da demora dos processos, aliada à forte insistência dos auxiliares da justiça e do juiz para a celebração de acordos, conjugada à dúvida se o magistrado decidirá segundo a lei (e não conforme a ideologia que prefere) pode gerar um grave problema: o "poderoso estímulo ao descumprimento das obrigações e, portanto, à criação de litígios onde, não fora isso, maiores seriam as probabilidades de adesão espontânea ao império da lei".[32]

Assim, a todos estes fatores devem estar atentos os administradores e protagonistas dos meios de gestão de conflitos – sob pena de, contraditoriamente, estimularem a ida dos inadimplentes ao Poder Judiciário para se beneficiarem do fato de que suas agruras estimulam qualquer acordo e comprometerem, significativamente, a almejada realização da justiça.

Percebe-se, assim, que a situação deve ser tratada com equilíbrio: nem o Poder Judiciário deve permitir ser usado para postergar o cumprimento de obrigações, nem o jurisdicionado que tem direitos deve deles abrir mão em prol de celeridade e do suposto alívio do sistema jurisdicional pela finalização rápida dos processos.

4. O QUE É CONCILIAR?

Embora a resposta possa parecer óbvia, conciliar transcende a ideia de simplesmente obter um acordo entre as partes. No dicionário, o verbo conciliar tem

---

30 O tema foi analisado de modo mais detido pela autora na obra *Igualdade e vulnerabilidade no processo civil* (Rio de Janeiro: Forense, 2012).

31 TARTUCE, Fernanda. *Conciliação em juízo*: questionamentos relevantes, cit.

32 BOTELHO DE MESQUITA, José Ignácio. "As novas tendências do direito processual: uma contribuição para o seu reexame". In: BOTELHO DE MESQUITA, José Ignácio. *Teses, estudos e pareceres de processo civil*. São Paulo: RT, 2005. p. 296. v. I.

como significados "conseguir acordo entre (pessoas) ou entrar em acordo com (outrem); "congraçar(-se)", "pôr ou ficar em paz; tranquilizar (-se)", "fazer ou dizer (algo) com intenção de conciliar, de acalmar os ânimos"; "fazer aliança; juntar(-se), reunir(-se), aliar(-se)"; "harmonizar ou harmonizarem-se (coisas contrárias, contraditórias, incompatíveis ou que assim o pareçam)"; "fazer ir [algo] (para alguém); granjear, atrair, conquistar".[33]

Como se percebe, diversos verbos são trazidos na forma reflexiva, sinalizando que o sujeito pratica e sofre a ação simultaneamente: como se nota, a conciliação exige participação ativa dos envolvidos.

Vale então refletir: haverá verdadeira conciliação se o magistrado exagerar no esforço para que as partes se componham e, pressionadas, aceitem o pacto proposto sem real adesão ao seu teor? No contexto em que as pessoas se sentem intranquilas e atemorizadas pela autoridade do juiz, mantendo internamente a postura acirrada sem qualquer harmonia ou aliança, há como crer que a autocomposição será genuína e alcançará os fins para os quais foi cogitada?

A resposta dificilmente será positiva: afinal, como a autêntica conquista do consenso é complexa, a atividade conciliatória exigirá uma série de elaboradas condutas por parte do terceiro imparcial que se propuser a promovê-la.

Verificando-se de forma adequada, a conciliação poderá alcançar o objetivo de pacificar com justiça; caso contrário, transações ilegítimas ensejarão mais conflitos entre os contendores e gerarão outras lides. Por essa razão, é essencial que o conciliador atue com esmero em sua importante função, promovendo reflexões significativas e produtivas para promover a conscientização dos envolvidos sobre direitos e deveres recíprocos.

Conciliar implica participar ativamente da comunicação (aproximando os indivíduos), colaborar para a identificação dos interesses, ajudar a pensar em soluções criativas e estimular as partes a serem flexíveis, podendo apresentar [se necessário] sugestões para a finalização do conflito.

4.1. Participar vivamente da comunicação

A clareza na atuação do terceiro imparcial é essencial para reduzir desconfianças e conferir credibilidade ao mecanismo consensual. Assim, logo no início da sessão, o conciliador deve explicar o procedimento a ser observado, aclarando os seus fins, as regras da conciliação e as implicações de celebrar ou não um acordo.[34]

---

33 Conciliar; disponível em: www.michaelis.com.br. Acesso em: 1 abr. 2018.

34 DEMARCHI, Juliana. "Técnicas de conciliação e mediação". In: GRINOVER; WATANABE; LAGRASTA NETO. *Mediação e gerenciamento do processo*. São Paulo: Atlas, 2007. p. 55.

Durante toda a sessão, o conciliador deve atuar como facilitador da comunicação e envidar esforços para aproximar as partes.

As atividades de falar, escutar, questionar e responder devem ser apropriadamente conduzidas pelo conciliador, terceiro imparcial cuja missão é promover o diálogo a partir da identificação dos interesses envolvidos na relação interpessoal, colaborando, assim, para o encontro de uma solução consensual entre os contendores.[35]

Como bem afirma a Ministra Nancy Andrighi, o conciliador deve se dispor a "usar o tempo que for preciso, permitindo às partes o uso da palavra para desabafarem, e, mais, com abnegada paciência, ouvi-las como se aquele fosse o único processo existente em suas mãos, porque é assim que cada litigante imagina o juiz, propiciando com essa conduta o desarmamento dos espíritos em conflito".[36]

Assim, o terceiro facilitador "deve estimular as partes a falarem sobre o conflito, provocando a escuta recíproca e a identificação das posições e interesses das partes".[37] Até este ponto sua atuação é similar à do mediador.

4.2. Estimular a flexibilidade

Pela autocomposição, uma terceira pessoa é adicionada à relação polarizada entre os envolvidos na controvérsia; essa nova presença pode viabilizar mudanças na dinâmica até então estabelecida. Ao autorizar a atuação do conciliador, as partes empreendem importante abertura, e soluções que nunca estiveram presentes podem começar a ser cogitadas.

É essencial que o conciliador estimule as pessoas a saírem de posturas de acirramento[38] e se abram a novas possibilidades.

---

35 TARTUCE, Fernanda. *Conciliação em juízo*: questionamentos relevantes, cit.

36 *Conciliação judicial*, cit.

37 Prossegue a autora: "A retomada da comunicação permite o esclarecimento mútuo das partes acerca do conflito, de seus anseios e perspectivas, assim como a percepção dos pontos comuns que podem auxiliar na obtenção do acordo" (*Técnicas de conciliação e mediação*, cit., p. 57).

38 Ao mencionar a postura dos contendores e dos advogados diante de graves controvérsias e sua postura de acirramento, muito bem pondera Giselda Hironaka: "Então, se houver conflitos, por que será que persiste, tantas vezes no seu trato, uma certa insistência em investir na *morte* e na *adversidade* (como se fosse sempre válido pôr fogo no conflito de modo a conduzi-lo a um mínimo de conciliação ou a um máximo de ruptura), quando está sempre nas mãos de cada um a chance de *converter* o desejo de *dominar o outro* (isto é, de determinar o que cabe ao outro a partir do conflito) numa postura de *libertação do outro* (isto é, de permitir que o outro se preserve), qualquer que seja o sentido da solução do conflito, o sentido da ruptura ou o sentido da conciliação?"

A perspectiva nos meios consensuais deve ser colaborativa, não contenciosa. Não se está diante do poder imperativo de um terceiro julgador, mas sim em ambiente no qual a solução pode ser construída pelos próprios protagonistas da relação controvertida. É muito importante tal conscientização para que os indivíduos em crise abandonem posturas fechadas e busquem adotar posicionamentos flexíveis.

Segundo Lilia Maia de Morais Sales, a abordagem antagonista do processo é um dos problemas dos meios tradicionais de solução de conflitos: as partes são apontadas como inimigas, como ganhadora e perdedora, como certa e errada.[39]

O modelo contencioso de tratamento de conflitos sugere atuações combativas, gerando nas partes (e em seus advogados) uma postura de luta que pode acabar afastando-as dos interesses mais valiosos em jogo.

Para uma produtiva atuação, "o próprio espírito do sistema deve ser transformado, tendo como prioridade a substituição da lógica de confronto judicial (que exacerba o conflito) pela lógica da comunicação e da negociação".[40]

Efetivamente vêm surgindo novas abordagens no tratamento das controvérsias em que a tônica é buscar os pontos comuns nos interesses de ambas as partes; no modelo consensual, busca-se o "ganha-ganha", de forma que os próprios envolvidos sejam aptos a alcançar uma situação mais favorável em relação aos seus interesses por meio de conversações.

4.3. Colaborar para a identificação de interesses

Conciliar é colaborar para a conscientização sobre os interesses das partes, oferecendo espaço para que elas os identifiquem, sobre eles negociem e encontrem opções para resolver as controvérsias.

Ao promover o diálogo entre os contendores, o terceiro imparcial deve estar atento à comunicação e aos objetivos do encontro, sendo essencial, para que a negociação seja entabulada de forma eficiente, identificar também as posições assumidas por cada um.

As posições expressam o que a pessoa quer (ou pelo menos diz querer), muitas vezes constituindo saídas preestabelecidas por ela no início da controvérsia;

(*Sobre peixes e afetos*: um devaneio acerca da ética no direito de família. Palestra proferida no V Congresso de Direito de Família do Instituto Brasileiro de Direito de Família – IBDFAM, em Belo Horizonte – MG, em 28 de outubro de 2005).

39 *Justiça e mediação de conflitos*. Belo Horizonte: Del Rey, 2003. p. 65.

40 GANANCIA, Danièle. "Justiça e mediação familiar: uma parceria a serviço da coparentalidade". In: *Revista do Advogado*, São Paulo, n. 62, p. 8, mar. 2001.

costumam ser externadas em discursos, sendo explícitas e concretas. Em alguns casos configuram exigências e condições, como na expressão "não admito em hipótese alguma resultado diverso".

Segundo o método baseado em interesses proposto pelo Projeto de Negociação de Harvard, a discussão de simples posições pode gerar acordos insensatos, ser ineficaz e pôr em risco a manutenção do relacionamento, sendo ainda pior quando a negociação abrange muitas partes.[41]

Os interesses são os motivos determinantes da atuação dos indivíduos e incluem preocupações, desejos, temores e expectativas; são imateriais e costumam não ser explicitados, constituindo o que realmente define o conflito.[42] Para piorar a situação, o indivíduo pode não ter clara consciência de seus interesses por estar envolvido emocionalmente no compromisso com uma ferrenha posição.

Um exemplo recorrente citado por professores pode ajudar a compreender a negociação baseada em interesses. Duas irmãs disputam a última laranja que têm em casa e a mãe intervém; como resolver? Suponhamos que a mãe tenha optado por dividi-la ao meio e dar metade para cada uma. Ao chegar em casa, o pai encontra as filhas insatisfeitas e pergunta a razão pela qual cada uma queria a laranja. A primeira filha disse que queria o suco para preparar um molho, enquanto a segunda afirmou que desejava a casca para fazer um doce.

O que faltou para que ambas pudessem ficar plenamente satisfeitas? Tirar o foco das acirradas posições e negociar com base nos interesses para buscar contemplar o que realmente importava.

Caso a identificação dos interesses tivesse sido feita no início, ambas poderiam ter ficado satisfeitas porque seus desejos eram perfeitamente conciliáveis. Isso acontece muitas vezes: é comum que os indivíduos tenham desejos comuns em diversos aspectos (apesar de exporem posições opostas). Assim, embora locador e locatário possam divergir sobre o reajuste do aluguel, há outros interesses comuns como a reforma do imóvel, a manutenção do contrato etc.

Como trazer à tona os interesses? Uma técnica valiosa é questionar: por meio de perguntas, o terceiro imparcial buscará identificar e aclarar os interesses envolvidos na disputa, dando voz às partes e permitindo-lhes que exponham suas percepções e necessidades.[43]

---

41 FISHER, Roger; URY, William; PATTON, Bruce. *Como chegar ao sim*. Tradução de Vera Ribeiro e Ana Luiza Borges. 2. ed. Rio de Janeiro: Imago, 2005, p. 22-25.

42 FISHER, Roger et al., *Como chegar ao sim*, p. 59.

43 TARTUCE, Fernanda. *Conciliação em juízo:* questionamentos relevantes, cit.

É comum que, com as respostas, outros temas venham à tona. E se, além do tema abordado naquele litígio, outras pendências surgirem como prejudiciais ao restabelecimento da confiança e/ou ao esclarecimento dos fatos? É natural que muitas controvérsias sejam identificadas como a ponta de um grande *iceberg*...

Permitindo digressões, o conciliador deve gerar espaços para que os assuntos sejam debatidos, atentando, contudo, para que não se perca o foco dos principais objetivos da sessão.

Caso se revelem necessários ou interessantes, os outros temas fomentados poderão integrar eventual acordo; afinal, a transação obtida por força da conciliação frutífera pode trazer matérias outras além daquelas originariamente trazidas ao processo.[44]

Assim, por exemplo, se o encontro tinha por objetivo inicial buscar o consenso sobre o valor da pensão alimentícia e há ainda outras pendências entre os genitores (como o direito de convivência/visita aos filhos), essas temáticas podem ser incluídas na negociação e, havendo consenso, até no eventual acordo. Eis mais uma razão para o advogado preparar o cliente para a audiência e as sessões de promoção de meios consensuais: como outros temas poderão surgir nos debates, será importante que ele tenha refletido sobre pontos adicionais aptos a serem, eventualmente, invocados.

Vale ainda lembrar que, caso um tema novo surja e exija reflexão mais detalhada, é de todo recomendável que, reconhecendo essa circunstância, o advogado informe ao juiz a necessidade de análise fora da audiência, comprometendo-se a peticionar para depois informar o resultado da negociação entabulada fora dos autos (seja para reportar transação entre as partes, seja para pleitear o seguimento do processo).

4.4. Contribuir para a elaboração de soluções criativas

Identificados os interesses, o conciliador deve ajudar as partes a transcenderem eventuais posições rígidas e colaborar para que engendrem novas saídas para seus impasses. Assim, se um casal disputa bens no divórcio, é importante destacar a razão do interesse sobre os objetos e buscar saídas intermediárias. O conciliador pode, caso haja impasse sobre o destino de certos bens, por exemplo, propor seu uso alternado, sua venda, sua locação...

---

44 Nos termos do art. 515, § 2º, "a autocomposição judicial pode envolver sujeito estranho ao processo e versar sobre relação jurídica que não tenha sido deduzida em juízo". Não deve haver óbices à ampliação consensual do objeto do acordo caso haja consenso; afinal, prevenir novos litígios revela-se interessante para todos.

Vale destacar, contudo, que o ideal é que as próprias partes tenham, inicialmente, a chance de delinear as saídas; como elas conhecem com profundidade o relacionamento interpessoal, têm melhores condições de discernir opções viáveis e produtivas.

Para manter a imparcialidade, o conciliador não deve julgar o mérito das questões nem dizer às partes o que devem fazer; seu papel é contribuir para que pensem em soluções criativas.[45]

Para melhor compreensão do tema, apresentamos clássico caso invocado quando se aborda a negociação baseada em interesses.

Dois homens, sentados lado a lado em uma biblioteca, não conseguem entrar em acordo se a janela acima da mesa deve ficar aberta ou fechada. Após muita discussão, chamam a bibliotecária; o que ela deve fazer: propor que deixem a janela semiaberta? Em vez de propor uma "solução", ela pergunta o motivo pelo qual cada um assume sua posição. Um homem quer a janela aberta para ter ar fresco; o outro a quer fechada para evitar uma corrente de vento. A partir das informações sobre seus interesses, a bibliotecária propõe uma alternativa que pode contemplar ambos: abrir a janela da sala vizinha. Tal saída, que atende aos interesses das duas partes, não teria sido encontrada se as partes simplesmente tivessem continuado a negociar em função de posições fechadas e a conciliadora optasse pela saída mais óbvia sem aprofundar a pesquisa sobre os interesses subjacentes às condutas dos envolvidos.[46]

Conclui-se, portanto, que para trazer sugestões valiosas o conciliador deve ouvir os envolvidos antes de sugerir e fazer pressuposições segundo sua particular visão.

5. "PSEUDOAUTOCOMPOSIÇÃO": MEIO APARENTE DE SE LIVRAR DO LITÍGIO

Como abordado, nos tempos atuais a conciliação desponta como meio de abordagem de controvérsias ao qual o legislador processual recorre de forma entusiasmada para reduzir a imensa quantidade de processos.[47]

---

45 "Tradicionalmente, diz-se que o conciliador é uma usina de ideias, que avalia os riscos e chances de êxito de cada parte, alerta-as e propõe alternativas viáveis" (DEMARCHI, Juliana. "Técnicas de conciliação e mediação", cit., p. 55).

46 O exemplo é muito utilizado quando se pergunta sobre como pode operar a negociação baseada em interesses; mencionamos a citação no artigo de Robert A. Goodin ("Mediação: uma visão geral da resolução alternativa de disputas". Disponível em: <http://usinfo.state.gov/journals/itdhr/1299/ijdp/goodin.htm>. Acesso em: 12 jan. 2008) e na obra de Robert Fisher e outros (*Como chegar ao sim*, p. 58).

47 BEDAQUE, José Roberto dos Santos. "Comentários ao art. 125". In: MARCATO, Antonio Carlos (Coord.). *Código de Processo Civil interpretado*. 3. ed. São Paulo: Atlas, 2008, p. 370.

Como exposto em outra oportunidade, não há como negar: "a conciliação é muito atraente por liberar o magistrado de uma análise mais profunda do litígio; por meio dela, há uma 'devolução do conflito' às partes (que foram procurar o Poder Judiciário para uma definição e se veem confrontadas a encontrarem, por si próprias, uma saída de consenso)".[48]

Já na década de 1940, Francesco Carnelutti ressaltava a realidade italiana de fomentar a autocomposição por sua maior comodidade ao Judiciário, destacando a tendência do órgão judicial de se valer da conciliação mais como um meio para se livrar do estudo do processo do que para obter, pela vontade das partes, a justa composição do litígio.[49]

Tal postura não é condizente com a promessa de proteção judiciária estatal. Diante da garantia constitucional de inafastabilidade do Poder Judiciário, este deve, quando provocado, atuar para auxiliar as partes em suas necessidades. Vale considerar que talvez a parte tenha procurado o sistema estatal após esgotar todas as chances de acordo; seria legítimo "obrigá-la" a tentar negociar novamente com quem já agiu de má-fé em tratativas anteriores?

Algumas previsões legais seguem a tendência de fomentar a conciliação (sem cogitar elementos subjetivos como este) em detrimento do acesso efetivo ao Judiciário. No âmbito dos Juizados Especiais Cíveis[50], logo no início do procedimento é prevista a realização de conciliação impondo sanções seríssimas aos litigantes que deixarem de comparecer à sessão de conciliação: no caso de ausência do réu, ele sofrerá os efeitos da revelia[51] e, faltando o autor, o processo será extinto sem julgamento de mérito.[52]

---

48 TARTUCE, Fernanda. *Conciliação em juízo:* questionamentos relevantes, cit.

49 "En realidad, sucede que el órgano jurisdiccional encargado del oficio conciliador ve en él más bien un medio para librar-se del estudio de la controversia, que no de obtener a través de la voluntad de las partes la justa composición del litigio, y por ello ejerce, con frecuencia incluso sin habilidad, simple oficio de mediador" (CARNELUTTI, Francesco. *Sistema de derecho procesal civil*, p. 204).

50 A Lei 9.099/1995 regula órgãos de justiça diferenciados que permitem a propositura de demandas de menor complexidade e pequeno valor (sem a necessária representação por advogado quando a causa tem valor de até 20 salários mínimos e com tal necessidade se o valor dela for entre 20 e 40 salários).

51 Lei 9.099/1995, art. 20: Não comparecendo o demandado à sessão de conciliação ou à audiência de instrução e julgamento, reputar-se-ão verdadeiros os fatos alegados no pedido inicial, salvo se o contrário resultar da convicção do Juiz.

52 Art. 51. Extingue-se o processo, além dos casos previstos em lei: I – quando o autor deixar de comparecer a qualquer das audiências do processo.

Nos Estados Unidos, Owen Fiss, localizando-se na contramão da tendência de prodigalizar a realização de acordos, afirma que o consenso acaba, irremediavelmente, sendo fruto de coerção.[53]

Como abordaremos adiante, realmente pode haver indevida intimidação e tal situação comprometer a credibilidade da conciliação e do sistema judiciário. Quantas vezes as partes não são propriamente estimuladas a comporem seus conflitos, mas sentem-se coagidas a transacionar pela incisiva insistência do conciliador? Não há estatísticas sobre o tema, mas qualquer advogado experiente consegue se lembrar de pelo menos uma situação em que o "esforço conciliatório" excedeu os limites inerentes à necessária imparcialidade. Entre nós, Calmon de Passos abordou o tema, como sempre, indo direto ao ponto:

> "Nosso único receio é que nossa 'tara' por autoritarismo leve à irritação os magistrados que pretenderem conciliar a todo custo, como temos visto tanto. Não é o aproximar as partes o que importa para eles, mas sim acabar com o 'abacaxi' do processo e findá-lo nos moldes em que a 'equidade' do magistrado recomenda".[54]

Confirmando as palavras do saudoso professor baiano, já tive a oportunidade de ouvir de uma juíza uma efusiva comemoração quanto ao acordo que *ela* celebrara em um divórcio litigioso envolvendo casal de "perfil difícil"... Ela celebrara o acordo? Ou as partes o fizeram? Qual tinha sido a participação dos litigantes na construção do ajuste? De forma otimista, quero acreditar que as partes protagonizaram um bom acordo com a colaboração da magistrada.

Porque, se assim não foi, é muito possível que aqueles litigantes voltem ao Poder Judiciário pela má gestão do conflito, seja para executar a decisão (não cumprida espontaneamente), para rever os termos da avença (que não atendeu aos seus interesses) ou para anular a transação (por vício de consentimento).

Quando a autocomposição é imposta, gera resultados perversos às partes, perdendo legitimidade e comprometendo a credibilidade do Poder Judiciário. Tal conduta é altamente criticável e gera uma 'pseudoautocomposição'",[55] fator que piora ainda mais o quadro de desalento e desconfiança quanto à eficiência do sistema judiciário.

---

53 FISS, Owen. "Against Settlement". In: RISKIN, Leonard L.; WESTBROOK, James E. *Dispute resolution and lawyers*. 2. ed. Saint Paul: West Group, 2004. p. 18.

54 *Comentários ao Código de Processo Civil*. 8. ed. Rio de Janeiro: Forense, 2000. p. 452. v. III.

55 TARTUCE, Fernanda. *Conciliação em juízo*: questionamentos relevantes, cit.

Daí a razão do título deste item: apenas aparentemente o litígio é composto. Em realidade, ele é temporariamente minado e controvérsias poderão surgir depois ainda mais fortes, gerando a propositura de diversos processos.[56]

Como se percebe, é muito importante divisar não só o que é conciliar como também as errôneas atitudes que, apesar de rotuladas como representativas de atividade conciliatória, absolutamente não a configuram.

6. O QUE NÃO É CONCILIAR

Na prática são encontradas condutas questionáveis na condução do meio consensual,[57] merecendo análise as principais delas.

6.1. Perguntar se um acordo já foi obtido

Na audiência de conciliação muitas vezes as partes e seus advogados são simplesmente questionados sobre a existência de consenso, já que a primeira (e algumas vezes única!) conduta de vários conciliadores é perguntar: há acordo?

Ora, não é difícil perceber que, se as partes ali estão para tentar a autocomposição, a resposta é provavelmente negativa. Como a conciliação implica atividades do terceiro imparcial para promover a comunicação, perguntar se o resultado foi alcançado pelos próprios sujeitos não é propriamente conciliar, mas perquirir se houve negociação direta entre os contendores ou se outro terceiro já os conciliou, estando, portanto, aquele conciliador liberado de sua missão.[58] Assim, segundo a visão de que conciliar implica a atuação concreta do terceiro, a resposta é negativa: apenas perguntar se há acordo não é propriamente conciliar".[59]

Em sentido oposto, contudo, conclui Petrônio Calmon que tal conduta por parte do magistrado é válida: basta uma breve conversa em que o juiz pergunta se

---

56 Tal situação faz recordar o tratamento médico alopata contra infecções. Quando doentes, se ministramos o remédio por pouco tempo, os sintomas podem desaparecer e estimular-nos a abandonar o medicamento. Os médicos, contudo, insistem para que os tomemos pelo prazo estipulado para que a infecção não volte ainda mais forte. Afinal, nos primeiros dias debelamos apenas os germes mais fracos; se pararmos de tomar o remédio, os mais fortes podem se multiplicar e gerar um processo infeccioso ainda mais intenso – e, pior, imune àquele remédio.

57 TARTUCE, Fernanda. *Conciliação em juízo*: questionamentos relevantes, cit.

58 Aqui exsurge a diferença básica entre os institutos: enquanto a negociação é atividade de busca de interesses e soluções pelos próprios envolvidos na controvérsia, a conciliação é técnica conduzida por um sujeito imparcial e alheio ao conflito para auxiliar as partes a chegarem a um denominador comum.

59 TARTUCE, Fernanda. *Conciliação em juízo*: questionamentos relevantes, cit.

houve oferta de opções de autocomposição para que ele perceba ser impossível a composição amigável.[60]

A assertiva merece parcial adesão; realmente a partir da resposta o juiz poderá perceber o ânimo das partes e se preservar de um envolvimento inútil que poderia macular sua imparcialidade. Contudo, se a tentativa de conciliação não foi realizada junto a setores especializados e/ou a partir de técnicas apropriadas, uma importante oportunidade de fomentar o consenso pode ser desperdiçada caso se encerre ali a sessão consensual. Assim, a pertinência da conduta de questionar se o acordo foi obtido só existe se efetivamente houve o devido encaminhamento[61] ao setor correspondente ou a pessoas capacitadas para uma efetiva promoção da autocomposição.

Pode ser vista como variação apropriada à iniciativa do conciliador de perguntar se as partes se comunicaram e buscaram estabelecer tratativas; obviamente, embora pertinente o questionamento, ele não se revela suficiente para finalizar a audiência. Caso não tenha havido consenso até aquela oportunidade, o conciliador deve adotar as técnicas apropriadas para restaurar a comunicação, auxiliar as partes a divisar os principais interesses envolvidos e colaborar para o encontro de saídas possíveis para o impasse.[62]

Percebe-se, portanto, que o tempo destinado à audiência de conciliação deve ser significativo para que a comunicação possa fluir sobre todos os elementos relevantes. Em alguns juízos, seguidas audiências são designadas com diferença de 15 minutos entre seus horários, tempo exíguo e comprometedor da viabilidade de comunicação em bases razoáveis.

6.2. Explorar as desvantagens da passagem judiciária

O destaque sobre as desvantagens de estar em juízo costumava ser um argumento muito comum em sessões conciliatórias (usa-se aqui o tempo verbal no passado pela crença esperançosa na superação de tal conduta). Custos, demora e resultado duvidoso costumavam ser listados como demonstrativos da vantagem do acordo em detrimento do desfecho por solução judicial de mérito. Seria adequada tal atitude?

---

60 "Uma curta conversa, onde o juiz indagará as partes se lhe foram oferecidas bem as demais opções com vistas a autocomposição, será suficiente para que o juiz perceba a impossibilidade de qualquer composição amigável" (*Fundamentos da mediação e da conciliação*, cit., p. 148).

61 Não é qualquer processo, contudo, que deve ser encaminhado ao setor de conciliação: é essencial uma triagem adequada pelo juiz durante o gerenciamento do processo. Sobre este último tema, merece leitura de Fredie Didier, "O princípio da cooperação: uma apresentação". *RePro*, n. 127, p. 77 e ss., set. 2005.

62 TARTUCE, Fernanda. *Conciliação em juízo*: questionamentos relevantes, cit.

Ao expor a experiência vivenciada em terras lusitanas, o estudioso português Alexandre Vaz afirmou que a crise da Justiça ensejou um grande chamado à autocomposição, sendo então identificáveis duas teorias sobre a conciliação: as teses positivista (da confiança) e negativista (da desconfiança).[63] Eis sua explicação:

> *Pela primeira, a valorização da conciliação é sinal de confiança do legislador e do povo no órgão judiciário, constituindo manifestação inequívoca do progresso da sociedade contemporânea e do alto nível cívico alcançado por seus cidadãos.*[64] *Já a tese negativista enseja desconfiança pela constatação de que o Poder Judiciário é mais um exemplo da falência completa do Estado, de suas instituições jurídicas e do Direito como um todo. A conciliação aparece como a única alternativa do cidadão para fazer valer, senão todo, pelo menos alguma parcela de seus direitos. Assim, a tese retrata o reconhecimento explícito da incapacidade do Poder Judiciário de garantir a contento os direitos subjetivos dos cidadãos.*[65]

O discurso sobre as desvantagens da prestação jurisdicional de mérito pelo Estado revela a adoção de qual das teorias? Certamente da teoria negativista, da desconfiança...

Neste caso, a mensagem passada pelos administradores da justiça e protagonistas da gestão de conflitos é positiva ou negativa?

Sem dúvida a mensagem é negativa, merecendo repúdio o frequente discurso sobre o estímulo ao acordo pela inviabilidade de produção de resultados eficientes a partir da prestação jurisdicional.

A função do conciliador é aproximar as partes trabalhando os interesses subjacentes à relação de direito material e não priorizar a finalização da relação processual. O foco deve ser a pessoa em crise, e não as instituições ou seus problemas estruturais.

Tal postura é consentânea com a humanização do processo, que, segundo Carlos Aurélio Mota de Souza, consiste "na valorização do homem que nele comparece e supõe a atuação de valores éticos no sistema processual, ordenados à sua finalidade".[66]

---

63 VAZ, Alexandre Mario Pessoa. *Poderes e deveres do juiz na conciliação judicial*. Coimbra: [s.n.], 1976. p. 29-38 *passim*. O trabalho é tese de doutoramento defendida na Faculdade de Direito da Universidade de Coimbra.

64 VAZ, Alexandre Mario Pessoa. *Poderes e deveres do juiz na conciliação judicial*, cit., p. 30.

65 VAZ, Alexandre Mario Pessoa. *Poderes e deveres do juiz na conciliação judicial*, cit., p. 33.

66 *Poderes éticos do juiz*: a igualdade das partes e a repressão do abuso no processo. Porto Alegre: Fabris, 1987. p. 28.

6.3. Intimidar e pressionar

Se o terceiro, ao conciliar, questiona aspectos da relação controvertida, até que ponto pode e deve se "esforçar" para que os litigantes celebrem uma avença?

Na atividade conciliatória, não cabe promover intimidação nem infundir temor às partes sobre a prestação jurisdicional. O consentimento para a celebração de eventuais pactos deve ser, obviamente, livre de vícios. Não se pode forçar ou intimidar as partes, sob pena de gravíssimo comprometimento da liberdade negocial inerente ao princípio da autonomia da vontade.

Por oportuno, retomamos as pertinentes palavras de Calmon de Passos ao manifestar receio de que a "tara" por autoritarismo irrite os magistrados que insistirem a conciliar custe o que custar.

Confirmando tal assertiva, a mídia jurídica reportou caso em que uma magistrada afirmava intimar os advogados para as audiências conciliatórias apontando ser antiética a ausência do advogado por suposta recusa a alcançar uma solução para a causa: segundo consta, ela avisava estar "anotando o nome de todos os advogados que agem assim e também daqueles que não demonstram o menor interesse em realizar um acordo, mesmo quando a empresa que defende é adepta desse tipo de resolução de conflito".[67]

Seria tal conduta legítima e coerente com um sistema que busca o consenso genuíno? A resposta é obviamente negativa. Situações similares, porém, constantemente se verificam no foro, não sendo fácil sua superação.

Reitere-se: o conciliador não deve comprometer a confiança no Poder Judiciário e no meio consensual por um suposto interesse em diminuir a crise da distribuição da prestação jurisdicional e finalizar o processo a qualquer custo.[68]

---

67 Juíza faz pressão para advogados aceitarem conciliação *Revista Consultor Jurídico*, 1º jun. 2007. Disponível em: <https://www.conjur.com.br/2007-jun-01/juiza_pressiona_advogados_aceitarem_conciliacao>. Acesso em: 14 jun. 2018.

68 Como bem pontua Juliana Demarchi, "é importante que as partes sintam que o Poder Judiciário é uma garantia da resolução do conflito, e não uma ameaça para o caso de não se celebrar o acordo. A persuasão para a conciliação deve advir de suas vantagens intrínsecas (possibilidade de as próprias partes resolverem seus problemas, liberdade para a discussão de questões deduzidas no processo e também de outras que porventura não sejam objeto do pedido, busca dos reais interesses dos envolvidos), e não do assoberbamento do Poder Judiciário, que representa a garantia do Estado de que os conflitos serão resolvidos" ("Técnicas de mediação e conciliação". In: GRINOVER; WATANABE; LAGRASTA NETO. *Mediação e gerenciamento do processo*. São Paulo: Atlas, 2007. p. 57).

O atual CPC é coerente com tal ideia, já que segundo o § 2º do art. 165, é vedada ao conciliador a utilização de qualquer tipo de constrangimento ou intimidação para que as partes conciliem.

6.4. Prejulgar e comprometer a parcialidade

É possível estimular o acordo emitindo prognósticos desfavoráveis sobre a pretensão?

Quem responde positivamente afirma que a parte e seu advogado podem precisar de um "choque de realidade"; por exemplo, se a parte pleiteia valores irrazoáveis, é importante que o conciliador a traga ao mundo real expondo suas limitações. Tal conduta abriria sua mente, imediatamente conduzindo-a à disposição de negociar sobre valores mais baixos?

Se as pessoas, por alguma razão, convenceram-se intimamente (ainda que com bases falsas) sobre certa situação, fazê-la ruir por obra externa não é tarefa fácil (sendo até, muitas vezes, inviável).

Nos meios consensuais, o terceiro imparcial pode se valer de uma relevante técnica para trabalhar com percepções distorcidas: o teste de realidade. Por meio de perguntas adequadas, estimula-se o indivíduo a comparar seu "mundo interno" (marcado pelo envolvimento emocional no conflito) com o "mundo externo" percebido pelo terceiro facilitador.[69]

Assim, prejulgar não é a conduta apropriada; especialmente se o juiz estiver conduzindo a sessão, não é lídimo pressionar as partes à transação "ameaçando-as" com a eventual análise do mérito da demanda em certo sentido.

Como bem expõe Petrônio Calmon, o juiz não pode se estender na conversa a ponto de envolver-se em demasia com a pretensão em juízo, devendo "evitar adiantar seu ponto de vista sobre os fatos e o direito aplicável. A simples menção à jurisprudência (sobretudo a própria) pode deitar por terra a sua credibilidade".[70]

Assim, não é legítimo adiantar o teor de uma futura decisão para "estimular" o acordo porque tal conduta enseja comprometimento das garantias constitucionais do devido processo legal e da imparcialidade.[71]

---

[69] AZEVEDO, André Gomma (Org.). *Manual de mediação judicial.* 4. ed., Brasília: Ministério da Justiça, 2013. p. 204. Como esclarece o autor, querer o máximo possível "não decorre necessariamente de um interesse de enriquecimento sem causa, mas sim de uma percepção seletiva decorrente do estado de ânimos em que a parte se encontra" (p. 204).

[70] *Fundamentos da mediação e da conciliação*, cit., p. 149.

[71] *Manual de mediação judicial*, cit., p. 42-43.

Para Vicente Greco Filho, a conciliação tira o juiz de uma posição passiva e o convida a exortar as partes para alcançar um acordo antes do início da instrução; contudo, ele não deve influenciar o estado de espírito das partes com "prognósticos de resultados favoráveis ou desfavoráveis, sob pena de comprometer sua imparcialidade no julgamento futuro se a conciliação não tiver sucesso".[72]

A imparcialidade se traduz na equidistância e na ausência de compromisso entre as partes e o juiz. Como preservar essa importante diretriz se o magistrado assiste à negociação entre as partes, as julga instantaneamente e emite juízo de valor sobre seu conteúdo diante da parte contrária?

Atento ao perigo de tal ocorrência, o Código de Processo Civil[73] prevê ser fundada a suspeição do juiz quando este aconselha alguma das partes sobre o objeto da causa ou manifesta interesse em que saia vencedora.

Apesar da expressa disposição no Código, vários tribunais e juristas veem como natural a manifestação sobre o mérito no contexto de um esforço conciliatório. Representando tal vertente, José Roberto dos Santos Bedaque, citando precedente do Tribunal estadual paulista, afirma que a insistência para a celebração do acordo não implica quebra da parcialidade do juiz.[74]

Merece destaque excerto de decisão do Superior Tribunal de Justiça sobre a temática: "o aconselhamento do Juiz a uma das partes a não propor a ação pretendida, por entendê-la 'improdutiva', vincula sua opinião, tornando-o suspeito. Não se confunde a referida hipótese com o conselho dado em audiência de conciliação, quando este é feito a ambas as partes".[75]

---

72 *Direito processual civil brasileiro*. São Paulo: Saraiva, 2013. p. 234-235. vol. II.

73 CPC, art. 145. Há suspeição do juiz: II – que receber presentes de pessoas que tiverem interesse na causa antes ou depois de iniciado o processo, que aconselhar alguma das partes acerca do objeto da causa (...).

74 O autor menciona ter assim se manifestado em parecer acolhido pela E. Câmara Especial do Tribunal de Justiça de São Paulo: em audiência "limitou-se o magistrado a advertir as partes, em tese, para as vantagens e desvantagens do acordo e os prejuízos decorrentes da formulação de pretensão manifestamente infundadas. É perfeitamente compreensível tenha ele insistido no acordo. Por já conhecer os termos do pedido, possivelmente considerou exageradas as exigências do excipiente. O comportamento da autoridade excepta, além de não configurar a pretendida parcialidade, representa visão moderna e adequada da atividade jurisdicional. Deve o magistrado participar ativamente do processo, visando a proporcionar as partes o tal almejado acesso a ordem jurídica justa. Não se vislumbra, portanto, quebra da imparcialidade, visto que não demonstrada qualquer das hipóteses legais que acarretam o afastamento do juiz" (ES 15.284-0, Tietê, Rel. Des. Sabino Neto, j. 13.08.1992. "Comentários ao art. 125". In: MARCATO, Antonio Carlos (Coord.). *Código de Processo Civil interpretado*. 3. ed. São Paulo: Atlas, 2008. p. 371).

75 STJ, REsp 307.045/MT, Terceira Turma, Rel. Min. Antônio de Pádua Ribeiro, j. 25.11.2003, *DJU* 19.12.2003, p. 451.

No caso, o recurso foi provido para, decretando a suspeição do juiz, declarar nulos seus atos decisórios. Imagine-se o prejuízo de tempo e recursos para tudo ser reputado inválido e precisar ser repetido.

Percebe-se haver problema em identificar os exatos limites em que o conciliador poderá atuar no que tange a tal "antecipação de julgamento". Não poderá ocorrer, ao perceber resistência sobre seu prognóstico, que o juiz se exceda exibindo seu poder decisório de forma excessivamente contundente e macule, como no precedente *supra*, sua necessária imparcialidade?

Se o que se busca é o consenso genuíno, apreciar o mérito em prejulgamento não se revela apropriado; recomenda-se, se necessário, que o conciliador se valha da mencionada técnica do teste de realidade atuando com parcimônia e sempre atento à preservação de sua imparcialidade.

6.5. "Forçar o acordo"

A denominação deste item revela uma contradição em termos. O vocábulo acordo sinaliza o necessário encontro de vontades no sentido de identificar condições favoráveis à situação na relação jurídica.

"Forçar" a transação é negar a realização da genuína autocomposição; esta precisa ser trabalhada por um terceiro que verdadeiramente permita aos protagonistas do conflito se reorganizar para estabelecer novas diretrizes na condução da controvérsia. Assim, diante de um "acordo forçado", o que se verifica é a pseudoautocomposição, fruto de ilegítima "coerciliação".

Embora compreensível e louvável o esforço em promover a conciliação, não pode o juiz "transformar a conciliação em escopo maior, a ponto de impor às partes esse tipo de solução".[76]

Estando presente o juiz na conciliação, não há como negar que sua presença e autoridade incutem respeito nos litigantes (e, em alguns casos, até certo temor reverencial). É correto que o juiz se aproveite disso para impor o que ele entende como apropriado para uma composição? Ora, não basta que o magistrado ache o acordo satisfatório: é essencial a aceitação plena pelas partes para que elas venham a cumpri-lo espontaneamente.

Ademais, há que se considerar que a atividade jurisdicional implica a prestação de um serviço público ao indivíduo. João Baptista de Mello e Souza Neto entende ser inadequada a técnica de insistir exaustivamente na realização do acordo quando

---

[76] "Comentários ao art. 125". In: MARCATO, Antonio Carlos (Coord.). *Código de Processo Civil interpretado*. 3. ed. São Paulo: Atlas, 2008. p. 371.

um dos litigantes, peremptoriamente, exclui sua possibilidade e prefere a sentença[77] porque é direito do jurisdicionado ver a questão apreciada pelo magistrado, cujo dever é julgar; assim, "desde que a parte esteja adequadamente informada sobre o que está por vir, tem ela prerrogativa de cidadania ao optar pelo prosseguimento".[78]

7. RESOLUÇÃO *ON-LINE* DE DISPUTAS: DESTAQUES

As interações eletrônicas vinham gradualmente se ampliando até que a crise gerada pela pandemia do Covid-19 promoveu necessária valorização da atuação remota. A inviabilidade de encontros presenciais e a acelerada "virtualização" dos contatos ensejaram exponencial aumento do uso de plataformas de comunicação síncrona (em que as interações ocorrem simultaneamente), geralmente por meio de vídeo e/ou áudio para reuniões, aulas e encontros sociais;[79] a familiarização com essas vias facilitou sua adoção maciça em audiências (judiciais e arbitrais) e em sessões consensuais (de mediação e conciliação).

O Poder Judiciário brasileiro atuou rapidamente para promover inciativas favoráveis a sessões por videoconferência, especialmente para lidar com conflitos decorrentes da pandemia do Covid-19.

A expressão *On-line Dispute Resolution* (ODR) retrata a utilização de tecnologia da informação e da comunicação para compor conflitos, sendo tal uso referente à totalidade do procedimento ou somente a parte dele.[80]

No plano legislativo, antes mesmo da pandemia, foi apresentado um projeto para contemplar tal utilização: a Lei 13.994/2020 fez constar na Lei dos Juizados Estaduais[81] dois dispositivos sobre a realização de sessões conciliatórias eletrônicas. Também o Poder Judiciário se dispôs a tratar do tema, merecendo destaque a

---

77 Mediação em juízo, p. 67.

78 Mediação em juízo, p. 68.

79 ASPERTI, Cecilia; TARTUCE, Fernanda. A conciliação e a mediação *online* a partir da pandemia do novo Coronavírus: limites e possibilidades. *Revista do Advogado*, AASP, v. n. 148 (no prelo).

80 LIMA, Gabriela Vasconcelos; FEITOSA, Gustavo Raposo Pereira. *On-line Dispute Resolution* (Odr): a solução de conflitos e as novas tecnologias. *Revista do Direito*, Santa Cruz do Sul, v. 3, n. 50, p. 53-70, set./dez. 2016.

81 Lei 9.099/95, art. 22, § 2º: "É cabível a conciliação não presencial conduzida pelo Juizado mediante o emprego dos recursos tecnológicos disponíveis de transmissão de sons e imagens em tempo real, devendo o resultado da tentativa de conciliação ser reduzido a escrito com os anexos pertinentes. Art. 23. Se o demandado não comparecer ou recusar-se a participar da tentativa de conciliação não presencial, o Juiz togado proferirá sentença".

Resolução 358, de 2 de dezembro de 2020, do Conselho Nacional de Justiça: segundo o art. 1º, os tribunais deverão, em até 18 (dezoito) meses a contar da entrada em vigor da Resolução, "disponibilizar sistema informatizado para a resolução de conflitos por meio da conciliação e mediação (SIREC)".

Para quem pode usufruir do acesso às redes eletrônicas, há evidentes vantagens, como economia de tempo, de dinheiro e conveniência por não haver gasto com deslocamentos. Contudo, apesar dos benefícios, a realização de sessões consensuais eletrônicas apresenta desafios ligados a fatores como dificuldade de acesso a meios tecnológicos (acentuada por desigualdades socioeconômicas), instabilidade da rede, distanciamento da parte com advogadas(os) e necessária adaptação à diferente forma de interação.

É essencial atentar para o fato de que todas as pessoas envolvidas precisam ter condições de participar da interação *on-line*, não podendo ser punida aquela desprovida de recurso e/ou condições de atuar.

Princípios, regras e técnicas pertinentes ao modo presencial de conciliação precisam também ser observados com esmero na conciliação *on-line*.

Iniciar a reunião com uma conversa esclarecedora sobre o modo digital de interagir é essencial para promover comunicação adequada e contribuir para evitar problemas como irritações e perda de informações; além disso, esse diálogo inicial tende a contribuir para a construção de empatia entre as partes e de confiança na comunicação entre elas[82] e o conciliador.

A maioria das plataformas não permite que mais de uma pessoa fale ao mesmo tempo; isso reduz o volume das falas simultâneas ou mesmo as evita. Se, de um lado, isso faz com que todos se escutem claramente, evitando interrupções, sob outra perspectiva torna a comunicação menos natural, o que pode dificultar a fluidez da conversa. Nesse cenário, o conciliador deverá ter cuidado redobrado para permitir espaços de fala de modo cadenciado e igualitário.[83]

8. CONCLUSÕES

A despeito da falta do desenvolvimento mais profundo de uma cultura de paz, a promoção do uso de meios consensuais vem se intensificando. O constante fomento à conciliação insere-se no contexto de contenção de demandas ante a

---

[82] MARQUES, Ricardo Dalmaso. A Resolução de Disputas *On-line* (ODR): do comércio eletrônico ao seu efeito transformador sobre o conceito e a prática do acesso à justiça. *Revista de Direito e as Novas Tecnologias*, v. 5, p. 4-5, out./dez. 2019.

[83] ASPERTI, Cecilia; TARTUCE, Fernanda. A conciliação e a mediação *on-line* a partir da pandemia do novo Coronavírus: limites e possibilidades, cit.

crise sofrida pelo assoberbado Poder Judiciário. Apesar de tal situação, o instituto deve ser estudado a partir de sua real eficiência no tratamento das controvérsias existentes na sociedade para propiciar um efetivo, adequado e tempestivo acesso à justiça.

Embora se busque alavancar a utilização da conciliação com brocardos positivos e promoção de mutirões para sua realização, é essencial que, na prática, as audiências colaborem para a credibilidade do instituto a partir do melhor desenvolvimento das técnicas concebidas para sua efetivação.

A falta de treinamento, tempo e estrutura para conciliar pode comprometer a eficiência esperada.

Conciliar é aproximar, colaborar, contribuir, fomentar, sugerir, estimular; trata-se de postura ativa, dinâmica, elaborada, atenta e comprometida com as pessoas e seus problemas.

Simplesmente questionar se há acordo não é conciliar; tampouco configuram atividade conciliatória as condutas de pressionar, intimidar, forçar, prejulgar. Se exitosas tais questionáveis atitudes, possivelmente gerarão não acordos genuínos, mas lamentáveis "pseudoautocomposições".

A realização de conciliações *on-line* começou a se verificar maciçamente em 2020. Para que todos possam se beneficiar de tal ocorrência, é preciso considerar fatores sensíveis como desigualdades tecnológicas e diferenças nas interações a distância. A conciliação precisa ser qualificada pela observância das regras, dos princípios e das técnicas que lhe são peculiares tanto no formato presencial como no modo eletrônico.

Por fim, eventual consenso obtido na sessão conciliatória deve ser verdadeiro. De nada adianta que as instituições se contentem com um simulacro de acordo que apenas liquide momentaneamente o processo; afinal, há grandes chances de que jurisdicionados insatisfeitos regressem com novas lides em uma lamentável "volta dos que não foram".

REFERÊNCIAS BIBLIOGRÁFICAS

ANDRIGHI, Fátima Nancy. *Conciliação judicial* na área civil. Disponível em: http://www.stj.jus.br/internet_docs/ministros/Discursos/0001118/texto%20ministra%20selecionado%20-%20concilia%C3%A7%C3%A3o%20judicial%20na%20%C3%A1rea%20civel%20-Encontro%20Regional%20de%20Magistrados%20de%20Ilh%C3%A9us%202.doc. Acesso em: 6 set. 2020.

ASPERTI, Cecilia; TARTUCE, Fernanda. A conciliação e a mediação *on-line* a partir da pandemia do novo Coronavírus: limites e possibilidades. *Revista do Advogado*, AASP, v. n. 148 (no prelo).

AZEVEDO, André Gomma (Org.). *Manual de mediação judicial*. 4. ed., Brasília: Ministério da Justiça, 2013. Disponível em: <http://www.cnj.jus.br/images/programas/conciliacao/manual_mediacao_judicial_4ed.pdf>. Acesso em: 1 abr. 2020.

BARBOSA, Aguida Arruda. "A implantação do instituto da mediação familiar no Brasil". In: DIAS, Maria Berenice; PINHEIRO, Jorge Duarte (Coord.). *Escritos de direito das famílias:* uma perspectiva luso-brasileira. Porto Alegre: Magister, 2008. p. 379-394.

BARBOSA E SILVA, Erica. *Conciliação judicial*. Brasília, Gazeta Jurídica, 2013.

BEDAQUE, José Roberto dos Santos. "Comentários ao art. 125". In: MARCATO, Antonio Carlos (Coord.). *Código de Processo Civil interpretado*. 3. ed., São Paulo: Atlas, 2008.

BOTELHO DE MESQUITA, José Ignácio. "As novas tendências do direito processual: uma contribuição para o seu reexame". In: BOTELHO DE MESQUITA, José Ignácio. *Teses, estudos e pareceres de processo civil*. São Paulo: RT, 2005. v. 1, p. 296.

CALMON DE PASSOS, José Joaquim. *Comentários ao Código de Processo Civil*. Rio de Janeiro: Forense, 1998. v. 3.

CALMON, Petronio. *Fundamentos da mediação e da conciliação*. Rio de Janeiro: Forense, 2007.

CARNELUTTI, Francesco. *Sistema de derecho procesal civil*. Tradução de Niceto Alcalá-Zamora y Castillo y Santiago Sentís Melendo. Buenos Aires: Uteha, 1944. v. 1

DEMARCHI, Juliana. "Técnicas de conciliação e mediação". In: GRINOVER; WATANABE; LAGRASTA NETO. *Mediação e gerenciamento do processo*. São Paulo: Atlas, 2007.

DIDIER, Fredie. O princípio da cooperação: uma apresentação. Revista de Processo, v. 30, n. 127, p. 75-79, set. 2005.

FALECK, Diego. *Introdução ao* design *de sistemas de disputas: câmara de indenização*. Disponível em: <www.fernandatartuce.com.br/artigosdeconvidados>. Acesso em: 6 set. 2020.

FISHER, Roger; URY, William; PATTON, Bruce. *Como chegar ao sim*. Tradução de Vera Ribeiro e Ana Luiza Borges. 2. ed. Rio de Janeiro: Imago, 2005.

FISS, Owen, Against Settlement. In: RISKIN, Leonard L.; WESTBROOK, James E. *Dispute resolution and lawyers*. 2. ed. Saint Paul: West Group, 2004.

GANANCIA, Danièle. "Justiça e mediação familiar: uma parceria a serviço da coparentalidade". In: *Revista do Advogado*, São Paulo, n. 62, p. 7-15, mar. 2001.

GOODIN, Robert A. *Mediação:* uma visão geral da resolução alternativa de disputas. Disponível em: http://usinfo.state.gov/journals/itdhr/1299/ijdp/goodin.htm. Acesso em: 1 abr. 2015.

HIRONAKA, Giselda Maria Fernandes Novaes. *Sobre peixes e afetos*: um devaneio acerca da ética no direito de família. V Congresso de Direito de Família do Instituto Brasileiro de Direito de Família – IBDFAM. Belo Horizonte, 28.10.2005.

LIMA, Gabriela Vasconcelos; FEITOSA, Gustavo Raposo Pereira. *On-line Dispute Resolution* (ODR): a solução de conflitos e as novas tecnologias. *Revista do Direito*, Santa Cruz do Sul, v. 3, n. 50, p. 53-70, set./dez. 2016.

MARQUES, Ricardo Dalmaso. A Resolução de Disputas On-line (ODR): do comércio eletrônico ao seu efeito transformador sobre o conceito e a prática do acesso à justiça. *Revista de Direito e as Novas Tecnologias*, v. 5, out./dez. 2019.

MOTA DE SOUZA, Carlos Alberto. *Poderes éticos do juiz*: a igualdade das partes e a repressão do abuso no processo. Porto Alegre: Fabris, 1987.

PONCIANO, Vera Lúcia Feil. *Morosidade do Poder Judiciário:* prioridades para a reforma. Disponível em: <http://www.uel.br/revistas/uel/index.php/iuris/article/view/4118>. Acesso em: 1 abr. 2018.

ROCHA, Márcia. *Impacientes, infiéis e insubordinados.* Artigo datado de 20.03.2008. Disponível em: <http://portalexame.abril.com.br/revista/exame/edicoes/0914/gestaoepessoas/m0154779.html>. Acesso em: 1 abr. 2018.

SALES, Lilia Maia de Morais. *Justiça e mediação de conflitos.* Belo Horizonte: Del Rey, 2003.

SALLES, Carlos Alberto de; Gabbay, Daniela M.; Silva, Erica B.; TARTUCE, Fernanda; GUERRERO, Luis Fernando; LORENCINI, Marco Antônio G. L. *A experiência do Núcleo de Estudos de Meios de Solução de Conflitos na Faculdade de Direito da USP.* Disponível em <http://bibliotecadigital.fgv.br/dspace/handle/10438/9677>. Acesso em: 1 abr. 2018.

SANDER, Frank E. A.; ROZDEICZERD, Lukasz. *Matching cases and dispute resolution procedures:* detailed analysis leading to a mediation-centered approach. Disponível em: <http://papers.ssrn.com/sol3/papers.cfm?abstract_id=904805>. Acesso em: 1 abr. 2018.

SOUZA, Carlos Aurélio Mota de. *Poderes éticos do juiz:* a igualdade das partes e a repressão do abuso no processo. Porto Alegre: Fabris, 1987.

SOUZA NETO, João Baptista de Mello e. *Mediação em juízo*: abordagem prática para obtenção de um acordo justo. São Paulo: Atlas, 2000.

TARTUCE, Fernanda. *Conciliação em juízo*: questionamentos relevantes. Disponível em: <www.fernandatartuce.com.br> Acesso em: 6 set. 2020.

TARTUCE, Fernanda. *Igualdade e vulnerabilidade no Processo Civil*. Rio de Janeiro: Forense, 2012.

TARTUCE, Fernanda. *Mediação no Novo CPC:* questionamentos reflexivos. Disponível em <www.fernandatartuce.com.br/artigosdaprofessora> Acesso em: 6 set. 2020.

TARTUCE, Fernanda. *Mediação nos conflitos civis*. 6. ed. São Paulo: Método, 2021.

TARTUCE, Fernanda; FALECK, Diego; Gabbay, Daniela. *Meios alternativos de solução de conflitos*. Rio de Janeiro: FGV, 2014.

WATANABE, Kazuo. Cultura da sentença e cultura da pacificação. In: YARSHELL, Flávio Luiz; MORAES, Maurício Zanoide de (Coord.). *Estudos em homenagem à professora Ada Pellegrini Grinover*. São Paulo: DPJ, 2005.

QUESTÕES PARA ORIENTAR A LEITURA E O DEBATE EM SALA DE AULA

1. Analise criticamente o seguinte brocardo popular: "antes um mau acordo do que um processo demorado na justiça". Ele procede?
2. A exploração das dificuldades de obter uma decisão de mérito é argumento apropriado para promover a conciliação?
3. As partes e os advogados devem se preparar para participar de uma sessão de conciliação? Por quê?
4. Entre os verbos seguintes, quais o eficiente conciliador deve conjugar: aproximar, pressionar, sugerir, intimidar e/ou perguntar?

EXERCÍCIO PRÁTICO PARA CONCILIAÇÃO

A turma deve ser dividida em grupos de até 5 alunos, dando-se alguns minutos para preparação prévia de cada um(a) para a sessão. Cada parte deverá estar acompanhada de advogada(o) e deverá haver pelo menos um(a) conciliador(a).

Cenário prático: Joseílton, ao sair do trabalho em um fim de tarde, passou correndo entre duas vans escolares e acabou sendo atingido por uma delas (que estava sendo manobrada). A motorista Ednalva imediatamente o levou ao hospital, ajudando-o nos dias seguintes ao conduzi-lo à fisioterapia. No 5º dia ambos discutiram intensamente sobre de quem seria a culpa pelo ocorrido e Ednalva disse que não mais o ajudaria. Joseílton se sentiu prejudicado e, seguindo sugestão da esposa, procurou o Centro Judiciário de Solução de Conflitos (CEJUSC) próximo a sua residência para tentar uma conciliação com Ednalva – que aceitou o convite.

Informações confidenciais para Joseílton: Você sabe que a culpa foi sua, mas tem receio de admitir e perder o apoio de Ednalva. Está disposto a promover demanda litigiosa, se necessário, para obrigá-la a conduzi-lo às sessões (e eventualmente pedir indenização pelos danos sofridos). Como no dia da discussão estava irritado por conta do tratamento desgastante, está disposto a pedir desculpas.

Informações confidenciais para Ednalva: Embora não tenha assumido verbalmente, você estava falando ao telefone celular quando manobrou a van e acertou Joseílton. Por ter ele um gênio difícil, acredita que, sem combinações claras, ele ficará cada vez mais folgado e acabará lhe atribuindo toda a culpa. Acha que eventual batalha judicial será menos custosa do que continuar ajudando Joseílton; para se livrar da situação, pode pagar para ele até R$ 500,00 (quinhentos reais).

SUGESTÕES DE MATERIAL COMPLEMENTAR

✓ BRASIL, CNJ. Campanha “Envelhecendo”.
https://uqr.to/1fv43

✓ BRASIL, CNJ, Campanha “Remoçando”.
https://uqr.to/1fv44

✓ BRASIL, CNJ, Campanha “Conciliar é legal”.
https://uqr.to/1fv45

✓ TV Globo, Programa Fantástico, Série “O que é conciliação”, quadro “O conciliador”.
https://uqr.to/1fv46

9

Introdução à arbitragem

Carlos Alberto de Salles

Sumário: 1. O que é arbitragem hoje – 2. Os valores centrais da arbitragem e sua adequação ao conflito – 3. A preponderância da autonomia da vontade – 4. Árbitro: confiança e especialidade – 5. A neutralidade do árbitro e imparcialidade da decisão – 6. A busca de eficiência e justiça procedimental – 7. A tendência à confidencialidade – 8. A definitividade da sentença arbitral – 9. Conclusão: a arbitragem em contexto – Referências bibliográficas – Questões para orientar a leitura e o debate em sala de aula – Sugestões de material complementar.

1. O QUE É ARBITRAGEM HOJE

Arbitragem é bem mais do que uma simples disciplina legal.[1] É, também, um conjunto de práticas e valores disseminados nos meios jurídicos, comerciais e negociais.

É bem verdade que, no Brasil, essa forma de solução de controvérsias encontrou um importante ponto de equilíbrio com a Lei 9.307/1996, chamada Lei de Arbitragem, e, muito especialmente, com o reconhecimento de sua constitucionalidade

---

1 O presente capítulo foi escrito, originalmente, como uma parte introdutória da arbitragem, para a seguinte obra: SALLES, Carlos Alberto de. *Arbitragem em contratos administrativos*. Rio de Janeiro: Forense, 2011, p. 29-57. Posteriormente, foi adaptada de maneira a propiciar uma visão geral da arbitragem, em SALLES, Carlos Alberto de. Arbitragem. In SILVEIRA, João José Custódio da. *Manual de Negociação, conciliação, mediação e arbitragem*. Belo Horizonte: Letramento, 2018, p. 171-207. A versão atual foi novamente revista, ampliada e adaptada para servir de introdução aos dois capítulos seguintes, desta obra, que tratam dos aspectos fundamentais da arbitragem no Brasil.

pelo Supremo Tribunal Federal – STF, por meio da SEC 5.206.[2] Tanto assim que a Lei 13.129/2015, reformadora daquela primeira, teve o cuidado de preservar sua estrutura e seus mecanismos básicos de funcionamento.

Cabe mencionar que, anteriormente à Lei de Arbitragem, a matéria estava disciplinada pelo próprio Código de Processo Civil e pelo Código Civil,[3] mas problemas normativos levaram ao entendimento de que a cláusula arbitral era apenas um pré-contrato, exigindo nova pactuação entre as partes para ser levada a efeito. Além dessa dificuldade adicional para instituição da arbitragem, exigia-se a homologação, no juízo estatal, do então chamado *laudo arbitral*. Tudo isso acabava por inviabilizar, na prática, a utilização arbitragem no Brasil, impulsionada somente com o advento da lei de 1996.

De toda maneira, a disciplina legal, por si só, não é capaz de expressar tudo o que vem a ser a arbitragem, no Brasil e no mundo, pois esse mecanismo de solução de controvérsias vem se desenvolvendo, junto às práticas comerciais, com variáveis nuanças, há milhares de anos e incorporando algumas características que lhes são próprias,[4] independentemente do corpo legislativo a que estejam ligadas. Assim, para uma descrição desse instituto, nos dias de hoje, é melhor remeter àqueles valores básicos que permeiam as práticas arbitrais, orientam seu funcionamento e são determinantes das razões pelas quais as partes decidem utilizá-la para solução de suas controvérsias.

Em uma inspirada introdução sobre o que vem a ser arbitragem, Ian R. Macneil, professor da Northwestern University School of Law, já falecido, distingue entre a arbitragem "moderna" e aquela "não moderna". Para ele, o que marca aquela primeira é a exigibilidade em juízo dos acordos estabelecidos entre as partes para arbitrar uma disputa, tratada em língua inglesa por "*enforceability*".[5] Em uma definição mais extensiva, todavia, o autor citado aponta outras características essenciais à disciplina "moderna" da arbitragem. Essas características, não por acaso, coincidem em grande parte com os pontos centrais da Lei de Arbitragem brasileira:

> *"1. irrevogabilidade de qualquer acordo para submeter futuras disputas à arbitragem;*

---

2 Sentença estrangeira contestada n. 5.206, julgada em 12.12.2001.

3 Arts. 1.072 a 1.102 do Código de Processo Civil de 1973; e arts. 1.037 a 1.048 do Código Civil de 1916.

4 Para um breve histórico, v. NAZO, Georgette Nacarato. Arbitragem: um singelo histórico. *Revista do Advogado (AASP)*, 1997, p. 25-31.

5 Cf. MACNEIL, Ian R. *American arbitration law:* reformation, nationalization, internacionalization. Nova Iorque: Oxford University, 1992. p. 15.

> *2. poder de uma parte, buscando uma ordem judicial, compelir a parte recalcitrante a submeter-se à arbitragem;*
>
> *3. previsão legal de que qualquer ação judicial, instituída em violação de uma convenção de arbitragem, possa ser barrada até a arbitragem, na forma acordada, ser instituída;*
>
> *4. autoridade do juízo estatal indicar árbitros e preencher lacunas quanto as partes não fizerem a indicação ou quando os árbitros deixem a arbitragem ou se tornem incapazes de atuar durante a arbitragem;*
>
> *5. restrições nas possibilidades de as cortes estatais revisarem os juízos de fato do árbitro e sua aplicação do direito;*
>
> *6. especificações das bases pelas quais a sentença arbitral possa ser atacada por defeitos procedimentais e os limites de tempo para que isso aconteça".*[6]

Em suma, o que se busca ressaltar é que a arbitragem "moderna", que podemos tratar, na mesma medida, de *contemporânea*, está lastreada em uma disciplina jurídica apta a lhe emprestar condições que garantam sua vinculatividade. Isso significa dizer que tal disciplina deve impedir eventuais intromissões da Justiça estatal na matéria objeto da convenção das partes e, ao mesmo tempo – e em sentido inverso – dar respaldo à efetividade da escolha das partes.[7]

De modo geral, pode-se dizer que, independentemente do horizonte histórico, o modelo básico da arbitragem, como meio de solução de controvérsias, remete para *duas escolhas* e para *duas consequências* básicas no desenvolvimento dessa técnica adjudicatória.

Primeiro, as partes escolhem ter uma ou várias disputas resolvidas por um terceiro, chamado árbitro. Depois, ainda mais, as partes escolhem o árbitro ou definem um método para sua seleção. Dessas duas escolhas das partes, resultam duas consequências marcantes da arbitragem como método de solução de controvérsias. Uma primeira refere-se ao fato de que o árbitro (ou árbitros, se assim preferirem as partes) conduzirá os procedimentos para instrução e decisão da causa, o processo arbitral. Resulta ainda outra importante consequência, consistente na produção pelo árbitro (ou árbitros) de uma decisão vinculante para as partes, que somente poderá ser atacada judicialmente em bases bastante limitadas.[8]

Pode-se dizer que a arbitragem incorpora, em seu modo de ser, grande *liberdade* para as partes, consubstanciada na chamada autonomia da vontade e capaz de permitir-lhes essas escolhas tão importantes, de modo a excluir a jurisdição

---

6 Idem, Ibidem, p. 16, citando M. Domke, *Commercial arbitration* (1968).

7 A propósito, v. o item 3, do capítulo 11, abaixo.

8 Para uma definição em termos semelhantes, v. MACNEIL, op. cit., p. 7.

estatal da solução de um litígio. Por outro lado, arbitragem exige *responsabilidade*, no sentido de que as partes deverão suportar os efeitos, positivos ou negativos, dessas suas escolhas. Favorável ou desfavorável, bem ou mal fundamentada, a sentença arbitral deverá ser acatada pelas partes, sendo certo que, contra ela, não cabe recurso e as bases para impugnação de sua validade são muito restritivas.[9]

Por fim, é preciso ter claro que a arbitragem é um bom remédio para solução de conflitos, gerando resultados de eficiência procedimental, confidencialidade, especialidade e justiça decisória, além de celeridade na resposta, se comparada como grande parte das jurisdições estatais. Não está, porém, isenta de riscos. Possui um custo imediato que, muitas vezes, pode superar aquele da Justiça estatal. Ainda mais, não é um método que possa ser utilizado em todas as situações. A lei brasileira, corretamente, já no seu primeiro artigo, limita a arbitragem àqueles "*litígios relativos a direito patrimoniais disponíveis*".[10] Não é só isso, todavia. Mesmo em litígios dessa natureza, podem ocorrer situações de grande assimetria entre as partes, prejudicando a defesa da parte mais fraca no processo arbitral e, até mesmo, dificultando seu acesso à jurisdição, estatal ou arbitral.[11]

2. OS VALORES CENTRAIS DA ARBITRAGEM E SUA ADEQUAÇÃO AO CONFLITO

Considerando, como referido no item anterior, que a arbitragem não é somente uma disciplina legal, mas incorpora práticas que antecedem, em muito, sua regulação pelo direito estatal, compondo um verdadeiro modelo de solução adjudicada de controvérsias, surge o problema de como descrevê-la sem incorrer em parcialidades que limitem sua compreensão. Para tanto, um bom caminho é aquele de localizar os valores básicos que orienta seu desenvolvimento. Segundo Edward Brunet, a arbitragem repousa sobre um firme alicerce de valores centrais que compõem a base de seu funcionamento, assim, a eficiência, a oportunidade de uma apreciação equitativa das razões das partes, a autonomia privada, a especialidade do árbitro, a neutralidade e a definitividade de suas decisões.[12]

Não se trata apenas de destacar os prós da arbitragem, que são bem conhecidos: a celeridade, a confidencialidade, a especialização no tema a se decidir, a economia de recursos materiais e humanos, o menor grau de enfrentamento entre as partes, a flexibilidade, a maior participação e a maior proximidade delas

---

9 A esse respeito, v. item 4, do capítulo 11, abaixo.

10 Para a discussão dessas limitações de arbitrabilidade, v. item 2, do Capítulo 10, abaixo.

11 V. item 3, deste capítulo, abaixo, em especial nota 40.

12 Cf. BRUNET, E. The core values of arbitration. In BRUNET, E. *et al. Arbitration law in America: a critical assessment.* New York: Cambridge University, 2006, p. 3/28.

com o árbitro.[13] Nem mesmo de enfatizar suas vantagens associadas à redução dos custos de transação decorrentes do aparecimento de um conflito entre as partes.[14]

Necessário conhecer suas características fundantes – e, também, seus defeitos – para avaliar a possibilidade de sua correta utilização ou mesmo superação por meio de arranjos normativos, legais, regulamentares ou simplesmente contratuais. Afinal, são suas características intrínsecas que podem justificar a escolha desse método de solução de disputas em uma situação determinada, o que se coloca, igualmente, como maneira de legitimar a possibilidade legislativa de sua utilização, bem como a decisão de um particular ou de um agente público de aplicá-la em determinado contrato ou situação conflitiva. Isso porque a opção pela arbitragem é feita, sempre, em comparação com outros meios de solucionar eventuais controvérsias possível ou efetivamente surgidas entre as partes. Nesse sentido, não

---

13 CAIVANO, Roque J. *Arbitraje*. 2. ed. Buenos Aires: Ad-Hoc, 2008. Apresentando semelhantes benefícios do processo arbitral, ver: ESQUÍVEL, José Luís. *Os contratos administrativos e a arbitragem*. Coimbra: Almedina, 2004. p. 77-78; FERREIRA NETTO, Cássio Telles. *Contratos administrativos e a arbitragem*. Rio de Janeiro: Elsevier, 2008; e COLE, Sarh Rudolph; BLANKLEY, Kristen M. Arbitration. In: MOFFITT, Michael L.; BORDONE, Robert C. *The handbook of dispute resolution*. São Francisco: Jossey-Bass, 2005. p. 319. Conferir ainda: COOLEY, John W; LUBET, Steven. *Advocacia de arbitragem*. Tradução de René Loncan. Brasília: Ed. Universidade de Brasília, 2001 (destacando a privacidade do procedimento, a especialização dos árbitros, a possibilidade de decisão por equidade e de soluções alternativas, bem como o rateio dos custos do procedimento).

14 A propósito, conferir PUGLIESE, Antônio Celso Fonseca; SALAMA, Bruno Meyerhof. A economia da arbitragem: escolha racional e geração de valor. In: JOBIM, Eduardo; MACHADO, Rafael Bicca (Coord.). *Arbitragem no Brasil*: aspectos jurídicos relevantes. São Paulo: Quartier Latin, 2008. p. 73-85 (justificando a possibilidade de a arbitragem reduzir custos em relação à prestação jurisdicional do Estado com base nos seguintes predicados: agilidade de seus procedimentos, especialização dos árbitros, contribuindo para a redução de erros nas decisões arbitrais, maior garantia de imparcialidade dos árbitros e diminuição de uma conduta oportunista da parte inadimplente em se valer da demora do processo judicial); ver também: LEMES, Selma Maria Ferreira. *Arbitragem na administração pública*. São Paulo: Quartier Latin, 2007. p. 170-178 (estabelecendo as principais razões da celeridade do procedimento arbitral e comparando, hipoteticamente, aos custos de um processo arbitral e judicial). Justificando o recurso à arbitragem ao fato de ser mais consentânea com maior flexibilidade do direito dos negócios, ver: WALD, Arnoldo. A evolução do direito e a arbitragem. In: LEMES, Selma Ferreira; CARMONA, Carlos Alberto; MARTINS, Pedro Batista (Coord.). *Arbitragem*: estudos em homenagem ao Professor Guido Fernando da Silva Soares. São Paulo: Atlas, 2007. p. 454-463.

apenas a solução judicial concorre com a alternativa arbitral, mas, também, aquela consistente em mecanismos consensuais de resolução de conflitos.[15]

Assim, além de identificar as características fundamentais da arbitragem, primeiramente, é preciso determinar a maneira pela qual devem ser feitas as comparações entre os diversos mecanismos de solução de controvérsias.

Mesmo sem afastar a importância da discussão acima esboçada para a construção jurídica, política e social do conceito de arbitragem, importante admitir as dificuldades de estabelecê-la em abstrato, parecendo mais razoável considerar, como diretriz, "os méritos relativos de cada processo para propósitos determinados, em momentos e contextos também determinados".[16] De fato, no cotejo entre arbitragem e processo judicial, importante considerar que "a linha de demarcação entre custo e benefício é sutil, e frequentemente aquilo que em certo momento parece um elemento negativo ou positivo pode induzir a optar pela arbitragem ou pelo processo ordinário, mais tarde, no caso concreto, pode assumir valor oposto e revelar-se como elemento impeditivo",[17] ocorrendo a mesma coisa em relação a outros mecanismos.

Há de se considerar, sem dúvida, a existência de um relativismo nesse tipo de comparação, não sendo possível afirmar, a princípio, a prevalência dos procedimentos arbitrais sobre aqueles judiciais. Deve-se, para esse fim, considerar fatores concretos do caso e do órgão específico ao qual a controvérsia será submetida. Mesmo no âmbito dos direitos patrimoniais e disponíveis,[18] não é possível afirmar, abstratamente, a maior celeridade, economicidade ou mesmo qualidade e eficiência da sentença arbitral, isso porque não preponderam, a esse respeito, fatores estruturais dos mecanismos de solução de controvérsias em comparação, mas características institucionais e funcionais localizadas, cuja generalização acaba por se desprezar, levando a conclusões equivocadas.

---

15 Sobre a adequação dos mecanismos de solução aos conflitos vivenciados pelas partes, em uma perspectiva correspondente ao conceito de um sistema multiportas, v. o capítulo 2, desta obra.

16 SEUL, Jeffrey R. Litigation as a dispute resolution alternative. In: MOFFITT, Michael L.; BORDONE, Robert C. *The handbook of dispute resolution*. São Francisco: Jossey-Bass, 2005. p. 318-335. Discutindo possíveis parâmetros de comparação, com destaque argumentos de produção e de qualidade, ver: GALANTER, Marc. Introduction: compared to what? Assessing the quality of dispute resolution. *Denver University Law Review*, vol. 66, n. 3, 1989, p. 101. Discutindo a posição de Galanter em relação à efetividade do processo, ver: Salles, Carlos Alberto de. *Execução judicial em matéria ambiental*. São Paulo: Revista dos Tribunais, 1998. p. 39-43.

17 VIGORITI, Vicenzo. Quale fra arbitrato e processo? *Revista de Processo*, n. 125, p. 153, jul., 2005.

18 Em relação às hipóteses nas quais a lei brasileira permite a utilização da arbitragem, art. 1º da Lei 9.307/96.

Se a comparação, feita em abstrato, não fornece bons parâmetros de escolha, cabe indagar, então, quais seriam os critérios a serem levados em conta pelo legislador para permitir a submissão de determinados tipos de litígios ao julgamento arbitral. Cabe lembrar, a esse propósito, o chamado *efeito negativo* da convenção arbitral,[19] isto é, aquele indicativo de seu conteúdo de exclusão voluntária da jurisdição estatal.[20]

Por outro lado, caberá sempre ao particular ou ao administrador público[21] analisar a conveniência da adoção da arbitragem em relação a determinado contrato, realizando um *juízo de adequação*, tomando em conta diversos fatores ligados às situações conflitivas envolvidas e aos mecanismos de solução disponíveis. De um lado, as características centrais da controvérsia e do modo eleito para sua solução, de outro, as finalidades que se buscam alcançar.

Para tanto, é necessário investigar, em primeiro lugar, quais seriam os traços e valores fundamentais pelos quais a prática da arbitragem se identifica e orienta, de forma a tornar possível saber se a adoção desse meio de solução de controvérsias apresenta suficientes razões para as partes na consecução dos objetivos perseguidos em relação a determinada situação de conflito.

Para esse propósito, a localização daqueles valores centrais às práticas arbitrais, desenvolvida nos itens seguintes, é essencial para orientar a escolha e o desenvolvimento da arbitragem.

3. A PREPONDERÂNCIA DA AUTONOMIA DA VONTADE

A arbitragem se funda na autonomia da vontade das partes,[22] que a ela se vinculam por meio da convenção de arbitragem, sendo sua instituição exigível judicialmente, por meio de tutela específica. À vontade das partes se submete, também, na escolha ou montagem do procedimento a ser seguido para obtenção

---

19 Cf. GUERRERO, Luís Fernando. *Convenção de arbitragem e processo arbitral*. São Paulo: Atlas, 2009. p. 125-130.

20 Sobre a constitucionalidade dessa exclusão, ver: SALLES, Carlos Alberto de. Mecanismos alternativos de solução de controvérsias e acesso à justiça: a inafastabilidade da tutela jurisdicional recolocada. In: FUX, Luiz; NERY JR., Nelson; WAMBIER, Teresa Arruda Alvim. *Processo e Constituição:* estudos em homenagem ao Professor José Carlos Barbosa Moreira. São Paulo: Revista dos Tribunais, 2006. p. 779-792.

21 Sobre a arbitragem utilizada em contratos administrativos, ver: SALLES, Carlos Alberto de. *Arbitragem em contratos administrativos*. Rio de Janeiro: Forense, 2011.

22 Cf. Martins, Pedro Antônio Batista. A Convenção de Arbitragem. *Aspectos fundamentais da lei de arbitragem*. Rio de Janeiro: Forense. 1999. p. 207-212 (ressaltando os aspectos contratuais da convenção de arbitragem); também GUERRERO, Luís Fernando, op. cit., p. 29-33 (discutindo a liberdade como pressuposto do consentimento).

da sentença arbitral e a lei aplicável ao caso, inclusive com a possibilidade de permitir a decisão por equidade.[23]

É exatamente essa base consensual da arbitragem que a torna menos disruptiva da relação entre as partes, propiciando facilidades para o prosseguimento do relacionamento entre elas, bem como para o cumprimento voluntário da decisão. Assim, a autonomia da vontade apresenta-se como um dos principais valores a servir de base para a constituição da arbitragem. Afinal, dela emanam ou a ela estão relacionadas as principais características da arbitragem na forma como ela é pensada presentemente.

No Brasil, a matéria está disciplinada pela Lei 9.307/96, a chamada Lei de Arbitragem, renovada pela Lei 13.129/2015, e, também, entre outras, pela Convenção de Nova York, de 1958, ratificada pelo Decreto 4.311 de 23 de julho de 2002.

O regime anterior à Lei de Arbitragem, disciplinado pelo Código de Processo Civil de 1973,[24] enfraquecia a afirmação de vontade das partes, ao estabelecer que a cláusula arbitral era apenas uma promessa de contrato. Com isso, após a eclosão de uma situação de conflito entre as partes, não obstante a existência da cláusula, elas deveriam celebrar o compromisso arbitral específico, esse sim apto a tornar obrigatória a submissão da disputa à arbitragem. Sob a lógica do regime de anterior vigência, "enquanto o compromisso já é o acordo de vontades e já instala o juízo arbitral, fixando-lhe o objeto e elegendo os árbitros, a cláusula compromissória é pacto preliminar, o *pactum de contrahendo*, que apenas obriga as partes a comprometer-se".[25] A enfraquecer ainda mais o instituto da arbitragem estava a necessidade de o então denominado "laudo arbitral" ser submetido à homologação judicial.[26]

Na disciplina da vigente Lei de Arbitragem, "a cláusula deixou de ser apenas um pré-contrato de compromisso, pois, nos termos do art. 5º, o juízo arbitral pode ser instituído (art. 19) sem a necessidade a celebração de um compromisso arbitral."[27] Ainda mais, a agora denominada "sentença arbitral" passou a produzir os mesmos efeitos daquela judicial, constituindo título executivo judicial.[28]

---

23 No ordenamento brasileiro há disciplina específica nesse sentido: art. 2º da Lei 9.307/96.

24 Arts. 1.072 a 1.102, revogado pela Lei 9.307/96.

25 BARROS, Hamilton de Moraes e. *Comentários ao Código de Processo Civil*: arts. 946 a 1.102. Rio de Janeiro: Forense, [197-] p. 382.

26 Nos termos do revogado art. 1.097 do CPC/1973.

27 CARMONA, Carlos Alberto. *Arbitragem e processo*: comentários à Lei nº 9.307/96. 3. ed. São Paulo: Atlas, 2009. p. 17.

28 Art. 31 da Lei 9.307/96; também, quanto à qualidade de título executivo judicial, v. art. 515, inciso VII, do CPC.

Com efeito, dois são os elementos da disciplina jurídica da arbitragem contemporânea a dar efetividade à autonomia da vontade: a irrevogabilidade unilateral da convenção arbitral e a possibilidade de se buscar judicialmente a instituição da arbitragem.[29] Assim, no regime brasileiro, além dos dispositivos citados acima, fundamental quanto à efetividade da autonomia da vontade, a tutela específica disciplinada pelo art. 7º da Lei de Arbitragem.[30]

Destaque-se ainda a importância da autonomia da vontade na definição do procedimento arbitral. As partes escolhem não apenas a arbitragem como forma de solução de suas controvérsias, mas também o procedimento pelo qual se desenvolverá, sendo possível fazê-lo, também, por meio da indicação das regras de alguma instituição arbitral ou pela delegação ao árbitro ou painel arbitral da regulamentação do procedimento.[31]

No Brasil, as restrições quanto à possibilidade de opção ou elaboração de desenhos procedimentais são bem limitadas, devendo-se observar apenas o respeito aos princípios do contraditório, da igualdade das partes, da imparcialidade do árbitro e de seu livre convencimento.[32] Respeitados esses limites, qualquer arranjo procedimental mostra-se passível de acordo com a vontade daquelas e do caso. Nos Estados Unidos, o caso *Mastrobuono* vs. *Shearson Lehman Hutton* estabeleceu o preceito de que as "partes são geralmente livres para estruturar seus acordos de arbitragem da maneira como entendam ser adequado".[33]

Em algumas áreas, a autonomia da vontade pode ser colocada em questão, por não estarem presentes condições objetivas para o livre consentimento de uma das partes. É o que ocorre em relações de consumo ou trabalhistas. A assimetria de condições e posições entre as partes leva a supor a existência de um vício quanto à vontade da parte mais fraca.

O Código de Defesa do Consumidor, Lei 8.078/90, a esse propósito, traz disposição específica considerando nulas de pleno direito as cláusulas que "determinem a utilização compulsória de arbitragem",[34] deixando em séria dúvida a possibilidade

---

29 MACNEIL, op. cit., p. 16.

30 Sobre tutela específica da convenção arbitral, também chamada de *execução específica da cláusula arbitral*, v. o item 3.3., do capítulo 11, abaixo; também BARBI FILHO, Celso. Execução específica de cláusula arbitral. *Revista dos Tribunais*. São Paulo, v. 85, n. 732, p. 65-73. out. 1996.

31 Art. 21, *caput*, da Lei 9.307/96.

32 Art. 21, parágrafo 2º, da mesma lei.

33 514 U.S. 52 (1995). Em tradução livre.

34 Art. 51, inciso VII.

de sua utilização em matéria de consumo.[35] Quanto à utilização da arbitragem para solucionar conflitos surgidos em relações trabalhistas, não obstante a única referência da Constituição Federal a esse instituto se faça quanto à possibilidade de sua utilização como sucedâneo das negociações coletivas,[36] sua aplicação em relação a controvérsias individuais vem sendo objeto de grande polêmica. Buscando pacificar a matéria, a chamada Reforma Trabalhista, de 2017, introduziu o artigo 507-A, na Consolidação das Leis do Trabalho – CLT, autorizando arbitragens relativas a contratos individuais a partir de um determinado valor (duas vezes o limite máximo estabelecido para os benefícios do Regime Geral de Previdência Social), desde que o empregado tome a iniciativa ou tenha expressamente concordado.[37] Ainda nessa área, a Lei Complementar 75/93, que disciplina a atuação do Ministério Público da União, estabelece que ao Procurador do Trabalho cabe "atuar como árbitro, se assim for solicitado pelas partes, nos dissídios de competência da Justiça do Trabalho".[38]

A Lei 13.129/2015, que renovou a Lei de Arbitragem, aperfeiçoando vários de seus dispositivos, previa, de forma expressa, mecanismos procedimentais possibilitando a arbitragem em matéria de consumo e de direito do trabalho,

---

35 Sobre a discussão quanto à utilização de arbitragem nas relações de consumo, ver: LEMES, Selma Maria Ferreira. Arbitragem e o Direito do Consumo. *Revista Brasileira de Arbitragem*, n. 0, p. 185-193, 2003; VASCONCELOS, Carlos Eduardo de. Cláusula Compromissória, Contratos de Adesão e Relação de Consumo no Brasil. *Revista Brasileira de Arbitragem*, n. 4, p. 7-31, 2004. VERISSIMO, Marcos Paulo. *A arbitragem de consumo na Espanha*. Disponível em: <https://www.arbitragem.com.br/index.php/artigos/arbitragem-nas-rela%C3%A7%C3%B5es-de-consumo#marcos-paulo-verissimo>. Acesso em: 18 ago. 2019.

36 Art. 114, §§ 1º e 2º.

37 Mesmo com mudança na CLT, permitindo a arbitragem, a matéria parece ainda não estar madura no TST, que permanece indicando um viés contrário à utilização desse mecanismo em contratos individuais de trabalho. V., por exemplo, o Agravo em Recurso de Revista ARR-617-97.2012.5.09.0022, 6ª Turma, Relator Ministro Augusto César Leite de Carvalho, DEJT 04/10/2019. Em outro momento, o TST já posicionou favoravelmente à arbitragem em litígio individual (Agravo de Instrumento em Recurso de Revista n. 1475/2000-193-05-00, Relator Min. Pedro Paulo Manus, j. 17/10/2008). No entanto, contrariamente à cláusula estabelecendo arbitragem em outro país, ver: Recurso de Revista n. 2820/2001-033-02-005, Relatora designada Min. Kátia Magalhães Arruda, j. 30/09/2009.

38 Art. 83, inciso XI. Essa atribuição foi regulada pelo Conselho Superior do Ministério Público do Trabalho, pela Resolução n. 44/99, de 11 de junho de 1999, estabelecendo que a arbitragem poderá ser iniciada por "vontade conjunta de todos os conflitantes" ou por convenção de arbitragem.

condicionando-a à iniciativa da parte mais fraca, do consumidor ou do trabalhador.[39] Infelizmente, os dispositivos nesse sentido acabaram sendo objeto de veto presidencial. Não obstante a alteração agora introduzida na CLT, referida acima, a manutenção do dispositivo que fora introduzido à Lei de Arbitragem poderia já ter antecipado adequadamente a disciplina da matéria.

Nos Estados Unidos, onde é comum a arbitragem tanto em matéria de consumo quanto para relações de trabalho, inclusive com respaldado em decisões da Suprema Corte,[40] sua utilização é objeto de severas críticas por parte dos estudiosos da matéria.[41] Alega-se, exatamente, a invalidade do acordo instituidor da arbitragem por razões de *unsconscionability*,[42] com "o objetivo de prevenir opressão e injusta surpresa em um contrato entre partes com desigual poder de barganha".[43]

A autonomia da vontade pode ser colocada em questão, igualmente, no campo de formação dos contratos administrativos e de sua respectiva cláusula arbitral. A esse propósito da Lei 13.129/2015, introduziu-se na Lei de Arbitragem expressa disposição prevendo a possibilidade de utilização da arbitragem pela administração pública.

Não obstante a autonomia da vontade seja de um dos principais valores em torno dos quais se concebe a arbitragem contemporânea, sua abordagem em relação ao Poder Público, merece uma especial consideração.

---

39 Era o seguinte o teor dos dispositivos vetados: art. 4º, § 3º: Na relação de consumo estabelecida por meio de contrato de adesão, a cláusula compromissória só terá eficácia se o aderente tomar a iniciativa de instituir a arbitragem ou concordar expressamente com a sua instituição. § 4º. Desde que o empregado ocupe ou venha a ocupar cargo ou função de administrador ou de diretor estatutário, nos contratos individuais de trabalho, poderá ser pactuada cláusula compromissória, que só terá eficácia se o empregado tomar a iniciativa de instituir a arbitragem ou se concordar expressamente com a sua instituição.

40 Quanto à "consumer arbitration", ver os casos Prima Paint Corp. *vs.* Flood & Conklin MGF; Moses Hm. Cone Memorial Hospital *vs.* Mercury Construction Corp.; First Options of Chicago *vs.* Kaplan; Doctor's Associates *vs.* Casarotto; Green Tree Financial Corp. *vs.* Bazzle; Fox *vs.* Tanner. Sobre "employment arbitration", verificar os casos Kummetz *vs.* Tech Mold; Metro East Center *vs.* Qwest Communications International; John Hancock Mutual Life Insurance *vs.* Gaunt; Circuit City Stores *vs.* Saint Clair Adams.

41 Schwartz, David S. Enforcing small print to protect big business: employee and consumer rights claims in an age of compelled arbitration. *Wisconsin Law Review*, 1997, p. 33-131; criticando a utilização da arbitragem em matéria trabalhista, fora das hipóteses de *colletive bargaining* e de sua utilização por sindicatos, ver: BRUNET, E *et al.*, op. cit., p. 315-320.

42 Literalmente, falta de consciência.

43 COLE e BLANKLEY, op. cit., p. 329.

Em primeiro lugar, por não ser esta uma característica da maneira pela qual a Administração age,[44] pois não é a autonomia da vontade que movimenta a Administração. Ao contrário, os impulsos que movem a administração pública são, como geralmente se aponta, o *interesse público* e a *legalidade*.[45]

Por outro lado, o contrato administrativo não é um ato de plena autonomia da vontade sob a ótica do contratante particular. O vínculo contratual, no caso, estabelece-se por meio de um procedimento formal – a licitação – em bases competitivas. Em tal procedimento, a autonomia da vontade do particular, mostra-se presente apenas em seu interesse em participar, ou não, da licitação destinada à formação de determinado contrato. Não lhe é dado, no entanto, negociar as cláusulas contratuais, estabelecidas nos termos de um edital previamente divulgado.[46]

Sendo assim, o estabelecimento da convenção de arbitragem no âmbito dos contratos administrativos deve conciliar as premissas desse meio de solução de controvérsias com os condicionantes próprios da administração pública, respeitando-se a alguns condicionamentos próprios do direito público na configuração do procedimento arbitral.[47] De todo modo, os §§ 1º e 2º, acrescidos ao art. 1º da Lei de Arbitragem pela Lei 13.129/2015, afastaram qualquer dúvida quanto à possibilidade de a Administração Pública, direta ou indireta, utilizar a arbitragem para resolver litígios em que esteja envolvida.[48]

4. ÁRBITRO: CONFIANÇA E ESPECIALIDADE

O fator central da escolha do árbitro pela parte é a confiança. Segundo o critério legal,[49] as partes podem escolher, para exercer as funções de árbitro, qualquer pessoa capaz, que tenha sua confiança. Essa confiança pode estar baseada em variados fatores, como o conhecimento pessoal, a fama, indicação de pessoas próprias etc. A possibilidade de ampla seleção, mesmo que pautada em pesquisa minuciosa, evidentemente, não isenta as partes de escolhas, por vezes, equivocadas. Tem o mérito, porém, de colocar sob a responsabilidade dos interessados diretos a

---

44 SALLES, *Arbitragem*, op. cit., p. 110-113.

45 *Idem, Ibidem*, p. 121-130.

46 *Idem, Ibidem*, p. 110-113.

47 A Lei 14.133/2021 – Lei de Licitações e Contratos Administrativos – traz disposições expressas permitindo e viabilizando a arbitragem em contratos administrativos (artigos 138, III; 151; 152; e 154).

48 Para um aprofundamento nesse tema, v. *idem, ibidem*.

49 V. art. 13, *caput*, da Lei 9.307/1996.

definição de um fator fundamental para a qualidade da decisão do processo arbitral: a definição do julgador, de quem, afinal, decidirá a controvérsia entre as partes.

Supõe-se que os árbitros venham a ser escolhidos pelas partes, entre outros atributos, em razão dele ser um especialista na matéria objeto da arbitragem. A especialidade do árbitro, entretanto, é apenas um, entre tantos fatores que podem ser levados em conta. A racionalidade do sistema, de todo modo, tende a impulsionar as partes a privilegiar o critério de especialização do julgador na busca de um processo e uma sentença de qualidade.

A esse respeito, vale ressaltar, há significativas diferenças em relação à jurisdição estatal, sobretudo, porque a definição do juiz estatal deve obedecer a padrões objetivos, e ao princípio do juiz natural e competente, calcado em critérios de distribuição da competência entre os juízes estatais. Por outro lado, ante a necessidade de prestação universal dos serviços judiciários, a especialização da Justiça estatal tende a ser feita, quando existente, em grandes linhas, com elevado grau de abrangência, como, por exemplo, varas cíveis, de família, da fazenda pública, entre outras.

Assim, a especialidade tende a ser um grande diferencial da jurisdição arbitral. "Exatamente o que significa o termo *expert arbitrator* está longe de estar claro",[50] no entanto. De fato, considerando não haver exigência de o árbitro ter formação jurídica,[51] sua especialidade pode estar ligada a uma grande diversidade de fatores, como a *expertise* técnica de determinada área ou simplesmente o conhecimento, ainda que leigo, dos costumes e práticas comerciais de determinado setor. Nesse sentido, por exemplo, um engenheiro pode estar credenciado para uma disputa envolvendo a conclusão de uma obra[52] ou um comerciante experiente habilitado para decidir uma questão relativa à qualidade do algodão em determinado contrato de fornecimento.[53]

---

50 BRUNET, E *et al.*, *op. cit.*, p. 12. Em tradução livre.

51 A disciplina legal brasileira é inteiramente aberta a esse propósito. Como referido, o art. 13 da Lei de Arbitragem que estabelece que "pode ser árbitro qualquer pessoa capaz e que tenha a confiança das partes".

52 STIPANOWICH, Thomas J. Beyond arbitration: inovation and evolution in the United States construction industry. *Wake Forest Law Review*, n. 31, p. 65-182, 1996 (trazendo o relato de pesquisa empírica sobre os mecanismos de solução de controvérsias utilizados no setor de construção civil nos Estados Unidos).

53 BERNSTEIN, Lisa. Private commercial law in the cotton industry: creating cooperation through rules, norms, and institutions. *Michigan Law Review*, n. 99, p. 1724-1788, jun., 2001 (descrevendo os mecanismos utilizados no mercado do algodão nos Estados Unidos, sendo de se destacar o *board of appeal* do American Textile Manufacturers Institute – ATMI e tribunal arbitral, constituído por sete árbitros, do Memphis Cotton Exchange – MCE, nos dois casos utilizando árbitros escolhidos pela experiência e reputação no setor).

Na verdade, a especialidade compõe uma cesta de qualidades que compõe a confiança que o árbitro inspira às partes.[54] Por certo, não é o único fator a formar a confiabilidade necessária às funções de julgador privado. Especialidade pode não ser determinante – conferindo às partes preferir, por exemplo, a experiência à especialização. Por outro lado, como ora ressaltado, o critério de especialização é também relativo, podendo dizer respeito a aspectos acadêmicos, profissionais ou simplesmente práticos de determinada área.

5. A NEUTRALIDADE DO ÁRBITRO E IMPARCIALIDADE DA DECISÃO

A neutralidade do árbitro é um predicado fundamental à arbitragem. O árbitro ou árbitros integrantes de um painel devem estar em posição de equidistância entre as partes, livres de qualquer viés em relação a uma ou outra. Essa é a garantia da imparcialidade e independência na decisão e na condução do processo.

No Brasil, costuma-se falar apenas em imparcialidade, chegando-se mesmo a repudiar a neutralidade como atributo do julgador.[55] A neutralidade, no entanto, presente na literatura norte-americana sobre mecanismos alternativos,[56] se bem compreendida, aponta para características antecedentes àquela da imparcialidade ou, mais exatamente, que dizem respeito à posição do árbitro, juiz, mediador ou conciliador em relação às partes envolvidas na controvérsia. Funciona, assim, como uma espécie de condição para aquela ser alcançada.

Perceptível essa diferença de enfoque na posição externada por Owen Fiss na discussão sobre a independência do juiz:

> Uma das formas que a referida independência toma – a "neutralidade judicial" – refere-se ao relacionamento entre o juiz e as partes perante a

---

54 BRUNET, E *et al.*, *op. cit.*, p. 13.

55 "Qualquer árbitro deve ser e permanecer imparcial; mas nenhum árbitro pode ser neutro, posto que tal situação agride a própria natureza humana." LEMES, Selma Maria Ferreira. *Árbitro*: princípios da independência e da imparcialidade. São Paulo: LTr, 2001. p. 64; conferir também, CARMONA, Carlos Alberto. *op. cit.*, p. 240.

56 (Apontando critérios para escolha de neutrals (neutros) para utilização em ADRs relativos ao governo federal dos Estados Unidos). O Administrative Dispute Resolution Act – ADRA traz uma definição do neutral (neutro): "§571 (9) 'neutro' significa um individuo que, com respeito a uma questão controvertida, funciona especificamente para ajudar as partes a resolver a controvérsia." SENGER, Jeffrey M. *Federal dispute resolution*: using ADR with the United States government. São Francisco: Jossey-Bass, 2004. p. 47-73. Em tradução livre.

> corte e tem como fundamento a aspiração por imparcialidade. A referida neutralidade exige que o juiz não tenha nenhum tipo de relacionamento com as partes, bem como que essas não exerçam nenhum tipo de controle ou influência sobre ele. Tal exigência tem como objetivo afastar graves ameaças à imparcialidade, como, por exemplo, o suborno e estreitos laços de parentesco entre juízes e litigantes.[57]

Isso porque a imparcialidade é um atributo presumível a partir de determinadas condições do agente envolvido, seja em funções de decisão ou de simples aproximação das partes em busca de uma solução de consenso. Note-se que a própria disciplina do Código de Processo Civil, acerca da suspeição e do impedimento do juiz, está pautada em atributos de sua relação com as partes.[58] A imparcialidade se presume da inexistência das relações entre parte e julgador exemplificadas pelo texto legal. Significativa a esse propósito a expressão *party detachment*,[59] a indicar a necessidade básica de a parte estar desvinculada daquele responsável por decidir ou encaminhar uma decisão.

Assim, a imparcialidade tem a natureza de um atributo que se presume de determinadas circunstâncias, não de um valor em si, aferível da atuação do juiz no processo. Não obstante a gravidade do *error in procedendo* do juiz, o argumento de imparcialidade somente poderá ser acolhido se o prejudicado demonstrar a suspeição ou impedimento do julgador. É a neutralidade, como posição de equidistância e independência em relação às partes, portanto, o que efetivamente importa na produção de efeitos processuais. A imparcialidade coloca-se como um objetivo sistêmico a ser alcançado no processo.

Importa, nesse sentido, investigar as condições de neutralidade do árbitro. Verificar se elas estão presentes em determinado arranjo institucional, de forma apta a garantir sua imparcialidade. É, de certa maneira, o que faz a disciplina da Lei 9.307/96, criando condições para a neutralidade do árbitro em relação às partes.

Nesse sentido, estabelece o impedimento "de funcionar como árbitros as pessoas que tenham, com as partes ou com o litígio que lhes for submetido, algumas das relações que caracterizam os casos de impedimento ou suspeição de juízes".[60] Ainda mais, estabelece ao árbitro o *dever de revelação*, isto é, antes da aceitação da função, deve revelar para as partes qualquer fato do qual se possa extrair "dúvida

---

57 FISS, Owen. *Direito como razão pública*. Tradução coordenada por Carlos Alberto de Salles. Curitiba: Juruá, 2017, p. 96.

58 Arts. 144 e 145.

59 FISS, Owen. op. cit., p. 96 [nota 123].

60 Art. 14, *caput*.

justificada"[61] quanto à sua independência. Importante norma de fechamento, ainda, é a equiparação dos árbitros a funcionários públicos para fins de aplicação da legislação penal.[62]

Nos Estados Unidos o caso *Commonwealth Coatings Corp* vs. *Continental Casualty Co.*,[63] levado a julgamento na Suprema Corte, dá o balizamento dessa matéria. Nesse caso, a decisão arbitral foi anulada porque o árbitro presidente, escolhido pelos dois outros indicados pelas partes, não revelou o fato de haver trabalhado como engenheiro consultor para uma das empresas envolvidas.

A Suprema Corte norte-americana, revertendo decisões anteriores, aplicou a Seção 10 do *Federal Arbitration Act*,[64] que permite a invalidação da sentença arbitral "onde haja evidente parcialidade". Como parâmetro invocou-se o Código de Ética da *American Arbitration Association*,[65] para concluir que "qualquer tribunal permitido por lei a julgar casos e controvérsias deve não apenas ser desenviesado, mas também evitar aparências de vieses".[66]

6. A BUSCA DE EFICIÊNCIA E JUSTIÇA PROCEDIMENTAL

A arbitragem coloca-se como uma alternativa para julgamentos produzidos com uma melhor relação de custo e benefício,[67] bem como se apresenta como a oportunidade para as partes obterem uma decisão mais equitativa. Embora, como dito acima, a análise comparativa de custos entre mecanismos de solução de controvérsias seja sempre relativa, a arbitragem, indubitavelmente, representa a possibilidade de fugir de um sistema de justiça sobrecarregado e vagaroso. Também, como ocorre no contexto internacional, a arbitragem mostra-se um meio de obter um procedimento e julgamento em bases mais equitativas, longe de tendências nacionalistas.

A Justiça estatal pode não ser a alternativa de maior eficiência, como também pode não se apresentar como a melhor alternativa para efeito de um trato equitativo

---

61 Art. 14, parágrafo 1º.

62 Art. 17.

63 393 U.S. 145. Para trechos selecionados e comentários, ver: RAU, Alan Scott; SHERMAN, Edward F.;PEPPET, Scott R. *Arbitration*. 2. ed. Nova Iorque: Foundation Press, 2002. p. 247-258.

64 Title 9, US Code, Section 1-14.

65 Disponível em: <https://www.adr.org/sites/default/files/document_repository/Commercial_Code_of_Ethics_for_Arbitrators_2010_10_14.pdf>. Acesso em: 17 ago. 2019.

66 393 U.S. 145. Cf. em RAU, Alan Scott; SHERMAN, Edward F.; PEPPET, Scott R. *Arbitration*. 2. ed. New York: Foundation Press, 2002, p. 249.

67 Cf. LEMES, *Arbitragem na Administração*, op. cit., p. 170-189.

entre as partes. Ao contrário, pode, por exemplo, apresentar traços de verdadeiro favorecimento à posição da Fazenda Pública.[68]

Da mesma maneira que o processo estatal pode durar mais do que o desejado pelas partes, ele pode, também, não apresentar suficiente equidade no trato das partes. É o que teme o investidor estrangeiro, quando julgado por uma corte de país alienígena, na qual pode pesar alguma espécie de preconceito contra empresas alienígenas.

7. A TENDÊNCIA À CONFIDENCIALIDADE

A Lei Brasileira de Arbitragem (Lei 9.307/96) não determina confidencialidade da arbitragem. Esse atributo, se desejável, é estabelecido pelas partes na convenção ou ao indicarem alguma instituição arbitral que traga esse requisito em seu regulamento.[69]

A confidencialidade pode ter vários graus e, também, variável extensão, dependendo da vontade das partes. Pode dizer respeito à própria existência da arbitragem, a seu resultado, a documentos ou informações especificados e atuar em relação a determinadas pessoas, situações, entidades ou instituições. Em geral, no entanto, esse atributo é genericamente relacionado aos procedimentos da arbitragem.

A preferência por procedimentos sigilosos é facilmente compreensível. Visam a preservar as partes e seus interesses do conhecimento público. A existência de uma disputa e a divulgação de suas peculiaridades pode atingir a reputação de uma pessoa ou empresa e prejudicar-lhe os negócios. Convém, portanto, mantê-la fora do conhecimento geral, impedir que uma desavença, muitas vezes pontual, tenha repercussão negativa sobre interesses globais das partes. Por todas essas razões a confidencialidade tem prevalecido nas práticas arbitrais, não obstante não haja, na legislação nacional, disposição legal impondo esse requisito.

Quando se cuida de utilizar a arbitragem para solução de controvérsias às quais está ligada a Administração Pública, no entanto, é preciso algum cuidado com esse valor central das arbitragens em relações privadas. Isso porque a publicidade dos atos da administração pública vem se colocando como um dos princípios

---

68 A esse propósito, costuma-se citar a presença, do Código de Processo Civil, do prazo em dobro para as manifestações da Fazenda Pública (art. 183) e o reexame necessário (art. 496).

69 Em geral, os centros e câmaras de arbitragem trazem cláusula de confidencialidade. Ver, por exemplo, o regulamento de arbitragem da Câmara de Comércio Brasil-Canadá, artigo 14, item 14.1. Disponível em: <https://ccbc.org.br/cam-ccbc-centro-arbitragem-mediacao/resolucao-de-disputas/arbitragem/regulamento-2012/>. Acesso em: 18 ago. 2019.

centrais da atividade administrativa contemporânea, como garantidor da *transparência*[70] dos atos da administração e da *responsividade*[71] dos agentes públicos. Na Constituição Federal do Brasil, esse princípio aparece, expressamente estatuído, no *caput* de seu art. 37.

A considerar a confidencialidade como um valor absoluto e inafastável da arbitragem, sua utilização estaria inviabilizada no âmbito dos negócios do Estado.[72] Há, entretanto, a possibilidade de o sigilo ser graduado e regulado no procedimento arbitral, de forma a atender ao requisito de publicidade e garantir a devida *responsividade* procedimental, sem comprometer as qualidades do processo arbitral.[73]

8. A DEFINITIVIDADE DA SENTENÇA ARBITRAL

A definitividade das decisões é um importante valor a orientar a solução arbitral de controvérsias. Em direta oposição à jurisdição estatal, na qual a disponibilidade de recurso é um traço característico,[74] o árbitro decide de maneira

---

70 A Portaria Interministerial 140, de 16.03.2006, estabelece que os órgãos públicos deverão disponibilizar na internet as informações básicas sobre sua execução de seu orçamento. Dispõe seu art. 2º: "Art. 2º Os órgãos e entidades da Administração Pública Federal deverão manter em seus respectivos sítios eletrônicos na rede mundial de computadores página denominada 'Transparência Pública', tendo por conteúdo mínimo as informações previstas nesta Portaria". Disponível em: <https://www.cgu.gov.br/sobre/legislacao/arquivos/portarias/portaria_cgu-mpog_140_2006.pdf>. Acesso em: 18 ago. 2019.

71 Traduzindo o que vem sem denominado na literatura internacional por *accountability*. Especificamente sobre esse conceito, ver: SALLES, *Arbitragem*, op. cit., p. 79-82.

72 Nas I Jornadas de Direito Administrativo, do Conselho da Justiça Federal, realizadas de 3 a 7 de agosto de 2020, foi aprovado enunciado com o seguinte teor: "A administração pública promoverá a publicidade das arbitragens da qual seja parte, nos termos da Lei de Acesso à Informação". Disponível em: <https://www.cjf.jus.br/cjf/corregedoria-da-justica-federal/centro-de-estudos-judiciarios-1/eventos/jornadas/i-jornada-de-direito-administrativo-propostas>. Acesso em: 4 dez. 2020.

73 A propósito, v. SALLES, Carlos Alberto de. A confidencialidade possível: a Administração Pública como parte nos mecanismos alternativos de solução de controvérsias. *Revista Eletrônica de Direito Processual*, vol. 18, n. 1, p. 156-173.

74 Apontando no *duplo grau de jurisdição* como uma das garantias estruturais do processo, ver: GRECO, Leonardo. *Instituições de Processo Civil*: introdução ao Direito Processual Civil. Rio de Janeiro: Forense, 2009. p. 24. v. 1. Denunciando uma tendência à valorização das decisões de primeiro grau, a partir da análise das reformas empreendidas do Código de Processo Civil a partir de 1994, ver: Barbosa Moreira, José Carlos. Reformas do CPC em matéria de recursos. *Temas de Direito Processual Civil*. 8ª série. São Paulo: Saraiva, 2004. p. 155.

final,[75] isto é, não passível de ser atacada pela interposição de um recurso. Com isso, a decisão arbitral mais rapidamente torna-se imunizada contra possibilidade de impugnações.[76]

Na disciplina legal brasileira, essa característica de definitividade é prevista de forma expressa: "proferida a sentença arbitral, dá-se por finda a arbitragem".[77] Permite-se apenas pedido para correção de erro material e de esclarecimento de obscuridade, dúvida, contradição ou omissão em que tenha incorrido a sentença,[78] de maneira semelhante aos embargos de declaração do Código de Processo Civil.

Considerando a base convencional da arbitragem e a essencialidade do valor da autonomia privada, nada impede às partes dispor de forma contrária à previsão legal, estabelecendo, se assim o quiserem, verdadeiros recursos no âmbito da arbitragem.[79] Nesse sentido, cabe destacar a característica de *default rules* das normas procedimentais previstas na legislação estatal sobre a arbitragem.[80]

---

75 Na literatura norte-americana usa-se a expressão *finality* para indicar essa característica. Conferir: BRUNET, E *et al.*, *op. cit.*, p. 23-25. Essa é a regra que se pode extrair do art. 29 da Lei 9.307/96, submetida, no entanto, a eventuais mecanismos estabelecidos pela vontade das partes. Pode-se discutir, é claro, a conveniência de as partes adotarem esse tipo de medida. "Apesar da aventada possibilidade de disporem os litigantes acerca de recursos, *como parte do procedimento arbitral*, o fato é que tais recursos são de todo inconvenientes e a sua utilização não parece corriqueira em países onde a arbitragem vem florescendo." CARMONA, Carlos Alberto. op. cit., p. 25.

76 DINAMARCO, Cândido Rangel. *A instrumentalidade do processo*. 14. ed. São Paulo: Malheiros, 2009, p. 107-112 (utilizando o termo imunização para expressar o atributo das decisões judiciais não permanecerem suscetíveis a mudanças nas situações de fato ou de direito). Ressalte-se que, mesmo a possibilidade de anulação judicial da sentença arbitral é estrita, limitada às hipóteses do art. 32 da Lei 9.307/96 e a demanda deverá ser proposta no prazo de até 90 (noventa) dias da notificação da sentença (art. 33, § 1º).

77 Art. 29 da Lei 9.307/96.

78 Art. 30 da Lei 9.307/96.

79 NUSDEO, Fábio. Embargos Infringentes na arbitragem? In: VERÇOSA, Haroldo Malheiros Duclerc. *Arbitragem institucional:* 12 anos da Lei 9.307/1996. São Paulo: Malheiros, 2008. p. 45-52 (sustentando a possibilidade de as partes adotarem convencionalmente os Embargos Infringentes para decisões de painéis arbitrais por maioria de votos).

80 "A primazia e a abrangência das políticas de autonomia partes têm maiores implicações. Elas podem exigir que muitas regras de procedimento arbitral sejam pouco mais que normas padrão (*default rules*) que podem ser derrogadas por variações modeladas pelas partes". BRUNET, E *et al.*, op. cit., p. 28. Em tradução livre.

Respeitados aqueles princípios imperativamente impostos aos procedimentos arbitrais, os contratantes podem dispor livremente em matéria de disciplina procedimental, atuando as normas estatais naquelas situações não disciplinadas pelas partes ou pelo regulamento da instituição por elas escolhida. Assim, por exemplo, em relação à produção de provas, ao estabelecimento de prazos, ao cabimento de recursos e medidas cautelares etc.

Evidentemente, a liberdade de as partes moldarem a disciplina procedimental da arbitragem, mesmo com a instituição de instâncias arbitrais de recurso, não deve atentar contra o importante valor da definitividade da sentença arbitral, sob pena de esvaziar sua agilidade e, por consequência, sua serventia. Deve, como regra, prevalecer a decisão em instância única e definitiva, deixando-se a possibilidade de criação convencional de recursos para excepcional necessidade de atender a interesses específicos das partes.

9. CONCLUSÃO: A ARBITRAGEM EM CONTEXTO

O que se entende hoje por arbitragem, não se extrai exclusivamente do texto legal. Não obstante a indiscutível importância da Lei 9.307/96 para a consolidação do instituto no Brasil, o entendimento das bases pelas quais se dá seu funcionamento supera em muito a disciplina constante do texto legal, como demonstram muitas das discussões delineadas acima.

Afinal, a peculiaridade dessa modalidade de mecanismo de solução de controvérsias é, exatamente, deixar grande espaço para definições a serem adotadas no âmbito da autonomia de vontade das partes. Ainda mais, é inegável a influência da arbitragem internacional, cuja disciplina é dada por tratados e convenções,[81] e, também, de forma importante, por meio de regulamentos, modelos e recomendações de órgãos internacionais.[82]

---

81 Sobre o tema conferir: SOARES, Guido Fernando da Silva. *Arbitragem Internacional*: enciclopédia Saraiva de Direito. São Paulo: Saraiva. 1978, p. 374-402, v. 3.

82 SANTOS, Maurício Gomm Ferreira dos. Existe um "consenso internacional" no âmbito da arbitragem comercial? Está o Brasil em linha com tal consenso? In: LEMES, Selma Ferreira, CARMONA, Carlos Alberto; MARTINS, Pedro Batista. *Arbitragem:* estudos em homenagem ao Prof. Guido Fernando da Silva Soares, *in memoriam*. São Paulo: Atlas, 2007, p. 413-424 (discutindo a compatibilidade das normas brasileiras com os mecanismos de disciplina da arbitragem comercial internacional).

Por todas essas razões, é correto afirmar que a "arbitragem parece repousar sobre um firme alicerce de políticas presumidas", como afirmado por Edward Brunet,[83] cuja busca pelos seus *core values* inspiraram este capítulo.[84]

Com efeito, primordial saber quais motivos devem orientar a decisão das partes de utilizar a arbitragem para solução de controvérsias relativas a determinados contratos e situações jurídicas, sendo imprescindível conhecer qual o modo básico de operação desse mecanismo. É necessário investigar se suas características são adequadas à solução do conflito e àquilo que pretendem as partes. Para tanto, de fato, deve-se buscar localizar quais são os valores fundantes dessa prática, orientadores de seu funcionamento, independentemente de estarem ou não positivados, como de alguma maneira procurou este texto.

REFERÊNCIAS BIBLIOGRÁFICAS

ÁVILA, Humberto. *Teoria dos princípios*: da definição à aplicação dos princípios jurídicos. 9. ed. São Paulo: Malheiros, 2009.

BARBI FILHO, Celso. *Execução específica de cláusula arbitral.* Revista dos Tribunais. São Paulo, v. 85, n. 732, out., 1996.

BARBOSA MOREIRA, José Carlos. Reformas do CPC em matéria de recursos. *Temas de Direito Processual Civil.* 8ª série. São Paulo: Saraiva, 2004.

BARROS, Hamilton de Moraes e. *Comentários ao Código de Processo Civil*: arts. 946 a 1.102. Rio de Janeiro: Forense, [197-].

BERNSTEIN, Lisa. Private commercial law in the cotton industry: creating cooperation through rules, norms, and institutions. Michigan *Law Review*, n. 99, p. 1.724-1.788, jun., 2001.

BRUNET, E. The core values of arbitration. In BRUNET, E. et al. *Arbitration law in America:* a critical assessment. New York: Cambridge University, 2006, p. 3-28.

BRUNET, E. et al. *Arbitration law in America*: a critical assessment. New York: Cambridge University, 2006.

CAIVANO, Roque J. *Arbitraje*. 2. ed. Buenos Aires: Ad-Hoc, 2008.

83 The Core Values of Arbitration. In: BRUNET, E *et al.*, *op. cit.*, p. 3.

84 BRUNET, E *et al.*, *op. cit.*, p. 3-28. A matéria apresentada neste item poderia ser feita pela designação de *princípios*. No entanto, não se quer emprestar à narrativa que segue qualquer caráter normativo, preferindo-se, por isso a referência a *valores*, como forma de descrever as principais características que orientam as práticas arbitrais contemporâneas. Para um importante apanhado sobre o caráter normativo dos princípios, ver: Ávila, Humberto. *Teoria dos princípios*: da definição à aplicação dos princípios jurídicos. 9. ed. São Paulo: Malheiros, 2009.

COLE, Sarh Rudolph; BLANKLEY, Kristen M. Arbitration. In: MOFFITT, Michael L.; BORDONE, Robert C. *The handbook of dispute resolution*. San Francisco: Jossey-Bass, 2005.

CARMONA, Carlos Alberto. *Arbitragem e processo*: comentários à Lei nº 9.307/96. 3. ed. São Paulo: Atlas, 2009.

CONSELHO DA JUSTIÇA FEDERAL. A administração pública promoverá a publicidade das arbitragens da qual seja parte, nos termos da Lei de Acesso à Informação. Disponível em: <https://www.cjf.jus.br/cjf/corregedoria-da-justica-federal/centro-de-estudos-judiciarios-1/eventos/jornadas/i-jornada-de-direito-administrativo-propostas>. Acesso em: 4 dez. 2020.

COOLEY, John W; LUBET, Steven. *Advocacia de arbitragem*. Tradução de René Loncan. Brasília: Ed. Universidade de Brasília, 2001.

DINAMARCO, Cândido Rangel. *A instrumentalidade do processo*. 14. ed. São Paulo: Malheiros, 2009.

ESQUÍVEL, José Luís. *Os contratos administrativos e a arbitragem*. Coimbra: Almedina, 2004.

FAVA, Marcos Neves. A arbitragem como meio de solução dos conflitos trabalhistas. *Revista de Direito do Trabalho*, São Paulo, ano 32, n. 123, p. 120-142, jul./set., 2006.

FERREIRA NETTO, Cássio Telles. *Contratos administrativos e a arbitragem*. Rio de Janeiro: Elsevier, 2008.

FISS, Owen. *Direito como razão pública*. Tradução coordenada por Carlos Alberto de Salles. Curitiba: Juruá, 2017.

GALANTER, Marc. Introduction: compared to what? Assessing the quality of dispute resolution. *Denver University Law Review*, vol. 66, n. 3, p. 101, 1989.

GRECO, Leonardo. *Instituições de Processo Civil*: introdução ao Direito Processual Civil. Rio de Janeiro: Forense, 2009. v. 1.

GUERRERO, Luís Fernando. *Convenção de arbitragem e processo arbitral*. São Paulo: Atlas, 2009.

LEMES, Selma Maria Ferreira. *Arbitragem na administração pública*. São Paulo: Quartier Latin, 2007.

LEMES, Selma Maria Ferreira. Arbitragem e o Direito do Consumo. *Revista Brasileira de Arbitragem*, n. 0, p. 185-193, 2003.

LEMES, Selma Maria Ferreira. *Árbitro*: princípios da independência e da imparcialidade. São Paulo: LTr, 2001.

LORENTZ, Luciana Nacur. *Métodos extrajudiciais de solução de conflitos trabalhistas*: comissões de conciliação prévia, termos de ajuste de conduta, mediação e arbitragem. São Paulo: LTr, 2002.

MACHADO, Maria Regina Muniz Guedes Matta. Mediação e arbitragem trabalhista: acesso à ordem jurídica justa. Dissertação (Mestrado). Universidade de São Paulo, 2003.

MACNEIL, Ian R. *American arbitration law*: reformation, nationalization, internacionalization. Nova Iorque: Oxford University. 1992.

MARTINS, Pedro Antônio Batista. A Convenção de arbitragem. *Aspectos fundamentais da lei de arbitragem*. Rio de Janeiro: Forense. 1999.

NAGAO, Paulo Issamo. Do controle judicial da sentença arbitral. Dissertação (Mestrado em Direito). Universidade de São Paulo, São Paulo, 2008.

NAZO, Georgette Nacarato. Arbitragem: um singelo histórico. *Revista do Advogado (AASP)*, 1997, p. 25-31.

NUSDEO, Fábio. Embargos Infringentes na arbitragem? In: VERÇOSA, Haroldo Malheiros Duclerc. *Arbitragem institucional*: 12 anos da Lei 9.307/1996. São Paulo: Malheiros, 2008. p. 45-52.

PACHECO, Iara Alves Cordeiro. *Os direitos trabalhistas e a arbitragem*. Tese (Mestrado). Universidade de São Paulo, 2002.

PUGLIESE, Antônio Celso Fonseca; SALAMA, Bruno Meyerhof. A economia da arbitragem: escolha racional e geração de valor. In: JOBIM, Eduardo; MACHADO, Rafael Bicca (Coord.). *Arbitragem no Brasil*: aspectos jurídicos relevantes. São Paulo: Quartier Latin, 2008.

RAU, Alan Scott; SHERMAN, Edward F.; PEPPET, Scott R. *Arbitration*. 2. ed. New York: Foundation Press, 2002.

SENGER, Jeffrey M. *Federal dispute resolution*: using ADR with the United States government. San Francisco: Jossey-Bass, 2004.

SCHWARTZ, David S. Enforcing small print to protect big business: employee and consumer: rights claims in an age of compelled arbitration. *Wisconsin Law Review*, 1997. p. 33-131.

SALLES, Carlos Alberto de. *Arbitragem em contratos administrativos*. Rio de Janeiro: Forense, 2011.

SALLES, Carlos Alberto de. Arbitragem. In: SILVEIRA, João José Custódio da. *Manual de Negociação, conciliação, mediação e arbitragem*. Belo Horizonte: Letramento, 2018, p. 171-207.

SALLES, Carlos Alberto de. A confidencialidade possível: a Administração Pública como parte nos mecanismos alternativos de solução de controvérsias. *Revista Eletrônica de Direito Processual*, vol. 18, n. 1, p. 156-173.

SALLES, Carlos Alberto de. Mecanismos alternativos de solução de controvérsias e acesso à justiça: a inafastabilidade da tutela jurisdicional recolocadas. In: FUX, Luiz; NERY JR., Nelson; WAMBIER, Teresa Arruda Alvim. P*rocesso* *e constituição*: estudos em homenagem ao Professor José Carlos Barbosa Moreira. São Paulo: Revista dos Tribunais, 2006. p. 782.

SALLES, Carlos Alberto de. *Execução judicial em matéria ambiental*. São Paulo: Revista dos Tribunais, 1998.

SANTOS, Maurício Gomm Ferreira dos. Existe um "consenso internacional" no âmbito da arbitragem comercial? Está o Brasil em linha com tal consenso? In: LEMES, Selma Ferreira, CARMONA; Carlos Alberto; MARTINS, Pedro Batista. *Arbitragem*: estudos em homenagem ao Prof. Guido Fernando da Silva Soares, *in memoriam*. São Paulo: Atlas, 2007. p. 413-424.

SEUL, Jeffrey R. Litigation as a dispute resolution alternative. In: MOFFITT, Michael L.; BORDONE, Robert C. *The handbook of dispute resolution*. San Francisco: Jossey-Bass, 2005. p. 318-335.

SOARES, Guido Fernando da Silva. *Arbitragem Internacional: enciclopédia Saraiva de Direito*. São Paulo: Saraiva. 1978, p. 374-402. v. 2.

SOUTO MAIOR, Jorge Luiz. *Arbitragem em conflitos individuais do trabalho*: a experiência individual. Revista do Tribunal Superior do Trabalho, Rio de Janeiro, v. 68, n. 1, p. 181-189, jan./mar., 2002.

STIPANOWICH, Thomas J. Beyond arbitration: inovation and evolution in the United States construction industry. *Wake forest law Review*, n. 31, p. 65-182, 1996.

VASCONCELOS, Carlos Eduardo de. Cláusula compromissória, contratos de adesão e relação de consumo no Brasil. *Revista Brasileira de Arbitragem*, n. 4, p. 7-31, 2004.

VERISSIMO, Marcos Paulo. A arbitragem de consumo na Espanha. Disponível em: <https://www.arbitragem.com.br/index.php/artigos/arbitragem-nas-rela%C3%A7%C3%B5es-de-consumo#marcos-paulo-verissimo>. Acesso em: 18 ago. 2019.

VIGORITI, Vicenzo. Quale fra arbitrato e processo? *Revista de Processo*, n. 125, p. 153, jul. 2005.

WALD, Arnoldo. A evolução do direito e a arbitragem. In: LEMES, Selma Ferreira; CARMONA, Carlos Alberto; MARTINS, Pedro Batista (Coord.). *Arbitragem*: estudos em homenagem ao Professor Guido Fernando da Silva Soares. São Paulo: Atlas, 2007. p. 454-463.

QUESTÕES PARA ORIENTAR A LEITURA E O DEBATE EM SALA DE AULA

1. Por que a vinculatividade é fundamental para a arbitragem? Como ela funciona na prática? Formule exemplos.

2. Por que falar em *valores centrais da arbitragem* nos ajuda a compará-la com outros métodos de solução de controvérsia? Por que não interessa defini-la em termos estritamente legais?
3. A autonomia da vontade é um elemento estruturante da arbitragem. Busque situações nas quais ela pode não funcionar adequadamente na escolha, estruturação e funcionamento desse método de solução de controvérsias.
4. Enumere fatores que podem contribuir para formação da confiança da parte em relação ao árbitro. O árbitro pode trair a confiança da parte que o indicou? Tente vislumbrar algumas situações em que isso ocorreria. Essa quebra de confiança geraria algum problema de validade para a arbitragem?
5. Por meio de que fatores, legais e institucionais, se constrói a neutralidade do árbitro? Ela é uma garantia de imparcialidade?
6. Por quais meios as partes podem escolher ou moldar o processo arbitral? Essas escolhas podem sofrer limitações?
7. A confidencialidade é fator necessário na arbitragem? Nessa matéria, a arbitragem envolvendo o Poder Público funciona com sinais trocados em relação à arbitragem privada? Por quê?
8. Por que razão o fato de a arbitragem produzir uma sentença definitiva (não sujeita a recursos) pode ser bom ou pode ser ruim?
9. No que o conhecimento dos *valores centrais da arbitragem* pode ajudar os profissionais no desenvolvimento de uma arbitragem?

SUGESTÕES DE MATERIAL COMPLEMENTAR

✓ ERIN BROCKOVICH. Direção de Steven Soderbergh. Estados Unidos: Universal Studios, 2000 (130 min).

➢ *O filme, baseado em fatos reais, relacionados à contaminação química de área residencial por uma empresa de energia, mostra os dilemas existentes na escolha entre jurisdição estatal – de maior sentido moral – e arbitragem, pela qual se conseguiriam resultados com menores custos. Não obstante o caso envolvesse graves problemas de saúde, o grande número de famílias envolvidas acaba optando pela arbitragem, com a ajuda da heroína que aparece no título da obra.*

✓ COMITÊ BRASILEIRO DE ARBITRAGEM – CBAr (vídeos institucionais)

- ➢ *<http://youtu.be/kyY1FNGj1Yo> Trata-se de vídeo de apoio, contendo noções gerais sobre arbitragem. Iniciativa do Comitê Brasileiro de Arbitragem – CBAr. Apresentação da Dra. Eleonora Coelho.*
- ➢ *<http://youtu.be/xX0V5iILRrI> Trata-se de vídeo de apoio, contendo noções gerais sobre o árbitro. Iniciativa do Comitê Brasileiro de Arbitragem – CBAr. Apresentação da Dra. Eleonora Coelho.*

✓ FGV – Fundação Getulio Vargas (vídeo de divulgação)

- ➢ *Apresentação preparada em curso da GVLaw. Exposição do Dr. Rafael Francisco Alves. Aplicação: autonomia da vontade – formação da convenção arbitral.*

  https://uqr.to/1fv47

Os vídeos indicados acima foram produzidos pelo CBAr e pela FGV, com a finalidade de divulgar as boas práticas de arbitragem. Constituem um instrumento importante para o aluno que quiser se familiarizar com a arbitragem e vários de seus aspectos práticos.

10

Arbitragem e processo arbitral

Luis Fernando Guerrero

PARTE I – CONVENÇÃO DE ARBITRAGEM

1. CONCEITO E CATEGORIAS

A arbitragem é forma de solução de conflitos que ganha com o passar do tempo cada vez mais prestígio no direito brasileiro.

Embora não seja um instituto recente em nosso direito – já que foi utilizada, por exemplo, para resolver questões territoriais no caso do Acre no início do século XX –, sua relevância ampliou-se a partir de um marco legislativo moderno, em 1996.

Apesar de muito utilizada em conflitos do comércio internacional, a arbitragem passou a chamar a atenção dos brasileiros a partir da Lei 9.307, de 23 de setembro de 1996, e com um julgamento paradigmático do Supremo Tribunal Federal, que reconheceu a sua constitucionalidade. Naquele momento, consolidaram-se duas mudanças fundamentais em relação ao regime até então aplicável à arbitragem, quais sejam: *(i)* a possibilidade de execução específica da convenção de arbitragem; e *(ii)* a equiparação dos efeitos da sentença arbitral e da sentença judicial, ambas sendo tratadas como títulos executivos judiciais.

A origem da arbitragem, como forma de solução de conflitos em determinado caso, está na convenção de arbitragem, conceituada como um negócio jurídico processual que tem por escopo transferir a capacidade de aplicação do direito, em demandas que envolvam direitos patrimoniais disponíveis, a terceiros que contem com a confiança das partes e sejam pessoas físicas maiores e capazes ou pessoas jurídicas regulares, sendo este um ponto polêmico, dada a possibilidade de representação de pessoas jurídicas por terceiros, propostos ou até mesmo sócios que não foram indicados diretamente pelas partes.

Nesse sentido, a vinculação à arbitragem se dá por meio de uma categoria jurídica, a convenção de arbitragem, dividida em duas espécies, quais sejam: cláusula compromissória e compromisso arbitral. Tais categorias não guardam nenhuma diferença teleológica, isto é, são dotadas do mesmo objetivo, qual seja, permitir a instauração da arbitragem, sendo que em algumas legislações tal diferenciação foi abolida. No direito brasileiro a manutenção da dicotomia se justificou pela tradição e para facilitar a tramitação da nova Lei de Arbitragem no Congresso Nacional.

Tendo uma origem nitidamente contratual, o princípio da autonomia da vontade representa uma base fundamental para a escolha e conformação do método de solução de controvérsias. Ademais, a boa-fé e a confiança das partes no procedimento e no julgador são dois pontos a serem considerados. Esses princípios devem sempre ser levados em conta quando se analisa qualquer etapa do procedimento arbitral, bem como em sua fase pré-arbitral, antes de instaurado o processo arbitral nos termos do art. 19 da Lei de Arbitragem, ou arbitral.

Na prática, porém, pode-se dizer que a cláusula compromissória precede o conflito, isto porque, normalmente, está inserida em contratos desde a fase de sua elaboração (art. 4º da Lei de Arbitragem), embora guarde uma relação de independência com eles, como se verá. Nessa fase, no mais das vezes, não há conflito entre as partes. De outro lado, o compromisso arbitral é mais facilmente verificado quando já há um conflito (art. 9º da Lei de Arbitragem).

Tanto é assim que a delimitação do conflito é um requisito essencial do compromisso arbitral e não é um requisito da cláusula compromissória, que pode ser genérica.

No tocante aos demais requisitos, o compromisso arbitral deve conter: *(i)* o nome, a profissão, o estado civil das partes; *(ii)* o nome, a profissão e o domicílio do árbitro, ou dos árbitros, ou, se for o caso, a identificação da entidade à qual as partes delegaram a indicação de árbitros; *(iii)* a matéria que será objeto da arbitragem; e *(iv)* o lugar em que será proferida a sentença arbitral. Tais requisitos são considerados obrigatórios, todos nos termos do art. 10 da Lei de Arbitragem.

Poderá ainda o compromisso arbitral conter: *(i)* local, ou locais, em que se desenvolverá a arbitragem; *(ii)* a autorização para que o árbitro ou os árbitros julguem por equidade, se assim for convencionado pelas partes; *(iii)* o prazo para apresentação da sentença arbitral; *(iv)* a indicação da lei nacional ou das regras corporativas aplicáveis à arbitragem, quando assim convencionarem as partes; *(v)* declaração da responsabilidade pelo pagamento dos honorários e das despesas com a arbitragem; e *(vi)* a fixação dos honorários do árbitro, ou dos árbitros. Tais requisitos são facultativos e estão indicados no art. 11 da Lei de Arbitragem.

Já a cláusula compromissória, por seu turno, tem uma forma mais simples e na essência deve apenas indicar de modo escrito, no próprio contrato ou em outro documento que a ele faça referência, e com clareza, que todas ou determinadas controvérsias oriundas daquele negócio jurídico específico serão solucionadas por arbitragem (art. 4º, § 1º, da Lei de Arbitragem). Demais especificações do caso serão feitas pelos árbitros, em momento futuro.

Nos contratos de adesão, a cláusula compromissória deve ser dotada de especificidades impostas pelo legislador em face da situação de vulnerabilidade que um dos contratantes, o aderente, enfrenta nesse tipo de contrato. No caso, a cláusula compromissória deve ser celebrada por escrito, em destaque, e fica condicionada à iniciativa do aderente. Essas disposições estão presentes no art. 4º, § 2º, da Lei de Arbitragem. Tal situação gera muita polêmica, como será visto quando se tratar da arbitrabilidade, no item seguinte.

2. ARBITRABILIDADE

Arbitrabilidade é um termo caro e comum para todos aqueles que atuam e estudam o tema. Apesar de o vocábulo extenso e da complicação aparente, na verdade seu significado é simples.

Conceituam-se como arbitrabilidade aquelas questões passíveis de serem solucionadas por arbitragem. A arbitrabilidade pode ser tanto objetiva quanto subjetiva. Assim, para verificar se uma demanda é arbitrável deve-se examinar não só o seu objeto, mas também os sujeitos que nela estão envolvidos. Tanto uma como outra modalidade de arbitrabilidade decorrem do art. 1º da Lei de Arbitragem.

Do ponto de vista subjetivo, pode se valer da arbitragem aquela pessoa que for capaz de contratar. Nesse aspecto, as pessoas físicas plenamente dotadas de suas capacidades para celebração e o exercício de atos da vida civil, ou se desprovidos de tal capacidade, devidamente representados. As pessoas jurídicas, por seu turno, devem estar devidamente representadas de acordo com seus documentos constitutivos e posteriores alterações. O mesmo raciocínio de aplica às *quasi* pessoas, espólio e condomínio.

Já do ponto de vista objetivo a arbitragem se aplica àquelas questões que envolvam direitos patrimoniais disponíveis, assim entendidos aqueles que abranjam bens contidos na esfera patrimonial dos indivíduos e que eles possam ser alienados ou transferidos para terceiros.

A análise conjugada da arbitrabilidade objetiva e subjetiva nos permite solucionar uma série de dúvidas práticas e determinar de que modo a arbitragem se aplica em cada uma das várias situações concretas.

Nas relações de consumo, a grande polêmica diz respeito ao art. 51, inciso VII, do Código de Defesa do Consumidor, que veda a utilização de arbitragem compulsória.

Embora não se possa considerar que tal artigo tenha sido revogado pela Lei de Arbitragem, já que esta, não obstante seja posterior, em nenhum momento tratou diretamente da arbitragem de consumo, mas sim da arbitragem nos contratos de adesão, não deve ser afastada a possibilidade de se utilizá-la nas relações de consumo.

Em primeiro lugar, existindo convenção de arbitragem e partindo a iniciativa de sua instituição do consumidor, não haverá nenhuma discussão. O mesmo raciocínio se aplica à hipótese de, surgido o conflito, o consumidor indicar que quer celebrar compromisso arbitral e o fornecedor concordar.

Em segundo lugar, o conceito de arbitragem compulsória não tem mais lugar no direito brasileiro, pois em nosso país só há arbitragens facultativas, que dependem da autonomia da vontade. Assim, antes de fechar a porta da arbitragem para determinado tipo de conflito, deve-se buscar no caso concreto a existência de elementos que indiquem a presença de tal autonomia.

Ainda que haja resistência do consumidor quanto à instituição de arbitragem, em situações de convenção de arbitragem existente, não se deve, portanto, afastar de plano a utilização de tal método de soluções de controvérsias. Uma boa perspectiva de tratamento do assunto é verificar se a instituição da arbitragem indicada na convenção cria dificuldades maiores do que aquelas que o consumidor teria de enfrentar para defender seus interesses no Judiciário, incluindo custos.

No entanto, como aferir a iniciativa do aderente?

Aqui se tentará esclarecer de modo direto a polêmica mencionada acima a respeito da cláusula compromissória nos contratos de adesão. Para tanto, devem ser verificadas características específicas dos consumidores, seu grau de vulnerabilidade e de hipossuficiência e as circunstâncias em que o negócio foi celebrado. No segundo caso, um bom indício de que a arbitragem não é compulsória é a existência de contratos semelhantes, por exemplo, para a compra e venda de imóveis em um mesmo empreendimento, com e sem convenção de arbitragem, conforme cada negociação realizada com os diferentes consumidores.

A Lei 13.129, de 26 de maio de 2015, que alterou a Lei de Arbitragem, sugeria a inclusão de um parágrafo terceiro no art. 4º da Lei de Arbitragem para que as questões de consumo só fossem arbitráveis se o aderente tomasse a iniciativa de instituir a arbitragem. A legislação estaria de acordo com julgado recente do Superior Tribunal de Justiça, de relatoria da Ministra Nancy Andrighi (REsp 1.169.841/RJ), em que se exigiu a manifestação de vontade posterior do aderente para a instituição da arbitragem.

Contudo, não está de acordo com a exegese da legislação que permaneceu em vigor com o surpreendente veto presidencial.

Raciocínio semelhante realizado no caso de consumo também pode ser aplicado a casos trabalhistas envolvendo contratos individuais de trabalho. Contudo, para esses casos, a legislação alterada parece ter sido mais razoável permitindo que o empregado que ocupa função de administrador ou de diretor estatutário esteja vinculado à arbitragem. Essa era a dicção do vetado § 4º do art. 4º da Lei 13.129, de 26 de maio de 2015 e, depois replicada quando da Reforma Trabalhista, nos termos do art. 507-A da CLT.

Já nas relações empresariais existem alguns aspectos interessantes relacionados à aplicação da arbitragem.

A primeira e mais simples delas diz respeito à arbitragem que envolve duas empresas. Nesse caso, basta que a convenção de arbitragem possa ser caracterizada como um negócio jurídico, existente, válido e eficaz, isto é, deve-se verificar se as signatárias do instrumento contratual, por exemplo, tinham poderes estatutários, procuração específica etc. Aplica-se a regra geral para análise da arbitragem em qualquer negócio jurídico.

A questão se torna mais tormentosa quando se discute a existência de convenção de arbitragem para solução de conflitos internos às empresas, em estatutos, acordos de acionistas etc.

O primeiro ponto a ser esclarecido é o de que a sociedade empresarial não pode conviver com dois métodos de solução de controvérsias para uma mesma questão, quer-se dizer, eventual conflito de acionistas, por exemplo, só pode ser solucionado por arbitragem ou pelo Judiciário, jamais por arbitragem e pelo Judiciário.

Daí decorrem uma consequência e uma polêmica relevantíssimas para o direito comercial. Nesse caso, o que fazer com a regra da maioria do capital votante?

No caso da arbitragem, tendo em vista que a manifestação de vontade deve ser inequívoca, não pode haver imposição de um método de solução de controvérsias a um sócio que não o queira. Isso em casos de alteração do regime de solução de controvérsias da empresa.

A Lei 13.129, de 26 de maio de 2015 passa a permitir o direito de recesso do sócio contrário à inclusão da convenção de arbitragem, com a alteração do art.

136-A da Lei 6.404, de 15 de dezembro de 1976 (Lei das Sociedades Anônimas), com as limitações também nele previstas.

Se o sócio é novo, teve a oportunidade de estudar e avaliar a empresa antes de comprar cotas ou ações. Tal sócio, portanto, comprará um pacote único, e não poderá alegar desconhecimento. Diferentemente, portanto, da situação de um sócio que já estava na empresa e discordou de eventual alteração.

Nos acordos de acionistas ou cotistas surge outra questão ainda mais complexa. Como o nome indica, tais acordos não têm a sociedade como parte, envolvem apenas pessoas físicas e jurídicas que são seus acionistas ou cotistas para regular a sua administração. Contudo, é comum a presença da sociedade, à qual o acordo faz referência, como partícipe do documento, na condição de interveniente anuente.

Em geral, a presença da sociedade nessa posição tem o escopo de garantir os termos da avença celebrada entre as partes e zelar pelos seus termos.

E em caso de arbitragem? Qual é a posição da sociedade objeto do acordo de acionistas em relação ao procedimento arbitral?

A análise da pertinência subjetiva da empresa ao processo arbitral dependerá do objeto do litígio. Há que se analisar o teor de tal acordo e o papel que a arbitragem desempenha nele. Já de acordo com Lei 11.101, de 9 de fevereiro de 2005, as seguintes situações são relevantes para a arbitragem: *(i)* recuperação judicial; *(ii)* recuperação extrajudicial; *(iii)* falência após processo arbitral já iniciado; e *(iv)* falência antes de processo arbitral.

A principal preocupação na recuperação judicial é a separação feita, após o seu deferimento, entre direitos patrimoniais disponíveis e direitos indisponíveis de acordo com a Lei de Recuperação de Empresas e de Falências. Em relação aos direitos patrimoniais disponíveis, não há nenhuma vedação para a utilização da arbitragem.

No plano de recuperação extrajudicial, o âmbito de atuação das partes é mais amplo e todas as matérias dele decorrentes podem ser objeto de arbitragem. A própria lei já afasta a necessidade de intervenção do Judiciário, tendo em vista a natureza dos interesses envolvidos.

A falência decretada após o processo arbitral já iniciado não o interrompe. O administrador da massa falida deve assumi-lo e o processo arbitral prosseguirá.

Finalmente, a falência decretada antes do início do processo arbitral também não poderá obstar a sua instituição. A interpretação acerca do prosseguimento da arbitragem deve ser semelhante àquela aplicada às reclamações trabalhistas, de acordo com o art. 76 da Lei de Recuperação de Empresas e de Falências, tendo em vista as incompatibilidades procedimentais e a incompetência absoluta do magistrado da falência. Ademais, o art. 6º da Lei de Recuperação de Empresas e de Falências exclui a arbitragem do bojo das demandas que terão o seu curso suspenso com a decretação da falência, sendo, de todo modo, garantida ainda a fiscalização do Ministério Público visando ao controle de decisões arbitrais pelo Judiciário nos termos do art. 32 da Lei de Arbitragem.

A sinergia entre os institutos da recuperação, da falência e da arbitragem ganhou contornos em maior relevo com as alterações trazidas pela Lei 14.112/2020, que fez referência expressa ao incluir o termo "arbitragem" ao art. 6º, § 9º, da Lei 11.101/2005. Reconhece-se a eficácia da convenção de arbitragem, não impedindo a instauração do processo arbitral.

No direito administrativo, envolve diversas questões. A principal delas é um suposto interesse público que impediria a realização da arbitragem.

No entanto, há que se considerar que o Estado não só atua na sua função de governo, mas também como agente econômico. Neste último caso, que envolve empreendimentos de infraestrutura e contratações das mais diversas no âmbito da administração pública indireta, a arbitragem é um método de solução de controvérsias muito bem-vindo.

A questão da legalidade específica está superada. Não é necessária uma lei específica para cada contrato que possa utilizar arbitragem. Leis mais recentes, como a Lei das Parcerias Público-Privadas, de 2004, já têm disposições genéricas, permitindo a utilização de métodos adequados de solução de controvérsias. No contexto das privatizações, a arbitragem também está presente, em casos de telecomunicações, rodovias etc.

Seria interessante ainda que o idioma e o local da arbitragem fossem aqueles do ente público celebrante do contrato. Não se criaria uma dificuldade adicional para o exercício do direito de defesa por parte do órgão público, o que impediria questionamento acerca do procedimento arbitral instaurado.

O sigilo também não ofende a princípio da publicidade dos atos administrativos. Em primeiro lugar, o Estado não é obrigado no processo judicial a divulgar as petições elaboradas. O sigilo, portanto, não causará nenhum problema. Obviamente, a sentença arbitral proferida poderá ser divulgada e o controle de eventual abuso cometido no processo arbitral poderá ser controlado de acordo com os mecanismos previstos na Lei de Arbitragem. Ademais, questões de relevância nacional podem ser objeto de contratos sigilosos (Lei 8.159, de 1991, e, com algumas limitações, o Decreto 7.845, de 2012).

A Lei 13.129, de 26 de maio de 2015 também trata das questões envolvendo a administração pública, deixando expressa a possibilidade de utilização da arbitragem pela administração pública direta e indireta (inclusão dos §§ 1º e 2º no art. 1º na Lei de Arbitragem) e determinando que as arbitragens desenvolvidas nesse contexto devem ser de direito e respeitando o princípio da publicidade (inclusão do art. 2º, § 3º, na Lei de Arbitragem).

Nos direitos coletivos *lato sensu*, a grande dificuldade é estabelecer um liame jurídico que una diversas pessoas em uma mesma situação e que permita sua manifestação de vontade para arbitrar. Daí decorre a conclusão de que é praticamente impossível realizar arbitragem em situações envolvendo direitos difusos.

Se do ponto de vista subjetivo há a impossibilidade de se determinarem os beneficiários, do aspecto objetivo não se pode indicar a disponibilidade dos direitos envolvidos.

Em relação aos direitos individuais homogêneos e os direitos coletivos *stricto sensu*, tal entrave pode ser superado de modo mais fácil. Basta mencionar duas iniciativas conhecidas no direito brasileiro.

A primeira delas são as Câmaras de Indenização de acidentes aéreos que, com a concordância das famílias das vítimas, poderiam realizar arbitragem para a definição das indenizações.

Outras iniciativas, presentes na lei, são os Termos de Ajustamento de Conduta que, dependendo da disponibilidade dos direitos envolvidos, poderiam utilizar a arbitragem e as convenções coletivas de consumo (art. 107 do Código de Defesa do Consumidor), pouco usada na prática, que podem também conter cláusulas compromissórias e adotar a arbitragem para solucionar conflitos que delas decorram.

Por fim, é importante mencionar que os limites da arbitrabilidade objetiva e subjetiva estão em constante movimento. Especialmente pela atuação jurisprudencial e pelos trabalhos acadêmicos, os contornos desse instituto são moldados. Das novidades, é possível no futuro falarmos de arbitragem e desapropriações (Lei nº 13.867, de 26 de agosto de 2019) e de uma "arbitragem tributária" (Projeto de Lei do Senado nº 4.257/2019). A discussão ainda é incipiente, mas já se observam trabalhos acadêmicos e eventos sobre a viabilidade do tema.

3. EFEITOS DA CONVENÇÃO DE ARBITRAGEM

A Convenção de Arbitragem hígida faz que se verifiquem os denominados efeitos negativo e positivo.

Faces da mesma moeda, o efeito positivo da convenção de arbitragem indica que só o árbitro será competente para julgar a demanda que lhe foi apresentada pelas partes, ao passo que o efeito negativo indica que o Judiciário, nesses mesmos limites, não deverá realizar nenhum tipo de julgamento de mérito sobre a demanda enquanto subsistir a jurisdição arbitral.

Esses efeitos estão intrinsecamente relacionados com princípio relevante da arbitragem, qual seja, o princípio do *Kompetenz-kompetenz*, plasmado no art. 8º, parágrafo único, da Lei de Arbitragem, segundo o qual o árbitro é o julgador competente para se manifestar sobre a sua própria competência. Eventual controle pode ser realizado pelo Judiciário, como se verá, só posteriormente e nos limites dos arts. 32 e 33 da Lei de Arbitragem.

Em resumo, uma vez definida a arbitragem como forma de solução de controvérsias, e sendo ela hígida, não há chance de arrependimento para uma das partes sem o consentimento da outra. Ainda que uma das partes tenha desistido da arbitragem, ela se realizará, até mesmo sujeitando em última instância a parte recalcitrante à revelia.

A convenção de arbitragem ainda fornece, via de regra, os elementos objetivos e subjetivos para conformação do processo arbitral, especialmente as partes e o objeto envolvido, não obstante situações intrínsecas ou extrínsecas à convenção de arbitragem ou ao contrato que a contenha possam gerar alterações, como se verá a seguir.

Trata-se de um efeito delimitador do processo arbitral que pode ser alterado até certo ponto pela autonomia da vontade das partes (e não pelo capricho de apenas uma delas!) e pelos árbitros que, ao assumirem o seu encargo, serão responsáveis pela sua direção, como se analisará especificamente mais adiante.

É importante mencionar, por fim, a autonomia da cláusula compromissória em relação ao negócio jurídico que a contenha (art. 8º da Lei de Arbitragem). Nesse sentido, a nulidade do negócio jurídico não representa necessariamente a nulidade da cláusula. Isso significa que a alegação de nulidade do contrato pode ser analisada pelos árbitros ou, pelo menos, deve ser verificada em primeiro lugar pelos árbitros.

4. TRANSMISSÃO, EXTENSÃO E EXTINÇÃO DA CONVENÇÃO DE ARBITRAGEM

A transmissão da convenção de arbitragem indica a substituição de um dos sujeitos que a assinaram. Assim, o objetivo das partes, nesse caso, é fazer com que a convenção de arbitragem primitivamente celebrada entre "A" e "B" passe a ter efeitos entre "A" e "C", por exemplo.

Tal situação é muito comum nas hipóteses de cessão de posição contratual, cessão de débito ou cessão de crédito, na qual algumas obrigações ou direitos são transferidos ou todas as obrigações são transferidas para um terceiro.

No direito brasileiro, devem ser lembradas ainda as hipóteses de cessão de estabelecimento comercial, dos arts. 1.144 e 1.146 do Código Civil, que terão efeitos no tocante à transmissão da convenção de arbitragem.

Nessa hipótese também estão enquadrados os casos genéricos de sucessão, nos quais há uma interpolação de pessoas no contrato, não por negócio jurídico específico, mas por fatos naturais.

Já na extensão da convenção de arbitragem a ideia é, de acordo com as circunstâncias do negócio jurídico que continha convenção de arbitragem, ampliar um dos polos da arbitragem. Desse modo, a arbitragem inicialmente prevista para ser realizada entre "A" e "B" passa a ser feita entre "A", no polo ativo, contra "B" e "C" no polo passivo.

Nessa categoria, os dois principais exemplos são os grupos de sociedades e os grupos de contratos.

Nos grupos de sociedades, a relação societária entre empresas e o papel desempenhado por uma delas em negócios das outras, observados no plano do direito material, podem resultar na ampliação daqueles sujeitos legitimados para a participação no processo de arbitragem.

Já nos grupos de contratos a relação determinante que deve ser analisada é de acessoriedade. Em geral, contratos mais amplos ou comumente chamados de *contratos guarda-chuva* ou *contratos-quadro* contêm as regras gerais das operações econômicas entabuladas entre as partes. Assim, contratos que decorram daquele, mais amplo, podem ter a arbitragem como método de solução de controvérsias mesmo que não contenham uma cláusula compromissória específica.

Finalmente, a extinção da convenção de arbitragem indica aquelas hipóteses nas quais referido negócio jurídico processual não mais será utilizado pelas partes para solução de controvérsias decorrentes de um dado negócio jurídico.

A primeira modalidade de extinção da convenção de arbitragem é a renúncia. Nessa hipótese, as partes de comum acordo podem decidir que a arbitragem não é mais o método adequado para solucionar a sua controvérsia. Se a decisão for em conjunto, pode ser celebrado até mesmo um distrato, de acordo com as regras do art. 472 do Código Civil.

Outra hipótese de extinção da convenção de arbitragem é a sua anulação. Se a convenção de arbitragem não foi celebrada por agente capaz, com objeto lícito e forma descrita ou não defesa em lei, ela poderá ser anulada ou declarada nula e deixar de existir.

Ainda, o caso mais óbvio é o da extinção da convenção de arbitragem para aquelas questões que já foram objeto de uma arbitragem. Opera-se a coisa julgada nessa situação, com a imutabilidade dos efeitos da sentença proferida.

Em suma, as matérias que já foram objeto de uma arbitragem com sentença transitada em julgado não poderão ser objeto de uma segunda arbitragem. Contudo, um mesmo contrato pode dar ensejo a diversas arbitragens, bastando que os seus objetos não sejam os mesmos.

À guisa de conclusão, existem aquelas situações que levam à extinção de um compromisso arbitral, mas não de uma cláusula compromissória; são elas: *(i)* escusa de qualquer dos árbitros, antes de aceitar a nomeação, desde que as partes tenham declarado, expressamente, não aceitar substituto; *(ii)* falecimento ou impossibilidade de voto de algum dos árbitros, desde que as partes declarem, expressamente, não aceitar substituto; e *(iii)* expiração do prazo para apresentação da sentença arbitral, desde que a parte interessada tenha notificado o árbitro, ou o presidente do tribunal arbitral, concedendo-lhe o prazo de dez dias para a prolação e apresentação da sentença arbitral.

Outra hipótese de extinção do compromisso arbitral decorre da propositura de demanda judicial originada de negócio jurídico por ela referido. Nesse caso, se a parte contestante não alegar a existência de compromisso arbitral, este será considerado extinto nos termos do art. 337, inciso X, do CPC.

A questão era bastante polêmica no regime do CPC de 1973 (art. 301, inciso IX e § 4º). Em tese, o juiz não poderia conhecer a existência do compromisso arbitral de ofício, mas apenas a existência da outra espécie da convenção de arbitragem, cláusula compromissória. Dessa maneira, o silêncio do réu em relação ao compromisso arbitral levaria à sua extinção. Contudo, a dicção nos termos do art. 337, § 5º, do CPC corrige este lapso.

A exposição realizada no tocante à convenção de arbitragem deixa claro que, embora não haja diferença teleológica entre as suas espécies, vê-se que a cláusula compromissória é mais simples e flexível do que o compromisso arbitral, o que se reflete em menos hipóteses de extinção.

PARTE II – PROCESSO ARBITRAL

5. PRINCIPAIS CARACTERÍSTICAS

Em linhas gerais, o processo arbitral desenvolve-se a partir dos limites estabelecidos pela convenção de arbitragem.

É importante notar que aquilo que consta da convenção de arbitragem em muitos casos, tais como lei material aplicada à análise do litígio e na interpretação contratual, bem como regras processuais e a definição de determinada Câmara que administrará o litígio, no caso de arbitragens institucionais, são as informações não obrigatórias ou essenciais. A informação que deve constar para que a arbitragem possa ser deflagrada é a forma de indicação dos árbitros, e a cláusula será cheia. Caso isso não ocorra, a cláusula é denominada cláusula vazia e dependerá da demanda prevista no art. 7º da Lei de Arbitragem para permitir a instauração do procedimento. A cláusula cheia, que contém a forma de indicação dos árbitros, permite a instauração direta da arbitragem.

Assim, via de regra, toda arbitragem institucional decorre de uma cláusula cheia, mas nem toda cláusula cheia dará origem a uma arbitragem institucional, pois a indicação de um árbitro poderá dar origem a uma arbitragem *ad hoc* com as regras estabelecidas em todos os aspectos pelas partes e pelos árbitros.

Nos termos da Lei de Arbitragem, o que diferencia uma cláusula cheia de uma vazia é a existência, no caso das cláusulas cheias, de uma "[...] forma convencionada para a instituição da arbitragem" (art. 5º da Lei de Arbitragem). Como a instituição da arbitragem se dá exatamente com a aceitação do encargo pelos árbitros, nos termos do art. 19 da mesma Lei, basta, portanto, que a cláusula compromissória indique a forma de indicação dos árbitros. O efeito decorrente da aceitação do encargo pelos árbitros é a instituição da arbitragem.

De todo modo, existindo a previsão para arbitrar, sendo a cláusula cheia ou vazia, nenhuma das partes pode se furtar de modo unilateral de utilizá-la como meio de solução de conflitos.

Partindo desses pressupostos, as Câmaras de Arbitragem têm a função precípua de organizar toda a estrutura necessária para a realização da arbitragem, obtendo locais para a realização de audiências ou disponibilizando-os, realizando a preparação de documentos e promovendo a notificação das partes, mas não têm jurisdição, não julgam, embora possam ter alguma competência para medidas de urgência ou indicação de árbitros em caso de recusa de uma das partes, por exemplo. É como se fosse uma Companhia de Teatro.

Os atores da arbitragem, contudo, são as partes, e os árbitros, esses, sim, julgam; esses, sim, são juízes de fato e de direito nos termos do art. 18 da Lei de Arbitragem.

Por tal motivo, a existência de uma forma para indicação dos árbitros é tida como fundamental para se considerar uma cláusula cheia ou vazia, porque basta que exista uma forma de indicar os árbitros para que estes possam decidir sobre a utilização de regras procedimentais já existentes ou pela criação de regras específicas para aquele caso, hipótese de arbitragem *ad hoc*.

Em relação aos princípios do contraditório, à igualdade das partes, à imparcialidade do árbitro e ao seu livre convencimento (art. 21, § 2º, da Lei de Arbitragem), em resumo, as partes devem ter tratamento equânime e equidistante pelos árbitros, devendo estes fundar suas convicções nas provas produzidas e permitir que elas se manifestem sobre todas as alegações contidas no processo, resultando na exposição de ideias e na existência do debate prévio de todos os fundamentos de suas decisões.

6. ÁRBITRO

De acordo com o que a Lei de Arbitragem estabelece, o árbitro é juiz de fato e de direito (art. 18 da Lei de Arbitragem).

Com isso, não se quer dizer que o árbitro detém todas as prerrogativas de um membro do Judiciário ou que pode ser equiparado a ele. O que se equipara, na verdade, é o julgamento proferido por um árbitro e um juiz, este sim tem o mesmo efeito.

Embora a atividade lógica de julgar seja idêntica nos dois casos, o poder-dever do magistrado decorre de sua investidura, enquanto o poder-dever dos árbitros decorre da confiança que as partes nele depositam.

Isso faz toda a diferença!

As partes, todavia, poderão estar sujeitas a regras institucionais para a escolha dos árbitros conforme os Regulamentos de Arbitragem das instituições que indiquem. Nesse sentido, a Lei 13.129, de 26 de maio de 2015 (inclusão do § 4º no art. 13 na Lei de Arbitragem), permite que as partes poderão afastar a aplicação de dispositivos dos Regulamentos que imponham essas limitações, dificultando, de certa forma, a utilização das "listas de árbitros".

Adicionalmente, é importante mencionar que a escolha de árbitros se dá pelos polos em litígios e não necessariamente pelas partes de cada um desses polos. No âmbito internacional, o julgamento de referência é o caso DUTCO (Siemens AG; *BKMI Industrienlagen GmbH v Dutco Construction Company*, Corte de Cassação francesa, j. em 7.1.1992) e no âmbito nacional é o caso Paranapanema (REsp nº 1.639.035/SP).

Entretanto, afinal, o que se quer dizer com a expressão "[...] juiz de fato e de direito"? Nada além de que o árbitro será capaz de conhecer, para aquela causa para qual foi indicado, todas as questões de fato e de direito, nada além disso. Enquanto se "é" juiz, pode-se dizer que se "está" árbitro. Enquanto a atividade do primeiro é perene, a do segundo é apenas temporária e para casos específicos. O juiz não deixará de ser juiz, se não tiver nenhum caso para julgar. O árbitro deixará de sê-lo, se não estiver indicado em um painel arbitral.

A principal obrigação dos árbitros é proferir julgamento exequível de acordo com as regras e os limites constantes da convenção de arbitragem, respeitando a vontade das partes plasmada na convenção de arbitragem. Os árbitros ainda devem estar disponíveis e conduzir o procedimento conforme as regras acordadas pelas partes, zelando ainda pela aplicação de princípios basilares da arbitragem, como o respeito à autonomia da vontade, ao contraditório e à ampla defesa. O árbitro deve também dirigir o procedimento arbitral com diligência e seriedade.

Em última análise, é o árbitro quem determina todas as questões procedimentais.

O julgamento do árbitro pode envolver determinada lei, regulamento de um setor ou até mesmo a aplicação de equidade, se as partes assim dispuserem, se não houver violação aos bons costumes e à ordem pública (art. 2º da Lei de Arbitragem).

A função de árbitro não é regulada em nosso sistema jurídico, embora haja tentativas nesse sentido (Projeto de Lei 4.891, de 2005). A iniciativa não parece adequada na medida em que a atividade de árbitro, que não deve ser confundida com uma profissão, já que é exercida de modo esporádico e em situações específicas, segue a lógica do mercado. Ainda que no ambiente de mercado devam ser seguidas as leis já existentes.

De todo modo, o tratamento daqueles que atuam na arbitragem será semelhante ao de um funcionário público, como dispõem os arts. 17 da Lei de Arbitragem e 327 do Código Penal. Mais do que isso, as entidades sérias podem e muitas delas já criaram regras de conduta e ética para os árbitros.

Os impedimentos aplicáveis aos árbitros não diferem daqueles aplicados aos juízes. Contudo, como os árbitros podem exercer essa função sem deixar de exercer a advocacia, é importante que estejam atentos para eventuais conflitos de interesses que ocorrem de modo muito mais corriqueiro do que os verificados no Judiciário. Daí por que existir o *dever de revelar* dos árbitros, indicando qualquer circunstância que possa interferir na sua independência e imparcialidade para julgar.

Na essência, qualquer medida das partes em relação à existência de conflitos de interesses, impedimento e suspeição dos árbitros, seguirá a lógica dessas situações no Judiciário, embora observando os ditames do art. 15 da Lei de Arbitragem e regulamentos no caso de arbitragens institucionais para se verificar o momento adequado para a arguição de recusa do árbitro nos termos do art. 20 da mesma Lei.

Por fim, a aceitação do encargo para arbitrar, pelos árbitros ou pelo último deles no caso de procedimentos com mais de um, representa o momento de início do processo arbitral. Nesse momento, há a consolidação da jurisdição dos árbitros e se tornam mais aparentes os efeitos negativos e positivos da convenção de arbitragem, instaurando-se uma ordem de coordenação e cooperação entre a jurisdição estatal e a jurisdição arbitral para um dado caso.

Na prática, decisões dos árbitros, especialmente em relação a medidas de urgência ou coercitivas (arts. 22-A e 22-B da Lei de Arbitragem), serão efetivadas ou impostas com o auxílio do Judiciário, sem que o seu mérito seja objeto de reexame ou reforma por parte do Judiciário nesse momento.

7. PROCEDIMENTO

Embora alguns regulamentos de arbitragem possam ter regras específicas e detalhadas sobre o procedimento que o processo arbitral terá até o proferimento da sentença, a maioria dos regulamentos prevê regras mais genéricas.

É cada vez mais comum e muito indicado que os árbitros, ao tomarem conhecimento do litígio e das alegações das partes, tenham em mente a adoção de um Termo de Arbitragem ou uma Ata de Missão, na qual com as partes serão pormenorizadas todas as questões atinentes ao litígio, não só aquelas questões presentes na convenção de arbitragem, mas também aquelas questões surgidas quando já iniciado o processo, especialmente a indicação de modo claro das demandas apresentadas pelas partes. Nesse momento também se costuma indicar um cronograma do processo arbitral que não precisa seguir, necessariamente, o prazo estabelecido na segunda parte do art. 23 da Lei de Arbitragem.

Tais documentos são muito adequados, pois permitem uma conformação muito grande do procedimento a ser utilizado em face do litígio trazido à apreciação dos árbitros.

E tal raciocínio pode ser aplicado a outros prazos da Lei de Arbitragem como aquele previsto nos arts. 12, inciso III, 23, e 30, parágrafo único, da Lei de Arbitragem. Os regulamentos e as partes podem estabelecer prazos maiores ou menores. Estando todos de acordo e persistindo a confiança nos árbitros, não há problema nenhum.

Ademais, é razoável que tais prazos possam ser negociados, pois muitos deles indicados da Lei de Arbitragem podem ser inatingíveis na prática. Se forem necessárias perícias acerca de sobrecustos na construção de uma usina hidroelétrica, por exemplo, dificilmente a sentença arbitral será proferida em seis meses, nos termos do art. 23 da Lei de Arbitragem. É até possível que somente a perícia demande mais tempo. Há uma alteração prevista na Lei 13.129, de 26 de maio de 2015, para se permitir que os prazos para proferimento de sentença possam ser prorrogados (§ 2º a ser incluído no art. 23 da Lei de Arbitragem), situação que já ocorre na prática sem maiores percalços.

A arbitragem pode, sem problema algum, de acordo com a vontade das partes, cingir-se apenas à discussão de um item contratual, tal como o preço, podendo haver arbitragens futuras ou até mesmo concomitantes sobre outros pontos, como o atraso na entrega da obra cujo preço já se definiu em outra arbitragem anterior.

É o *caput* do art. 21 da Lei de Arbitragem que confere válvula de escape para a interpretação sistemática entre a própria Lei de Arbitragem, a convenção de arbitragem, o regulamento da câmara eventualmente escolhida e da Ata de Missão ou Termo de Arbitragem. Como se vê, os documentos que indicam regras em um procedimento arbitral podem ser muitos e com linguagem bastante variada. Em última instância, o árbitro ou tribunal arbitral indicará as regras a serem aplicadas.

Como procedimento jurisdicional que é, todavia, arbitragens concomitantes podem ter relação de conexão ou continência e arbitragens posteriores podem ter problemas atinentes à formação de coisa julgada. Tudo isso tem que ser analisado no caso concreto.

Nesse aspecto, a Lei 13.129, de 26 de maio de 2015, passa a aclarar com a inclusão do § 2º no art. 19 da Lei de Arbitragem que a instituição da arbitragem interrompe a prescrição retroagindo à data de seu requerimento, ainda que extinta a arbitragem por ausência de jurisdição, em regra do art. 240, § 1º do CPC.

Um aspecto interessante da Lei de Arbitragem é o seu embasamento em um sistema multiportas de solução de controvérsias. A referência ao Judiciário é óbvia, mas a figura da conciliação também aparece na medida em que deve ser tentada pelos árbitros (art. 21, § 4º, da Lei de Arbitragem).

As questões prejudiciais são figuras que podem aparecer com certa frequência na arbitragem (contudo, a revogação do art. 25 da Lei de Arbitragem faz que o procedimento arbitral tenha que seguir mesmo com a existência de tal questão prejudicial).

A primeira grande ocorrência advém do âmbito de aplicação limitada da arbitragem, a já mencionada arbitrabilidade objetiva. Como já se viu, não pode ser objeto de arbitragem uma matéria que envolva direito não patrimonial ou direito patrimonial indisponível.

Caso surja alguma questão dessa natureza, o processo arbitral deve aguardar a sua solução para prosseguimento.

A segunda possibilidade de ocorrência diz respeito ao chamado escalonamento de solução de controvérsias. Se um contrato prevê uma série de métodos de solução de controvérsias em sequência, a não utilização de um dos métodos prévios impedirá, momentaneamente, a realização do próximo.

Assim, se há uma mediação prévia à arbitragem e uma das partes simplesmente a ignorou e partiu diretamente para a instauração do processo arbitral, há uma condição suspensiva para a realização da arbitragem. Desse modo, até a mediação ser ao menos tentada, a arbitragem ou processo judicial, tanto faz, devem ser suspensos.

A sentença arbitral, do ponto de vista de sua estrutura, não diverge muito de uma sentença judicial. Deve ser expressa e escrita, contendo relatório, fundamentos, dispositivo, data e local do proferimento.

Quanto aos efeitos, a sentença arbitral terá os mesmos efeitos da sentença judicial, nos termos do art. 31 da Lei de Arbitragem, e será considerada título executivo judicial nos termos do art. 515, VII, do CPC.

Na arbitragem é comum a figura da sentença parcial, especialmente em pronunciamentos sobre a jurisdição dos árbitros, primeiro decidindo-se pela sua existência e, eventualmente, em momento futuro acerca do mérito do litígio; ou na dissolução parcial de sociedades, decidindo-se em um primeiro momento pela dissolução e depois pela apuração de haveres e **indenizações**, ou, ainda, primeiro decidindo-se pelo *an debeatur* e depois pelo *quantum debeatur*.

Tais sentenças se diferenciam das tutelas antecipadas pela sua definitividade e por terem de conter todos os requisitos de uma sentença arbitral. A Lei 13.129, de 26 de maio de 2015, passa a permitir expressamente que os árbitros possam proferir sentenças arbitrais parciais, com a inclusão do § 1º no art. 23 da Lei de Arbitragem.

O local do proferimento é relevante, pois é ele que indicará se a sentença arbitral é estrangeira ou nacional, se depende de homologação do STJ para produzir seus efeitos no território brasileiro ou não. Esse critério simples foi acertadamente escolhido pelo legislador brasileiro. Não precisam ser verificadas outras circunstâncias para a definição da nacionalidade da sentença.

Assim, as partes podem ser de países diferentes, os procedimentos realizados em um terceiro e um quarto países e a sentença proferida em um quinto país. Para o direito brasileiro, a sentença terá a nacionalidade deste quinto país, onde a sentença foi proferida.

Proferida a sentença arbitral, ainda será possível a oposição dos embargos de declaração também conhecidos como embargos arbitrais para correção de erro material ou esclarecimento de obscuridades, contradições e dúvidas, nos termos do art. 30 da Lei de Arbitragem.

A Lei 13.129, de 26 de maio de 2015 permite que as partes estipulem outros prazos para os pedidos de esclarecimentos, mantendo a regra de cinco dias (alteração do *caput* do art. 30 da Lei de Arbitragem e que eles terão que ser decididos no prazo de dez dias ou naquele prazo que for acordado pelas partes (inclusão de parágrafo único no art. 30 da Lei de Arbitragem).

Por fim, o sigilo é questão muito em voga quando se trata da arbitragem, já que se chega a considerar que a arbitragem é essencialmente um processo sigiloso, o que não é verdade.

A arbitragem sigilosa é conveniente, mas não essencial. Pela importância de algumas questões discutidas em sede de arbitragem, envolvendo segredo comercial e industrial, estratégias empresariais, o sigilo se torna relevante.

Todavia, ainda que exista cláusula de sigilo ou confidencialidade celebrada entre as partes e árbitros, a quebra de sigilo não terá consequências no tocante à higidez do procedimento, sendo as implicações decorrentes do descumprimento de uma obrigação contratual.

8. RELAÇÃO COM O JUDICIÁRIO

A relação entre a arbitragem e o Judiciário deve ser de cooperação. Esta se torna necessária na medida em que a jurisdição dos árbitros não é completa, isto é, eles não têm o poder de efetivar suas decisões por meio de medidas coercitivas ou executivas. Qualquer uma dessas medidas deve ser solicitada ao juiz togado, essa é a disposição esculpida nos arts. 22-A (caso a arbitragem não tenha sido instituída) e 22-B (caso a arbitragem já esteja instituída) da Lei de Arbitragem.

A Lei 13.129, de 26 de maio de 2015 proveu, com a inclusão do art. 22-C na Lei de Arbitragem, a figura da "Carta Arbitral", padronizando a cooperação entre árbitros e juízes e o cumprimento de medidas determinadas pelos árbitros.

A ação do art. 7º da Lei de Arbitragem e os Conflitos de Competência: Nos termos do art. 6º, *caput* e parágrafo único, da Lei de Arbitragem, deve haver uma comunicação da parte à outra com a intenção de instaurar o processo arbitral, sendo a cláusula compromissória vazia. Eventual recusa, porém, permitirá à parte interessada valer-se da demanda prevista no art. 7º do mesmo Diploma.

A parte interessada deverá propor uma demanda no órgão judiciário que seria competente para julgá-la caso não existisse convenção de arbitragem, instruindo o seu pedido com o documento que contiver a cláusula compromissória.

O juiz designará audiência e, mais uma vez demonstrando a inserção da Lei de Arbitragem em um sistema amplo de solução de controvérsias, tentará a conciliação entre as partes no tocante ao mérito do litígio.

O objetivo da demanda será produzir um compromisso arbitral para suprir eventuais lacunas da cláusula compromissória e que impeçam a instauração da arbitragem diretamente. Na audiência designada para tal objetivo, o não comparecimento do autor levará à extinção do processo (art. 7º, § 5º, da Lei de Arbitragem) e o não comparecimento do réu levará à lavratura de compromisso arbitral ouvindo-se apenas o autor e utilizando-se árbitro único para a solução da controvérsia (art. 7º, § 6º, da Lei de Arbitragem).

A sentença judicial de procedência de tal demanda valerá como compromisso arbitral (art. 7º, § 7º, da Lei de Arbitragem).

Pode-se pensar ainda na utilização de conflitos de competência entre árbitros ou entre painéis arbitrais e entre painéis arbitrais e o Judiciário. No primeiro caso, a solução parece estar na demanda prevista no art. 7º da Lei de Arbitragem, dado que existiram duas recusas recíprocas à instauração de arbitragens. Por sua vez, no segundo caso, deve-se respeitar a preferência de pronunciamento dos árbitros nos termos do art. 8º da Lei de Arbitragem. Se o árbitro se declara competente, a arbitragem deve prosseguir. No caso de processo arbitral não instaurado nos termos do art. 19 da Lei de Arbitragem, a análise deve seguir as regras das medidas de urgência, expostas a seguir.

Deve-se ter e mente que considerar Câmaras Arbitrais como equivalentes a órgãos do Judiciário é um grande equívoco, uma vez que elas não têm função jurisdicional. De outro lado, equiparar os árbitros ao Judiciário não parece razoável, pois eles exercem função jurisdicional, e não função judiciária.

De qualquer modo, o Superior Tribunal de Justiça aceita os Conflitos de Competência, já tendo julgado diversos deles nos últimos anos. O mais recente e com destaque na mídia foi o CC nº 151.130 envolvendo a Petrobras e mais recentemente o primeiro dos CC, o de nº 185.702, envolvendo painéis arbitrais.

As cautelares e medidas de urgência em geral: A relação entre arbitragem e Judiciário no tocante às medidas de urgência em geral é controlada por marcos temporais bastante definidos, porque não pode haver concorrência de jurisdição entre árbitros e juízes.

Isso significa que, instaurada a arbitragem, nos termos do art. 19 da Lei de Arbitragem, só os árbitros poderão analisá-las, julgar seu mérito, cabendo ao juiz togado efetivá-las.

Na hipótese de não instauração do processo arbitral, o juiz togado poderá analisar medidas de urgência requeridas, sendo a demanda principal (art. 308 no Novo Código de Processo Civil), no caso de cautelares, o próprio processo arbitral. Não se pode impedir que as partes tenham seus direitos resguardados por situações que não lhe são imputáveis. É fundamental que se demonstre o início dos procedimentos para instauração da arbitragem ao serem requeridas medidas de urgência no Judiciário em discussões em que haja convenção de arbitragem.

Com a instauração da arbitragem há um deslocamento da jurisdição daquele caso do juiz togado para o árbitro ou painel arbitral que podem inclusive reformar a decisão do juiz a respeito, porque, para aquela questão em que haja convenção de arbitragem, o árbitro é o único juiz de fato e de direito (art. 18 da Lei de Arbitragem). De um jeito ou de outro, a efetivação de qualquer medida de urgência dependerá da cooperação de órgãos do Judiciário a partir de pedidos ou ofícios encaminhados pelos árbitros.

Esse entendimento passará a ser explicitado pela inclusão dos arts. 22-A e 22-B na Lei de Arbitragem por força da promulgação da Lei 13.129, de 26 de maio de 2015. Trata-se de algo que já ocorre no dia a dia, mas que passou a estar incluído na lei.

Finalmente, com o avanço das arbitragens envolvendo a administração pública, são aventadas hipóteses de medida de urgência em face de entes públicos e a possibilidade de se utilizar a chamada suspensão de segurança/liminar, com base nos arts. 4º e seguintes da Lei nº 8.437, de 30 de junho de 1992. Trata-se de um poderoso instrumento político dos entes estadas junto a Tribunais Judiciários para fazer frente a provimentos de medidas de urgência contra os seus interesses. Parece não ser o caso do seu cabimento, já que este instrumento é previsto em sistema diverso.

De mais a mais, se um árbitro analisar questões de urgência que embasem suspensão de liminar, parece-nos que a matéria envolvida no processo arbitral sequer seria arbitrável (direito não patrimonial e/ou indisponível). Também parece não ser o caso de cabimento de mandados de segurança ou ações rescisórias, bem como outros remédios processuais, recursos etc. que a criatividade jurídica possa permitir.

A homologação da sentença arbitral estrangeira e as Cartas Rogatórias: O critério para definição da nacionalidade de uma sentença, para o nosso direito, é o local em que ela foi proferida (art. 34, parágrafo único, da Lei de Arbitragem).

Para ser efetivada em nosso território, a sentença arbitral estrangeira dependerá de seu reconhecimento ou homologação pelo Superior Tribunal de Justiça, nos termos do art. 35 da Lei de Arbitragem e o art. 105, inciso I, alínea *i*, da Constituição Federal.

A homologação da sentença estrangeira é, portanto, medida fundamental para a sua eficácia no Brasil.

As regras procedimentais para a homologação de sentenças arbitrais estrangeiras estão previstas na Resolução 9, de 4 de maio de 2005, do Superior Tribunal de Justiça. Aí estão indicadas as regras desde a forma com a qual o pedido deve ser apresentado, também nos termos do art. 37 da Lei de Arbitragem, e a representação das partes até a forma de envio da decisão do STJ para cumprimento por parte do Juiz Federal competente e os motivos para a negativa de homologação, também nos termos dos arts. 38 e 39 da Lei de Arbitragem. É, portanto, bastante detalhada.

Já as Cartas Rogatórias prestam-se também ao reconhecimento de sentenças estrangeiras, mas que tenham sido proferidas no âmbito do Mercosul de acordo com as regras do Protocolo de Las Leñas (Decreto 2.067, de 12 de novembro de 1996). A função é a mesma, mas o procedimento é mais simplificado, e não é judicial, e sim diplomático, realizado entre as denominadas autoridades centrais dos países envolvidos, nos termos do art. 18 e seguintes do referido Protocolo.

Cumpre destacar que a Resolução e o Protocolo supramencionados não são específicos das sentenças arbitrais estrangeiras, aplicando-se genericamente às sentenças estrangeiras.

Ademais, não se pode deixar de citar, ainda, a Convenção de Nova Iorque, de 10 de junho de 1958 (Decreto 4.311, de 23 de julho de 2002), documento fundamental quando se trata da homologação de sentenças arbitrais, especialmente entre os seus signatários.

Muitas das disposições presentes na Convenção de Nova Iorque foram utilizadas pela Lei de Arbitragem brasileira, que é posterior à sua promulgação, mas anterior à sua internalização no direito brasileiro, que ocorreu só em 2002.

A Convenção de Nova Iorque tem um papel fundamental, que já era de vanguarda na sua promulgação em 1958, criando equilíbrio e uniformização das homologações de sentenças arbitrais, bem como preparando a execução de sentenças entre os países signatários. Sem dúvida é um importante instrumento de segurança jurídica.

A ação da anulação da sentença arbitral: O Judiciário jamais revê o mérito da decisão dos árbitros. Todavia, algumas situações que podem ser configuradas em sentenças arbitrais não são toleradas pelo nosso sistema e, nesse caso, podem levar à anulação da sentença arbitral: *(i)* for nula a convenção de arbitragem; *(ii)* emanou de quem não podia ser árbitro; *(iii)* não contiver os requisitos do art. 26 da Lei de Arbitragem; *(iv)* for proferida fora dos limites da convenção de arbitragem; *(v)* comprovado que foi proferida por prevaricação, concussão ou corrupção passiva; *(vi)* proferida fora do prazo, respeitado o disposto no art. 12, inciso III, desta Lei; e *(vii)* forem desrespeitados os princípios de que trata o art. 21, § 2º, desta Lei. Tudo nos termos do art. 32 da Lei de Arbitragem.

O prazo para tal demanda é de 90 dias após intimação da sentença arbitral pelas partes, seguindo o procedimento comum ordinário, nos termos do art. 33, § 1º, da Lei de Arbitragem.

As hipóteses *(iii)* e *(iv) supra* fazem que nova sentença arbitral tenha que ser proferida, sendo possível ainda um pedido de sentença complementar, nos termos do art. 33, § 4º da Lei de Arbitragem. A hipótese *(i)*, por seu turno, faz que o compromisso arbitral seja extinto e a questão tenha que ser resolvida pela sentença arbitral. Nos demais casos, deverá ser realizado novo processo arbitral, conforme interpretação do art. 33, § 2º, da Lei de Arbitragem.

O § 3º do art. 33 da Lei de Arbitragem permite que as questões presentes no art. 32 para ação de anulação sejam arguidos em sede de embargos à execução (art. 741 do CPC de 1973), leia-se, atualmente, impugnação ao cumprimento de sentença (art. 525 do CPC). Parece-nos lógico que a existência de alegação em sede de ação de anulação impede a reiteração dos argumentos em sede de cumprimento de sentença por ocorrer preclusão consumativa. Caso contrário, a alegação poderá ter efeito em sede de impugnação, com todos os riscos inerentes a uma fase de invasão patrimonial.

Poder-se-ia pensar na possibilidade de ação rescisória da sentença arbitral. Se de um lado a sentença arbitral está equiparada à sentença judicial e pode ser objeto de rescisória, de outro, trata-se de sistemas diversos, e tanto a ação de anulação quanto a ação rescisória teriam o mesmo objetivo. O mais adequado é que haja a separação, sendo cabível apenas a ação de anulação em face da sentença arbitral.

A execução da sentença arbitral: A sentença arbitral tem os mesmos efeitos de uma sentença judicial. Por coerência a este brocardo exposto no art. 31 da Lei de Arbitragem, a sentença arbitral é considerada como título executivo judicial, da mesma forma que uma sentença judicial, nos termos do art. 515, VII, do CPC.

Isso significa que a efetivação de sentença arbitral deve ser realizada por meio de procedimento denominado cumprimento de sentença, de acordo com as regras dos arts. 513 e seguintes do CPC.

Uma dúvida que pode surgir diz respeito à competência para efetivação da sentença arbitral. Nessa situação, será competente o juízo que, de acordo com as regras processuais, seria competente para julgar a demanda caso não existisse convenção de arbitragem. Empresta-se uma regra do processo de conhecimento para definir a competência para o processo de execução, nos termos do art. 781 do CPC.

Outro ponto importante concerne à necessidade de citação da parte devedora. Como se sabe, a reforma processual imposta pela Lei 11.232, de 22 de dezembro de 2005, estabeleceu o fim da citação na fase de cumprimento de sentença, já que não haveria mais a dicotomia entre processo de execução e processo de conhecimento. Contudo, no caso do cumprimento de sentença arbitral, não ocorre uma mera alteração de fases, mas sim a instauração de uma nova relação processual, desta vez no Judiciário.

9. A RELAÇÃO DO PROCESSO ARBITRAL COM OUTROS MÉTODOS DE SOLUÇÃO DE CONFLITOS – NOTAS SOBRE A LEI Nº 13.140, DE 26 DE JUNHO DE 2016, *DISPUTE BOARDS* O SISTEMA MULTIPORTAS DE SOLUÇÃO DE CONFLITOS

A segunda década dos anos 2000 foi particularmente marcante para os métodos de solução de conflitos. Em praticamente dois anos, ideias e projetos legislativos que estavam adormecidos (especialmente um novo Código de Processo e uma Lei de Mediação) foram despertados, bem como promoveu-se também alterações na Lei de Arbitragem.

Esse movimento, embora não absolutamente necessário para os métodos de solução de conflitos, trouxe à baila a ideia de uma Teoria Geral do Processo mais ampla, não centrada apenas no processo civil, mas levando em conta métodos consensuais de solução de conflitos e especialmente a arbitragem.

De um lado, retomou-se a ideia de *processualidade* trazida por Ada Pellegrini Grinover. E a maior novidade, do ponto de vista prático e legislativo, foi a Lei de Mediação (Lei nº 13.140, de 26 de junho de 2015). Não por acaso, o próprio Código de Processo em seu art. 3º faz referência a um sistema mais amplo de jurisdição. Trata-se de uma clara base teórica do chamado escalonamento de solução de conflitos, que acompanha o acirramento do conflito entre as partes propondo diferentes soluções para diferentes fases (sistema multiportas).

Em relação à coexistência dos métodos de solução de conflitos, merecem destaque os arts. 23 e 30 da chamada Lei de Mediação.

O art. 23 da Lei de Mediação trata das mediações oriundas de contratos e indica que, em caso de escalonamento de métodos de solução de conflitos, o processo adjudicatório (judicial ou arbitral) posterior à mediação só poderá ocorrer se ela tiver sido intentada e for infrutífera. Do contrário, tal processo adjudicatório ficará suspenso até que se tente a mediação. Mediadas de urgência, eventualmente necessárias, não estão sujeitas a esta limitação (art. 23, parágrafo único da Lei de Mediação).

Já o art. 30 da Lei de Mediação trata da hipótese de eventuais provas obtidas durante o processo de mediação. Tais provas não podem ser utilizada em métodos adjudicatórios na sequência do escalonamento de solução de conflitos a não ser que as partes tenham concordado.

Finalmente, outros métodos de solução de conflitos vão sendo incorporados em nosso sistema, tal como os *Dispute Boards* (Lei Municipal nº 16.873, de 22 de fevereiro de 2018 da Cidade São Paulo e Projeto de Lei nº 206/2018 do Senado Federal). Este método pode servir como uma instância técnica e preparatória para eventual arbitragem posterior ou, até mesmo, como instância decisória que acompanha toda a evolução de um empreendimento. Nesta toada, a Lei 14.133/2021, que alterou a Lei de Licitações, incorporou os *Dispute Boards* ("*Comitê de Resolução de Disputas*") em lei federal (arts. 151 a 154).

PARTE III – CONCLUSÃO

Como se viu, a arbitragem representa um método de solução de controvérsias com amplitude bastante vasta no âmbito das relações privadas e de grande utilidade para as partes que desejem fazer uso de uma forma de solução de controvérsias que permita realizar um julgamento em geral mais célere do que o Judiciário e também mais especializado na maioria dos casos. A convenção de arbitragem é o instrumento estabelecido por lei para permitir a utilização da arbitragem pelas partes. Esse gênero é dividido em duas espécies, cláusula compromissória e compromisso arbitral, que não guardam nenhuma diferença teleológica entre si. Via de regra, pode-se dizer, contudo, que a cláusula compromissória antecede o litígio e que o compromisso arbitral é celebrado depois de um conflito já existente. As cláusulas ainda poderão ser cheias ou vazias conformem determinem ou não, respectivamente, a forma de indicação dos árbitros.

A arbitragem, porém, não pode ser utilizada para solucionar todos os litígios existentes, mas somente aqueles que envolvam direitos patrimoniais disponíveis, arbitrabilidade objetiva, e para pessoas físicas e/ou jurídicas capazes de contratar, arbitrabilidade subjetiva, o que não deixa de conferir ao instituto uma grande amplitude de questões envolvendo direito empresarial e grandes questões de direito civil (contratos, obrigações e direitos reais), bem como pontos de direito administrativo.

Existente a convenção de arbitragem, as consequências serão bastantes claras denominadas como positivas e negativas na medida em que determinam que a demanda dela decorrente só poderá ser analisada pelos árbitros.

A convenção de arbitragem, de outro lado, é algo dinâmico, que pode ser transmitida, estendida e extensa, conforme acontecimentos que envolvam a relação jurídica que a contém, bem como pelo seu pleno exaurimento com a realização do processo arbitral julgando toda a questão nela contida. Nesse aspecto é importante salientar que a nulidade do contrato não gera automaticamente a nulidade da cláusula. É essa a autonomia da cláusula compromissória em relação ao contrato que a contém.

O processo arbitral desenvolve-se a partir dos limites estabelecidos pela convenção de arbitragem. Obviamente, as partes, de acordo com o princípio da autonomia da vontade, podem ampliar esses limites. A arbitragem pode ser institucional ou *ad hoc*, na medida em que pode ser administrada por uma Câmara de Arbitragem ou pelo próprio painel arbitral. De um modo ou de outro, a função de julgar nunca deixa de ser dos árbitros, tendo as Câmaras de Arbitragem uma função de organização do procedimento. O procedimento será, portanto, sempre conduzido pelos árbitros, que deverão se nortear pelos princípios do contraditório, da igualdade das partes, da imparcialidade do árbitro e do seu livre convencimento

O árbitro, por sua vez, será escolhido pelas partes, sendo um indivíduo maior e capaz e que conte com a confiança daqueles que o indicaram. Não há a necessidade de especialização dos árbitros na matéria a ser julgada, embora tal característica seja interessante de modo a tornar o julgamento mais célere e profundo, deixando as partes satisfeitas. O árbitro também não precisa ser advogado, mas, sendo a sua principal obrigação proferir uma sentença que seja exequível na jurisdição indicada pelo caso concreto, é interessante que ele tenha conhecimentos jurídicos ou que, no painel arbitral plural, pelo menos um dos árbitros seja advogado.

O desenrolar do procedimento deverá seguir as regras da Lei de Arbitragem e do regulamento de arbitragem eventualmente utilizado em uma arbitragem institucional. Nesse momento, o papel dos árbitros se torna mais presente, pois devem coordenar as regras escolhidas pelas partes, estabelecer o cronograma do procedimento e, finalmente, solucionar questões que surjam ao longo da sua realização.

A relação da arbitragem com o Judiciário é algo bastante importante, mas gera muitas polêmicas, especialmente pela delimitação do papel do Judiciário em relação que envolva arbitragem. O princípio básico é o de que o juiz não interfere no mérito do julgamento ou das questões que foram ou serão submetidas à arbitragem. Nesse aspecto, em medidas de urgência entende-se que a competência será sempre dos árbitros, a não ser que o painel arbitral ainda não tenha sido instituído, ou para situações em que se necessite a aplicação de medidas coercitivas. Na homologação de sentenças arbitrais estrangeiras, o papel do julgador togado é de delibação. A anulação da sentença arbitral poderá ser tentada no Judiciário; para tanto, é importante que o processo arbitral tenha sido encerrado e que o ponto que dê origem à hipótese de anulação tenha sido indicado pela parte insatisfeita durante o processo arbitral. A execução da sentença arbitral é função exclusiva do Judiciário, já que os árbitros não podem efetivar suas próprias decisões.

A vantagem da celeridade da arbitragem, no entanto, não representa uma diminuição na segurança jurídica das partes na medida em que o julgamento proferido terá os mesmos efeitos de uma decisão judicial.

Por fim, o Projeto de Lei 7.108/2014, que deu origem à Lei nº 13.129, de 26 de maio de 2015, previa a obrigatoriedade do ensino da arbitragem e a inclusão da matéria em concursos públicos mediante atuação do Conselho Nacional de Justiça e do Conselho Nacional do Ministério Público (arts. 40-A e 40-B que seriam incluídos na Lei de Arbitragem), medidas que certamente desenvolveria ainda mais o instituto. Contudo, essa proposta foi retirada ainda na fase de projeto legislativo.

REFERÊNCIAS BIBLIOGRÁFICAS E SUGESTÕES DE MATERIAL COMPLEMENTAR

ABBUD, André de Albuquerque Cavalcanti. *Homologação de sentenças arbitrais estrangeiras*. São Paulo: Atlas, 2008.

ABBUD, André de Albuquerque Cavalcanti; LEVY, Daniel; ALVES, Rafael F. *Lei de Arbitragem Anotada* – A Jurisprudência do STF e do STJ. São Paulo: AASP/RT, 2019.

ALVES, Rafael Francisco. *A inadmissibilidade das medidas antiarbitragem no direito brasileiro*. São Paulo: Atlas, 2009.

➢ *para conhecer o quadro de medidas judiciais tentadas em face da instituição da arbitragem no direito brasileiro e o seu afastamento pelo Judiciário, de modo a garantir a realização de arbitragens.*

BRAGHETTA, Adriana; GABBAY, Daniela Monteiro et al. (Coord.). Pesquisa FGV-CBar.

https://cbar.org.br/site/en

➢ *para analisar um diagnóstico completo e profundo dos pontos de contato entre os processos arbitrais e o Judiciário, de que modo, se técnico ou não, a Lei de Arbitragem vem sendo aplicada pelos tribunais brasileiros.*

CARMONA, Carlos Alberto. *Arbitragem e processo.* 3. ed. São Paulo: Atlas, 2009.

- *para compreender o funcionamento do sistema arbitral e da Lei de Arbitragem com base na descrição completa dos principais pontos da Lei de Arbitragem e comentários específicos a seus artigos.*

CARMONA, Carlos Alberto; LEMES, Selma Maria Ferreira; MARTINS, Pedro Antonio Batista (Coord.). *Arbitragem.* São Paulo: Atlas, 2007.

- *para conhecer o entendimento de diversos autores de destaque sobre pontos controvertidos da Lei de Arbitragem.*

CARMONA, Carlos Alberto; LEMES, Selma Maria Ferreira; MARTINS, Pedro Antonio Batista. *Aspectos fundamentais da Lei de Arbitragem.* Rio de Janeiro: Forense, 1999.

CLAY, Thomas. *L'Arbitre.* Paris: Dalloz, 2001.

GAILLARD, Emmanuel. *Legal Theory of International Arbitration.* London: Martinus Nijhoff Publishers, 2010.

- *para entender as opções metodológicas da legislação brasileira, de tratados internacionais e legislações estrangeiras sobre arbitragem.*

GASPAR, Renata Alvares. *Reconhecimento de sentenças arbitrais estrangeiras no Brasil.* São Paulo: Atlas, 2009.

- *para compreender o sistema de homologação de sentenças arbitrais estrangeiras e as razões para a necessidade de tal sistema.*

GRINOVER, Ada Pellegrini. *Ensaio sobre a Processualidade.* Brasília: Gazeta Jurídica, 2016.

- *para compreender o sistema de jurisdição amplo no Brasil.*

GUERRERO, Luis Fernando. *Convenção de arbitragem e processo arbitral.* 3. ed. Monee: Kindle Direct Publishing, 2019.

- *para compreender os fundamentos e requisitos da convenção de arbitragem como forma de vinculação das partes à arbitragem como método de solução de controvérsias.*

GUERRERO, Luis Fernando. *Métodos de Solução de Conflitos e o Processo Civil.* São Paulo: Atlas, 2015.

- *para compreender a correlação entre os métodos de solução de conflitos no contexto da jurisdição brasileira.*

LEMES, Selma Maria Ferreira, *Árbitro:* princípios da independência e da imparcialidade. São Paulo: LTr, 2001.

- *para compreender a função do árbitro, sua relação com as partes e com o processo arbitral.*

LUÍS, Daniel Tavela; KULESZA, Gustavo dos Santos; PEREIRA, Laura França et al. (Coord.). Pesquisa CBar-ABEArb.

https://uqr.to/1fv49

- *para analisar um diagnóstico completo e profundo dos pontos de contato entre os processos arbitrais e o Judiciário, de que modo, se técnico ou não, a Lei de Arbitragem vem sendo aplicada pelos tribunais brasileiros.*

MARTINS, Pedro Antonio Batista. *Apontamentos sobre a Lei de Arbitragem*. Rio de Janeiro: Forense, 2008.

- *para conhecer os principais aspectos da Lei de Arbitragem com base em referências doutrinárias e jurisprudenciais nacionais e internacionais colhidas.*

REVISTA BRASILEIRA DE ARBITRAGEM. São Paulo: IOB Thompson, v. I-XLIX, 2003-2018.

- *para atualização com base nos mais recentes acontecimentos relacionados à arbitragem, especialmente comentários a decisões judiciais e arbitrais e artigos doutrinários.*

REVISTA DE ARBITRAGEM E MEDIAÇÃO. São Paulo: RT, v. I-LIV, 2003-2018.

SALLES, Carlos Alberto. *A arbitragem na solução de controvérsias contratuais da Administração Pública*. Rio de Janeiro: Forense, 2011.

- *para compreender de modo aprofundado as premissas e as questões polêmicas que podem emergir das contratações envolvendo a Administração Pública e a utilização da arbitragem nesse contexto.*

STESURI, Aldo. *Gli Arbitre*. Milano: Giuffrè, 2001.

A REDE SOCIAL (*The Social Network*). Direção de David Fincher. Estados Unidos: Columbia Pictures, 2010 (120 min).

- *para verificar de modo divertido como ocorre um método privado de solução de conflitos na prática e traçar um contraponto de modo aprofundado as premissas e as questões polêmicas que podem emergir das contratações envolvendo a Administração Pública e a utilização da arbitragem nesse contexto.*

QUESTÕES PARA ORIENTAR A LEITURA E O DEBATE EM SALA DE AULA

1. Quais são as espécies do gênero "convenção de arbitragem"? Há alguma diferença específica entre tais espécies?

2. Em que situação uma cláusula compromissória será qualificada como "cheia"?
3. O que se entende por arbitrabilidade objetiva e arbitrabilidade subjetiva?
4. Quais são os requisitos para a eficácia de uma cláusula compromissória em contrato de adesão? De que modo se analisa a vinculação das partes à convenção de arbitragem nas relações de consumo?
5. Como é interpretada a regra da maioria para definição da arbitragem como método de solução de controvérsias entre as empresas?
6. Quais são as situações relevantes para a arbitragem de acordo com a Lei 11.101, de 9 de fevereiro de 2005? Que soluções são adotadas para cada uma dessas situações?
7. Quais são os principais problemas enfrentados nas arbitragens envolvendo entes públicos?
8. Como é aferida a vinculação da sociedade a processo arbitral previsto em acordo de seus acionistas?
9. Qual é o significado do princípio do *Kompetenz-kompetenz* e qual é a sua relevância para a arbitragem?
10. Quais são os pontos de contato entre o processo arbitral e o Judiciário? De que modo o Judiciário pode atuar em face de medidas de urgência, do processo arbitral e da sentença arbitral estrangeira, não homologada e homologada, e da sentença arbitral nacional?

SUGESTÃO DE EXERCÍCIO PRÁTICO

As competições de arbitragem, os chamados "*moots*" tornaram-se uma febre entre os estudantes de graduação. São diversos eventos ao longo do ano que mobilizam estudantes brasileiros e estrangeiros em competições nacionais e internacionais.

O exercício proposto foi tratado na edição de 2020 da Competição Brasileira de Arbitragem, organizada pela Câmara de Mediação e Arbitragem Empresarial – Brasil e pelo IBMEC/SP.

https://uqr.to/1fv4a

O link contém todo o material necessário para o exercício, contratos, notificações etc. Os alunos estudarão o material para estarem preparados para o dia da atividade prática.

A proposta é que os estudantes sejam divididos em três grupos: árbitros, requerentes e requeridos. A dinâmica do exercício divergirá da dinâmica da competição na medida em que lá não é proferida uma sentença, mas apenas indicado qual equipe se saiu melhor, e, no exercício, a proposta é que haja uma conclusão (sentença).

Os alunos requerentes e requeridos terão 30 minutos cada para exporem seus argumentos preliminares e de mérito. O grupo poderá definir quantos minutos usará para cada tema e quanto tempo terá de réplica, informando previamente aos árbitros.

Depois das exposições, os árbitros deliberarão e proferirão a sentença, o que poderá ser feito em outros encontros.

11

ARBITRAGEM E JURISDIÇÃO ESTATAL

CARLOS ALBERTO DE SALLES

1. INTRODUÇÃO

Arbitragem e Judiciário, juridicamente, não estão colocados em relação de oposição, contradição ou concorrência. Ao contrário, devem ser entendidos como meios de solução de controvérsia concebidos em relação de complementaridade.[1] As partes capazes de contratar podem optar por um deles sempre que suas disputas, reais ou potenciais, versarem sobre direitos patrimoniais e disponíveis. Para tanto devem exercer sua autonomia da vontade, escolhendo, em comum acordo, a arbitragem como mecanismo mais adequado.

---

1 Sustentando que arbitragem e outros mecanismos alternativos de solução de controvérsias devem ser entendidos como somados à jurisdição estatal na tarefa de prestar universalmente serviços de solução de controvérsias, v. SALLES, Carlos Alberto de. Mecanismos alternativos de solução de controvérsias e acesso à justiça: a inafastabilidade da tutela jurisdicional recolocadas. In: FUX, Luiz; NERY JR., Nelson; WAMBIER, Teresa Arruda Alvim. *Processo e Constituição. Estudos em homenagem ao Professor José Carlos Barbosa Moreira*. São Paulo: Revista dos Tribunais, 2006. p. 782.

A Lei de Arbitragem (Lei 9.307/1996) respalda essa possibilidade de escolha, deixando às partes a possibilidade de excluir a jurisdição estatal em relação a litígios envolvendo direitos patrimoniais disponíveis,[2] determinados ou àqueles que venham decorrer de um contrato específico. Também o Código de Processo Civil de 2015, ao reproduzir em seu artigo 3º o princípio da inafastabilidade da tutela jurisdicional, consagrado pela Constituição Federal em seu artigo 5º, inc. XXXV, destaca que "é permitida a arbitragem, na forma da lei" (§ 1º).

O Supremo Tribunal Federal já teve oportunidade de reconhecer a constitucionalidade dessa possibilidade legal de exclusão da jurisdição estatal mediante a adoção da arbitragem por meio de convenção das partes.[3]

De maneira que pode parecer contraditória, a efetividade da arbitragem depende, ao mesmo tempo, da definitividade da exclusão consensual da jurisdição estatal e de sua colaboração. Explica-se: para se alcançar segurança quanto à firmeza do pacto arbitral, é necessário tanto que a jurisdição estatal seja deferente à vontade das partes, quanto que lhe empreste mecanismos para sua efetivação, seja na instituição da arbitragem, seja na execução de suas decisões.

A tutela jurisdicional da arbitragem, pode-se dizer, é aquela da vontade expressa pelas partes na convenção arbitral, prestando-se, em última análise, a dar-lhe efetividade.

Na arbitragem, o princípio do *isolamento do processo arbitral*[4] é elemento fundamental à sua funcionalidade, apontando para a necessidade de mantê-la livre de interferências judiciais, sob pena de descaracterização. Por outro lado, a jurisdição estatal exerce um importante papel de *referencial simbólico* na construção da efetividade da convenção e das decisões arbitrais.[5]

---

2 Nos termos de seu art. 1º, que teve suas hipóteses de cabimento ampliadas pela Lei 13.129/2015, para abranger litígios envolvendo a Administração Pública. O texto da lei aprovada no Congresso Nacional permitia, ainda, a arbitragem em litígios trabalhista e de consumo, mas os dispositivos nesse sentido foram vetados pela Presidência da República.

3 Agravo Regimental na Sentença Estrangeira 5206/EP – Espanha, Rel. Min. Sepúlveda Pertence, Tribunal Pleno, j. 12.12.2001. Cf., também, os precedentes do STJ sobre o tema: REsp 712.566/RJ, Rel. Min. Nancy Andrighi, *DJ* 05.09.2005 – Terceira Turma; MS 11.308/DF, Rel. Min. Luiz Fux, *DJ* 19.05.2008 – Primeira Seção; SEC 1.210/GB, rel. Min. Fernando Gonçalves, *DJ* 06.08.2007 – Corte Especial; REsp 612.439/RS, Rel. Min. João Otávio de Noronha – Segunda Turma; REsp 944.917/SP, Rel. Min. Nancy Andrighi, *DJ* 03.10.2008 – Terceira Turma; SEC 3.253/EX, Rel. Min. Nilson Naves, *DJ* 27.05.2010 – Corte Especial.

4 V. item 2.4, a seguir.

5 As ideias de *isolamento do processo arbitral* e do processo judicial como *referencial simbólico*, foram, inicialmente, esboçadas em SALLES, Carlos Alberto de. *Arbitragem em contratos administrativos*. São Paulo: Forense, 2011, p. 46-49 e 208-209.

Os mecanismos jurídicos básicos, pelos quais se dá o relacionamento entre arbitragem em jurisdição estatal, são apresentados nos itens seguintes. A conformação do relacionamento entre arbitragem e Judiciário se dá por meio do arranjo de diversos institutos jurídicos. Didaticamente, inicia-se por aqueles mecanismos jurídicos e processuais pelos quais se garante a exclusão da jurisdição estatal das controvérsias abrangidas pela convenção de arbitragem. Na sequência, busca-se dar um panorama dos vários instrumentos processuais da jurisdição estatal relacionados com arbitragem.

2. A EXCLUSÃO DA JURISDIÇÃO ESTATAL

A convenção de arbitragem produz, como um de seus principais efeitos, a exclusão da jurisdição estatal. A essa especial eficácia também se designa efeito negativo da convenção arbitral.[6]

Não que essa exclusão seja absoluta, pois, como se desenvolverá a seguir, o funcionamento e efetividade da solução arbitral de controvérsias dependem da disponibilidade de medidas judiciais de apoio e tem sua confiabilidade assentada na possibilidade de exame judicial – ainda que excepcional[7] – da validade de suas decisões. Além do mais, a cláusula de arbitragem afasta a jurisdição no tocante às controvérsias surgidas em relação a um contrato determinado, mas não impede, quando cabível, sua execução judicial como título executivo extrajudicial.[8]

De qualquer forma, a exclusão da jurisdição estatal, nos seus devidos limites, é um dos principais objetivos buscados pelas partes com a arbitragem. Por uma,

---

6 Cf. GUERRERO, Luís Fernando. *Convenção de arbitragem e processo arbitral.* São Paulo: Atlas, 2009, p. 125-130; também no capítulo anterior deste livro, item 3.

7 Arts. 32 e 33 da Lei de Arbitragem.

8 Art. 784, incisos III, V e VI, do CPC, referindo hipóteses nas quais o contrato tem força de título executivo extrajudicial. Nesse sentido já se pronunciou o STJ: "A convenção de arbitragem impede a instauração de processo de conhecimento fora do juízo arbitral. Nessas condições, ela não obsta que se instaure o Poder Judiciário processo de execução com lastro no contrato a que está atrelada" (REsp 944.917, Rel. Min. Nancy Andrighi, 3ª Turma, j. 18.09.2008, citado por NEGRÃO, Theotônio; GOUVÊA, José Roberto F.; BONDIOLI, Luís Guilherme Aidar. *Código de Processo Civil e legislação processual em vigor*. 49. ed. São Paulo: Saraiva, 2018. p. 503 [art. 485, nota 36a]). Embora a matéria não esteja livre de polêmica, deve prevalecer a posição segundo a qual eventuais embargos estão sujeitos à competência do juízo arbitral, gerando uma cisão entre o juízo da execução (estatal) e o dos embargos (judicial). Nesse sentido, v. REsp 1.465.535-SP, Rel. Min. Luís Felipe Salomão, Quarta Turma, j. 21.06.2016. Em sentido contrário, compare REsp 1.373.710, Rel. Min. Ricardo Villas Bôas Cueva, Terceira Turma, j. 07.04.2015.

algumas ou todas as razões já mencionadas[9] ou pelos valores aqui discutidos, ao optarem por esse instituto, as partes consagram sua preferência em submeter o caso a uma solução privada, em oposição aos mecanismos estatais de solução de controvérsias.

Ao estabelecerem uma convenção, as partes realizam um verdadeiro *opt out* do sistema de Justiça estatal.[10] Para que essa opção possa ter eficácia, como enunciado no item anterior, o pacto arbitral deverá ser dotado de irrevogabilidade e seu cumprimento deverá ser exigível judicialmente.

Evidentemente, esse pacto não está inteiramente imunizado de impugnação, de maneira a possibilitar a correção daqueles vícios de maior gravidade, mas em regime de extrema excepcionalidade, a fim de garantir a efetividade da opção das partes pela arbitragem.[11] Havendo concorrência entre as jurisdições estatal e arbitral, deve prevalecer o princípio do *favor arbitralis*, segundo o qual, na existência de dúvida acerca da jurisdição prevalecente, deve-se prestigiar a opção das partes pela arbitragem, deixando a solução do litígio sob essa esfera.

Esse *opt out* da jurisdição estatal, no entanto, não se verifica de maneira direta e autoevidente, estando embutida em uma construção jurídica de alguma sofisticação, baseada em um cruzamento de regras e princípios próprios do universo jurídico da arbitragem. Essa construção é, também, responsável por um isolamento da jurisdição arbitral de ataques pela via judicial, o que poderiam comprometer o funcionamento e efetividade desse meio de solução de controvérsias.[12]

2.1. Autonomia da cláusula arbitral

Em primeiro lugar, cabe destacar a chamada *autonomia da cláusula arbitral*.[13] Segundo essa regra, incorporada no art. 8º da Lei de Arbitragem (Lei 9.307/1996),

---

9 Cf. Item 2.1., deste capítulo, a seguir.

10 "Arbitragem representa um *opt out* voluntário do sistema convencional de Justiça em direção ao reino dos mecanismos privados de solução de disputas." BRUNET, E. et al. *Arbitration Law in America:* a critical assessment. New York: Cambridge University, 2006, p. 7, traduzido do original.

11 Cf. ALVES, Rafael Francisco. *A inadmissibilidade das medidas antiarbitragem no direito brasileiro*. São Paulo: Atlas, 2009. p. 205-226. V., ainda, item 3.4, a seguir.

12 Sobre o conceito de isolamento do processo arbitral, v. item 2.4, a seguir.

13 Cf. GUERRERO, op. cit., p. 18-21 e, também, item 3 do capítulo anterior; também CARMONA, *Arbitragem e processo:* comentários à Lei n. 9.307/96, 3. ed., São Paulo: Atlas, 2009, p. 173-182; posicionando-se criticamente, v. TEPEDINO, Gustavo. Invalidade da cláusula compromissória e seu controle (também) pela jurisdição estatal. In: JOBIM, Eduardo; MACHADO, Rafael Bicca. *Arbitragem no Brasil:* aspectos jurídicos relevantes. São Paulo: Quartier Latin, 2008. p. 153-173.

a invalidade do contrato não implica, necessariamente, a invalidade da cláusula pela qual as partes pactuaram a arbitragem.

A utilidade dessa regra, designada nos Estados Unidos de forma significativa por *separability*,[14] é garantir ao juízo arbitral a apreciação de alegações quanto à validade do contrato. Caso inexistisse essa regra, qualquer alegação de invalidade do contrato, em sede de ação ou de defesa, subtrairia do juízo arbitral a competência para o exame do caso, levando-o à jurisdição estatal.

Necessário, assim, reconhecer à convenção arbitral uma separação ou autonomia em relação às demais avenças pactuadas no contrato. Essa autonomia constitui uma condição básica para garantir da competência do juízo arbitral em relação a esse determinado contrato.

2.2. Competência-competência

Outro dado normativo fundamental, para a garantia da exclusão da jurisdição estatal, é o princípio conhecido como *competência-competência*. Esse princípio, cuja designação é dada a partir da formulação alemã (*kompetenz-kompetenz*),[15] indica ser o árbitro ou respectivo painel, conforme escolha das partes, competente para decidir sobre sua própria competência.

Esse princípio, dedutível do parágrafo único do art. 8º da Lei 9.307/1996, expressa a conveniência lógica e funcional de a decisão de competência ser daquele juízo cuja competência se determina por critérios de especialidade, no caso, do juízo arbitral. A competência advinda da convenção de arbitragem, exclui aquela do órgão jurisdicional de maior abrangência. A presença de uma cláusula de arbitragem em um contrato ou a existência de um compromisso arbitral, firmado entre as partes, exclui a competência da jurisdição estatal, estabelecendo aquela do árbitro ou painel indicado pela parte.

---

14 Cf. SPEIDEL, Richard E. Common legal issues in American Arbitration Law. In: BRUNET, E. et al. *Arbitration Law in America:* a critical assessment. New York: Cambridge University, 2006. p. 41-79.

15 Cf. PITOMBO, Eleonora C. *Os efeitos da convenção de arbitragem* – Adoção do princípio *kompetenz-kompetenz* no Brasil; e TIBÚRCIO, Carmen. O princípio da kompetenz-kompetenz revisto pelo Supremo Tribunal Federal de Justiça alemão (Bundesgerichtshof). In: LEMES, Selma Ferreira; CARMONA, Carlos Alberto; MARTINS, Pedro Batista (Coord.). *Arbitragem:* estudos em homenagem ao Professor Guido Fernando da Silva Soares. São Paulo: Atlas, 2007. 326-338 e 425-435 (respectivamente). O segundo artigo referido aponta uma revisão desse princípio no âmbito do Tribunal Constitucional Alemão, ressaltando, no entanto, sua incorporação no sistema de direito positivo brasileiro.

Ora, se a solução da questão de competência depende da verificação de determinados requisitos, o juízo, cuja competência decorre da confirmação desses requisitos deve ser considerado competente, também, para realizar esse exame, sob pena de se estar, *ab initio*, subtraindo sua competência. Relativamente à arbitragem, trata-se de examinar a existência da convenção respectiva e de sua aplicação ao caso levado à decisão dos árbitros.

A lógica inspiradora do princípio da competência-competência é semelhante, para estabelecer um paralelo, à contraposição entre a Justiça Estadual e a Justiça Federal. Como a segunda tem sua competência determinada por critérios de especialidade em relação à primeira, a existência de interesse da União, suas autarquias e empresas públicas, nos termos do previsto no art. 109 da Constituição Federal, deverá ser decidida pela própria Justiça Federal, como expresso na Súmula 150 do STJ. A lógica existente na posição consolidada na súmula é semelhante àquela do princípio da competência-competência na arbitragem.[16]

O Código de Processo Civil de 2015 consagrou em seu arranjo procedimental o princípio da competência-competência. Ampliando a dicção do dispositivo legal vigente no diploma processual anterior (art. 267, VII, CPC/1973), estabeleceu que o juízo estatal não resolverá o mérito do processo se acolher a alegação de existência de convenção de arbitragem ou "*quando o juízo arbitral reconhecer sua competência*" (art. 485, VII, CPC/2015). Com isso, o código reconhece a prevalência da decisão do árbitro, em relação àquela judicial, quando a matéria envolvida for a competência decorrente da convenção de arbitragem. Para que reste claro, cogita-se na parte transcrita do dispositivo, daquela situação envolvendo processos, judicial e arbitral, concomitantes, com o mesmo objeto. Nesse caso, a decisão do árbitro reconhecendo sua própria competência, afasta a do juiz estatal para o processo sob sua responsabilidade, que deverá ser extinto.

2.3. A convenção de arbitragem como causa de extinção do processo judicial

Elemento central à sustentação da efetividade dos pactos arbitrais é a previsão legal de extinção de qualquer processo judicial iniciado a despeito da existência de convenção de arbitragem.[17]

No regime legal brasileiro, esse efeito secundário da convenção arbitral não é absoluto e não está isento de polêmica.

---

16 Analisando esse princípio na arbitragem, cf. ALVES, op. cit., p. 58-94. Vide o acolhimento desse princípio pelo STJ no REsp 1.550.260 – RS, Relator Min. Paulo de Tarso Sanseverino, Terceira Turma, j. 12 de dezembro de 2017.

17 V. MACNEIL, Ian R. *American arbitration law:* reformation, nationalization, internationalization. New York/Oxford: Oxford University, 1992. p. 16-17.

Sob o regime do Código de Processo Civil de 1973, com as mudanças nele introduzidas pela Lei de Arbitragem (Lei 9.307/1996), havia certa polêmica quanto aos efeitos da cláusula arbitral para o processo judicial versando sobre contrato que a contivesse. Na verdade, a Lei de Arbitragem modificou os artigos 267 e 301, do diploma processual já revogado, fazendo constar "convenção de arbitragem", onde anteriormente constava "compromisso arbitral" (incisos VII e IX, dos respectivos artigos).[18] Ocorre que, no artigo 301, § 4º, foi omitida a alteração para "convenção de arbitragem" (constante do inciso IX), mantendo-se, assim, a ressalva do "compromisso" entre as matérias submetidas à cognição de ofício pelo juiz, significando que ele *não* seria conhecido sem provocação de demandado. Isso permitia supor que apenas o compromisso, mas não a cláusula arbitral seria poderia ser conhecida de ofício pelo juiz. Aparecendo essa segunda, o juiz poderia extinguir o processo de ofício.[19]

O Código de Processo Civil de 2015, corrigindo a confusão gerada pelo diploma anterior, padronizou suas referências indicando sempre o gênero "convenção de arbitragem". Com isso, eliminou as dúvidas advindas do texto do Código de 1973.

Nesse sentido, o legislador de maneira expressa optou pela possibilidade de uma renúncia tácita ao vínculo arbitral.[20] Não formulada a alegação quanto à existência da convenção de arbitragem, essa ausência "implica aceitação da jurisdição estatal e renúncia ao juízo arbitral" (art. 337, § 6º, CPC/2015). Da mesma maneira, o parágrafo 3º, do artigo 485, do diploma vigente, não refere a convenção de arbitragem entre aquelas matérias que podem ser conhecidas de ofício pelo juízo estatal.

No cotejo dos valores envolvidos – efetividade da cláusula e autonomia da vontade –, deve-se prestigiar o segundo, colocado na base e origem do instituto. Da mesma forma que se deve permitir ampla liberdade às partes convencionarem em favor da solução arbitral de suas controvérsias, deve-se permitir sua

---

18 De fato, a anterior referência dizia respeito a instituto abolido pela nova lei, pois no regime anterior o "compromisso" deveria sempre suceder à cláusula arbitral, como o efetivo acerto de vontade das partes para instituição da arbitragem, tendo em vista que a cláusula era considerada apenas um pré-contrato.

19 Sobre a distinção entre cláusula e compromisso, ver o item 1, do capítulo anterior deste livro.

20 "Pode o réu alegar a existência da cláusula, com o que extinguirá o processo sem julgamento do mérito. Não o fazendo, deve-se entender como tendo renunciado ao que pactuou, submetendo-se à jurisdição estatal, não mais podendo exercitar a pretensão que lhe defere o art. 7º já referido". CALMON DE PASSOS, José Joaquim. *Comentários ao Código de Processo Civil* – Arts. 270 a 331. 9. ed. Rio de Janeiro: Forense, 2005. p. 303. Nesse sentido, também, v. GUERRERO, op. cit., p. 128, e item 1 do capítulo anterior.

retratação ou desistência dessa opção. À disciplina jurídica da arbitragem cabe possibilitar o caminho de ida, mas, também, o de volta. Assim como se permite às partes livremente pactuarem a arbitragem, deve-se permitir que, consensualmente, desfaçam essa escolha, por meio de distrato ou simples renúncia tácita da jurisdição arbitral, como indica o art. 337, parágrafo 6º, do Código de Processo Civil vigente.

Anote-se que a jurisprudência do STJ, na vigência do CPC/1973, vinha respaldando esse entendimento. Em primeiro lugar, registra-se haver aquela Corte se manifestado quanto à desnecessidade do "compromisso arbitral", nos termos do exigido anteriormente à Lei 9.307/1996, servindo a simples cláusula de arbitragem para conduzir à extinção do processo judicial.[21] Também se manifestou no sentido de que, "quando invocada a existência de cláusula arbitral",[22] é caso de extinção do processo, permitindo concluir, *a contrario sensu*, pelo descabimento de tal medida quanto não viesse a ser arguida pelo demandado.

2.4. O isolamento do processo arbitral

O *isolamento do processo arbitral* coloca-se como um princípio[23] essencial para a compreensão das relações entre o processo arbitral e a jurisdição

---

21 "Uma das maiores inovações da Lei de Arbitragem foi imprimir força cogente à cláusula arbitral. Com a alteração do inc. VII do art. 267 do CPC, a expressão 'compromisso arbitral' foi substituída por 'convenção de arbitragem' e, dessa forma, a eleição de cláusula arbitral passou a configurar uma das causas para extinção do processo sem julgamento do mérito, afastando, obrigatoriamente, a solução judicial do conflito. (...) Entretanto, no direito internacional, desde 1923, com a celebração do Protocolo de Genebra, já não se fazia distinção, em relação ao efeito coativo, entre cláusula e compromisso arbitral" (REsp 712.566/RJ, Rel. Ministra Nancy Andrighi, 3ª Turma, j. 18.08.2005).

22 "Processual civil. Recurso especial. Cláusula arbitral. Lei de Arbitragem. Aplicação imediata. Extinção do processo sem julgamento de mérito. Contrato internacional. Protocolo de Genebra de 1923. – Com a alteração do art. 267, VII, do CPC pela Lei de Arbitragem, a pactuação tanto do compromisso como da cláusula arbitral passou a ser considerada hipótese de extinção do processo sem julgamento do mérito. – Impõe-se a extinção do processo sem julgamento do mérito se, quando invocada a existência de cláusula arbitral, já vigorava a Lei de Arbitragem, ainda que o contrato tenha sido celebrado em data anterior à sua vigência, pois, as normas processuais têm aplicação imediata" (REsp 712.566/RJ, Rel. Min. Nancy Andrighi, 3ª Turma, j. 18.08.2005, referido por THEODORO JÚNIOR, Humberto. *Código de Processo Civil anotado*. 13. ed. Rio de Janeiro: Forense, 2009. p. 267).

23 Utiliza-se, aqui, *princípio* em sentido amplo. Para um importante apanhado sobre o caráter normativo dos princípios, v. Ávila, Humberto. *Teoria dos princípios: da definição à aplicação dos princípios jurídicos*. 9ª Edição. São Paulo: Malheiros, 2009.

estatal.[24] Escolhida a arbitragem pelas partes e instituído o processo arbitral, está excluída a jurisdição estatal do julgamento do caso e, também, de eventuais intervenções no processo arbitral. Quer dizer, as partes estabelecem a competência do árbitro para decidir sobre o litígio em que estão envolvidas e, ao fazê-lo, estabelecem, igualmente, a competência daquele para decidir quanto a toda matéria processual.

Fácil compreender o caráter danoso de eventual intervenção do juiz estatal ao processo arbitral. Se admitida, colocaria o juízo arbitral sob verdadeira tutela da jurisdição estatal, trazendo para a arbitragem todos aqueles problemas que as partes quiseram evitar com a renúncia ao juízo estatal ou, ainda pior, estabelecendo uma duplicidade de jurisdição que somente faria criar entraves ao andamento do processo.

De fato, a possibilidade de matéria própria ao processo arbitral ser questionada perante um juiz estatal, causaria verdadeiro entrave para o andamento da arbitragem, fazendo com que qualquer decisão do árbitro em matéria processual pudesse ser objeto de imediata impugnação judicial. Daí a importância de se afirmar esse princípio, do *isolamento do processo arbitral*, de maneira a garantir correto e eficiente funcionamento do processo arbitral, sem a intromissão da jurisdição estatal em matéria de competência exclusiva do árbitro.

Esse isolamento não está estatuído de maneira expressa na vigente Lei de Arbitragem, mas se extrai das opções normativas por ele realizadas, devendo ser analisado com algum cuidado.

Em primeiro lugar, a esse propósito, há de se observar que a Lei de Arbitragem restringe as possibilidades de intervenção judicial na arbitragem à impugnação da sentença arbitral e, mesmo assim nas hipóteses enumeradas em seu artigo 32. "*A parte interessada poderá pleitear ao órgão do Poder Judiciário competente a declaração de nulidade da sentença arbitral, nos casos previstos nesta lei*", estabelece o artigo 33 do mesmo diploma legal. Note-se, o que pode ser pleiteado pelas partes é a nulidade *da sentença*, não de outro ato do processo arbitral.

Ainda mais, a reforçar tal entendimento, está o fato de o referido artigo 32 estabelecer, em seu inciso VIII, como causa de nulidade da sentença o desrespeito aos princípios processuais "*do contraditório, da igualdade das partes, da imparcialidade do árbitro e de seu livre convencimento*" (art. 21, parágrafo 2º, Lei de Arbitragem). Quer dizer, eventuais vícios processuais verificados no desenvolvimento da arbitragem podem acarretar a nulidade da sentença, não do ato processual gerador da invalidade alegada pela parte. Não há, portanto, possibilidade legal de impugnação do ato processual no curso do processo arbitral, que permanece incólume a ataque pela via judicial.

---

24 Para um primeiro desenvolvimento desse conceito, cf. SALLES, *Arbitragem*, op. cit., p. 38-39.

De todo o modo, a Lei de Arbitragem estabelece firmemente a competência do árbitro para decidir quanto ao processo arbitral. Seu artigo 21, *caput*, estabelece que cabe às partes escolherem o procedimento a ser seguido, podendo até mesmo delegar essa escolha ao árbitro ou ao tribunal arbitral. Na ausência de estipulação estabelecendo o modo de ser do processo, caberá, de toda maneira, ao árbitro discipliná-lo (parágrafo 1º).

Claramente, demonstra-se que o processo arbitral fica a salvo de eventuais intromissões da jurisdição estatal.

3. RESPALDO DA JURISDIÇÃO ESTATAL

A exclusão da jurisdição estatal pela convenção de arbitragem é essencial para a garantia de seu adequado funcionamento. Com ela, define-se a competência exclusiva dos árbitros para julgamento das questões pendentes nos limites do conveniado pelas partes signatárias. Essa exclusão, no entanto, como ressaltado acima, não é absoluta, remanescendo, sob a competência do juiz estatal, alguns aspectos essenciais ao funcionamento dos mecanismos arbitrais.[25]

Mesmo na visão mais privatizante da arbitragem,[26] admite-se que a intervenção pública pode ser necessária (1) para compelir a submissão da disputa à adjudicação do caso pelo árbitro[27] e (2) para assegurar, mediante coerção, se necessário, o cumprimento das decisões do árbitro.[28] Embora o recurso à jurisdição estatal não chegue a ser desejável, pois é melhor que a solução arbitral siga um caminho inteiramente independente, é fundamental a disponibilidade de medidas judiciais

---

25 O Código de Processo Civil, de 2015, trouxe uma série de dispositivos consagrando o respaldo da jurisdição estatal à arbitragem. Confira os seguintes dispositivos do CPC/2015 tratando da arbitragem: arts. 189, IV (sigilo); 260, § 3º (carta arbitral); 359 (não prejudicial à conciliação em juízo); 515, VII (título executivo judicial); 1.012, § 1º, IV (efeito suspensivo da apelação na procedência da ação para instituição de arbitragem); 1.015, III (cabimento de agravo de instrumento contra decisão que rejeitar alegação de convenção de arbitragem); 1.061 (modifica redação do § 3º, do art. 33, da Lei 9.307/1996 – Lei de Arbitragem).

26 Cf. BRUNET, op. cit., p. 7-12 (usando a expressão "privatization" para se referir à arbitragem); também Barbosa Moreira, José Carlos. Privatização do processo? *Temas de direito processual civil.* Sétima série. São Paulo: Saraiva, 2001. p. 7-18 (discutindo se haveria uma tendência à privatização no processo contemporâneo).

27 Neste capítulo, indica-se "pelo árbitro" buscando designar, também, aqueles casos, mais comuns, nos quais a arbitragem se desenvolve por meio de um painel arbitral, composto de vários árbitros.

28 Nesse sentido, cf. LANDES, William M.; POSNER, Richard A. Adjudication as a private good. *Journal of Legal Studies*, n. 8, p. 235-284, 1979.

de forma a emprestar à solução arbitral poderes exclusivos do juiz estatal, como os poderes de coerção e de invalidação da sentença arbitral.[29]

A disponibilidade de medidas judiciais para a arbitragem tem o papel de um *referencial simbólico*,[30] assegurando para os sujeitos envolvidos, direta ou indiretamente, uma utilização potencial dessas medidas com a finalidade de completar, corrigir e moldar condutas.

Nos termos do apontado acima, a possibilidade da instituição forçada da arbitragem, por via judicial, é fundamental para garantir efetividade à opção das partes pela solução de controvérsias por esse meio. Esse mecanismo judicial, que pode ser designado *tutela específica da cláusula arbitral*,[31] teve um importante papel na confirmação do caráter contratual e vinculante do pacto de arbitragem. Não apenas à cláusula arbitral passou a ser reconhecida a natureza contratual – em afastamento da antiga ideia de pré-contrato –, como se passou a garantir sua eficácia via judicial.

Muito embora a tutela específica para dar cumprimento à cláusula arbitral seja pouco usada na prática, sua importância *simbólica* é bastante grande, servindo para sinalizar aos sujeitos a inviabilidade de resistirem à efetivação da convenção de arbitragem. Sua pouca utilização deve-se à preponderância do uso de cláusulas arbitrais indicando, diretamente ou por meio de referência ao regulamento de alguma instituição, a forma de constituição do juízo arbitral.[32] Com isso, se permite sua instituição mesmo sem o concurso da parte recalcitrante. De qualquer maneira, a tutela específica, prevista no art. 7º da Lei de Arbitragem, tem o condão de garantir a instituição da arbitragem para aquelas cláusulas nas quais as partes não tenham realizado essa indicação.

A possibilidade de execução da sentença arbitral,[33] da mesma forma tem esse caráter *simbólico* importante para efetividade da arbitragem. Não obstante o fato de ser mais desejável o cumprimento voluntário da decisão arbitral, esgotando

---

29 V., por exemplo, arts. 22-A, B e C, e o art. 33 da Lei. 9.307/96. Sobre os poderes dos árbitros cotejados àqueles do juiz estatal, v. COSTA, Nilton César Antunes da. *Poderes do árbitro:* de acordo com a Lei 9.307/96. São Paulo: RT, 2002.

30 "A disponibilidade de revisão judicial projeta uma aura pública sobre o processo essencialmente privado da arbitragem". BRUNET, op. cit., p. 27, traduzido do original.

31 Também tratada, em designação corrente, por *execução específica da cláusula arbitral*, à qual falta precisão, por não se tratar propriamente de uma execução, mas de uma tutela específica, disciplinada pelo art. 7º da Lei 9.307/96. Por essa razão, prefere-se a designação indicada no texto.

32 Destacando que as cláusulas compromissórias vazias ou incompletas são aquelas que podem levar as partes ao Judiciário antes mesmo de iniciado o processo arbitral, Carlos Alberto Carmona aponta que "as partes devem desde logo escolher a melhor forma de constituir o tribunal arbitral para a eventualidade de surgir litígio, discutindo os respectivos detalhes *antes* de instaurar-se a contenda." CARMONA, op. cit., p. 156.

33 Art. 31 da Lei 9.307/96 e 515, VII, do Código de Processo Civil.

as consequências concretas dela esperadas, a possibilidade de execução forçada mostra-se relevante no sentido de apontar às partes as consequências do descumprimento da sentença.[34]

De maneira geral, pode-se afirmar que a relação entre arbitragem e jurisdição estatal se dá nas seguintes hipóteses previstas na Lei de Arbitragem (Lei 9.307/1996): tutela específica da cláusula arbitral (art. 7º),[35] execução da sentença arbitral (art. 31);[36] substituição judicial do árbitro (art. 6º, parágrafo único); nomeação judicial de árbitro para formação de painel com número ímpar (art. 13, § 2º, *fine*); a decretação de nulidade da sentença arbitral (arts. 32 e 33); e execução de medidas coercitivas, antecipatórias, cautelares ou instrutórias (arts. 22-A, B e C, introduzidos pela Lei 13.129/2015).

3.1. Medidas coercitivas, antecipatórias, cautelares ou instrutórias na jurisdição estatal

Como ressaltado acima, neste e no capítulo anterior, as partes podem validamente afastar a jurisdição estatal e optar pela arbitragem para solução de seus conflitos. Com isso, estabelecem a competência do árbitro para decidir sobre um litígio específico (no caso do compromisso) ou sobre controvérsias decorrentes de um contrato (na existência de cláusula arbitral). No entanto, embora transmitidos ao árbitro poderes para conduzir o processo e julgá-lo, não lhe é dado o poder de exercer a coerção direta, para imposição de suas ordens ou decisões. Afinal, o *monopólio da violência*[37] é um elemento essencial do Estado moderno e contemporâneo, não sendo admissível o exercício direto de coerção por um particular. É o chamado elemento de *império*[38] da jurisdição estatal que não se transmite ao árbitro.

---

34 "A tutela jurisdicional tem o significado de um recurso potencial, exercendo um importante papel simbólico para afastar o descumprimento da regra de direito material sem mesmo chegar a ser demandado." SALLES, Carlos Alberto de. *Execução judicial em matéria ambiental.* São Paulo: RT, 1998. p. 38. Disponível em: <https://www.researchgate.net/> (localização pelo nome do autor).

35 Sobre o tema, cf. ALVIM, Arruda. Exegese dos arts. 6º e 7º da Lei n. 9.307 de 1996. In: MARTINS, Pedro A. Batista; GARCEZ, José Maria Rossani (Coord.). *Reflexões sobre arbitragem: in memoriam* do Desembargador Cláudio Vianna de Lima. São Paulo: LTr, 2002. p. 169-187.

36 Combinado com art. 515, VII, do Código de Processo Civil.

37 Nesse sentido as ideias de Max Weber. Para ele, "o Estado se define como a estrutura ou agrupamento político que reivindica com êxito o monopólio do constrangimento físico legítimo." FREUND, Julien. *Sociologia de Max Weber.* Rio de Janeiro: Forense Universitária, 1980, p. 159.

38 Notar que a falta do elemento de império à arbitragem não afasta seu caráter jurisdicional. Nesse sentido, ressalte-se que não "é óbice para qualificar de jurisdicional

Essa limitação aos poderes do árbitro, todavia, não significa que ele, no exercício de suas atividades jurisdicionais, não possa determinar medidas coercitivas, sem as quais a efetividade de suas decisões restaria bastante prejudicada. Imagine-se, por exemplo, a necessidade da busca e apreensão de um produto cuja patente é disputada pelas partes. Ou ainda, entre outras, a imissão de uma das partes na posse de um determinado estabelecimento comercial. São situações, até mesmo triviais, nas quais a efetivação das decisões arbitrais possui um elemento de coerção. Em relação à jurisdição estatal a diferença é apenas o fato de seu exercício não ser realizado diretamente pelo árbitro.

Essa é mais uma situação na qual a arbitragem depende do respaldo da jurisdição estatal, para usar a terminologia destacada neste capítulo. O árbitro não podendo exercer diretamente a coerção, então, busca a cooperação da jurisdição estatal para a efetivação das providências dessa ordem. Para que reste claro, o árbitro não exerce a coerção de maneira direta, mas a determina a medida coercitiva. A limitação da jurisdição arbitral é relativa ao exercício da coerção direta, não à sua utilização para atender, provisória ou definitivamente, a pretensão de uma das partes.

No cumprimento da medida coercitiva determinada pelo árbitro, o juiz estatal atua como verdadeiro auxiliar da jurisdição arbitral, desencadeando os atos de coerção estatal e supervisionando sua execução. Não cabe ao juiz estatal, no caso, qualquer controle do cabimento ou conveniência da medida determinada pelo árbitro. O máximo que se permite ao juiz estatal, nessa função, é um controle estrito de legalidade, ou seja, examinar se a medida cuja execução é solicitada pelo árbitro atende aos parâmetros de ordem pública.[39] Por exemplo, se a medida em questão for consistente na aplicação de chibatadas no devedor, o juiz estatal, seguramente, não estará obrigado a seu cumprimento.

Embora, não haja limites jurídicos às medidas coercitivas que podem ser determinadas pelo árbitro e ter seu cumprimento solicitado ao juiz estatal, em geral, elas serão de natureza instrutória ou de tutela provisória, isto é, para produção de alguma prova, para assegurar algum direito da parte ou ainda para antecipá-lo a quem tenha direito. Para usar um exemplo característico, mesmo que de difícil

---

a função dos árbitros o fato de que carecem de *imperium*, já que o Estado a brinda com adequado respaldo, ao prestar o auxílio da força pública naqueles casos em que a natureza do caso em trâmite em sede arbitral o exija. Não permite que o árbitro a exerça por si; mas põe a sua disposição a coerção que detenha, para que o encargo arbitral possa ser levado a cabo". CAIVANO, Roque J. *Arbitraje*, 2. ed. Buenos Aires: Ad-Hoc, 2008, p. 100, traduzido do original.

39 Inventariando as várias concepções de ordem pública e seus efeitos jurídicos, cf. APRIGLIANO, Ricardo de Carvalho. *Ordem pública e processo: o tratamento das questões de ordem pública no Direito Processual Civil*. São Paulo: Atlas, 2011, p. 5-13.

ocorrência, considere-se a condução coercitiva de uma testemunha. Ou, no campo da tutela provisória, a interdição do uso de um determinado estabelecimento.

Destaque-se, por fim, a possibilidade de decretação judicial de medidas de urgência quando ainda não instituída a arbitragem e a convenção ou regulamento de instituição arbitral, ao qual as partes tenham aderido, não ofereça resposta à situação urgente.[40]

Essa hipótese de *judicialização da arbitragem*[41] encontra fundamento na garantia constitucional de inafastabilidade da tutela jurisdicional, que, em nosso sistema, é abrangente de qualquer "lesão ou ameaça a direito".[42] Isso torna inafastável o caráter preventivo de nossa jurisdição, abrangendo não apenas a reparação aos direitos lesados, mas, também, sua indenidade.[43]

Assim, sendo efetiva a necessidade de se evitar um dano a direito que se mostre suficientemente plausível, a atuação preventiva da jurisdição estatal não pode estar afastada pela convenção firmada entre as partes.[44] A matéria acabou equacionada pelo artigo 22-A, introduzido na Lei de Arbitragem pela Lei 13.129/2015: "*Antes de instituída a arbitragem, as partes poderão recorrer ao Poder Judiciário para a concessão de medida cautelar ou de urgência*". Evidentemente, essa possibilidade não retira do árbitro a possibilidade de, posteriormente, "*manter, modificar ou revogar a medida cautelar ou de urgência concedida pelo Poder Judiciário*" (art. 22-B).

Insista-se, entretanto, na absoluta excepcionalidade da intervenção judicial na arbitragem. Esse último tipo de medida, extraído da disciplina constitucional da jurisdição, como aquelas expressamente previstas em lei, devem ser entendidas, sempre, em favor da arbitragem, como medidas de apoio à sua instituição,

---

40 "As regras de competência podem ser desprezadas se houver algum obstáculo que impeça a parte necessitada de tutela emergencial de ter acesso ao juízo originariamente competente, o que aconteceria na hipótese de a parte interessada não poder requerer a medida cautelar ao árbitro (como deveria) pelo simples fato de não ter sido ainda instituída a arbitragem (os árbitros ainda não aceitaram o encargo, art. 19 da Lei)" (CARMONA, op. cit., *Arbitragem e processo*, p. 327). Cf., também, NAGAO, Paulo Issamo. *Do controle judicial da sentença arbitral*. Brasília, DF: Gazeta Jurídica, 2013, p. 207/212. Sobre o tema, v., também, GUERRERO, Luís Fernando. Tutela de Urgência e Arbitragem. *Revista Brasileira de Arbitragem*, São Paulo, n. 24, p. 22-44.

41 Essa expressão também é utilizada para indicar a tendência de um procedimento arbitral aproximar-se daquele próprio dos mecanismos judiciais. Cf. BRUNET, op. cit., p. 3-7.

42 Art. 5º, XXXV, da Constituição Federal.

43 Analisando o caráter preventivo da jurisdição contemporânea, v. SILVA, Paulo Eduardo Alves da. *Tutela jurisdicional preventiva*. Dissertação (Mestrado em Direito) – Faculdade de Direito, Universidade de São Paulo, São Paulo, 2002. p. 37-47.

44 A propósito, considere RICCI, op. cit., p. 69-91.

funcionamento e efetividade, além de servirem como garantia de correção de eventuais desvios. A possibilidade de intervenção judicial na arbitragem deve ser ponderada com a necessidade de o Judiciário ser deferente à escolha das partes, sob pena de inviabilizar-se a utilização e funcionamento do mecanismo não estatal.[45]

3.2. Cartas arbitrais

Verificado o *respaldo da jurisdição estatal* à arbitragem, até por que, como exposto no item anterior, é vedado ao árbitro exercer diretamente coerção sobre as partes e terceiros, necessário examinar a maneira pela qual se dá a comunicação entre árbitro e juiz estatal para que se possa estabelecer a cooperação interjurisdicional entre eles.

O advento do Código de Processo Civil de 2015 e, poucos meses depois, da Lei 13.129/2015, que reformou a Lei de Arbitragem, introduziram a carta arbitral em nosso sistema jurídico. Esse instituto trouxe uma resposta à necessidade de comunicação entre juízo arbitral e estatal. Esse instrumento processual soma-se a outros mecanismos de comunicação interjurisdicional já tradicionais em nosso processo civil, as cartas de ordem, precatória e rogatória.

O Código de Processo Civil prevê requisitos específicos, para recebimento e processamento da carta arbitral (art. 260, § 3º). Ela deve ser instruída com cópia da convenção de arbitragem e prova de que a arbitragem foi regularmente instituída, com a nomeação do árbitro (ou árbitros se for o caso de painel) e de sua aceitação da função (art. 19 da Lei de Arbitragem). Além desses requisitos específicos, a carta arbitral deverá contemplar, também, com as necessárias adaptações, aqueles requisitos gerais, previstos para as outras modalidades de cartas (art. 260, *caput*, CPC).

Comprovada a confidencialidade da arbitragem, a carta arbitral será processada mediante segredo de justiça (art. 189, inc. IV, CPC; e art. 22-C, parágrafo único, Lei de Arbitragem). Para tanto deverá ser demonstrada que a convenção de arbitragem ou o regulamento da instituição arbitral por ela indicada contemplam a confidencialidade.[46]

A Lei de Arbitragem, a respeito da carta arbitral, traz ainda uma importante regra de competência. Segundo essa regra, o juízo competente para processá-la é aquele que deve cumpri-la "*na área de sua competência territorial*" (art. 22-C,

---

45 Destacando o problema de práticas de obstrução procedimental na arbitragem, cf. BASSO, Maristela. Procedimento arbitral atual: necessidade de um diálogo de reforma? In: LEMES, Selma Ferreira; CARMONA, Carlos Alberto; MARTINS, Pedro Batista (Coord.). *Arbitragem:* estudos em homenagem ao Prof. Guido Fernando da Silva Soares. São Paulo: Atlas, 2007. p. 14-17.

46 Sobre confidencialidade, v. capítulo anterior, item 7, fine.

caput, Lei de Arbitragem). Em outras palavras, o juiz competente é aquele com competência territorial para cumprimento da medida solicitada pelo árbitro. Com isso, afasta-se a dúvida quanto a eventual competência do juízo perante o qual deveriam se processar eventuais ações relativas à arbitragem. O árbitro solicita a providência diretamente para o juiz do local onde deva ser cumprida a providência, independentemente da competência para futuras ações envolvendo a arbitragem.

3.3. Tutela específica da cláusula arbitral

Como mencionado acima,[47] a tutela específica da cláusula arbitral tem importância *simbólica* bastante grande. Afinal, serve para sinalizar aos sujeitos a inviabilidade de resistirem à efetivação da convenção de arbitragem. Na prática, o instituto é pouco utilizado, pois os regulamentos das instituições arbitrais já incorporam regras para a instituição da arbitragem, mesmo diante de uma parte recalcitrante. No caso, a falta de indicação do árbitro por alguma das partes, resolve-se da maneira prevista no regulamento do órgão arbitral, sem que isso possa gerar qualquer nulidade.[48]

Esse instituto é também conhecido por *execução específica da cláusula arbitral.*[49] A designação, entretanto, não é a mais adequada. Na verdade, não se trata uma atividade de execução, no sentido de ser direcionada a gerar efeitos de fato em cumprimento de um título. O procedimento seria executivo se o juiz, simplesmente, determinasse a instauração, estabelecendo alguma sanção para o caso de descumprimento. O procedimento previsto no artigo 7º da Lei de Arbitragem vai além disso. Limitando o âmbito da cognição do juiz, combina alguns tipos de tutela jurisdicional, com o objetivo responder à necessidade de instauração forçada do processo arbitral. Tal procedimento caracteriza uma modalidade *tutela diferenciada*[50], podendo ser designada por *tutela específica da cláusula arbitral.*

Pode-se dizer, didaticamente, que o procedimento previsto na Lei de Arbitragem tem três objetivos: (i) conciliar as partes quanto à matéria de fundo da arbitragem, resolvendo o próprio litígio pendente entre as partes; (ii) conciliar as partes quanto a instauração da arbitragem em si; (iii) instaurar, por força da decisão judicial, a arbitragem da maneira mais próxima possível do que foi previsto na cláusula arbitral.

Sendo a arbitragem escolhida em bases consensuais pelas partes, o objetivo inicial do procedimento de tutela específica é retomar o consenso, tentando a

---

47 Item 3, acima.

48 Cf. CARMONA, op. cit., *Arbitragem e processo*, p. 156.

49 Tratando da matéria sob essa designação, v. DINAMARCO, op. cit., p. 218/222.

50 Cf. Pisani, Andrea Proto. Sulle tutela giurisdizionale differenziata. *Rivista di Diritto Processuale*, 1979. p. 536-592.

conciliação, primeiro, quanto ao próprio litígio de fundo e, depois, quanto a instauração do processo arbitral. Assim, o demandado é citado para comparecer a uma audiência com a finalidade de, amigavelmente, lavrar "compromisso" (art. 7º, *caput*, da Lei de Arbitragem). Isto significa estabelecer, conjuntamente com o autor, a maneira pela qual será instituída da arbitragem. Antes disso, porém, o juiz deverá tentar a conciliação das partes quanto ao próprio litígio pendente entre elas (§ 2º).

Destaque-se que "compromisso", no contexto do *caput* do artigo 7º, não tem o mesmo significado daquele exigido, antes da Lei de Arbitragem, para concluir o "contrato de arbitragem", do qual a cláusula era simples pré-contrato. Emprestando a lei vigente inteira eficácia contratual à cláusula arbitral, "compromisso", esse dispositivo designa apenas o instrumento apto a complementar a cláusula com a indicação dos árbitros ou da forma de sua escolha. De fato, essa complementação, uma vez que já eclodido o litígio entre as partes, deve-se fazer nos moldes do compromisso arbitral, previsto nos artigos 9º a 12 da Lei de Arbitragem, como modalidade de convenção de arbitragem, e referido na parte final do parágrafo 2º do artigo 7º da mesma lei.

Embora a Lei de Arbitragem não diga de forma expressa, o demandado não é citado apenas para assinar o compromisso (art. 7º, *caput*), mas, também, para apresentar contestação, alegando matéria de ordem processual e quanto ao mérito do pedido de instauração da arbitragem. Em sua defesa de mérito, o demandado poderá tanto negar a possibilidade de instituição da arbitragem, quanto afirmar que sua instituição se faça em moldes mais convenientes a seus interesses. Ao que tudo indica, o legislador pretendeu privilegiar a oralidade do procedimento, devendo-se sentenciar já em audiência, decidindo sobre a instituição da arbitragem.[51] Isso, todavia, não será possível se o autor precisar se manifestar sobre fatos ou documentos apresentados pelo réu ou se for necessária a produção de prova.

Não dispondo a cláusula sobre o número de árbitros ou deixando o réu de comparecer na audiência designada, o juiz deverá sentenciar nomeando árbitro único (§§ 4º e 6º). Havendo indicações na cláusula arbitral quanto ao número de árbitros e a forma de sua escolha, o juiz deverá instituir a arbitragem da maneira mais próxima possível à vontade manifestada pelas partes. A sentença de procedência "valerá como compromisso arbitral" (§ 7º).

Da sentença que institui a arbitragem, cabe apelação sem efeito suspensivo (art. 1.012, § 1º, inc. IV, CPC).

Caso o árbitro precise ser substituído, em razão de escusar-se antes da nomeação ou, após a aceitação, venha a falecer, torne-se impossibilitado de exercer

---

51 Sustentando que se deve utilizar como parâmetro o procedimento previsto na Lei 9.099/1995 (Lei dos Juizados Especiais Cíveis e Criminais), CARMONA, op. cit., Arbitragem e processo, p. 160/161.

a função, ou seja, recusado (art. 16, *caput*, Lei de Arbitragem), o procedimento previsto no artigo 7º da Lei de Arbitragem pode ser utilizado para sua substituição, se as partes não cheguem a um acordo a esse respeito e nada disponha a esse propósito a convenção de arbitragem (art. 16, § 2º). Da mesma maneira, como a lei vigente adota a obrigatoriedade de painéis arbitrais com número ímpar de árbitros, quando as nomearem árbitro em número par, o procedimento do artigo 7º pode ser utilizado, ainda, para nomeação do árbitro ímpar se as partes não cheguem a um acordo a esse respeito (art. 13, § 2º, Lei de Arbitragem).

3.4. Inadmissibilidade de medidas antiarbitragem

Destaque-se ainda a possibilidade, em tese, de medidas judiciais antiarbitragem, isto é, visando a impedir a instauração ou o prosseguimento do processo arbitral. Embora faltem previsões legais específicas acerca desse tipo de medida judicial, como regra, deve prevalecer sua inadmissibilidade, conforme se extrai da própria disciplina legal da arbitragem. A esse propósito, devem prevalecer os princípios do *favor arbitralis* e do isolamento do processo arbitral, mencionados acima,[52] no sentido de o sistema privilegiar a opção das partes pela solução arbitral e do processo arbitral ser refratário a intervenções do juízo estatal.

Esse tipo de medida, portanto, deve ficar limitada àquelas situações visando a impedir a instituição da arbitragem em casos de flagrante invalidade de convenção arbitral ou patente arbitrariedade em seus procedimentos.[53] Melhor dizendo, as medidas antiarbitragem somente podem ser admitidas naquelas situações que claramente possam gerar uma invalidade da sentença arbitral. Essa possibilidade, entretanto, deve ser considerada absolutamente excepcional.

4. MEIOS DE IMPUGNAÇÃO À VALIDADE DA SENTENÇA ARBITRAL

A estabilidade das sentenças arbitrais é um elemento essencial para a efetividade e atratividade da via arbitral de solução de controvérsias.

Fácil perceber, a esse propósito, que a disponibilidade de meios de impugnação da sentença é inversamente proporcional à estabilidade de uma decisão

---

52 Cf. itens 2 e 2.4, acima.

53 Cf. Alves, op. cit., p. 11-17 e 205-222. Afirmando, em sentido contrário, que "o repúdio a essas medidas, que também não deve ser exagerado, comporta enquadramento em um sistema harmonioso no qual se busque o equilíbrio entre o juízo arbitral, com suas vantagens operacionais, e o juízo oficial, com sua segurança maior", v. DINAMARCO, Cândido Rangel. *A arbitragem na teoria geral do processo*. São Paulo: Malheiros, 2013, p. 34.

jurisdicional. Quanto maior a possibilidade de impugnação, menor sua estabilização. É o que ocorria na disciplina legal anterior à Lei 9.307/1996, a Lei de Arbitragem. O laudo arbitral – como se designava a decisão final dos árbitros – estava sujeito à homologação judicial, ou seja, era necessariamente aberto às possibilidades de impugnações abertas pelo processo homologatório. Com isso, as possibilidades de estabilização das sentenças (laudos) arbitrais eram muito pequenas.

Por essa razão, uma das grandes transformações operadas pela Lei de Arbitragem, a bem da efetividade desse instituto, foi a redução das possibilidades de ataque à sentença arbitral. A partir dela, a decretação judicial de sua nulidade[54] passou a ser exercida apenas por meio de ação autônoma ou, com igual conteúdo, da impugnação a seu cumprimento. Em paralelo à ação rescisória de sentença judicial,[55] a ação de nulidade tem hipóteses e prazo específicos para sua propositura.

Não obstante a equiparação das sentenças arbitrais e judiciais, não se pode estender as hipóteses de cabimento da ação rescisória (art. 966, CPC) para impugnação daquelas primeiras. As sentenças arbitrais estão sob regime jurídico próprio, com hipóteses específicas de cabimento que, também, devem ser interpretadas de maneira estrita.

É verdade que a rescisória de sentença é cabível em algumas situações para as quais não há previsão de nulidade da sentença arbitral. O artigo 966, do Código de Processo Civil prevê as seguintes hipóteses de cabimento de rescisória que não estão contempladas pelo artigo 32 da Lei de Arbitragem: (a.) dolo ou coação da parte vencedora, simulação ou colusão das partes com a finalidade de fraudar a lei (inc. III); (b.) ofensa à coisa julgada (inc. IV); (c.) violar manifestamente norma jurídica (inc. V); (d.) se fundar em prova falsa (inc. VI); (e.) prova nova (inc. VII); (f.) erro de fato (inc. VIII).

---

54 A lei refere à nulidade. No entanto, a doutrina tem se posicionado no sentido de ser caso de anulabilidade. Cf. CARMONA, op. cit., *Arbitragem e processo*, p. 398-399; também, BARBOSA MOREIRA, José Carlos. La nuova legge brasiliana sull'arbitrato. *Temas de direito processual*. Sexta série. São Paulo: Saraiva, 1997. p. 285-286. "Parte da doutrina atribui-lhe [à ação de decretação de nulidade de sentença arbitral] natureza meramente declaratória, enquanto outra, caráter constitutivo. A primeira tese amolda-se à premissa da radical ineficácia da sentença arbitral que a lei qualifica como nula, enquanto a segunda ajusta-se à hipótese de que a sentença arbitral produza efeitos até que lhe seja decretada a nulidade. Nossa simpatia recai sobre a segunda tese, entendendo que se devem aplicar à sentença arbitral os princípios e os conceitos que dominam a disciplina da sentença judicial" (RICCI, Edoardo Flavio. *Lei de arbitragem brasileira:* oito anos de reflexão, questões polêmicas. São Paulo: RT, 2004. p. 72). Neste capítulo adota-se a designação legal, que vem do artigo 32 da Lei de Arbitragem.

55 A qual a qual sentença arbitral está equiparada (art. 31, Lei de Arbitragem).

Pode causar alguma perplexidade o fato de algumas situações graves, como, por exemplo, uma sentença arbitral proferida mediante colusão entre as partes ou fundada em prova falsa não poder ser objeto de decretação de nulidade. Afinal, a enumeração do artigo 32 da Lei de Arbitragem não traz a possibilidade de decretação da nulidade da sentença arbitral nessas hipóteses. Ocorre que as partes ao optarem pela a arbitragem, firmando a respectiva convenção, escolhem uma modalidade jurisdicional com possibilidades futuras significativamente menores de impugnação à sentença. Assim, deixam vícios graves, que podem estar presentes na sentença arbitral, de fora da possibilidade de impugnação. A parte, nessa situação, arca com o risco de sua escolha, pois a sentença arbitral se estabilizará mesmo com esses vícios.

A Lei de Arbitragem estabelece sete hipóteses de cabimento da ação de nulidade da sentença arbitral.[56]

A primeira delas diz respeito à *nulidade da convenção de arbitragem*. Essa matéria, considerando os princípios da *competência-competência* e da *autonomia da cláusula arbitral*,[57] deve ter sido objeto de apreciação pelos árbitros, devendo ser alegada na primeira oportunidade (art. 20, Lei de Arbitragem). Com a decisão contrária à nulidade da convenção e proferida a sentença arbitral, cabe a impugnação por meio da ação de nulidade. No processo judicial, a decisão arbitral deverá ser revista a esse respeito, decretando-se a nulidade da sentença arbitral, caso se conclua que os árbitros agiram em *error in judicando*, isto é, decidiram incorretamente quanto à nulidade da convenção.

A revisão do conteúdo da decisão arbitral, cabe lembrar, é excepcional e possível, nessa hipótese, diante da expressa autorização legal. Em geral, o juízo estatal não está autorizado a rever o mérito da decisão impugnada. Note-se que, diante dos princípios indicados, entretanto, tudo está a indicar que a matéria precisa ter sido submetida à decisão arbitral, por ser dos árbitros a competência original para apreciar as questões referentes à validade da cláusula arbitral. Caso contrário, pode-se dizer que a parte incorreu em uma espécie de *preclusão* quanto a essa matéria, deixando de alegá-la em momento adequado. Entender em sentido contrário, que a matéria de nulidade da convenção pode ser alegada na ação de nulidade da sentença arbitral sem ter sido levantada na arbitragem, seria permitir uma indevida vantagem para a parte, que poderia reservar a arguição dessa matéria apenas para o caso de a sentença arbitral lhe ser desfavorável.

A nulidade da sentença arbitral pode ser decretada, igualmente, se foi proferida por quem não podia ser árbitro (art. 32, inc. II). Segundo a Lei de Arbitragem,

---

56 A Lei 13.129/2015, que reformou a Lei de Arbitragem, revogou o inciso V, do artigo 32, que estabelecia, como uma das hipóteses de cabimento, a sentença que "*não decidir todo o litígio submetido à arbitragem*". V. comentário na sequência.

57 V. acima, itens 2.1 e 2.2.

pode ser árbitro qualquer pessoa no gozo de sua capacidade civil (art. 13, *caput*). Não se exige formação ou capacitação específica para o exercício dessas funções. A indicação dos árbitros depende exclusivamente da confiança das partes. Não pode ser árbitro, porém, que esteja impedido ou sob suspeição (art. 14).[58] Questões dessa ordem também devem ser levadas ao conhecimento do árbitro na primeira oportunidade (arts. 15 e 20), mas podem ter sido desvendadas apenas em momento posterior à sentença arbitral. Se essa matéria veio a ser alegada perante o árbitro, pode ser questionada em juízo, em ação de nulidade, valendo a esse propósito as observações acima acerca da alegação da nulidade da convenção de arbitragem.

A sentença arbitral deve atender a alguns requisitos legais, previstos no art. 26 da Lei de Arbitragem.[59] A não observância desses requisitos podem conduzir à decretação da nulidade da sentença arbitral em juízo (art. 32, inc. III). Anote-se que esses requisitos podem ser supridos, no próprio processo arbitral, por meio de pedido de esclarecimentos dirigido ao árbitro (art. 30), os chamados *embargos de declaração arbitrais*.

A convenção de arbitragem estabelece o âmbito de incidência da jurisdição arbitral. Se a sentença exceder àquilo que as partes estipularam, há nulidade da sentença. A nulidade, nesse caso, poderá ser parcial, envolvendo apenas a parte da sentença proferida fora dos limites da convenção. Claro, para tanto deve ser possível delimitar a parte excedente em um capítulo isolado da sentença. Na consideração da extensão da convenção, deve-se considerar, também, eventual adendo que

---

58 Hipótese interessante de reconhecimento judicial da nulidade de sentença arbitral é a quebra do dever de revelação que cabe ao árbitro. Isto é, à pessoa indicada para atuar como árbitro incumbe revelar às partes "qualquer fato que denote dúvida justificada quanto à sua imparcialidade e independência" (art. 14, § 1º, Lei 9.307/1996). A 1ª Câmara Reservada de Direito Empresarial teve oportunidade de julgar um interessante caso a esse respeito. Fundamentou o acórdão: "A exigência de estrito cumprimento desse dever de revelação deve ser máxima. Toda e qualquer informação de caráter pessoal ou profissional capaz de gerar dúvida na parte quanto à imparcialidade e integridade do árbitro deve ser comunicada imediatamente, sem que persista direta correlação da suspeição gerada pela omissão com as hipóteses previstas na legislação processual comum. (...) Não há como negar o desrespeito ao dever de revelação, não tendo ocorrido, repita-se, imediata e oportuna divulgação da indicação feita pela apelada para a composição do corpo de árbitros em outra e posterior arbitragem instaurada. Sobreveio uma falha de comportamento, que é apta a caracterizar a quebra de confiança proposta pelo apelante e atinge a validade da sentença arbitral" (TJSP, AC 1056400-47.2019.8.26.0100, Rel. Des. Fortes Barbosa, j. 11.08.2020).

59 Semelhantes àqueles previstos para a sentença judicial. V. art. 489 do CPC. A Lei de Arbitragem estabelece que a sentença arbitral deverá conter data e local em que foi proferida, para que possa se verificar sua nacionalidade (art. 34, parágrafo único) e se atendeu ao prazo para seu proferimento (art. 12, inc. III).

tenha sido firmado pelas partes junto ao termo de arbitragem (art. 19, § 1º, Lei de Arbitragem), no momento de instituição do processo arbitral.

É nula a sentença arbitral proferida mediante prevaricação, concussão ou corrupção passiva (art. 32, inc. VI). Essas condutas, que inquinam de invalidade a sentença, estão previstas nos artigos 319, 316 e 317 do Código Penal. São significativas da decisão proferida, respectivamente, contra disposição de lei para satisfazer interesse ou sentimento pessoal (prevaricação); da exigência de vantagem indevida, para si ou para outrem, direta ou indiretamente (concussão); de solicitar, receber vantagem indevida ou aceitar promessa de tal vantagem (corrupção passiva). A nulidade da sentença arbitral não depende da condenação pelos crimes correlatos, podendo as condutas referidas ser apuradas no âmbito da jurisdição cível.

A sentença arbitral deve ser proferida no prazo determinado pelas partes ou em seis meses, contados da instituição da arbitragem, caso elas nada disponham a respeito (art. 23, Lei de Arbitragem). Superado o prazo legal ou convencional, seu termo final do prazo, no entanto, conta da notificação do árbitro, pelas partes, para apresentação da sentença no prazo de dez dias (art. 12, inc. III). Assim, apenas quando esgotado esse prazo, cessa a jurisdição do árbitro e a sentença é nula, podendo essa nulidade ser decretada judicialmente (art. 32, inc. VII).

Por fim, a Lei de Arbitragem, no inciso VIII de seu artigo 32, prevê a nulidade da sentença arbitral se não houverem sido respeitados os princípios "*do contraditório, da igualdade das partes, da imparcialidade do árbitro e de seu livre convencimento*" (art. 21, § 2º). Esses princípios constituem verdadeiras garantias constitucionais, devendo ser interpretados ampliativamente e de maneira a abranger, de igual modo, aqueles constitucionais, não expressamente referidos pela lei.

A verificação do seu atendimento, pode dar-se tanto na condução do processo pelo árbitro, quanto no procedimento escolhido ou moldado pelas partes na convenção de arbitragem. Assim, a nulidade da sentença pode ter sua origem nas próprias disposições regulamentares ou convencionais que, por exemplo, estabeleçam ônus probatório demasiadamente difícil ou limite injustificadamente a possibilidade de as partes formularem alegações. Evidentemente, o fato gerador de eventual nulidade da sentença arbitral não é a existência dessas regras em si, mas sua efetiva utilização, devendo o autor da ação de nulidade demonstrar que as violações desses princípios foram capazes de influenciar o resultado expresso na sentença.

Questão fundamental na ação de nulidade é o prazo de 90 (noventa) dias para sua propositura, a contar do recebimento da "*notificação da respectiva sentença, parcial ou final, ou da decisão do pedido de esclarecimentos*" (art. 33, § 1º, Lei de Arbitragem). Quer dizer, proferida a sentença, o árbitro, diretamente ou por meio da instituição arbitral, notifica as partes de seu inteiro teor. Se houver pedido de esclarecimentos, os embargos de declaração arbitrais (art. 30, Lei de Arbitragem), ele será decidido e as partes notificadas dessa nova decisão. Da notificação da sentença ou, se houver, da decisão quanto ao pedido de esclarecimentos, conta o prazo para propositura a ação de nulidade. Nos moldes da ação rescisória, o prazo é decadencial (a autor decai do direito de impugnação judicial da sentença) e como tal deve ser contato como prazo de direito material (não processual).

A ação de nulidade deverá seguir o procedimento comum, dos artigos 318 e seguintes do Código de Processo Civil.[60] A sentença da ação de nulidade poderá simplesmente decretar a nulidade da sentença arbitral. Nesse caso, esgotada ou afastada a jurisdição arbitral, as partes terão de recorrer a nova ação judicial para resolver o litígio objeto da sentença arbitral anulada. Poderá, entretanto, se entendido que a jurisdição arbitral não está encerrada, determinar que o árbitro, ou respectivo painel, se for o caso, profira nova sentença (art. 33, §2º, Lei de Arbitragem).

Como referido de início, a nulidade da sentença arbitral poderá ser postulada, também, por meio de impugnação ao cumprimento da sentença arbitral (art. 33, §3º, Lei de Arbitragem), realizada nos termos do artigo 525 do Código de Processo Civil. Nesse caso, igualmente, as possibilidades de impugnação estão confinadas aos limites do artigo 32 da Lei de Arbitragem e, não obstante a falta de clareza legal, deverá obedecer ao prazo decadencial de 90 (noventa) dias para a decretação da nulidade da sentença arbitral.[61]

Essa interpretação, relativa ao prazo, baseia-se na premissa de que a admissão, a qualquer tempo, do reconhecimento da nulidade da sentença arbitral, por meio da impugnação ao cumprimento de sentença, invalidaria inteiramente o prazo fixado para a ação de nulidade. Afinal, bastaria à parte descumprir a sentença arbitral e aguardar que a parte contrária iniciasse o cumprimento (execução) da sentença arbitral para alegar sua nulidade, sem a limitação temporal dos 90 (noventa) dias previstos para se buscar a nulidade da sentença arbitral.

Deve-se notar que esse prazo permite ao credor, a quem a sentença arbitral beneficia, aguardar os 90 (noventa) dias para, na ausência de impugnação da sentença por ação autônoma, promover seu cumprimento com maior estabilidade do julgado, pois nulidade não mais poderia ser alegada. Essa possibilidade, todavia, considerando a diferença da extensão do prazo, ocorre, também, em relação a ação rescisória, uma vez que transcorrido o prazo de 02 (dois) anos, a sentença judicial

---

60 Ressalte-se, do Código de Processo Civil de 2015, em vigor a partir de março de 2016, não obstante a Lei de Arbitragem (art. 33, § 1º) refira expressamente ao código de processo revogado, o que se deve entender como superado com a advento do novo diploma processual.

61 Nesse sentido, REsp n. 1.862.147/MG, relator Ministro Marco Aurélio Bellizze, Terceira Turma, julgado em 14/9/2021, *DJe* de 20/9/2021; e REsp n. 1.928.951/TO, relatora Ministra Nancy Andrighi, Terceira Turma, julgado em 15/2/2022, *DJe* de 18/2/2022.

atingiria o estado que vem se chamando de "coisa absolutamente julgada", a indicar a impossibilidade temporal de propositura de ação rescisória.

Resta dizer que, na apreciação judicial da nulidade da sentença arbitral, deve atuar fortemente o princípio do *favor arbitralis*, isto é, a decisão judicial deve optar por aquela solução mais favorável à efetividade da arbitragem. Nesse sentido, o mérito da decisão arbitral jamais está colocado sob escrutínio judicial. Por mais que o juiz estatal discorde da solução alcançada em sede de arbitragem, não deverá realizar essa apreciação para fins de decretação da nulidade da sentença. Eventual *error in judicando* que se haja ocorrido deve ser creditado à opção das partes, que escolheram a arbitragem cientes da definitividade de suas sentenças, não sujeitas a recurso ou revisão.

5. CUMPRIMENTO DA SENTENÇA ARBITRAL

Com destacado acima,[62] o árbitro não exerce poderes coercitivos diretos. Para tanto ele necessita do respaldo da jurisdição estatal. Por essa razão, as atividades de execução, destinadas a levar a efeito o que foi decidido na sentença arbitral, devem ser realizadas pelo juiz estatal, em respaldo à arbitragem.

Hoje essas atividades são designadas de *cumprimento de sentença*, para distingui-las do "processo de execução de sentença", anteriormente presente no nosso sistema,[63] embora, indiscutivelmente trate-se de uma atividade jurisdicional executiva. Como se trata de sentença, para todos os fins equiparada àquela judicial (art. 31, Lei de Arbitragem), sua execução se faz por meio do cumprimento de sentença, não por execução de título extrajudicial. A sentença arbitral, nesse sentido, constitui é um título judicial (art. 515, inc. VII, CPC) e, como tal, deverá ser executada pela via do cumprimento de sentença.

A sentença arbitral não necessita de qualquer providência adicional para ser levada a cumprimento. Basta a parte interessada demonstrar sua existência e de eventual decisão proferida em atenção a pedido de esclarecimentos dirigido ao árbitro, os chamados *embargos de declaração arbitrais* (art. 30, Lei de

---

62 Item 3.1.

63 A Lei 11.232/2005, modificadora do Código de Processo Civil de 1973, representou uma virada na estruturação de nosso sistema processual, sendo mantida pelo código ora vigente. Com ela rompeu-se a tradicional dicotomia entre processo de conhecimento e processo de execução de sentença, como estruturas conceitual e funcionalmente separada. Com isso, as atividades de execução de sentença passaram ser apenas uma fase do processo de conhecimento, por meio da qual se dá o cumprimento a sentença, assim designado para destacar a mudança promovida no código. Destacando a incongruência da dicotomia antes vigente, v. SALLES, Execução, op. cit., p. 236-240.

Arbitragem). A sentença arbitral não está sujeita a recurso ou qualquer tipo de homologação judicial. Assim, seu trânsito em julgado se dá com o esgotamento do prazo para o pedido de esclarecimentos ou com a notificação da decisão desse pedido.

Situação diversa é aquela da sentença arbitral estrangeira. Esta, com qualquer outra sentença de jurisdição estrangeira, para ser executada no Brasil, precisa ser homologada perante o Superior Tribunal de Justiça, em atenção à exigência da alínea "i", do inciso I, do artigo 105, da Constituição Federal. A sentença arbitral estrangeira é aquela proferida fora do território nacional, segundo critério estabelecido pelo artigo 34, parágrafo único, da Lei de Arbitragem, independentemente de onde tenha se desenvolvido ou de onde tenha sido sua sede.

Além de instruir seu pedido com a cópia da sentença e de eventual decisão de pedido de esclarecimentos, o autor deverá, também, fazer acompanhar sua petição de uma memória de cálculo (art. 524, *caput*, CPC) e preencher aqueles requisitos próprios desse tipo de pedido, como a especificação do cálculo e a indicação de bens para penhora (art. 524, incs. I a VII).

O pedido formulado pela parte deverá ser dirigido ao juízo cível competente (516, inc. III, CPC), que é aquele que seria competente para conhecer da causa, caso não houvesse convenção de arbitragem, conforme os critérios gerais de competência (arts. 42 e seguintes do CPC).

Em razão de não haver processo judicial previamente instaurado, o autor deverá promover a citação do executado (art. 515, § 1º, CPC), diversamente do cumprimento da sentença judicial, que se inicia pela simples intimação do devedor na pessoa do advogado constituído nos autos (art. 513, § 2º, inc. I, CPC).

A defesa do executado é feita por meio de impugnação ao cumprimento da sentença (art. 525, CPC), sem prejuízo das defesas processuais que poderão ser formuladas nos próprios autos do cumprimento, sem a necessidade de meio processual específico (art. 518, CPC). A impugnação, como destacado no item anterior, poderá veicular pedido de reconhecimento da nulidade da sentença arbitral, desde que esse pedido ainda esteja no prazo de 90 (noventa) dias contados da notificação da parte da prolação da sentença.

6. CONCLUSÃO

A relação entre arbitragem e Judiciário está longe de se pautar por dicotomias jurídicas. Ao contrário, o relacionamento é disciplinado por um extenso e sofisticado conjunto de arranjos jurídicos, voltados, por um lado, a não descaracterizar a arbitragem, retirando-lhe àqueles valores próprios de sua prática, e, por outro, a lhe emprestar efetividade.

Para tanto, deve-se considerar o *isolamento do processo arbitral* como fator determinante. Quer dizer, o processo arbitral deve ser colocado a salvo de intervenções judiciais capazes de prejudicar a própria funcionalidade da arbitragem. Por premissa, a arbitragem constitui um campo jurisdicional próprio, instituído pela vontade das partes, para funcionar de forma autônoma em relação ao Judiciário. Dessa maneira, as possibilidades de intervenção judicial em seu desenvolvimento e na validade de suas decisões devem ser mínimas, sob pena de comprometimento de seu funcionamento e sua efetividade.

Não se nega, todavia, o fato de o processo judicial exercer um importante papel para a viabilidade jurídica da arbitragem. Nesse sentido, ele atua como verdadeiro *referencial simbólico*, garantindo, por exemplo, a efetividade da cláusula arbitral e a execução forçada da sentença proferida pelo árbitro, mas somente em muito limitadas hipóteses pode o Judiciário intervir no processo arbitral. É o que se extrai da própria Lei de Arbitragem, ao positivar os princípios da autonomia da cláusula arbitral, da competência-competência e estabelecer limitadas situações nas quais cabe a invalidação judicial da sentença resultante da arbitragem.

REFERÊNCIAS BIBLIOGRÁFICAS

ALVES, Rafael Francisco. *A inadmissibilidade das medidas antiarbitragem no direito brasileiro*. São Paulo: Atlas, 2009.

APRIGLIANO, Ricardo de Carvalho. *Ordem pública e processo: o tratamento das questões de ordem pública no Direito Processual Civil*. São Paulo: Atlas, 2011.

ÁVILA, Humberto. *Teoria dos princípios: da definição à aplicação dos princípios jurídicos*. 9ª Edição. São Paulo: Malheiros, 2009.

ALVIM, Arruda. Exegese dos arts. 6º e 7º da Lei n. 9.307 de 1996. In: MARTINS, Pedro A. Batista; GARCEZ, José Maria Rossani (Coord.). *Reflexões sobre arbitragem: in memoriam* do Desembargador Cláudio Vianna de Lima. São Paulo: LTr, 2002. p. 169-187.

BARBOSA MOREIRA, José Carlos. Privatização do processo? *Temas de direito processual civil*. Sétima série. São Paulo: Saraiva, 2001.

BARBOSA MOREIRA, José Carlos. La nuova legge brasiliana sull'arbitrato. *Temas de direito processual*. Sexta série. São Paulo: Saraiva, 1997.

BASSO, Maristela. Procedimento arbitral atual: necessidade de um diálogo de reforma? In: LEMES, Selma Ferreira; CARMONA, Carlos Alberto; MARTINS, Pedro Batista (Coord.). *Arbitragem:* estudos em homenagem ao Prof. Guido Fernando da Silva Soares. São Paulo: Atlas, 2007. p. 14-17.

BRUNET, E. et al. *Arbitration Law in America:* a critical assessment. New York: Cambridge University, 2006.

CAIVANO, Roque J. *Arbitraje*, 2. ed. Buenos Aires: Ad-Hoc, 2008.

CALMON DE PASSOS, José Joaquim. *Comentários ao Código de Processo Civil* – Arts. 270 a 331. 9. ed. Rio de Janeiro: Forense, 2005.

CARMONA, *Arbitragem e processo:* comentários à Lei n. 9.307/96. 3. ed. São Paulo: Atlas, 2009.

COSTA, Nilton César Antunes da. *Poderes do árbitro:* de acordo com a Lei 9.307/96. São Paulo: RT, 2002.

DINAMARCO, Cândido Rangel. *A arbitragem na teoria geral do processo*. São Paulo: Malheiros, 2013.

FREUND, Julien. *Sociologia de Max Weber*. Rio de Janeiro: Forense-Universitária: 1980.

GUERRERO, Luís Fernando. *Convenção de arbitragem e processo arbitral*. São Paulo: Atlas, 2009.

GUERRERO, Luís Fernando. Tutela de urgência e arbitragem. *Revista Brasileira de Arbitragem*, São Paulo, n. 24, p. 22-44.

LANDES, William M.; POSNER, Richard A. Adjudication as a private good. *Journal of Legal Studies*, n. 8, p. 235-284, 1979.

MACNEIL, Ian R. *American arbitration law:* reformation, nationalization, internacionalization. New York/Oxford: Oxford University, 1992.

NAGAO, Paulo Issamo. *Do controle judicial da sentença arbitral*. Brasília, DF: Gazeta Jurídica, 2013.

NEGRÃO, Theotonio; GOUVÊA, José Roberto F.; BONDIOLI, Luís Guilherme Aidar. *Código de Processo Civil e legislação processual em vigor*. 49. edição. São Paulo: Saraiva, 2018.

PISANI, Andrea Proto. Sulle tutela giurisdizionale differenziata. *Rivista di Diritto Processuale*, 1979. p. 536-592.

PITOMBO, Eleonora C. Os efeitos da convenção de arbitragem – Adoção do princípio kompetenz-kompetenz no Brasil. In: LEMES, Selma Ferreira; CARMONA, Carlos Alberto; MARTINS, Pedro Batista (Coord.). *Arbitragem:* estudos em homenagem ao Professor Guido Fernando da Silva Soares. São Paulo: Atlas, 2007. p. 326-338.

RICCI, Edoardo Flavio. *Lei de arbitragem brasileira:* oito anos de reflexão, questões polêmicas. São Paulo: RT, 2004.

SALLES, Carlos Alberto de. *Arbitragem em contratos administrativos*. São Paulo: Forense, 2011.

SALLES, Carlos Alberto de. *Execução judicial em matéria ambiental*. São Paulo: RT, 1998 [Disponível em https://www.researchgate.net/ (localização pelo nome do autor)].

SALLES, Carlos Alberto de. Mecanismos alternativos de solução de controvérsias e acesso à justiça: a inafastabilidade da tutela jurisdicional recolocadas. In: FUX, Luiz; NERY JR., Nelson; WAMBIER, Teresa Arruda Alvim. *Processo e Constituição.* Estudos em homenagem ao Professor José Carlos Barbosa Moreira. São Paulo: RT, 2006. p. 782.

SPEIDEL, Richard E. Common legal issues in American Arbitration Law. In: BRUNET, E. et alli. *Arbitration Law in America:* a critical assessment. New York: Cambridge University, 2006. p. 41-79.

TEPEDINO, Gustavo. Invalidade da cláusula compromissória e seu controle (também) pela jurisdição estatal. In: JOBIM, Eduardo; MACHADO, Rafael Bicca. *Arbitragem no Brasil:* aspectos jurídicos relevantes. São Paulo: Quartier Latin, 2008. p. 153-173.

THEODORO JÚNIOR, Humberto. *Código de Processo Civil anotado.* 13. ed. Rio de Janeiro: Forense, 2009.

TIBÚRCIO, Carmen. O princípio da *kompetenz-kompetenz* revisto pelo Supremo Tribunal Federal de Justiça alemão (Bundesgerichtshof). In: LEMES, Selma Ferreira; CARMONA, Carlos Alberto; MARTINS, Pedro Batista (Coord.). *Arbitragem:* estudos em homenagem ao Professor Guido Fernando da Silva Soares. São Paulo: Atlas, 2007. p. 425-435.

QUESTÕES PARA ORIENTAR A LEITURA E O DEBATE EM SALA DE AULA

1. Como se dá a relação funcional entre arbitragem e jurisdição estatal? Como entender a importância que a segunda tem para a primeira?
2. Quais mecanismos jurídicos garantem a efetividade da exclusão da jurisdição estatal diante da opção realizada pelas partes por meio da convenção de arbitragem?
3. Como a autonomia da cláusula arbitral e o princípio da competência-competência servem para reforçar a posição do árbitro na solução do litígio?
4. Qual a importância da afirmação da convenção de arbitragem como causa de extinção do processo judicial sem julgamento do mérito? Qual a polêmica envolvida a esse respeito?
5. Qual o significado conceitual e funcional do isolamento do processo arbitral?
6. Por meio de quais mecanismos a jurisdição estatal presta apoio à efetividade do processo arbitral e das decisões dele provenientes?

7. Qual o papel das *cartas arbitrais* na cooperação entre jurisdição estatal e arbitragem? Como ela deve ser operacionalizada e qual o juiz estatal competente para atendê-la?
8. De que maneira o árbitro pode valer-se da cooperação da jurisdição estatal para colocar em prática as medidas coercitivas que haja determinado?
9. Qual o significado prático e teórico da tutela específica da cláusula arbitral? Em que situações ela pode ser utilizada?
10. O que vem a ser medidas antiarbitragem? Por que elas devem evitadas?
11. Por quais meios a sentença arbitral pode vir a ser anulada ou ter sua nulidade decretada? Quais características podem ser destacadas na chamada ação de nulidade da sentença arbitral?
12. Por que o cumprimento da sentença arbitral não pode ser realizado pelo próprio árbitro? De que maneira se dá o cumprimento (execução) da sentença arbitral?

SUGESTÕES DE MATERIAL COMPLEMENTAR

✓ LUÍS, Daniel Tavela, KULESZA, [et al.]. Arbitragem e Poder Judiciário. Parceria CBAr e ABEARB. *Relatórios gerais e temáticos.*

https://uqr.to/1fv4b

✓ ABBUD, André de Albuquerque Cavalcanti. Arbitragem no Brasil – Pesquisa CBAr-IPSOS. 2013.

https://uqr.to/1fv4c

As pesquisas indicadas dão uma boa mostra de como a Justiça brasileira vem decidindo processos envolvendo arbitragem, sendo o mais amplo levantamento a esse respeito de que se tem notícia no Brasil.

Comitê Brasileiro de Arbitragem – CBAr (vídeos institucionais):

Trata-se de vídeo de apoio, contendo noções gerais sobre a elaboração de uma cláusula arbitral. Iniciativa do Comitê Brasileiro de Arbitragem – CBAr. Exposição do Dr. Flávio Pereira Lima.

https://uqr.to/1fv4d

Trata-se de vídeo de apoio, contendo noções sobre a preparação dos advogados para arbitragem e o papel das faculdades de direito. Entrevistas. Iniciativa do Comitê Brasileiro de Arbitragem – CBAr. Apresentação da Dra. Flávia Bittar.

https://uqr.to/1fv4e

Trata-se de vídeo de apoio, contendo noções gerais sobre medidas cautelares na arbitragem. Iniciativa do Comitê Brasileiro de Arbitragem – CBAr. Apresentação da Dr. Fabiano Robalinho.

https://uqr.to/1fv4f

Os vídeos indicados acima foram produzidos pelo CBAr, com a finalidade de divulgar as boas práticas de arbitragem. Constituem um instrumento importante para o aluno que quiser se familiarizar com a arbitragem e vários de seus aspectos práticos.

10 1 2 3 4 5 6 7 8 9
2023